PENSAR OS
ARQUIVOS

PENSAR OS ARQUIVOS
uma antologia

LUCIANA HEYMANN • LETÍCIA NEDEL (ORG.)

Tradução
Luiz Alberto Monjardim de Calazans Barradas

© Luciana Heymann e Letícia Nedel

Editora FGV
Rua Jornalista Orlando Dantas, 37
22231-010 | Rio de Janeiro, RJ | Brasil
Tels.: 0800-021-7777 | 21-3799-4427
Fax: 21-3799-4430
editora@fgv.br | pedidoseditora@fgv.br
www.fgv.br/editora

Impresso no Brasil | *Printed in Brazil*

Todos os direitos reservados. A reprodução não autorizada desta publicação, no todo ou em parte, constitui violação do copyright (Lei no 9.610/98).

Os conceitos emitidos neste livro são de inteira responsabilidade dos autores.

1ª edição — 2018

COORDENAÇÃO EDITORIAL
Ronald Polito

COPIDESQUE
Luiz Alberto Monjardim de Calazans Barradas

REVISÃO TÉCNICA
Luciana Heymann e Letícia Nedel

REVISÃO
Marco Antonio Corrêa e Sandro Gomes dos Santos

PROJETO GRÁFICO DE CAPA E MIOLO
Mari Taboada

Ficha catalográfica elaborada pela Biblioteca Mario Henrique Simonsen/FGV

Pensar os arquivos: uma antologia / Luciana Heymann, Letícia Nedel, organizadoras; tradução Luiz Alberto Monjardim de Calazans Barradas. - Rio de Janeiro: FGV Editora, 2018.

364 p.

ISBN: 978-85-225-1672-8

1. Arquivologia. 2. Arquivistas. 3. Arquivos públicos. 4. Arquivos pessoais. I. Heymann, Luciana Quillet. II. Nedel, Letícia. III. Fundação Getulio Vargas.

CDD – 025

Sumário

Apresentação, por Luciana Heymann e Letícia Nedel 7

PARTE I

ARQUIVOS E ARQUIVOLOGIA: HISTÓRIA, PRINCÍPIOS, PRÁTICAS

O passado é prólogo: uma história das ideias arquivísticas desde 1898
e a futura mudança de paradigma 17

TERRY COOK

Ordens de valor: questionando os termos teóricos da prática arquivística 83

BRIEN BROTHMAN

Arquivos singulares — o estatuto dos arquivos na epistemologia
histórica. Uma discussão sobre *A memória, a história, o esquecimento,*
de Paul Ricoeur 121

ÉTIENNE ANHEIM

Relendo os arquivos: novas contextualidades para
a teoria e a prática arquivísticas 155

TOM NESMITH

"Muitos caminhos para verdades parciais": arquivos, antropologia
e o poder da representação 177

ELISABETH KAPLAN

(Des)construir o arquivo   *193*

ERIC KETELAAR

Os arquivos coloniais e a arte da governança   *207*

ANN LAURA STOLER

PARTE II

ARQUIVOS PRIVADOS E PESSOAIS: DA MULTIPLICIDADE DE SENTIDOS À NORMATIZAÇÃO DAS PRÁTICAS

Provas de mim...   *239*

SUE MCKEMMISH

O caráter dos arquivos pessoais: reflexões sobre
o valor dos documentos de indivíduos   *261*

CATHERINE HOBBS

O arquivista como planejador e poeta: reflexões sobre
avaliação para aquisição   *275*

BARBARA L. CRAIG

Alain Robbe-Grillet e seu arquivo   *287*

EMMANUELLE LAMBERT

Novas considerações sobre ordem original e documentos pessoais   *305*

JENNIFER MEEHAN

Por uma teoria dos arquivos privados: revendo os escritos
fundadores de Jenkinson e Schellenberg   *329*

ROB FISHER

Sobre os autores   361

Apresentação

Nas últimas décadas, os princípios teóricos e as diretrizes práticas da arquivologia vêm sendo testados por um conjunto de trabalhos que sinaliza o reconhecimento da natureza política dos arquivos e da mediação ativa de arquivistas e instituições de custódia na configuração das fontes documentais. Tais reflexões colocaram em xeque a própria estabilidade dos documentos, ao chamarem atenção para os sentidos diferenciais que lhes poderiam ser atribuídos de acordo com o tratamento técnico que recebessem, o lugar em que estivessem depositados e as ações a que fossem submetidos. A problemática de fundo discutida pelos autores desses trabalhos, a das relações entre arquivo e poder — presente na origem mesma de um saber criado a serviço da lei e dos governos —, definiu-se sob novos termos ao ser formulada no interior do que ficou conhecido como "arquivologia pós-moderna". Como o próprio nome indica, trata-se de um evento relativamente recente na história do pensamento arquivístico.

A década de 1990 marcou o início da reflexão mais sistemática a respeito do poder que arquivos e arquivistas exercem sobre os campos da memória, do conhecimento e das identidades. Depois de quase dois séculos orientados pela crença na transparência dos documentos de arquivo e na objetividade do saber produzido para abordá-los, teóricos da arquivologia viram-se desafiados a reconhecer o enraizamento histórico e cultural de seus fundamentos disciplinares. Impactados pela abundante literatura produzida em disciplinas vizinhas acerca das temporalidades e dimensões variáveis de que se reveste o trabalho da memória, autores como Brian Brothman e Terry Cook fizeram com que essa discussão incidisse sobre seu próprio campo de atividade.

Nesse giro reflexivo, a relação entre teoria e prática arquivísticas passou a ser discutida à luz do pressuposto de que os arquivos — como conjunto documental e instituição — e a arquivologia — como profissão e saber constituído — são construções sociais. Como tais, não estão imunes aos valores e convenções dos contextos nos quais se inserem, mas os expressam, operando como agentes sócio-históricos, como instâncias nas quais o poder, para usar as palavras de Jacques Derrida em seu *Mal d'archive*, é exercido sob a forma de legitimação — uma legitimação da autoridade e das hierarquias fundadas no arquivo.

Fora dos limites da arquivologia, pode-se dizer que a questão não era nova, já que o paradigma pós-moderno, desde a década de 1970, vinha desestabilizando as grandes sínteses narrativas, com suas visões lineares e totalizantes da história. Nesse sentido, é válido afirmar que a atenção ao poder instituidor da linguagem se encontra na raiz de interrogações lançadas por diferentes tradições filosóficas às noções de verdade e objetividade, com efeitos diretos sobre a representação dos acervos, vistos como constructos sociais que embasam discursos científicos, sem que as dimensões arbitrárias que presidem à sua própria constituição e preservação sejam, em geral, inquiridas.

Com efeito, historiadores e antropólogos vêm sendo confrontados com os arquivos de uma perspectiva que extrapola a ordem das escolhas e exclusões constitutivas do trabalho de pesquisa. Não é casual que, nos dois campos de saber, questionamentos sobre a configuração e os usos dos acervos documentais tenham sido acompanhados de uma avaliação de "crise" disciplinar, e da problematização das relações entre pesquisa acadêmica e esferas de poder. Ao buscarem nos arquivos os registros de sua própria trajetória, historiadores e antropólogos contemporâneos foram levados a reconhecer, entre outras alteridades, a distância que os separa dos respectivos pais fundadores, sinal eloquente da ruptura entre o que história e antropologia pretendem ser na atualidade e os projetos aos quais serviram no passado. Seja no movimento de "volta dos historiadores ao arquivo", seja no contexto da "crítica pós-colonial" na antropologia, esse verdadeiro "desencontro com as origens" desafiou autoridades consolidadas, expondo o caráter provisório e contingente dos estatutos disciplinares. Tal processo teve como um de seus efeitos ampliar a compreensão que até então se tinha acerca das fontes documentais, abrindo para elas a possibilidade de adquirirem um estatuto epistemológico novo: o de objeto, e não apenas de ferramenta de pesquisa.

Para isso contribuiu decisivamente o deslocamento do que se entendia por cultura, do nível transcendente das ideias — as "ideias desencarnadas" de que falava Lucien Febvre — primeiramente para o nível periférico das superestruturas e daí para o terreno da linguagem. Nesse percurso, as proposições de Michel Foucault são um marco fundamental. A noção de arquivo inserida na epistemologia histórica proposta pelo autor em *Arqueologia do saber* inscreve o saber e suas condições materiais de produção na dimensão discursiva da existência, conformada ela própria pelas instâncias de poder nas quais ocorre a enunciação. Desvinculando-se da imagem clássica dos maços empoeirados de papéis, o arquivo de Foucault traduz sob a forma de metáfora um sistema de regras e controle do dizível — operação que justifica o inaugural emprego, na língua francesa, da palavra arquivo no singular. Essa textualização do arquivo é condição necessária ao pressuposto foucaultiano de que o discurso figura como instância última de produção de sentido.

No campo historiográfico, a crítica de Foucault ao realismo derivou no deslocamento do estatuto epistemológico da prova documental, e logo na instauração de novos conflitos de autoridade. Naquele momento, a explosão dos objetos de análise e a intensa circulação de teorias e métodos entre história, ciências sociais e outras áreas, como a crítica literária e a linguística, desaguaram em linhas programáticas diversas, entre as quais as chamadas "histórias culturais". Teóricos como Stephen Bann, Hayden White e Roland Barthes, por exemplo, assumiram uma posição marcadamente cética ao racionalismo aplicado à interpretação dos fenômenos sociais, por considerarem que o núcleo gerador das configurações sócio-históricas, e o objeto privilegiado da análise, seria o próprio discurso. Em contraponto, historiadores como Antoine Prost e Roger Chartier manifestaram seu desconforto, diversas vezes, diante de uma história dividida entre a ficção e o cientificismo, e afirmaram a convicção na possibilidade de abordagens objetivantes que, munidas de novos instrumentais, se mostrassem sensíveis à "pluralidade das realidades", nas palavras de Michael Pollak.

Se na história as formulações de Foucault introduziram divergências fundamentais em relação à possibilidade de uma dimensão extratextual figurar como referente do relato, na antropologia aquelas proposições inspiraram, entre outros desenvolvimentos, uma abordagem etnográfica dos arquivos, entendidos como lugar de encontro — e de dominação — entre culturas, saberes e instâncias de poder. De fato, na crítica ao colonialismo, o interesse pelas políticas de conhecimento orientou antropólogos e teóricos culturais, tais como Edward Said e Kwame Anthony Appiah, a refletirem sobre os imaginários imperiais e suas culturas de documentação. Nessa perspectiva, a superação do uso tradicional dos documentos de arquivo tem se tornando manifesta.

Em suma, depois de desterritorializado, dessubstancializado, retirado do solo seguro da linearidade histórica e reinscrito no cruzamento incerto e variável da cultura, da performance e da política, o arquivo, sua produção e patrimonialização perderam seu caráter autoevidente. Com isso, os usuários especializados dos arquivos são confrontados com a necessidade de firmarem um vínculo mais consistente entre as teorias que embasam suas concepções do arquivo e os condicionantes da sua pesquisa em arquivos.

Mesmo não sendo nova, a questão que serviu de base para a quebra do consenso sobre a natureza passiva das fontes ensejou o aparecimento de uma frente de reflexão inaudita, a partir da qual as relações de teóricos da arquivologia com áreas próximas foram atualizadas. A curiosidade despertada pela literatura histórica e antropológica funda-se, assim, no interesse mais largamente partilhado em deslindar as implicações entre a memória que os arquivos registram, os atores e saberes que sobre eles intervêm e as instituições que os legitimam como meios de acesso privilegiado ao passado. O vigor heurístico do debate travado nesse encontro está relacionado com a dimensão interdisciplinar dos problemas que tenciona abarcar.

Assim como ocorreu com historiadores e antropólogos, passou a interessar aos arquivistas filiados à chamada vertente pós-moderna percorrer a história de suas teorias, a fim de incorporar à reflexão o lugar social de seu próprio ofício. Nessa perspectiva de estranhamento, o arcabouço da disciplina deixou de figurar como um conjunto de regras invariáveis e neutras, ganhando em complexidade ao reconhecer em si a arbitrariedade intrínseca às formas de representação material da cultura.

Visto retrospectivamente, portanto, o debate que buscamos oferecer ao público brasileiro com essa coletânea aparece como um ponto de articulação entre transformações externas e internas ao campo da arquivologia. Com efeito, muitos conceitos e perspectivas mobilizados pelos autores buscam abarcar transformações filosóficas e culturais, para não mencionar as tecnológicas, incidindo fortemente sobre a representação tradicional dos arquivos.

Antes de apresentar brevemente a coletânea, vale registrar a dificuldade enfrentada para selecionar os textos, extraídos de revistas especializadas nas áreas de arquivos e estudos históricos. A primeira delas diz respeito à quantidade e qualidade de artigos disponíveis, desde o pioneiro e hoje clássico texto do canadense Brian Brothman, traduzido aqui e publicado pela primeira vez em 1991. Mesmo se restringirmos a análise a autores com formação na área dos arquivos, muito já foi escrito sob a rubrica do "pós-moderno" ou em diálogo com ela. Terry Cook, outro canadense, foi o primeiro a mencionar o conceito no título de um artigo publicado em 1994 na revista *Archives and Manuscripts*, "Electronic records, paper minds: the revolution in information management and archives in post-custodial and post-modernist era". O texto de sua autoria selecionado para compor essa coletânea, de 1997, dá continuidade à reflexão sobre o tema, adotando uma perspectiva histórica que justifica largamente sua inclusão no volume.

Não é mera coincidência que outro canadense, Tom Nesmith, figure entre os sete autores que compõem a primeira parte da coletânea, intitulada *Arquivos e arquivologia: história, princípios, práticas*. Os arquivistas canadenses foram pioneiros e continuam muito ativos nas reflexões sobre os arquivos e a profissão do arquivista. Outros nomes importantes dessa escola, que por questões práticas não pudemos incluir, são Richard Brown, Joan Schwartz, Robert McIntosh e o anglo-canadense Hugh Taylor, para citar alguns.

Ao lado da contribuição dos arquivistas canadenses, o leitor encontrará a do holandês Eric Ketelaar e a da norte-americana Elisabeth Kaplan, também interessados em indagar os arquivos a partir de novas perspectivas. O texto do historiador Étienne Anheim, marcado por preocupações semelhantes, demonstra que reflexões de natureza arquivística foram desenvolvidas para além do mundo anglo-saxão, ainda que a comunidade francesa de arquivistas não se tenha mobilizado de maneira significativa pelo debate proposto pelos pares pós-modernos. Optamos por incorporar à coletânea autores filiados a diferentes matrizes disciplinares de forma a dar visibilidade à interdisciplinaridade que tem prevalecido no debate. Ainda na primeira parte do livro, além da crítica de Anheim ao lugar reservado ao arquivo na epistemologia da história elaborada por Paul Ricoeur, o leitor encontrará um artigo da antropóloga norte-americana Ann Laura Stoler, cuja reflexão sobre arquivos produzidos no contexto de dominação colonial já se tornou uma referência.

Sem pretender, nem de longe, esgotar as contribuições afinadas com o que alguns estudiosos denominam de *archival turn* e que poderíamos sumarizar como uma nova mirada sobre os arquivos — atenta às subjetividades que os constituem, aos atributos que lhes são associados, às dinâmicas sociopolíticas nas quais estão inseridos e às ressignificações produzidas por seus usos —, selecionamos artigos que privilegiam uma abordagem geral, evitando aqueles que se debruçam sobre formatos mais específicos, tais como documentos eletrônicos, fotográficos e audiovisuais.

Decidimos consagrar uma segunda parte do livro aos arquivos privados, sobretudo aos pessoais, que tradicionalmente escaparam às elaborações metodológicas da arquivologia, mas que, nos últimos anos, têm sido alvo de grande investimento social e de pesquisa. Mesmo que de maneira discreta, eles também inspiraram um questionamento novo. *Arquivos privados e pessoais: da multiplicidade de sentidos à normatização das práticas* tem início com o texto "Provas de mim...", da arquivista australiana Sue McKemmish, referência obrigatória na reflexão sobre os sentidos da acumulação documental operada por indivíduos. Vale registrar que a contribuição de McKemmish para a renovação dos debates arquivísticos vai muito além dos arquivos pessoais, e foi secundada pelo trabalho de seus compatriotas Frank Upward e Barbara Reed. Ainda no que toca aos arquivos pessoais, é forte também a presença de arquivistas canadenses: Catherine Hobbs, Barbara Craig e Rob Fisher. Os artigos da arquivista norte-americana Jennifer Meehan e da historiadora Emanuelle Lambert completam a seção. Mais uma vez, a inserção do artigo de uma historiadora teve como objetivo dar visibilidade ao interesse comum nos processos sociais de conformação dos arquivos.

Essa coletânea pretende ser, sobretudo, um convite ao diálogo. Em que pese o fato de a publicação ter como público-alvo profissionais e estudantes de arquivologia, acreditamos que todos aqueles que se interessam pela sociologia da memória, pela epistemologia da história ou por uma antropologia dos arquivos poderão tirar proveito da leitura. Não propomos uma filiação necessária às ideias que orientam os autores, mas consideramos que conhecê-las ajuda a restituir a historicidade do debate acadêmico sobre os arquivos. Tornar os artigos acessíveis a um número maior de leitores animou, portanto, o projeto de tradução e edição que, depois de quase uma década, chega a termo. É importante chamar atenção para essa longa temporalidade, devida à complexidade do projeto editorial, bem como às contingências que se interpuseram a ele, entre as quais, a solução de continuidade das políticas de financiamento da Faperj. O livro vem a público em 2018 graças à aposta da editora, que mesmo diante da inadimplência da agência de fomento decidiu levar o projeto adiante. Se iniciássemos agora a seleção de artigos, outros textos, certamente, se imporiam. Sinal de que hoje, mais do que nunca, a reflexão sobre os arquivos se ampliou e diversificou, desafiando-nos a acompanhá-la.

As organizadoras

PARTE I

Arquivos e arquivologia:
história, princípios, práticas

O passado é prólogo: uma história das ideias arquivísticas desde 1898 e a futura mudança de paradigma[1]

TERRY COOK

Prólogo: memória, arquivos e história da arquivologia

A história do pensamento arquivístico neste século reflete a interação entre a teoria e a prática arquivísticas, na medida em que arquivistas de toda parte buscaram preservar a memória do mundo.[2] Jean-Pierre Wallot, arquivista canadense e ex-presidente do Conselho Internacional de Arquivos (CIA), estabeleceu para seus colegas a meta inspiradora de "construir uma memória viva para a nossa história do presente". Em suas palavras, "as casas da memória conterão as chaves para a memória coletiva" das nações e dos povos, e para a proteção dos direitos e privilégios. Assim poderão os cidadãos do mundo abrir as portas para o bem-estar pessoal e social que advém da experiência da continuidade com o passado, do senso das origens, do pertencimento, da identidade (Wallot, 1991:282). Lembram os arquivistas que, na mitologia grega, a Memória é a mãe de todas as musas. Por intermédio dela, a sociedade pode amadurecer de modo saudável e criativo.

---

1. Publicado originalmente com o título: What is past is prologue: a history of archival ideas since 1989, and the future paradigm shift. *Archivaria*, v. 43, p. 17-63, 1997.
2. Gostaria de expressar aqui a minha gratidão a vários colegas, cujos comentários foram muito proveitosos para as várias versões existentes deste artigo: Glenda Acland, Sue McKemmish e Angela Slatter (Austrália); Han Yumei (China); Jan van den Broek e Eric Ketelaar (Países Baixos); Verne Harris (África do Sul); David Bearman, Richard Cox, Margaret Hedstrom, Jim O'Toole e Helen Samuels (Estados Unidos); Barbara Craig, Gordon Dodds, Luciana Duranti, Tom Nesmith, Hugh Taylor e Ian Wilson (Canadá); meus colegas do Arquivo Nacional do Canadá, Gabrielle Blais, Brien Brothman, Richard Brown, Jacques Grimard, Candace Loewen, Lee McDonald, John McDonald, Heather MacNeil, Joan Schwartz e Jean-Pierre Wallot; e Sheila Power, editora-geral da revista *Archivaria*.

No entanto, essa memória social ou coletiva não se formou ao acaso ao longo da história, nem os resultados deixam de ser controversos. No contexto pós-moderno, os historiadores estão agora estudando cuidadosamente os processos que ao longo do tempo determinaram o que merecia ser lembrado e, mais importante, o que foi esquecido, deliberada ou acidentalmente. Essa "rememoração" coletiva — e "esquecimento" — se realiza por meio de galerias, museus, bibliotecas, sítios e monumentos históricos, comemorações públicas e arquivos — talvez mais especialmente através dos arquivos. O historiador francês Jacques Le Goff alude à política da memória arquivística: desde os tempos antigos, os que detinham o poder decidiam quem tinha permissão para falar e quem era obrigado a calar-se, seja na vida pública, seja nos registros documentais. De fato, os arquivos tiveram suas origens institucionais no mundo antigo como agentes capazes de legitimar esse poder e de marginalizar os que não tinham poder. Essa ênfase inicial prosseguiu. Entendem hoje os estudiosos que os arquivos medievais foram coligidos — e depois frequentemente expurgados e reconstituídos — não só para guardar evidência das transações legais e negociais, mas também explicitamente para servir a propósitos históricos e sacrossimbólicos, porém somente para personagens e eventos considerados dignos de ser celebrados ou lembrados no contexto de sua época. Adotando a perspectiva oposta à dos marginalizados pelo empreendimento arquivístico, a historiadora americana Gerda Lerner convincentemente retraçou desde a Idade Média até o presente século a exclusão sistêmica das mulheres dos instrumentos e instituições memoriais da sociedade, incluindo os arquivos. Sabe-se hoje que os arquivos da I Guerra Mundial foram consideravelmente alterados para fazer com que o marechal de campo sir Douglas Haig parecesse menos culpável pela chacina no *front* ocidental, onde ele exerceu papel de comando e muita responsabilidade. E, ainda numa outra perspectiva, os arquivistas nos países em desenvolvimento começam agora a questionar seriamente se os conceitos arquivísticos clássicos originados da cultura letrada das burocracias europeias são adequados para a preservação das memórias das culturas orais. Em suma, todos os atos de rememoração social são culturalmente determinados e têm implicações cruciais. Como diz o romancista tcheco Milan Kundera, "a luta contra o poder é a luta da memória contra o esquecimento".[3] Mas, memória de quem? E quem determina o resultado da luta?

A meu ver, essas são as questões centrais da história da arquivologia. De que modo, por exemplo, ao construir suas "casas da memória", os arquivistas refletiram essas realidades sociais em constante mudança e essas lutas pelo poder? De que modo as teorias, os conceitos e as estratégias arquivísticas refletiram as estruturas dominantes e o etos social de sua própria época? Em quais fundamentos — e refletindo quais valores cambiantes — se apoiaram os arquivistas para decidir quem deveria ser admitido em suas casas da memória e quem deveria ser delas excluído? Para responder a essas questões, precisamos de uma história intelectual de nossa profissão. Precisamos compreender melhor nossas próprias políticas da memória, as ideias e premissas que nos influenciaram, se quisermos que nossas "casas da memória" reflitam mais fielmente todos

---

3. Ver Le Goff (1992:xvi-xvii, 59-60 e passim). Sobre os arquivos medievais e suas finalidades, ver Geary (1994:86-87, 177, e esp. cap. 3); McKitterick (1989). Sobre as características mais simbólicas do que probatórias de certos documentos, ver O'Toole (1993). Sobre as mulheres e os arquivos, ver Lerner (1993, esp. cap. 11); ver também Voss-Hubbard (1995). Sobre a I Guerra Mundial, ver Winter (1991, esp. a última seção). Ver Kundera (1980, apud Kaplan, 1992:761). Para uma discussão sobre "controle" da política arquivística, ver Cook (1994b). Os arquivistas precisam explorar mais a fundo o campo do "conhecimento da memória", pois este contextualiza muitas premissas incontestáveis que fundamentam a teoria e conceituação arquivísticas, embora os autores (à diferença dos citados acima) raramente tratem explicitamente dos arquivos (exceto Clanchy). Ver, por exemplo, Spence (1984), que apresenta uma fascinante análise histórica intercultural da interação entre a dinastia Ming chinesa e a Contrarreforma cristã na Europa no século XVI, bem como uma boa introdução à arte da memória, então nos estertores de uma longuíssima história. Para uma análise original da memória e seu importante papel por mais de mil anos na educação e cultura ocidentais, bem como fantásticos mecanismos mnemônicos (como palácios da memória, árvores da memória e teatros da memória), ver Yates (1966). Outra análise nessa mesma linha é a de Carruthers (1990). A clássica análise da transição da memória oral para os registros memoriais (ou registros escritos e, portanto, arquivos) é de Clanchy (1993), mas Patrick Geary (citado acima) questiona respeitosamente algumas de suas ideias centrais. Sobre o uso do passado para construir memórias por meio de várias iniciativas cívicas e patrimoniais visando defender o *status* de alguma personalidade no presente existe uma série de estudos recentes: Hobsbawn e Ranger (1983); Lowenthal (1985); Kammen (1991); Bodnar (1992). Assim como os historiadores (e, espera-se, os arquivistas), bioquímicos, psicólogos, poetas, críticos literários e filósofos, entre outros, voltam sua atenção para o estudo ou mística da memória: o que ela vem a ser, como funciona e por que funciona de tal modo, tanto para relembrar como para esquecer. Tais obras poderiam encher uma biblioteca, mas, para uma breve porém arguta introdução, ver Warnock (1987).

os componentes das complexas sociedades a que pretendem servir. A história da arquivologia tem igualmente outros usos. A arquivista canadense Barbara Craig (1992a:121) expôs eloquentemente a questão: "assim como a identidade pessoal se baseia num forte senso histórico, o mesmo se dá com nossa identidade profissional — ambas resultam da capacidade de vivenciar a continuidade. Evidentemente, se nada temos para olhar para trás com orgulho, nada temos para olhar para frente com esperança".[4] Sem continuidade com o passado, os rumos futuros perdem legitimidade. Sem conhecer as lutas intelectuais de nossos predecessores, deixamos de nos beneficiar de sua experiência e ficamos condenados a repetir seus erros. Como disse Shakespeare, "o passado é prólogo". Antes de poderem escrever seu prólogo para o próximo século, os arquivistas profissionais precisam conhecer melhor seu próprio passado.

Analisando o discurso arquivístico: possibilidades e limitações

Muitos são os livros que podem (e devem) ser escritos pelos arquivistas sobre a história de sua profissão por séculos e milênios, passando por culturas, línguas, gênero e nacionalidades, por diferentes meios de comunicação e diferentes tipos de produtores de documentos, cruzando a ponte entre a teoria e a prática, ou seja, cruzando o abismo entre as normas e ideias norteadoras, de um lado, e sua efetiva implementação nas instituições arquivísticas, de outro. O presente ensaio (ainda que longo) abrange apenas um século na rica história das ideias arquivísticas, bem como apenas a tradição da Europa ocidental através de um filtro canadense. Creio, porém, que a metodologia analítica aqui adotada pode servir para outros contextos históricos concernentes ao passado da arquivologia.

---

4. Richard J. Cox (1990) aponta as razões pelas quais os arquivistas devem pesquisar, escrever e ler sua própria história, inclusive os muitos benefícios que isso trará para a prática cotidiana e a situação profissional. Lamentavelmente, poucos seguiram o proveitoso conselho de Cox, o que não deixa de causar estranheza, considerando a formação histórica da maioria dos arquivistas.

O passado é prólogo   21

A meu ver, para analisar a história das ideias arquivísticas é preciso conhecer o discurso arquivístico da época ou lugar em questão. A análise histórica arquivística requer que passemos em revista os principais debates que eminentes arquivistas mantiveram entre si e a respeito de sua atividade profissional. Requer que reconsideremos suas premissas, ideias e conceitos, dentro de seu próprio contexto.

Nessa perspectiva, "teoria" arquivística e "teórico" arquivista não têm relação, respectivamente, com determinado conjunto imutável de princípios estabelecidos e seus defensores em diferentes campos da prática. Esse tipo de enfoque histórico é demasiado positivista e obsoleto para ser adotado por um observador de fins do século XX. Em vez disso, o pensamento arquivístico ao longo do século deve ser visto em constante evolução e mudança, à medida que se vai adaptando às transformações radicais verificadas na natureza dos documentos, nas organizações que os produzem, nos sistemas de gestão e na utilização desses documentos, bem como nas tendências culturais, legais, tecnológicas, sociais e filosóficas no seio da sociedade. As ideias arquivísticas formuladas em determinada época e lugar refletem muitos desses fatores externos; e tais ideias são frequentemente reformuladas e até redescobertas em outra época e lugar, ou reestruturadas ao longo das gerações num mesmo lugar. Os melhores teóricos da arquivologia são os que conseguiram reconhecer e articular essas transformações radicais na sociedade, e depois lidar conceitualmente com seu impacto sobre a teoria e a prática arquivísticas. Tal articulação produz nosso discurso coletivo, o metatexto ou narrativa que informa nossa atividade profissional, propriamente o foco de uma história intelectual dos arquivos.

Ao examinar o discurso arquivístico deste século desde a publicação do famoso *Manual dos holandeses*, de 1898, estou limitando minha análise a certos eminentes pensadores europeus, norte-americanos e australianos cujas obras encontraram expressão em fontes de língua inglesa. Além disso, focalizarei principalmente os pilares gêmeos da atividade, a avaliação e a organização/descrição arquivísticas, na medida em que foram afetados pelas mudanças observadas nas culturas, nos meios de comunicação e na tecnologia, mesmo reconhecendo que se verificaram em nossa área intensos debates sobre questões ligadas à preservação, sobre divulgação pública ou sobre os arquivos como lugar de custódia, entre outros temas. E, considerando o público-alvo do periódico canadense *Archivaria*, em que foi originariamente publicado este artigo, procurei dar certa ênfase às tradições desse país, quando necessário, dentro desse discurso da Europa ocidental. Evidentemente, existem muitas tradições arquivísticas fora desses limites geográficos e linguísticos. De certo modo, porém, isso é irrelevante, pois entendo que a análise aqui feita, a despeito de seu foco limitado, revelará tendências históricas que têm alguma universalidade até mesmo dentro do amplo pluralismo que caracteriza a atividade arquivística internacional. Ainda que eu priorize os falantes de determinada língua, creio que as questões por eles abordadas transcendem suas próprias circunstâncias nacionais e linguísticas, sendo portanto relevantes para todos os arquivistas.

O Manual dos holandeses de 1898: definição dos princípios arquivísticos

Exatamente um século atrás, três holandeses, Samuel Muller, Johan Feith e Robert Fruin, publicaram seu famoso *Manual de organização e descrição dos arquivos*. Evidentemente, a obra de Muller, Feith e Fruin não surgiu do nada durante a década de 1890. Arquivos de diversos tipos já existiam há séculos, mas os modernos princípios arquivísticos *per se*, não obstante obscuros precedentes, só foram detalhadamente formulados no século XIX, na França e na Alemanha.[5] Ironicamente, porém, os importantes tratados que divulgaram para o mundo esses princípios no início do século XX não foram escritos por autores alemães nem franceses, e sim por arquivistas holandeses, ingleses e italianos (Duchein, 1992:19). Desses tratados, o mais influente foi o *Manual dos holandeses*, por ter sido o primeiro e também porque chegou a muitos arquivistas por traduções em francês, alemão, inglês, italiano, português, chinês e outros idiomas.

---

5. Os melhores resumos em inglês são de Duchein (1992) e Duranti (1993a), que indicam muitas outras fontes em outros idiomas. Ver também Bradsher e Pacifico (1988); Bucci (1992); O'Toole (1990).

Muller, Feith e Fruin produziram seu manual para a Associação Holandesa de Arquivistas, em cooperação com o Arquivo Nacional dos Países Baixos e o Ministério do Interior. Cada uma das 100 normas constantes do *Manual* foi formalmente debatida pela sociedade durante a década de 1890. Como é típico de uma obra escrita em conjunto, os textos nela incluídos se caracterizam por apreciações cautelosas e exemplos detalhados, embora as próprias normas sejam rigorosamente definidas. O *Manual* reflete igualmente a influência da teoria arquivística francesa sobre Muller, que em 1873 frequentou a École des Chartes em Paris, bem como a introdução do conceito alemão de proveniência em vários arquivos holandeses.

A principal contribuição dos autores holandeses foi formular os mais importantes princípios (ou "normas") concernentes à natureza e ao tratamento dos arquivos. A primeira norma, que no entender dos autores constituía "a base sobre a qual se erguerá todo o resto", definia arquivos como "o conjunto de documentos escritos, desenhos e material impresso, recebidos ou produzidos oficialmente por determinado órgão administrativo ou algum de seus funcionários [...]". A oitava e a 16ª normas estabeleciam os pilares gêmeos da arquivologia clássica: os arquivos como tal definidos "devem ser cuidadosamente separados", e não misturados com os arquivos de outros produtores, ou dispostos em arranjos artificiais baseados em cronologia, geografia ou assunto; e o arranjo desses arquivos "deve basear-se na organização original da coleção arquivística, que em geral corresponde à organização do órgão administrativo que a produziu". Aí temos simplesmente definidos os conceitos de proveniência e ordem original. Esta última norma, de respeitar e, se necessário, restabelecer o sistema original de arquivamento e classificação utilizado pelo produtor, foi considerada pelos autores holandeses "a mais importante de todas [...], da qual derivam todas as demais normas". Segundo eles, respeitando-se o arranjo dos sistemas originais de arquivamento de documentos, é possível facilitar muito a importantíssima atividade arquivística de elucidar o contexto administrativo em que os documentos originariamente são criados.[6]

---

6. Ver Muller, Feith e Fruin (1968:13-20, 33-35, 52-59). Sobre a história do *Manual*, ver Barritt (1993) e Dekker (1992). A melhor fonte de informação biográfica sobre o trio holandês, inclusive acerca de suas relações interpessoais não inteiramente felizes, é Ketelaar (1986).

Hoje reconhecemos certas limitações do pioneiro *Manual dos holandeses*. Como já foi observado, o livro trata principalmente de arranjo e descrição, como revela seu próprio título, e tem pouco a dizer sobre avaliação e seleção, tal como hoje entendemos esses termos. Diz respeito a documentos governamentais, públicos ou corporativos e sua transferência organizada para repositórios arquivísticos, a fim de preservar sua ordem e classificação originais, relegando à tutela de bibliotecas e bibliotecários os arquivos privados e pessoais. E, mais importante, o *Manual* se baseia na experiência dos autores com um número limitado de documentos medievais passíveis de criteriosa análise diplomática e com documentos existentes em acervos departamentais bem organizados no contexto de administrações estáveis. Tal experiência os levou diretamente a deduzir, como dito antes, que "a organização original do arquivo" na instituição produtora corresponderia "em linhas gerais à organização da administração que o produziu" (Upward, 1994).

Essa estreita ligação já não prevalece nas modernas organizações, onde numerosos sistemas de gestão de documentos, em diversas mídias, em muitos subescritórios não mais correspondem exatamente à organização estrutural interna ou às múltiplas funções da administração produtora. Além disso, as revoluções ocorridas na informática e nas telecomunicações na última década aceleraram radicalmente essa descentralização e difusão, a tal ponto que as funções operacionais agora permeiam todas as esferas estruturais ou organizacionais. Daí a recente divergência entre as percepções arquivísticas que informam as estratégias referentes a avaliação e documentos eletrônicos e aquelas que fundamentam o arranjo e a descrição. Um conhecimento detalhado das estruturas administrativas, das funções e atividades laborais em constante evolução é fundamental para a moderna avaliação arquivística e para o controle dos documentos eletrônicos, bem como para o processo contemporâneo de reengenharia empresarial e planejamento de sistemas informatizados. Tal conhecimento, porém, já não pode mais advir somente do estudo dos documentos tomando por base as clássicas metodologias holandesas adotadas para arranjo e descrição.

Os autores holandeses descreveram detalhadamente o que observaram nos documentos e nas estruturas administrativas de sua época, e com base nessa experiência formularam os princípios básicos de nossa profissão. Mas, como as estruturas administrativas se modificaram consideravelmente neste século, tais princípios foram por vezes defendidos de modo demasiado rígido ou interpretados de modo demasiado literal. Isso não é culpa dos autores holandeses, mas antes um tributo à natureza convincente de seu trabalho. De fato, mesmo sendo modestos demais ao descreverem sua obra como "tediosa e meticulosa", eles foram generosos e realistas ao não desejarem colocá-la "como um pesado jugo sobre os ombros de nossos colegas. Não nos importaremos", disseram eles, "com possíveis divergências em relação a elas [as normas], quanto aos detalhes ou até mesmo quanto ao que lhes é essencial". No século passado, certamente houve divergências, assim como confirmações, dos princípios formulados por Muller, Feith e Fruin.[7] A importância do *Manual dos holandeses* reside em sua codificação da arquivologia europeia e sua enunciação de uma metodologia para o tratamento dos arquivos. Segundo o pioneiro arquivista norte-americano Ersnt Posner, o *Manual* deu a "sanção final" a princípios teóricos que tinham evoluído gradualmente ao longo do século anterior, e o I Congresso Internacional de Arquivologia em Bruxelas, em 1910, endossou formalmente os princípios holandeses (Posner, 1967:31; Geller, 1983:23). Em 1956, o teórico norte-americano Theodore R. Schellenberg referiu-se ao *Manual dos holandeses* como "a bíblia do moderno arquivista" (apud Barrit, 1993), e tanto ele quanto o teórico inglês sir Hilary Jenkinson o utilizaram como base para seus importantes trabalhos. Seja diretamente ou através de Jenkinson e Schellenberg, a obra de Muller, Feith e Fruin influenciou amplamente a teoria e a prática arquivísticas.

---

7. Ver Muller, Feith e Fruin (1968:9). Os próprios holandeses foram os primeiros a reconhecer as novas realidades administrativas que afetavam a atividade arquivística e, portanto, a reformular ou expandir as regras originais. É lamentável que outros não tenham mostrado a mesma flexibilidade com relação a seus sucessores. Como exemplos das mudanças feitas pelos holandeses, ver Hardenberg (1985). Ketelaar (1996) mostrou que um precursor oitocentista dos autores do *Manual*, Theodoor Van Riemsdijk, propôs o conceito de análise funcional e organizacional como base da teoria arquivística, mas que suas ideias foram postas de lado, "prejudicando assim por muito tempo o desenvolvimento da arquivologia".

Sir Hilary Jenkinson: a inviolabilidade da evidência

Vinte e quatro anos após a publicação do livro holandês, Hilary Jenkinson lançou o segundo maior tratado sobre teoria e prática da arquivologia. A defesa articulada por Jenkinson dos arquivos como evidência imparcial e sua visão do arquivista como guardião da evidência tornaram-se a "pedra de toque" para a profissão. Num trecho que figura em pelo menos quatro de seus discursos,[8] diz Jenkinson:

> A função do arquivista é servir. Ele existe para tornar possível o trabalho de outros. [...] Seu credo, a inviolabilidade da evidência; sua tarefa, a preservação de qualquer fragmento de evidência existente nos documentos que lhe foram confiados; seu objetivo, fornecer, sem prejulgamentos ou retificações, a todos os interessados, os meios para alcançar o Saber [...]. O bom arquivista é talvez o mais abnegado devoto da Verdade produzida pelo mundo moderno.

Se os documentos são subproduto da administração, a pura evidência de atos e transações, então é inadmissível qualquer posterior interferência, diz Jenkinson, visto que assim perderiam seu caráter de evidência imparcial. Se os arquivos são a emanação orgânica dos documentos de um produtor, então o ato de separar qualquer registro desse todo orgânico corresponderia a violar os princípios arquivísticos fundamentais estabelecidos pelos holandeses. Se os documentos devem manter sua pureza em um ordenamento arquivístico, então sua avaliação pelo arquivista é totalmente inadequada. Esse exercício de "julgamento pessoal" pelo arquivista — exercício que, no entender de Jenkinson, a avaliação necessariamente implica — conspurcaria a imparcialidade dos arquivos enquanto evidência, assim como, é claro, qualquer intenção de preservar os arquivos para atender à sua utilização efetiva ou potencial pelos pesquisadores. O papel do arquivista seria preservar, e não selecionar arquivos. Nessa ótica, os arquivistas eram tidos na

---

8. Davies (1957) é a melhor fonte biográfica sobre Jenkinson, podendo ser complementada por Stapleton (1983/84).

Grã-Bretanha como "guardiães". Embora a enorme quantidade de registros gerados pela I Guerra Mundial desse a Jenkinson uma perspectiva que os holandeses não podiam ter, ele jamais se sentiu à vontade, não obstante algumas tímidas concessões ulteriores em sua carreira, com o fato de os arquivistas realizarem qualquer tipo de avaliação ou seleção.

A solução de Jenkinson para esse dilema foi confiar ao produtor a ingrata tarefa de reduzir o enorme acúmulo dos modernos documentos, tornando-se assim "o administrador o único responsável pela seleção e eliminação de seus próprios documentos [...]". Os arquivistas se encarregariam então do restante, exatamente como faziam, à época de Jenkinson, com os registros medievais e do início da era moderna, uma vez que, não havendo tal acúmulo, era desnecessária a eliminação no contexto arquivístico. Embora o próprio Jenkinson se preocupasse com o fato de que esses administradores pudessem não eliminar o bastante, ou eliminar demais, ou mesmo criar documentos que deliberadamente têm em mira a história, tanto quanto visam fornecer evidência imparcial das transações, ele não apresentou nenhuma solução satisfatória para tais dilemas.

A bem dizer, Jenkinson chegou a propor para os arquivistas um papel limitado na constituição dos arquivos, o qual consistia em formular padrões para que os administradores pudessem criar e manter futuramente arquivos de alta qualidade, com as mesmas características de evidência autêntica e imparcial que ele atribuía aos arquivos do passado. Essa não era exatamente uma solução satisfatória para o problema da avaliação, mas representou um passo adiante. Ele reconheceu o insolúvel dilema, levando-se em conta sua visão geral, de que esse papel de intervenção na constituição dos arquivos implicaria distinguir entidades mais "importantes" do que outras (e programas, bem como atividades), e tais juízos de valor — que são a base da moderna avaliação arquivística — desde logo comprometeriam a imparcialidade do arquivista. Assim, Jenkinson, ao menos sempre coerente, admitiu que, "nesse ponto, não temos soluções a oferecer!". Ao que parece, ele não considerou que mesmo o papel limitado de estabelecer padrões para a constituição de arquivos já comprometia a pureza dos registros enquanto acúmulos naturais ou genuínos que os administradores criaram, organizaram e utilizaram no curso normal das atividades tal como eles (e não os arquivistas) julgavam apropriado (Jenkinson, 1968:149-155, 190).

O arquivista norte-americano Gerald Ham (1993:9) criticou duramente, porém com razão, o dilema central jenkinsoniano referente à avaliação: "deixar que o produtor determine como deve ser o arquivo equivale a resolver os problemas ligados à complexidade, impermanência e quantidade dos registros contemporâneos ignorando-os".[9] O modo como Jenkinson concebe a avaliação e até mesmo a própria definição de arquivo autorizariam (o que certamente lhe causaria horror) produtores de documentos como, por exemplo, os presidentes norte-americanos Richard Nixon e George Bush a eliminar ou privar o público do acesso a quaisquer documentos contendo evidência desfavorável de seus atos no exercício do cargo, comprometendo assim a responsabilização democrática e o conhecimento histórico. Em última instância, o enfoque de Jenkinson possibilitaria que o patrimônio arquivístico fosse adulterado por capricho administrativo ou ideologia de Estado, como na antiga União Soviética, onde a proveniência foi comprometida pela criação de um fundo estatal, e os documentos tinham valor somente na medida em que refletissem a visão "oficial" da história.[10]

No que diz respeito a arranjo e descrição, Jenkinson introduziu o conceito de *"archive group"* como alternativa — em termos de interpretação, se não de princípios — ao conceito europeu de *fonds d'archives*. A visão de Jenkinson era um tanto mais abrangente: seu *archive group* incluía a totalidade dos registros "do trabalho de determinada administração, a qual era um todo orgânico, completo em si mesmo, capaz de lidar independentemente, sem necessidade de nenhuma autoridade adicional ou externa, com todos

---

9. Até mesmo os arquivistas simpáticos a Jenkinson rejeitaram suas ideias sobre avaliação. O canadense Lamb (1962) e o australiano Maclean (1962) destacaram as dificuldades apresentadas pela abordagem de Jenkinson.

10. Ver Grimstead (1972:23-60). Ainda segundo Grimstead (1992:10), a partir da década de 1930, os arquivistas tiveram de "enfatizar os conceitos marxistas-leninistas de história e demonstrar os aspectos da luta de classes e a vitória das massas operárias. Os arquivistas foram acusados de forjar descrições 'objetivas' ou meramente fatuais do material, em vez de mostrar como determinado conjunto de documentos retratava a luta contra a classe dominante. Os documentos arquivísticos não relacionados aos temas partidários simplesmente não eram descritos, ou não tinham registradas sua natureza e sua proveniência".

os aspectos de qualquer assunto que normalmente lhe fosse apresentado". Coerentemente com sua "definição bastante católica" do arquivo como todo o universo de documentos de determinada administração ou entidade, ele admitia que o *archive group* para entidades de grande porte poderia conter "*fonds* dentro de *fonds*", uma sutileza por vezes ignorada pelos mais recentes codificadores de padrões descritivos. É importante atentar para as palavras de Jenkinson. Ele se refere a determinada administração que *era* um todo orgânico, assim priorizando novamente, tal como o trio holandês, os arquivos medievais e do início da era moderna, com suas séries fechadas, seus produtores estáveis e há muito desaparecidos, e seu *status* de documentos legados pelo passado. Não ocorreu a Jenkinson que as transferências de documentos de séries abertas de estruturas administrativas fluidas poderiam gerar anomalias que desafiassem o conceito de *archive group*.[11]

Jenkinson ingressara no Public Record Office, em Londres, em 1906, onde seu trabalho se concentrava quase exclusivamente em documentos medievais e do nascente Estado-nação. Tal experiência explica sua insistência no caráter legal dos documentos arquivísticos, sua natureza probatória, sua estabilidade e integralidade. Suas ideias refletem igualmente sua identificação pessoal com a cultura corporativa do serviço público britânico no período anterior à guerra, donde a sua fé no "administrador" governamental como ente respeitável, instruído e civilizado, capaz de emitir julgamentos desinteressados no tocante à preservação de arquivos. Nosso mundo de presidentes mentirosos e comissários corruptos ser-lhe-ia inteiramente estranho e decerto abominável. Quanto à sua ideia de que a "verdade" se revela por meio dos documentos dos arquivos, ou de que o arquivista é um "guardião" imparcial dos documentos e um "abnegado devoto da verdade", Jenkinson estava simplesmente refletindo o positivismo empírico dominante na historiografia que lhe era tão familiar e que ele conhecia a fundo.

---

11. Ver Jenkinson (1968:101-102). Sua visão abrangente do arranjo ainda subsiste na prática arquivística britânica. Embora seu "*archive group*" seja hoje chamado simplesmente de "*group*", ele ainda conserva a amplitude da definição de Jenkinson. Por outro lado, a própria expressão "*archive group*" está relacionada a categorias temáticas ainda mais amplas. Ver Cook (1986:85-87 e cap. 5, esp. exemplos à p. 92). O contexto das ideias de Jenkinson, seu impacto e também seus pontos fracos são bem analisados por Roper (1992).

30 Pensar os arquivos

Em suma, as ideias de Jenkinson sobre avaliação já não se aplicam aos documentos modernos, nem às expectativas da moderna sociedade quanto ao papel dos arquivos; tampouco suas noções sobre a natureza estável das administrações ou a fixidez dos ordenamentos arquivísticos são úteis para tratar dos modernos problemas descritivos. Mas sua defesa enérgica do caráter probatório dos documentos certamente continua servindo de inspiração a todos os arquivistas. Como veremos, suas ideias estão sendo resgatadas especialmente na Austrália e no Canadá, mas também por muitos teóricos dos documentos eletrônicos em todo o mundo, que hoje se defrontam com o caráter efêmero e virtual dos documentos, a informação descontextualizada, e os casos cada vez mais frequentes de eliminação inescrupulosa e fortuita de registros.[12] Para os entusiastas neojenkinsonianos, o segredo é ater-se ao espírito, e não à letra, de suas asserções peremptórias.

Na história do pensamento arquivístico europeu até 1930, duas questões importantes se apresentam: os princípios da arquivologia resultaram principalmente das soluções encontradas para os problemas do arranjo e da descrição dos documentos mais antigos; e tais princípios refletiam sobremaneira a época e a procedência de seus autores, bem como o tipo de documentos com que lidavam. Essas duas questões estão exemplificadas na obra do italiano Eugenio Casanova, teórico da arquivologia cujo principal trabalho veio a lume em 1928. Assim como Jenkinson e o trio holandês, Casanova espelhava as correntes intelectuais do século XIX e princípios do século XX, quando ele, como disse recentemente o especialista italiano

---

12. Ver, por exemplo, o jenkinsonismo declarado dos australianos, talvez mais bem representado em McKemmish (1993); McKemmish e Upward (1993 e 1994); e, mais explicitamente, Acland (1991). Para o Canadá, ver principalmente MacNeil (1994b). Para uma visão canadense neojenkinsoniana da avaliação, ver Duranti (1994). Nesses exemplos, os neojenkinsonianos australianos tendem a seguir o espírito do mestre, ao passo que seus colegas canadenses atêm-se mais à letra de seus preceitos. Todos os jenkinsonianos deveriam lembrar-se que até mesmo o próprio mestre chamou de "tolos" os arquivistas "indevidamente" influenciados por preocupações administrativas e institucionais, tendo inclusive afirmado que, "portanto, é preciso levar em consideração principalmente os interesses e necessidades" dos pesquisadores. Em carta ao professor F. M. Powicke, de Oxford, datada de 22 de janeiro de 1946, Jenkinson disse também que "nenhum arquivista pode fazer o seu trabalho com eficiência sem aprender um pouco de história espontaneamente [...] e em boa medida incidentalmente [...]. Seria imprudente tentar impedir o arquivista de exercer ocasionalmente o ofício de historiador" (apud Millar, 1996:255).

Oddo Bucci, "conferiu à disciplina o seu viés empírico, erigiu-a como ciência descritiva e aplicou a ela o imperativo da historiografia positivista, que visava antes a acumular fatos do que a elaborar conceitos [...]". Em fins do século XX, porém, essa historiografia positivista e esse empirismo baseado em "fatos" já estavam há muito desacreditados. Segundo Bucci, as novas mudanças sociais fundamentalmente "abalam hábitos e normas de conduta, rompendo com os princípios que por muito tempo presidiram os processos pelos quais se criam, transmitem, conservam e exploram os documentos arquivísticos. É evidente", afirma ele, "que as radicais inovações na prática da arquivologia estão se tornando cada vez mais incompatíveis com a continuação de uma doutrina que procura manter-se encerrada dentro dos baluartes de seus princípios tradicionais". O que Bucci diz de Casanova, e que vale igualmente para Jenkinson e o trio holandês, é que os princípios arquivísticos não são definitivos, mas, assim como os conceitos da própria história, da literatura ou da filosofia, refletem o espírito de sua época, sendo portanto reinterpretados pelas gerações seguintes.[13]

Arquivos modernos: T. R. Schellenberg e a corrente americana

Subsequentemente, a principal iniciativa de articular o discurso arquivístico partiu dos Estados Unidos. Não podendo dar-se ao luxo de formular princípios de arquivologia baseados na análise meticulosa de uma quantidade limitada de velhos documentos, e sem condições de contar somente com a "ciência descritiva" de Casanova, de Jenkinson e dos autores holandeses, os arquivistas americanos iniciaram sua atividade profissional coletiva enfrentando uma crise crescente de acúmulo de documentos contemporâneos, dos quais apenas uma mínima parcela podia ser preservada como arquivos. Ao ser criado em Washington, em 1934, o Arquivo Nacional herdou um impressionante volume de cerca de um milhão de metros de documentos federais, o qual aumentava à razão de mais de 60 mil metros por ano. Em 1943, com

---

13. Sobre o panorama italiano e a obra de Casanova, ver Bucci (1992:11, 34-35).

32 Pensar os arquivos

a ampliação do aparelho estatal para enfrentar a Grande Depressão e a II Guerra Mundial, essa taxa de crescimento chegara a 600 mil metros por ano.[14] Isso teve duas consequências principais: a primeira foi o surgimento da atividade profissional de gestão de documentos, para ajudar as agências a lidarem com essa avalanche de papéis; e a segunda, a reformulação radical do trabalho arquivístico na América do Norte e onde quer que se fizesse sentir a influência de suas ideias.

Margaret Cross Norton, pioneira da arquivologia nos EUA e arquivista do estado de Illinois, disse em 1944 que, diante desse incrível volume de documentos modernos, "obviamente não é mais possível para nenhuma agência preservar todos os documentos resultantes de suas atividades. A prioridade do trabalho arquivístico", observou ela, divergindo abertamente de Jenkinson, "não é mais a preservação, e sim a seleção daqueles a serem preservados". Philip C. Brooks, destacado teórico do Arquivo Nacional dos EUA, foi explícito em sua crítica à visão de Jenkinson, para quem os arquivistas podiam tranquilamente "eximir-se da reponsabilidade pelo modo como os órgãos públicos gerenciavam seus documentos", o que simplesmente significava que "numerosos documentos seriam tratados de maneira indevida e até mesmo perdidos, antes que os arquivistas assumissem sua custódia".[15] Daí surgiu o conceito americano de "ciclo de vida", segundo o qual os documentos eram primeiramente organizados e intensamente utilizados por seus produtores, depois armazenados por um período adicional de uso esporádico em depósitos distantes do original e, por fim, ao perderem inteiramente sua utilidade operacional, "sele-

---

14. Os números foram extraídos de Bradsher (1985) e arredondados e convertidos para medidas métricas.

15. Ver Norton (1975:232); Brooks (1940:226). Sobre a divergência com Jenkinson, ver McRoy (1978:178). A noção intervencionista de Brooks foi posteriormente rearticulada e explorada por Atherton (1985/86), e a ideia de um trabalho inicial dos arquivistas nesse *continuum* documental serve de fundamento a boa parte das atuais teorias sobre documentos eletrônicos. O *continuum* concebido por Atherton já fora antecipado pelo australiano MacLean (1959 e 1962). O conceito de *continuum* foi retomado recentemente, com muito mais implicações para a arquivologia, passando a incluir todas as dimensões e setores do trabalho e do pensamento arquivísticos: transparência social/cultural e legal/administrativa, setores público e privado, produtores individuais e corporativos, regras de evidência documental e vinculações funcionais/contextuais. Ver Upward (1996).

cionados" por seu valor arquivístico e transferidos para um arquivo, ou então considerados sem valor e eliminados. Assim como Norton, Brooks defendia uma estreita relação, ao longo de todo esse "ciclo de vida", entre os arquivistas responsáveis pela seleção de documentos para preservação a longo prazo e os administradores de documentos encarregados de organizar e lidar com os arquivos vivos nos departamentos. Segundo ele, o trabalho de avaliação "é mais eficiente quando se tem pleno conhecimento das relações existentes entre os documentos de determinada agência à medida que eles vão sendo gerados, e não depois que ficaram por 20 anos esquecidos e sujeitos à deterioração". Coube a Theodore R. Schellenberg especificar em suas obras pioneiras, tomando por base o trabalho de seus colegas, como deveria ser efetivamente realizado o trabalho de seleção. Ao formular tais critérios de seleção ou avaliação, Schellenberg tornou-se "o pai da teoria sobre avaliação nos Estados Unidos".[16]

Schellenberg estabeleceu que os documentos tinham valor primário e valor secundário. O valor primário refletia a importância dos documentos para seu produtor original, e o valor secundário, sua utilização por subsequentes pesquisadores. O valor primário revelava até que ponto os documentos atendiam às necessidades operacionais correntes de seus produtores — analogamente, para Jenkinson, cabia ao "administrador" determinar o valor a longo prazo. Os valores secundários, que Schellenberg subdividiu em valores probatórios e valores informativos, eram bem diferentes, pois refletiam a importância dos documentos para a pesquisa secundária realizada por subsequentes usuários, e não a utilização primária por seu produtor original. Nesse ponto, Schellenberg negava explicitamente que seu "valor probatório" estivesse ligado ao conceito jenkinsoniano de arquivo como "prova". Para Schellenberg, os valores probatórios refletiam a importância dos documentos para os pesquisadores, e não para os administradores, por documentarem funções, programas, políticas e procedimentos do produtor. Tais valores deveriam ser determinados, após investigação e análise apropriadas, pelo

---

16. Ver Ham (1993:7). Daniels e Walch (1984:57-70) expõem resumidamente os princípios formulados por Schellenberg (1956).

arquivista, e não pelo administrador de Jenkinson. Já o valor informativo, o outro tipo de valor secundário, dizia respeito ao conteúdo dos documentos relativos a "pessoas, entidades, assuntos, problemas, circunstâncias etc." incidentais para "a ação do próprio governo". Decidir se determinado conteúdo informativo era importante ou não — ou seja, quem seria convidado ou não a ingressar nas "casas da memória" — competia igualmente ao arquivista, valendo-se de sua experiência como historiador e consultando "especialistas na matéria", de modo a atender à maior variedade possível de interesses de pesquisa (apud Daniels e Walsch, 1984:58-63, 69). Essa determinação do valor informativo era importantíssima para Schellenber, dada a sua "utilidade [...] para a ampla documentação da vida americana".[17] Devemos reconhecer que, decerto coerente com seu foco na pesquisa secundária, Schellenberg esforçou-se bem mais do que o trio holandês ou do que Jenkinson para criar pontes entre arquivistas e bibliotecários, bem como entre os arquivistas encarregados dos documentos institucionais e aqueles responsáveis pelos documentos privados.[18]

Outra importante mudança no pensamento arquivístico foi introduzida por Schellenberg e seus colegas americanos. Os holandeses e Jenkinson entendiam por "arquivo" todo o material criado e recebido por determinada administração. Para Schellenberg, "arquivo" (*archive*) era apenas aquela parcela selecionada pelos arquivistas para preservação a partir do conjunto original maior que ele designava de "documentos administrativos" (*records*). Os documentos administrativos eram da competência dos gestores de documentos e das instituições produtoras; o arquivo era da competência dos arquivistas e das instituições arquivísticas. Apesar da boa cooperação entre as duas profissões, e da cooperação à maneira de *continuum* preconizada por Philip Brooks, a distinção feita por Schellenberg entre "*records*" e "*archives*" acabou por acentuar as diferenças entre gestores de documentos

---

17. Ver Ham (1993:8). Ainda é forte a influência de Schellenberg: seus valores secundários, para fins de pesquisa, "continuam sendo a principal preocupação dos arquivistas". Ver Daniels (1988:60).

18. Para uma análise da evolução das ideias de Schellenber, especialmente no tocante aos arquivos privados e às relações dos arquivos com os bibliotecários, ver Berner (1983:47-64, e passim).

O passado é prólogo   35

e arquivistas, bem como entre arquivos correntes e arquivos permanentes, em vez de suas similaridades e interconexões. Tal legado cria problemas estratégicos para os arquivistas num mundo informatizado, pois os documentos eletrônicos requerem uma intervenção "direta" dos arquivistas, caso se pretenda preservá-los como prova documental.[19]

No que se refere a arranjo e descrição, Schellenberg cunhou o conceito de *record group* como instrumento para lidar com o gigantesco volume de documentos gerados por "um governo altamente complexo", no qual, segundo suas palavras, "nenhuma unidade governamental atende inteiramente aos requisitos jenkinsonianos [para o *archive group*] [...] de integralidade e independência [...]". Schellenberg observou acertadamente que, nas modernas administrações, "todas as unidades são inter-relacionadas e poucas têm total independência para lidar com os assuntos de sua alçada". Devido a essa complexidade da administração e ao enorme volume de documentos, o conceito americano de *record group* "considerava a quantidade e a proveniência" como critérios. Tal enfoque necessariamente operava "de modo um tanto arbitrário", considerando que tais fatores de ordem prática variavam conforme a época e o lugar em termos de se avaliar "a conveniência de conferir à unidade o tamanho e o caráter adequados para o trabalho de arranjo e descrição, bem como para a publicação de inventários".[20] Onde o conceito de *record group* foi implementado, adotaram-se igualmente muitas dessas soluções arbitrárias e práticas, a ponto de certos críticos afirmarem que tal conceito dilui a proveniência, em vez de preservá-la.[21]

---

19. Os australianos foram mais articulados ao objetar contra a distinção schellenberguiana entre *"records"* e *"archives"*, a qual desfoca sua finalidade comum e unificadora enquanto "documentos arquivísticos" em qualquer momento de sua existência ao longo do *continuum*. Ver, por exemplo, McKemmish e Upward (1993:1, 22, e passim); e Acland (1992). Para a interpretação e implementação, pelos australianos, do *continuum* documental em vez do ciclo de vida, ver diversos autores (especialmente Frank Upward) em McKemmish e Piggott (1994).

20. Ver Schellenberg (1956). Sobre esse tema, uma importante fonte teórica americana é Holmes (1964:25-27).

21. É cada vez maior o número de críticos que defendem a extinção do *record group* e a volta a uma adoção mais estrita da proveniência, em vez da solução prática de Schellenberg. Os primeiros a levantar objeções foram o australiano Scott (1966:502, e passim) e, mais recentemente, Bearman e Lytle (1985/86:20), e Cook (1992c:47-52). Os esforços empreendidos durante uma década pelos canadenses no sentido de conceber e implementar

36 Pensar os arquivos

Schellenberg foi ferino em sua crítica a Jenkinson: "estou farto de me citarem um velho fóssil como autoridade em matéria de arquivologia".[22] Em vez de confiar ao "administrador" de Jenkinson a tarefa de decidir a respeito do que deve constar num arquivo, Schellenberg insistia em que os arquivistas deveriam eles mesmos tomar essa decisão crucial e cooperar com gestores de documentos e especialistas no assunto para influenciar o futuro formato do registro arquivístico. Em vez de contornar o problema da eliminação, Schellenberg conduziu o processo que acabou por eliminar milhões de metros de documentos. Em vez de insistir na suposta pureza do *fonds d'archives* europeu ou do *archive group* de Jenkinson, Schellenberg popularizou o *record group* como solução aparentemente adequada ao arranjo e descrição de documentos das complexas agências governamentais.

Em tudo isso, Schellenberg refletia a influência da cultura política americana contemporânea do "New Deal estatizante, com sua ênfase nas vantagens da tecnocracia administrativa e da eficiência", onde o arquivista se tornava "um colaborador do corpo administrativo [...]".[23] Igualmente influenciados pelas iniciativas contemporâneas de engenharia social nos novos campos da sociologia, da assistência social e do planejamento urbano, bem como pelas atividades intervencionistas dos reformadores administrativos nos projetos de reconstrução à época da Depressão, os próprios arquivistas poderiam também tornar-se eficientes "engenheiros", participando da gestão do universo dos documentos contemporâneos. Considerando que a formação intelectual da geração de Schellenberg coincide com a crescen-

---

um sistema nacional bilíngue de padrões de descrição, através das *Regras para descrição arquivística* (RDA), visam igualmente a superar as principais deficiências do *record group* schellenberguiano. Tais regras estabelecem um método descritivo mais contextual do que aquele antes adotado no Canadá, mas também propõem soluções conciliadoras (em detrimento, portanto, da proveniência) ao aderirem às tradicionais definições europeias de fundo arquivístico derivadas do arranjo físico, e não da atividade produtora, e ao ignorarem as principais implicações dos trabalhos de Scott e dos atuais teóricos dos registros eletrônicos (Bearman, Cook, Hedstrom, Brothman) no que concerne aos produtores múltiplos e às séries virtuais. Apesar das boas intenções em contrário, quem sabe o fundo arquivístico canadense não é senão outro nome para o *record group*?

22. Ver McCoy (1978:180). Para dados biográficos sobre Schellenberg, ver "In memoriam... (1970)".

23. Craig (1990/91:139-140) especula sobre a influência dos costumes sociais contemporâneos no desenvolvimento das teorias arquivísticas.

te profissionalização da história acadêmica nas universidades, não admira que encontremos em sua obra uma estreita identificação dos arquivistas com os historiadores, e do "valor informativo" arquivístico com os temas e interpretações da disciplina histórica.

Grande é o mérito de Schellenberg. À diferença de Jenkinson, ele antecipou o futuro, em vez de defender o passado, e aliou técnicas gerenciais ao conhecimento histórico no campo da arquivologia. Embora lidasse com documentos do governo federal, dentro de uma gigantesca burocracia nacional, ele percebeu que os arquivistas precisavam voltar-se para questões culturais mais amplas e colaborar com outros profissionais da informação. No entanto, certas soluções conciliadoras por ele propostas, especialmente quando divulgadas por seus sucessores, hoje confundem arquivistas.

Uma dessas questões diz respeito ao conceito de arquivo de uso definido (*use-defined archives*). Até bem recentemente, a maioria dos arquivistas americanos depois de Schellenberg enfatizava — mais do que ele próprio — que a definição do uso efetivo ou potencial por parte dos acadêmicos, em especial os historiadores, deveria ser a metodologia básica para determinar quais documentos têm valor arquivístico. No que concerne à avaliação, "as recentes tendências da historiografia são de capital importância para nós", aconselhava Meyer H. Fishbein (1970:175), destacado teórico do Arquivo Nacional dos EUA nos anos 1960 e 1970. Maynard Brichford (1977:13), no manual aprovado pela Sociedade dos Arquivistas Americanos em 1977, dizia que "a boa avaliação está diretamente relacionada ao papel essencial do arquivista como representante da comunidade de pesquisadores. O avaliador deve julgar os documentos [...] examinando a demanda tal como refletida pelo uso passado, presente e prospectivo por parte dos pesquisadores. [...] Para chegar a uma decisão [...] ele considera as necessidades a longo prazo de fontes documentais e a demanda potencial dos especialistas".[24] Porém, como objetou mais tarde Gerald Ham, tais métodos baseados na utilização para definir a própria natureza do arquivo resultavam num "processo de se-

---

24. Apesar dos crescentes protestos contra essa abordagem dos arquivos, ela continua em vigor, reconhecidamente sob influência de Schellenberg. Ver Lockwood (1990).

38 Pensar os arquivos

leção tão aleatório, tão fragmentado, tão descoordenado e muitas vezes tão acidental [...] [e que] não raro refletia interesses limitados de pesquisa, em vez do amplo espectro da experiência humana. Se não conseguirmos superar esses obstáculos", advertia Ham, "o arquivista continuará sendo, quando muito, nada mais que um cata-vento movido pelos ventos inconstantes da historiografia" (Ham, 1975:328-329). E o que é pior, um método baseado na utilização retira os documentos de seu contexto orgânico dentro das atividades de seu produtor e impõe critérios para avaliação e descrição que são externos ao documento e sua proveniência.[25] Ao mudar os critérios da avaliação arquivística e de definição do valor arquivístico, tirando de foco os processos de produção documental e os produtores de documentos, os defensores da avaliação baseada no uso definido acabam reduzindo a arquivologia a umas poucas regras práticas destinadas a suplementar o que para eles constitui a verdadeira base de conhecimentos do arquivista: o conteúdo histórico dos documentos, a historiografia recente, e as expectativas e anseios dos usuários.[26]

Análise social e avaliação funcional: por uma visão mais ampla do arquivo

Se não cabe aos arquivistas avaliar, adquirir e descrever como documentos arquivísticos principalmente aqueles que são do interesse de historiadores e outros usuários (como defendiam Schellenberg e seus sucessores); se os arquivistas se sentem pouco à vontade em admitir que o produtor documental

---

25. Por essa razão, especialmente, critiquei tal método: ver Cook (1990/91; 1991/92:210-211; 1992b:40-42, e passim). Ver também Ketelaar (1989). Concordo inteiramente com Ketelaar, quando ele diz que os arquivos não devem ser avaliados e adquiridos tendo em vista sua utilização; uma vez adquiridos, porém, certamente concordo (assim como defendi) que sua descrição, referenciação e difusão devem atender às necessidades do usuário tanto quanto possível.

26. O quanto essa abordagem utilitária diminuiria, ou mesmo negaria, o valor de qualquer teoria arquivística fica patente em Roberts (1987 e 1990). Freeman (1984), principal defensora dessa abordagem, refere-se à tradicional teoria arquivística como meras "normas práticas de organização (às vezes chamadas de princípios)". Nesse sentido, ver também Dowler (1988). Entre os canadenses, Blais e Enns (1990/91) apoiam essa perspectiva americana, enquanto Eastwood (1994) refuta as ideias de Roberts.

é capaz de decidir corretamente sobre quais documentos devem ser preservados, fora do estreito âmbito necessário para atender às obrigações legais e responsabilidades a curto prazo de determinada agência (como recomendava Jenkinson), então, o que lhes compete fazer? As respostas e as abordagens alternativas vieram da Alemanha, Estados Unidos e Canadá. Levando em conta que os arquivos devem refletir de modo mais global a sociedade que os produz, essas novas "abordagens sociais" exploram novos conceitos da teoria e metodologia arquivísticas. Tal perspectiva representa uma mudança fundamental no discurso arquivístico, o qual, abandonando a visão estatista, passa a refletir a sociedade a que o Estado deve servir.[27] Agora, pode-se dizer que os arquivos são do povo, para o povo e, em geral, pelo povo.[28]

O primeiro a defender um novo paradigma social para a arquivologia foi talvez o alemão Hans Booms, embora os valores secundários de Schellenberg também tenham tentado indiretamente (e pelo filtro dos historiadores) romper com o paradigma estatista. Booms continua sendo o mais importante teórico dos fundamentos filosóficos da avaliação arquivística. Reagindo aos piores excessos da tradicional abordagem estatista, segundo a qual os valores ideológicos do Estado se impõem à própria definição do documento arquivístico, Booms afirmou que cabe à sociedade definir seus próprios valores básicos, e que esses valores devem refletir-se nos arquivos. "Se há de fato algo ou alguém capaz de conferir legitimidade à avaliação arquivística", disse Booms, "é a própria sociedade e a opinião pública que ela expressa — supondo, é claro, que possam desenvolver-se livremente. O público e a opinião pública", observou Booms (1987:104), "sancionam as ações públicas, geram essencialmente o processo sociopolítico, e legitimam a autoridade política. Assim, não deveria a opinião pública legitimar também a avaliação arquivística? Não poderia ela fornecer igualmente a orientação básica para esse processo de avaliação?".[29] No seu entender, cabe à sociedade — e não

---

27. Bucci (1992:35) faz essa mesma observação.

28. Ketelaar (1992) foi o primeiro a dar um sentido arquivístico à famosa frase de Abraham Lincoln.

29. Segundo Booms (1987:100), não têm capacidade para tal legitimação os modelos hegelianos baseados na previsão das tendências históricas da sociedade, nem a "futurologia dos interesses de pesquisa" idealizada por Schellenberg, nem os modelos marxistas ou quais-

aos usuários especializados de Schellenberg ou aos administradores públicos de Jenkinson — criar os valores que definem a "importância" e, portanto, a relevância arquivística e a preservação arquivística. O corolário disso é que "os arquivistas devem orientar-se pelos valores dos contemporâneos dos documentos, em função dos quais estes foram produzidos". Em 1991, Booms afirmou que os valores da sociedade podiam ser mais facilmente identificados não diretamente, pesquisando-se a dinâmica social e a opinião pública, como ele dissera antes, mas indiretamente, pesquisando-se as funções dos principais produtores de documentos designados pela sociedade para atender às suas necessidades e desejos. Segundo ele, "os arquivistas precisam analisar as funções produtoras de documentos para poder relacionar as necessidades documentais [...] aos próprios registros". Há, pois, uma "transição imediata" de sua declaradamente amorfa tentativa anterior de definir os valores sociais mediante a pesquisa da opinião pública para uma ênfase bastante concreta na proveniência dos documentos tal como expressa pela funcionalidade de seus produtores; nas palavras de Booms, "eis por que [e como] a proveniência deve permanecer como fundamento imutável do processo de avaliação" (Booms, 1987:31-33).

A abordagem de Booms, segundo a qual os valores sociais se refletem nas funções do produtor de documentos, serviu também de orientação à nova estratégia de macroavaliação para aquisição implementada em 1991 pelo Arquivo Nacional do Canadá e formulada em meus trabalhos teóricos desde o final da década de 1980. Essa nova conceituação vem encontrando aceitação crescente em círculos internacionais. Nessa abordagem canadense, a antiga ênfase dada ao conteúdo temático dos documentos, o qual deveria refletir a opinião pública ou as necessidades dos usuários e as tendências históricas, foi substituída pela ênfase no "macrocontexto" dos documentos, tal como expresso através das funções, programas, atividades e transações de seus produto-

---

quer outros que invocam supostas "leis objetivas do desenvolvimento social", todos os quais ignoram as próprias "condições existenciais da vida humana", sem falar da impossibilidade de sabermos ao certo o que significa "sociedade". Como reforço à ideia de Booms de que os documentos refletem ou incorporam uma "imagem" da sociedade, ver o trabalho de seu colega Siegfried Bütner, tal como descrito por Cook (1991b:iv-v, 35-37); e, entre outros, os comentários sobre as opiniões de Bütner feitos pelo próprio Booms (1991/92:28-29).

res, ou seja, pelo contexto e pelo processo da própria produção documental. O enfoque social de Booms, bem como de seu colega Siegfried Buttner, influenciou meus estudos teóricos e os modelos práticos do Arquivo Nacional. Isso, porém, no nível filosófico (isto é, o "valor" arquivístico deveria ser definido pelo construto social e as funções sociais, e não pelos produtores de Jenkinson ou os usuários de Schellenberg), mas não no nível estratégico (isto é, uma metodologia de avaliação, tal como no primeiro modelo de Booms, segundo a qual os arquivistas investigariam diretamente as tendências sociais e a opinião pública para tentar diretamente "documentar a sociedade"). Em vez disso, o Arquivo Nacional adotou uma metodologia de macroavaliação funcional-estrutural que focaliza a pesquisa nos produtores de documentos, e não diretamente na sociedade, considerando que tais produtores, bem como os cidadãos e as organizações com que eles interagem, representam indiretamente o funcionamento coletivo da sociedade. Isso nos remete ao conceito formulado por Booms, em 1991, de uma "transição imediata" das funções sociais amorfas para as manifestações institucionais concretas dessas funções e que têm por base a proveniência. Assim, deliberadamente enquadrei meus estudos e a metodologia de avaliação do Arquivo Nacional num esquema que toma como ponto de referência o contexto e a proveniência, e não o conteúdo histórico-documental.[30]

---

30. Ver Cook (1991b e 1992b). Quem não ler atentamente o meu trabalho poderá talvez confundir ou mesmo inverter essa importante distinção entre a justificativa filosófica para a arquivologia "social" e as estratégias de avaliação baseadas na proveniência e metodologias de pesquisa desenvolvidas para realizar tal desígnio. Por isso, alguns chegaram mesmo a insinuar que meu trabalho se enquadra nas tradições do "arquivista como historiador do conteúdo temático" ou do "documentalista europeu" — que são justamente as tradições contra as quais combati (e deixei isso bem claro) ao propor essas novas abordagens! Tentar fazer com que os arquivistas deixem de ser receptores passivos de documentos para se tornarem avaliadores ativos não quer dizer que eles devam deixar de tomar a proveniência como base para as decisões arquivísticas (inclusive a avaliação), tampouco é um desejo nostálgico de transformá-los em documentalistas europeus ou historiadores schellenberguianos. Para essas críticas — por mim refutadas em Cook (1994a) —, ver Menne-Haritz (1994) e Eastwood (1993b). Já Diamond (1994:145-146) entende que o "valor" arquivístico, segundo meu enfoque, seria determinado em função da importância dos documentos para o "historiador administrativo". Assim, ela confunde metodologia com teoria. O arquivista responsável pela macroavalição deve, é claro, pesquisar os documentos da atividade administrativa (funções, processos, estruturas, atividades), mas ele faz isso para identificar o grau de precisão da *imagem social e da interação entre cidadão e Estado* revelado pelos

Essa reinterpretação canadense da proveniência torna esse princípio mais conceitual do que físico, como requer a era dos documentos eletrônicos. A "nova" proveniência é também mais funcional do que estrutural, como pede uma época em que a estabilidade organizacional está desaparecendo em toda parte. Trata-se, ainda assim, da proveniência, por meio da qual as circunstâncias contextuais da produção de documentos se tornam novamente o centro das atividades do universo do arquivista, em vez de certos critérios externos, tais como uso, opinião pública ou tendências históricas. A abordagem canadense não se inspira nos princípios holandeses ou jenkinsonianos da proveniência *literal*, baseados no arranjo e na descrição, que estabeleceram uma perfeita congruência entre a função do produtor, a estrutura do produtor e o sistema de arquivamento. Mas ela de fato reconhece e respeita o objetivo a que visavam os antigos princípios, relacionar a informação registrada com o contexto orgânico da atividade institucional (ou pessoal). Já não mais é possível, ao menos inicialmente, determinar esse contexto orgânico da atividade tentando-se avaliar bilhões de documentos em suporte papel, sem falar nos seus congêneres mais vagos, eletrônicos ou visuais. Em vez disso, deve-se priorizar o próprio contexto orgânico do arquivamento e, portanto, a análise e avaliação da importância das funções, programas, atividades e transações do governo — inclusive as interações entre estas e os cidadãos — que levam à produção de documentos. Assim as conclusões avaliativas daí resultantes são testadas antes de serem finalizadas por uma "leitura" hermenêutica seletiva dos "textos" do documento — mas somente após a conclusão da macroavaliação das funções e processos administrativos.[31]

---

processos de produção de documentos nessas atividades administrativas gerais, e não para focalizar a história das administrações *per se*. Trata-se de pesquisar a história e a natureza dos *documentos*, e não as *administrações*, para saber como e por que foram produzidos, e como esses processos de produção, organização e utilização corrente dos documentos refletem as funções sociais, a interação entre cidadão e Estado, e a dinâmica da governança. Após essa pesquisa, serão considerados que têm valor arquivístico os documentos que refletirem mais sucintamente as funções e interações sociais. O foco teórico é, pois, social, e não administrativo. Talvez seja suficiente dizer que pesquisar os documentos para compreender o seu contexto não é o mesmo que avaliar documentos.

31. Ver Cook (1990 e 1991a). Para um aprimoramento dessas metodologias, mesmo que requerendo ainda estratégias de implementação mais bem definidas, ver Brown (1991/92 e 1995).

O Arquivo Nacional dos Países Baixos adotou à mesma época em que os canadenses um método semelhante para avaliar as funções governamentais, em vez dos documentos individuais. Em seu conhecido projeto Pivot, os holandeses decidiram que, "em vez de observar os tradicionais princípios da gestão de arquivos e documentos, que na verdade tendem sobretudo a selecionar e armazenar a informação gerada pelos processos administrativos, a estratégia proposta baseia a avaliação da informação no papel que esta representa nas atividades e tarefas governamentais. Segundo essa abordagem, as agências primeiramente analisam os processos fundamentais para suas incumbências e as tarefas necessárias para cumpri-las; a seleção e avaliação da informação utilizada em tais atividades devem refletir a importância das tarefas [...]. Em geral, o que deve ser preservado é a informação necessária para reconstruir as funções cruciais do governo [...]" (Bikson e Frinking, 1993:33-34). Para os holandeses, assim como para os canadenses, a avaliação não contempla primeiramente os documentos individuais, e sim as funções, tarefas ou atividades governamentais que geram os documentos. A dimensão do projeto canadense, porém, é bem mais ampla, pois envolve igualmente a interação do cidadão com o Estado e o impacto das ações deste último sobre os cidadãos, ao passo que o projeto holandês prioriza as políticas e as tarefas internas, sem se preocupar muito com a implementação de tais políticas e com documentos relacionados. O projeto Pivot holandês, embora radical em sua metodologia funcional, continua sendo mais estatista do que social em seu foco.

Outra abordagem teórica que certamente prioriza a visão "social" em vez da "estatista" foi desenvolvida por Helen Samuels nos Estados Unidos, com seu conceito de "estratégia da documentação". Reconhecendo que a escala do arquivamento moderno só pode ser entendido por meio de um nível de investigação superior à do documento e da instituição que o produz, Samuels formulou a estratégia da documentação como um tipo de análise cooperativa multi-institucional que combina várias atividades de avaliação arquivística visando a documentar os principais temas, questões, atividades ou funções da sociedade. Tal estratégia integra à sua análise os documentos oficiais do governo e de outras instituições, os documentos pessoais e a mídia visual, bem como informação impressa e até mesmo a história oral. A princípio, porém, sua prioridade não é a proveniência, e sim temas como o ensino universitário ou o desenvolvimento da indústria de informática.[32] Assim, não admira que a estratégia da documentação tenha sido criticada por implicar — a não ser que aplicada em bases muito restritas e locais — o risco de superposição de temas/funções e, portanto, a possibilidade de duplicação do trabalho arquivista de pesquisa e de aquisição de documentos. Além disso, os temas ou assuntos escolhidos serão sempre alvo de disputas, razão pela qual essa estratégia reflete de certo modo os problemas de aleatoriedade da tradição shcellenberguiana norte-americana.[33] Assim, a estratégia da documentação é mais apropriada para o universo dos documentos de caráter pessoal ou não corporativo, e não dos documentos governamentais ou institucionais, ou então como complemento deste último, a ser adotada em estratégias de aquisição voltadas para produtores de arquivos particulares.

Samuels percebeu essa falácia schellenberguiana em seus primeiros trabalhos e desde então formulou o conceito de "análise funcional institucional" em seu importante livro *Varsity letters: documenting modern colleges and universities*, que, apesar do título, é válido para quaisquer arquivos institucionais. Nele diz a autora que os arquivistas devem primeiramente — tal como recomendado por Hans Booms em 1991 e posto em prática pelo Arquivo Nacional do Canadá e o projeto Pivot holandês — pesquisar e compreender as funções e atividades de suas próprias instituições. Além disso, propõe uma metodologia específica para que essa análise funcional resulte num plano estratégico para a avaliação dos documentos de cada instituição. Retrospectivamente, Samuels admite que de fato formulou seus dois conceitos gerais seguindo uma ordem lógica inversa: uma vez que a "análise funcional institucional" tenha possibilitado ao arquivista avaliar os documentos de sua instituição principal ou patrocinadora, ele pode inteligentemente seguir uma "estratégia da documentação" interinstitucional mais ampla para localizar os arquivos pessoais correlatos que

---

32. Ver Samuels (1986); Cox e Samuels (1988); Hackman e Warnow-Blewett (1987); Cox (1989); Haas, Samuels e Simmons (1985).
33. Para críticas, ver Bearman (1989); e Cook (1992b).

O passado é prólogo **45**

possam complementar ou suplementar os arquivos institucionais. Com ambos os conceitos, a questão básica para Samuels é que, numa escala bem mais ampla do que a praticada tradicionalmente pelos arquivistas, "a análise e o planejamento devem preceder a coleta".[34] Fazendo a ponte entre o mundo dos arquivistas de documentos corporativos e o dos arquivistas de documentos pessoais, focalizando todo o universo de informações inter-relacionadas (registros em todos os suportes, bem como publicações e outros artefatos culturais) de todos os produtores pertinentes, e não apenas de alguns deles, propondo uma abordagem funcional para a avaliação institucional, baseada na pesquisa, em vez da antiga busca de "valores" no conteúdo dos documentos, Samuels nos indica um bom meio de lidar com o grande volume de documentos das complexas organizações modernas e das sociedades contemporâneas, revitalizando assim a arquivologia.

Essa ideia de Samuels, de buscar conexões entre os arquivos formais institucionais e os arquivos pessoais, teve como precedente o conceito de "arquivo total" formulado no Canadá no início da década de 1970, seguindo a linha evolutiva da tradição arquivística naquele país.[35] Essa tradição decerto é partilhada por outros países, mas raramente com o mesmo equilíbrio entre arquivos públicos e privados no âmbito nacional que se pode observar no Canadá, inclusive em quase todas as instituições arquivísticas não empresariais do país. O conceito canadense de "arquivo total" envolve a integração entre o papel oficial dos arquivos como guardiães dos documentos probatórios relativos às transações efetuadas por seus patrocinadores

---

34. Ver Samuels (1992:15 e seguintes). Para um apanhado das estratégias de documentação e análise das funções institucionais, ver Samuels (1991/1992). Curiosamente, na conferência de 1991 da Associação dos Arquivistas Canadenses, Samuels lançou publicamente (e depois publicou nesse último ensaio) sua nova abordagem, e Hans Booms alterou de forma significativa suas próprias ideias, em parte devido à preocupação de que seu plano de documentação para acessar a opinião pública fosse confundido com as antigas estratégias de documentação de Samuels, das quais discordava. Esses dois importantes pensadores da avaliação moveram-se, ambos, na direção do fundamento da proveniência e das funções pelas mesmas razões e ao mesmo tempo, juntamente com a abordagem da macroavaliação canadense (Booms:1991/1992). Sobre a negação de Samuels da tradição americana da definição de valor a partir do uso e sua insistência na centralidade da proveniência, ver Samuels (1992:8, 13, 16). Para uma abordagem complementar sobre o desenvolvimento de planos estratégicos de avaliação, ver Krizack (1994).
35. A melhor análise é de Smith (1993). Ver também Cook (1979/80).

e por eles requeridos *e* o papel cultural dos arquivos como preservadores da memória social e da identidade histórica, incluindo, em ambos os casos, todo tipo de suporte. Assim como Booms, Cook e Samuels, a abordagem canadense reflete, pois, uma visão mais abrangente dos arquivos, sancionada pela sociedade em geral e que nela se espelha, em vez de uma concepção forjada basicamente por poderosos grupos de interesse, seja de usuários ou de produtores, ou pelo Estado. Nas inspiradas palavras do arquivista canadense Ian Wilson, a tradição canadense do "arquivo total" prioriza os documentos da *governança*, e não do *governo*. A "governança" implica conhecer a interação dos cidadãos com o Estado, o impacto deste sobre a sociedade e as funções ou atividades da própria sociedade, bem como as estruturas governamentais e seus burocratas autocentrados. O trabalho arquivístico consiste em preservar os documentos probatórios da governança, e não apenas dos governos em exercício. O conceito de "arquivo total" corre o risco de ser desprezado, como disse Shirley Spragge num apelo emocionado a seus colegas, somente se os arquivistas canadenses ignorarem ou abdicarem de suas próprias tradições.[36]

Ninguém representa melhor o novo paradigma "social", em vez do "estatista", do que Hugh Taylor, principal arquiteto do conceito de "arquivo total" no Arquivo Nacional do Canadá. Taylor veio da Inglaterra para o Canadá em 1965 e foi cedo influenciado pelas teorias sobre comunicação e mídia dos canadenses Harold Innis e Marshall McLuhan. Em breve começou a aliar uma aguda percepção do caráter transformador dos novos documentos audiovisuais e eletrônicos e do imenso poder das tecnologias da comunicação global a uma profunda visão ecológica, holística e espiritual. Com essa potente combinação, Taylor livrou muitos arquivistas canadenses e internacio-

---

36. Ver Wilson (1995); Spragge (1995); Millar (1996); Schwartz (1995). Segundo McDonald (1994:162-163), os que desprezam o "arquivo total" são incapazes de compreender a essência da tradição arquivística canadense, ou não têm imaginação ou disposição para readaptar esse conceito a tempos economicamente difíceis. Para Shirley Spragge, fazer simplesmente aquilo que julgamos que nossos patrocinadores desejam ou necessitam no que diz respeito a seus próprios registros institucionais, ou aquilo que julgamos que será de seu agrado, mostrando que somos bons "atores" corporativos, é renunciar muito facilmente à missão e às responsabilidades do arquivista.

nais de seu "desvio histórico" de pesquisar antigos documentos e instalou-os firmemente na era da informação dos documentos eletrônicos, das redes de comunicação global, das preocupações comunitárias locais com seu patrimônio, e das iniciativas biorregionais. Assim conseguiu ele revitalizar o sentido de contextualidade (ou proveniência) dos documentos, investigando as ricas interconexões entre a sociedade e o registro documental, entre o ato e o documento. Numa longa série de ensaios especulativos, Taylor instigou os arquivistas a perceberem as conexões arquivísticas na evolução da sociedade ao longo das eras antiga, medieval, industrial e da informação, bem como na passagem dos documentos orais para os escritos, e daí para os visuais e eletrônicos. Além disso, Taylor observou em nosso novo mundo das transações e comunicações interativas e eletrônicas "um retorno à oralidade conceitual", ou seja, um retorno à conjuntura medieval em que as palavras ou os documentos adquiriam sentido somente na medida em que estivessem "estreitamente ligados ao seu contexto e às ações daí decorrentes". Nessa tradição oral, o significado "não está nos próprios documentos, e sim nas transações e costumes de que eles dão testemunho enquanto 'provas'". Dada a importância crucial dessas ações "probatórias" ou contextualizadas, tanto para a própria definição ou mesmo existência do documento na era da informação quanto para qualquer posterior entendimento do mesmo, Taylor incentivou os arquivistas a adotarem "uma nova forma de 'historiografia social' para esclarecer como e por que se produzem documentos [...]". No seu entender, os arquivistas deveriam assim proceder porque, diante da incrível sobrecarga de informação e das mudanças tecnológicas, eles tinham de se concentrar menos em "lidar com documentos individuais e séries documentais", e mais em "identificar as formas e modelos de conhecimento, talvez o único meio de não cairmos num labirinto de dados e informações [...]".[37] Não é de admirar que as ponderadas reflexões de Taylor tenham também exortado explicitamente os arquivistas a não permanecerem isolados em seus redutos profissionais ou atrás das muralhas disciplinares.

---

37. Ver Taylor (1987/88:15, 18, 24; 1982/83:118, 122; 1984:25; 1988b:7-8; 1978; 1988a; 1993; 1994). Nesmith (1992b) faz a análise mais completa do pensamento de Taylor.

Combinando em si mesmo as tradições europeia e norte-americana, ampliando, em vez de solapar, as tradições de sua pátria adotiva, passando criativamente da oralidade medieval à "aldeia global", saudando, em vez de rejeitar, os novos documentos eletrônicos e visuais, buscando padrões e conexões, em vez da fragmentação e compartimentação, e relacionando os arquivos aos seus contextos sociais, filosóficos e tecnológicos, Taylor mostrou que os arquivistas poderiam ainda prestar um bom serviço à sociedade como seus novos monges da era dos *chips*, em vez de meros aliados (ou títeres) dos poderes do Estado.

Redescoberta da proveniência: Canadá e Austrália

A obra de Hugh Taylor levou os arquivistas norte-americanos, em especial os canadenses, a uma "redescoberta da proveniência", como disse Tom Nesmith, professor canadense de arquivologia.[38] Sob vários aspectos, é claro, a proveniência não fora relegada ao esquecimento. Porém, até o final dos anos 1970, os norte-americanos limitaram o uso do conceito de proveniência a um reduzido número de atividades de arranjo e descrição. E, mesmo assim, permitiram que soluções conciliadoras, como o *record group* proposto por Schellenberg, reduzissem o poder de contextualização da proveniência. Portanto, embora nunca tenha sido abertamente rejeitado, contando inclusive com suporte teórico, não raro, na prática, o conceito de proveniência foi ignorado ou mesmo desacreditado. Na América do Norte, devido à ampla influência exercida por Schellenberg, o conhecimento do conteúdo histórico dos documentos substituiu a proveniência como diretriz para a maioria das atividades arquivísticas de avaliação e descrição e do serviço público até o final dos anos 1970. Assim, a formação ideal do arquivista consistiria na graduação em história, suplementada pelo treinamento prático.

Segundo Nesmith, essa antiga abordagem modificou-se radicalmente no Canadá nas duas últimas décadas, sob a influência tanto de canadenses

---

38. Sobre a influência de Taylor nessa redescoberta, ver Nesmith (1993b, esp. p. 4).

quanto de europeus. Os arquivistas com formação em história começaram a aplicar os conhecimentos e metodologias de pesquisa dessa disciplina não ao conteúdo temático dos documentos, como antes, e sim ao estudo, nas palavras de Nesmith, "do contexto que lhes deu origem". Nesmith teve aí um papel essencial ao propor uma "história do documento" como base da "nova forma de ensino sócio-historiográfico" de Hugh Taylor, e ao criar na revista *Archivaria* uma seção permanente de "estudos sobre documentos", visando desenvolver uma "diplomática moderna" (Nesmith, 1993b:14, 18-19; 1993a; 1985). Em apoio a essa iniciativa de renovação da proveniência, sustentei que, voltando sua atenção para "proveniência, *respect des fonds*, contexto, evolução, inter-relações, ordem" dos documentos, ou seja, o tradicional cerne de nosso discurso profissional e teórico, os arquivistas poderiam passar do paradigma da "informação" para o do "conhecimento", ganhando assim um papel de nova relevância na era dos documentos eletrônicos e da comunicação em rede (Cook, 1984/85:46, 49). Em vez de substituírem os princípios arquivísticos pelos do gerenciamento da informação ou da ciência da computação, como alguns então sugeriam, ou de permanecerem encerrados no casulo conteudístico de Schellenberg, os arquivistas canadenses começaram a descobrir (ou "redescobrir") a excitação intelectual da informação contextualizada que era o legado de sua própria profissão. Em breve surgiu no Canadá toda uma série de estudos arquivísticos visando "explorar a informação sobre proveniência referente aos produtores de documentação, a gestão de documentos, e as formas, funções e características físicas dos vários documentos arquivísticos" em todos os suportes (Nesmith, 1993b:18; 1993a).

Provavelmente não é de admirar que essa estimulante atmosfera canadense tenha levado os americanos David Bearman e Richard Lytle a publicarem em 1985 seu conhecido artigo "O poder do princípio da proveniência" na revista *Arquivaria*, e não nos Estados Unidos. Nesse importante trabalho, os autores afirmam que a recuperação da informação com base na proveniência, centrada num estudo da forma e função dos documentos e no contexto da produção, e reapresentada aos pesquisadores nos registros de autoridade, é superior aos métodos de recuperação baseados no conteúdo temático, possibilitando assim aos arquivistas assumirem um papel influente na era dos documentos eletrônicos. A proveniência não é um legado do passado, e sim uma promessa de futura relevância baseada na "perspectiva exclusiva" do arquivista com relação ao modo "como as organizações produzem, utilizam e descartam a informação" (Bearman e Lytle, 1985/86:14 e nota 1).

Paralelamente a esse movimento canadense de redescoberta do cerne intelectual ou teórico da profissão mediante a análise histórica e contextual dos documentos e seus produtores, surgiu na Europa o interesse pela teoria arquivística *per se*. Aqui a principal figura é Luciana Duranti, que veio da Itália para o Canadá em 1987 e examinou numa série de seis artigos a secular disciplina da diplomática, mostrando sua constante relevância para o conhecimento dos documentos modernos (Duranti, 1989 e 1991). A exposição de Duranti tinha maior rigor de análise do que a já mencionada abordagem canadense da neoproveniência ou "história do documento" e ajudou a promover, juntamente com seus outros trabalhos e os de seus seguidores, uma retomada da ideia jenkinsoniana segundo a qual os arquivistas deveriam concentrar sua atenção nos documentos, especialmente em suas propriedades enquanto evidência dos atos e transações de seus produtores.[39] Embora a diplomática tenha muito a dizer aos modernos arquivistas (assim como a abordagem canadense da "história do documento") sobre a importância de pesquisar a fundo a forma, estrutura e produção dos documentos, especialmente no meio eletrônico, é evidente que tal disciplina deve aliar-se a um conhecimento mais amplo — como sugerem Booms, Samuels, Taylor, Nesmith e Cook — das funções, estruturas e inter-relações dos produtores,

---

39. Ver McNeil (1992); Turner (1990); Eastwood (1993a e 1994); Duranti (1989; 1993b; 1993a:10-11; 1995). Outros arquivistas canadenses, fora do círculo imediato de Duranti, defenderam também a primazia do documento: Barbara Craig, por exemplo, chamou repetidamente a atenção para sua importância, demonstrando que existe grande potencial de compatibilidade entre a abordagem da "história do documento" (da qual ela é uma representante) e a tendência "diplomática" (Craig, 1992b). Para uma visão pós-modernista e não jenkinsoniana da importância do documento como texto hermenêutico a ser lido (no sentido de uma narrativa contextualizada), ver Brown (1991/92). Como meus críticos raramente reconhecem, também defendo a importância central do documento na conceituação arquivística. Sobre esse ponto, ver Cook (1995a).

as quais contextualizam esses documentos individuais isolados.[40] Uma vez que essas duas tradições se fundem no discurso arquivístico canadense, não se trata de estabelecer se uma análise funcional dos produtores do topo para a base é melhor ou pior do que uma análise diplomática da base para o topo dos documentos individuais, e sim de reconhecer que os dois enfoques têm importantes contribuições a oferecer para uma contextualização do conhecimento sobre o documento, de modo que ambos devem ser usados pelo arquivista como instrumentos inter-relacionados.[41] A abordagem do topo para a base possibilita compreender melhor as funções, processos e atividades; a abordagem da base para o topo permite uma visão mais profunda das transações documentadas. Porém, cabe fazer aqui uma ressalva. A abordagem neojenkinsoniana tem a vantagem de propiciar um conhecimento mais rico, mas sua ênfase implícita — como a do próprio Jenkinson — nos arquivos das administrações e instituições não pode desviar a arquivologia canadense do caráter abrangente de seu "arquivo total" nos setores público e privado, nem reduzir as dimensões culturais de todos os arquivos.[42]

---

40. Segundo Turner (1990:101), será necessário utilizar outros instrumentos da atividade arquivística para corroborar as descobertas da diplomática e tratar das questões que ela deixou sem resposta. Entre esses instrumentos estão a "História" da administração, das leis e da cultura organizacional (ideias, forças sociais etc.) e a "Teoria Arquivística", o que eu presumo abrangeria as percepções mais amplas baseadas em proveniência que a abordagem da história de documento oferece no contexto jurídico da criação. Com bilhões de documentos a serem avaliados, os modernos arquivistas deveriam inverter a fórmula de Turner, simplesmente porque hoje não é mais possível proceder à avaliação mediante análises diplomáticas dos documentos individuais (que em certos suportes eletrônicos e audiovisuais nem sequer existem no momento da avaliação). Assim, "a diplomática serviria para corroborar as descobertas e responder às questões deixadas sem resposta pela macroavaliação baseada nas funções e na proveniência". Analogamente à hermenêutica arquivística proposta por Rick Brown, a diplomática se tornaria um meio de corroborar as análises e hipóteses da macroavaliação.

41. Esse ponto de vista foi também defendido por MacNeil (1994b:17-18); essa autora, porém, por vezes não pratica o que ela defende: ver MacNeil (1994a) e a réplica de Nesmith (1994).

42. Esse risco foi apontado por Schwartz (1995). A meu ver, na aplicação da diplomática ou dos métodos neojenkinsonianos, os arquivos institucionais não têm necessariamente precedência sobre os privados, nem a perspectiva administrativa prevalece sobre a cultural. Trata-se, antes, de uma questão de ênfase e falta de equilíbrio. Os exemplos utilizados pelos autores em questão e a história da evolução desses métodos certamente apontam nessa direção, assim como a hipótese ou de uma observância institucional das orientações arquivísticas ou, pelo menos, da imposição imediata de fortes sanções jurídicas e sociais contra a não observância. Nenhuma das hipóteses se aplica a muitas instituições norte-americanas de fins do século XX, sendo quase totalmente irrelevantes para a avaliação de documentos,

Essa redescoberta da proveniência, essa compreensão mais ampla da contextualidade do produtor, a qual pode transformar informação em conhecimento, teve três importantes consequências no Canadá, granjeando ao país o respeito internacional e maiores benefícios locais. O primeiro impacto é a nova estratégia de macroavaliação para aquisições formulada no Arquivo Nacional do Canadá e que agora está sendo adotada em outros países e jurisdições. Como dito antes, tal estratégia se caracteriza por uma abordagem multimídia focada em funções e proveniência, e que não avalia documentos para sua utilização potencial em pesquisas; em vez disso, busca refletir no documento arquivístico as funções, programas e atividades dos produtores documentais e dos membros da sociedade com quem eles interagem ou cujos valores eles indiretamente refletem.[43] O segundo impacto da redescoberta da proveniência é um projeto canadense de âmbito nacional, visando desenvolver um sistema de padrões de descrição que substitui o *record group* de Schellenberg pelo conceito centrado na proveniência do fundo arquivístico. Tal sistema estrutura a descrição segundo uma relação do geral para o específico, multinível e multimídia para todas as entidades dentro de um fundo único; e impõe a necessidade de maior proteção para a proveniência por meio de registros de autoridade, visando esclarecer as relações entre múltiplos produtores — bem como a codificação de regras precisas para a descrição de arquivos dentro desse universo reordenado e contextualizado.[44] O terceiro impacto foi a criação de vários programas de excelência acadêmica de tempo integral na área de arquivologia. O estabelecimento de requisitos de formação profissional para arquivistas certamente reflete a redescoberta da proveniência e o renascimento da arquivologia no Canadá; para tanto contribui, por sua vez, o trabalho dos professores e alunos desses programas.[45]

---

em papel ou outros suportes, de indivíduos e grupos privados. O risco advém dessas hipóteses práticas irrealistas, e não de alguma deficiência lógica das ideias ou teorias.
43. Ver notas 30 e 31.
44. Ver Bureau of Canadian Archivists (1985); Duff e Haworth (1990/91); Eastwood (1992); e vários artigos em *Archivaria* (v. 34, verão 1992 e v. 35, primavera 1993), especialmente os de Hugo Stibbe e Cynthia Durance, David Bearman, Kathleen Roe e Terry Cook.
45. Sobre essa formação, os melhores artigos são os de Eastwood (1988) e Nesmith (1992b). Ver também Association of Canadian Archivists (1990).

Se os canadenses chegaram assim a uma percepção mais clara e consciente da importância da proveniência para lidar com os modernos problemas arquivísticos, também os arquivistas europeus adquiriram essa mesma convicção. Em pelo menos quatro recentes coletâneas de ensaios reunindo autores de vários países, os arquivistas europeus aludiram à constante relevância da proveniência para enfrentar os desafios que hoje se impõem à arquivologia.

O fato de que arquivistas do berço da arquivologia tenham reiteradamente procedido a esse reexame poderá, quem sabe, ajudar os europeus a absolverem os norte-americanos de sua temporária apostasia arquivística e a compreenderem o entusiasmo despertado por suas recentes redescobertas. Nesses estudos, os europeus em geral reafirmam a relevância do princípio da proveniência, mas julgam necessário interpretá-lo liberalmente, mais do que literalmente, conceitualmente, mais do que fisicamente, a fim de que o princípio continue a vitalizar a arquivologia diante do novo universo dos documentos automatizados e eletrônicos.[46]

A mais contundente reinterpretação da proveniência desde meados do século veio da Austrália, graças ao trabalho de Peter Scott e seus colegas.[47] Enquanto a maioria dos teóricos da arquivologia após Jenkinson e Schellenberg se concentrou nas complicadas questões concernentes à avaliação ou aos documentos eletrônicos, Peter Scott focalizou a descrição. O tradicional modelo arquivístico de descrição, tal como concebido pelo trio holandês, e apenas ligeiramente adaptado ou modificado por Jenkinson e Schellenberg,

---

46. O reexame europeu da proveniência ocorre frequentemente no contexto da documentação eletrônica ou dos volumosos arquivos das grandes organizações. Ver Granström (1993); Delmas (1993); Bucci (1992); Abukhanfusa e Sydbeck (1994); Koucky (1989); Menne-Haritz (1992:8-11).

47. A melhor exposição do sistema de séries australiano (incluindo a relevante reconceitualização e atualização das ideias de Scott, 1966) está em McKemmish e Piggott (1994), especialmente nos artigos de Sue McKemmish e Chris Hurley. Para as proposições de Scott, ver também a série de cinco artigos publicados em *Archives and Manuscripts*, com o título "Archives and administrative change — some methods and approaches", entre 1978 e 1981. A contribuição de Scott foi produto de um vivo debate travado dentro do Commonwealth Archives Office (atual Australian Archives) com Ian Maclean, o primeiro arquivista da Commonwealth, exercendo um papel importante também no sentido de deslocar o conceito de séries do enquadramento arquivístico tradicional e aplicá-lo aos documentos correntes, o que ajudou a superar a separação schellemberguiana entre gestores de documentos e arquivistas, assim como entre documentos correntes e "velhos" arquivos.

respectivamente, pressupunha um contexto administrativo e arquivístico mono-hierárquico e, portanto, de monoproveniência; e foi em função de tal contexto que esses teóricos idealizaram seus conceitos e instrumentos descritivos. A principal contribuição de Scott foi perceber que já não era mais válida a tradicional premissa de uma relação unívoca entre o documento e a administração que o produziu. Além disso, ele demonstrou claramente que as próprias administrações já não tinham mais estruturas ou funções mono--hierárquicas, operando segundo dinâmicas variáveis e complexas, assim como seus sistemas de arquivamento. Assim, ele desenvolveu o sistema de séries australiano como meio de descrever as múltiplas inter-relações entre numerosos produtores e numerosas séries de documentos, sempre que se incluíssem no *continuum* da administração documental: no(s) órgão(s) de produção, no órgão controlador ou nos arquivos. O objetivo de Scott era inter-relacionar os documentos e seu(s) produtor(es) imediato(s). Os arquivistas australianos estão agora tentando enriquecer essa contextualidade adicionando outras múltiplas relações baseadas em funções formais e num contexto de proveniência mais amplo que o do produtor imediato (Hurley, 1993 e 1995). Nessas inter-relações não há uma correspondência fixa entre dois únicos elementos, como na maioria dos métodos de descrição arquivísticos (apesar de algum referenciamento cruzado), e sim entre vários e um só, entre um só e vários, e de vários entre si: entre várias séries e um produtor, entre vários produtores e uma série, entre vários produtores e várias séries, entre produtores e outros produtores, entre séries e outras séries, e das séries e dos produtores para com as funções, e vice-versa. De fato, com Scott, todo o trabalho arquivístico de descrição passou de um modelo estático de catalogação para um sistema dinâmico de múltiplas inter-relações.

Infelizmente, existe o equívoco de se considerar o sistema de séries australiano como uma versão bastante minimalista do *archive group* de Jenkinson, ou do *record group* de Schellenberg, ou mesmo do *fonds d'archives* europeu.[48] Tal equívoco encobre as mudanças realmente revolucionárias

---

48. O melhor resumo do conceito de *fonds* foi feito por Duchein (1983), uma das grandes lideranças do pensamento arquivístico europeu. Sobre tais distinções maximalistas--minimalistas, ver Cook (1992c).

introduzidas por Scott na descrição de arquivos e até mesmo na teoria arquivística em geral. A contribuição fundamental de Scott foi romper (mais do que simplesmente modificar) não só com o rígido modelo descritivo do *record group* schellenberguiano, mas também com a noção da "fisicalidade" dos arquivos, na qual implicitamente se baseara boa parte da teoria arquivística desde o *Manual dos holandeses*. Assim, Peter Scott é hoje reconhecidamente o iniciador da revolução "pós-custodial" no mundo da arquivologia.[49] Embora remontem à era do papel, seus trabalhos são agora especialmente importantes para os arquivistas no mundo dos documentos eletrônicos, onde — assim como no sistema de Scott — a "fisicalidade" do documento tem pouca relevância em comparação com seus contextos multirrelacionais de produção e utilização contemporâneos.

Mais recentemente, os arquivistas australianos realizaram uma segunda contribuição importante para o discurso arquivístico e outra revitalização significativa do conceito de proveniência com relação ao contexto e à natureza dos arquivos. Reagindo a grandes escândalos públicos envolvendo o extravio ou a eliminação intencional de importantes documentos, os professores de arquivologia canadenses Sue McKemmish e Frank Upward escreveram com grande competência a respeito do conceito de *"accountability"* por meio do *continuum* documental — noção certamente prevalecente desde há muito na Europa, em especial na França, e aceita por muitos arquivistas, mas raramente sustentada com o mesmo vigor dos australianos.[50] Tomando por base os preceitos básicos de Jenkinson e as formulações canadenses de um credo na neoproveniência, e sobretudo as ideias do teórico visitante americano David Bearman, McKemmish e Upward afirmaram que a distinção schellenberguina

---

49. De fato, o repensar pelos norte-americanos dos paradigmas descritivos para os arquivos em uma estrutura pós-custodial deve-se à inspiração de Scott. Ver Evans (1986:251-253, 256, 259, e passim); Bearman e Lytle (1985/86); Cook (1992c). A grande influência de Scott em seu país explica a liderança australiana em grande parte do pensamento pós--custodial, especialmente quanto à revitalização da gestão documental e da prática descritiva. Sobre o pensamento pós-custodial em geral, ver Cook (1994b).

50. Para a interpretação e implementação, na Austrália, do *continuum* documental, em vez do ciclo de vida, ver McKemmish e Piggot (1994), especialmente o artigo de Frank Upward. Para a França, e seu trabalho longevo de "pré-arquivamento" dentro dos ministérios, que reflete o conceito de *continuum*, ver Favier (1993). Para o Canadá, ver Atherton (1985/86).

entre *"records"* e *"archives"*, como competência, respectivamente, de gestores de documentos e arquivistas, desfoca sua finalidade comum e unificadora enquanto "documentos arquivísticos" em qualquer momento de sua existência, que eles veem como um *continuum* comum, em vez de ciclos separados e distintos. McKemmish e Upward acertadamente observam que os profissionais da tecnologia da informação geralmente se preocupam apenas com o acesso e uso eficientes da informação, esquecendo-se dos atributos de "integridade, completude, exatidão e confiabilidade" que ela também deve possuir para servir como evidência de atos, seja no caso de produtores, patrocinadores, cidadãos ou subsequentes usuários de arquivos. Tais atributos probatórios dos documentos arquivísticos constituem, em suma, a base da transparência interna institucional e da transparência pública essenciais a qualquer democracia onde os líderes e as instituições devem prestar contas de seus atos ao povo. Se não houver essa responsabilização das instituições, a qual inclui a responsabilidade por garantir que tais atributos da informação estejam presentes em seus sistemas de arquivamento, então qualquer acesso eficiente à informação se tornará inútil para todo tipo de usuários (McKeemish e Upward, 1993:1, 22, e passim).

A colega australiana Glenda Acland sintetizou essa questão dizendo que os arquivistas devem administrar documentos, e não relíquias.[51] É escusado dizer que os australianos jenkinsonianos não adotam a postura idealizada por seu mestre, ou seja, de passivos guardiães e custodiadores de documentos: em vez disso, veem os arquivistas como ativos interventores, ou mesmo auditores, no *continuum* documental arquivístico (Acland, 1991). As novas formulações australianas acerca do caráter probatório dos documentos arquivísticos num contexto de transparência são de grande importância, pois combinam os conceitos arquivísticos concernentes ao valor probatório dos documentos com o interesse das próprias instituições em proteger-se legal e eticamente. Sancionam, assim, uma estratégia potencialmente eficaz para que os produtores de documentos encaminhem questões arquivísticas guiados pelo *continuum*, o que é fundamental para a sobrevivência do documento arquivístico na era eletrônica. Porém, com a forte ênfase dada aos arquivos institucionais

---

51. Ver Acland (1992); McKeemish e Upward (1993:13-15).

e oficiais em sua formulação e exemplos, a ótica da transparência também traz consigo, como começam hoje a reconhecer alguns de seus defensores australianos,[52] o risco de dividir em dois campos as funções administrativas e culturais dos arquivistas, enfraquecendo assim o papel dos arquivos como baluartes da cultura nacional e da memória social, e priorizando os aspectos estritamente legais da transparência. O mesmo risco está implícito nas prioridades dos neojenkinsonianos canadenses e, como veremos, nas formulações de certos teóricos dos documentos eletrônicos.

"Reinventando os arquivos": documentos eletrônicos e teoria arquivística

A revitalização ou redescoberta da proveniência foi igualmente motivada pelos vários desafios impostos aos arquivistas pelos documentos eletrônicos. A discussão sobre tais documentos domina cada vez mais o discurso profissional, produzindo novas e instigantes visões conceituais, bem como novas estratégias e práticas.[53] Não obstante as significativas contribuições de canadenses e australianos, a liderança no discurso sobre os documentos eletrônicos cabe aos Estados Unidos, especialmente a David Bearman.[54]

Contudo, não foi assim tão promissor o impacto dos documentos eletrônicos, ou documentos de "leitura óptica", como eram chamados. Alarmados

---

52. Ver McKeemish e Upward (1994). Ver também McKeemish (1996).

53. A propósito, um grande número de estratégias e práticas têm sido recomendadas aos arquivistas que lidam com documentos eletrônicos. Embora não haja espaço para discuti-las neste ensaio, devotado mais ao discurso conceitual do que a metodologias práticas, isso não significa que tais metodologias não tenham gerado suas próprias controvérsias. Sobre as estratégias de abordagem de documentos eletrônicos, a melhor fonte isolada ainda é Hedstrom (1993). A autora apresenta estudos de caso com a análise de fatores críticos para o sucesso ou o fracasso de programas voltados a documentos eletrônicos nos âmbitos internacional (2), nacional (4), de Estado (4) e das universidades (1). Oferece ainda um balanço panorâmico e uma extensiva bibliografia anotada e compilada por Richard Cox para que os leitores continuem suas explorações. Ver também Bearman (1994a).

54. Ver Bearman (1994b); vários outros trabalhos seus foram publicados em *Archives and Museum Informatics*, revista por ele editada. Para outros trabalhos pioneiros de norte-americanos, ver também Hedstrom (1984, 1991 e 1993); Hedstrom e Bearman (1993); Dollar (1984, 1992a e 1992b). Um pioneiro canadense nessa área foi Naugler (1984).

com a então relativamente nova tecnologia, alguns teóricos chegaram a propor, nos anos 1970 e começos dos anos 1980, que os arquivistas deixassem de ser arquivistas e se tornassem especialistas em computação ou gerentes da informação para poder enfrentar o desafio desse novo suporte. Aliás, no que chamei de "primeira geração" dos arquivos de documentos eletrônicos, enfatizava-se o conteúdo informativo, em vez do contexto da proveniência; a catalogação bibliográfica, em vez da descrição arquivística; os arquivos de dados estatísticos instantâneos e pontuais, em vez de bancos de dados relacionais e sistemas administrativos constantemente modificáveis; e o tratamento de arquivos de dados eletrônicos como itens distintos e isolados, e não como parte do amplo universo informacional multimídia do produtor documental (Cook, 1991/92). Tais procedimentos adotados pelos arquivistas da primeira geração dos documentos eletrônicos são perfeitamente compreensíveis: os únicos modelos operacionais à sua disposição eram aqueles criados por bibliotecários que lidavam com arquivos de dados de ciências sociais com as características acima referidas. Isso mudou em meados da década de 1980, quando uma nova tecnologia da informação, utilizando bancos de dados relacionais, tornou-se a norma nas empresas, nas universidades e no governo. Nesses amplos sistemas relacionais de programas sociais e econômicos, os dados informatizados de valor arquivístico geralmente são acrescentados, revistos e eliminados praticamente a cada segundo. Fora do âmbito dessas bases de dados, onde a informação é ao menos estruturada logicamente, existe o escritório automatizado, em que textos, dados, gráficos, imagens e sons são convertidos em formatos eletrônicos ou mesmo combinados em documentos multimídia "mistos" ou "inteligentes". Todos esses novos e complexos formatos computadorizados, caso não sejam controlados, padronizados e vinculados aos processos empresariais, ameaçam a transparência da tomada de decisões e a memória a longo prazo dos produtores de documentos, ainda mais quando se somam a uma revolução nas telecomunicações que afeta a transmissão e interconectividade dessa informação eletrônica. Mais do que isso, esses novos formatos representam uma ameaça à possibilidade de os arquivos se manterem como instituições fortes, capazes de preservar integralmente o contexto ou funcionalidade desses registros ao longo de décadas ou séculos. Se o documento eletrônico existe apenas transitoriamente como uma imagem "virtual" ou fugaz, na tela do computador, de dados armazenados aleatoriamente, produzidos pelos diferentes comandos de diferentes usuários em diferentes estruturas organizacionais para diferentes finalidades, como pode uma instituição responsabilizar-se pela preservação de provas confiáveis de transações específicas? Qual o contexto funcional desses dados efêmeros e desconexos? Como fica a proveniência? Os documentos eletrônicos, como pensava inicialmente Peter Scott, trazem os arquivistas para a era dos arquivos e documentos virtuais, na qual o documento físico e seu arranjo, tão fundamentais para o discurso arquivístico tradicional neste século, têm hoje importância secundária, em comparação com o contexto funcional em que o documento é criado e descrito por seu produtor, e utilizado por seus contemporâneos. Essas mudanças revolucionárias trazidas pelo documento eletrônico levaram teóricos da arquivologia como a australiana Sue McKemmish a perguntar: "serão os arquivos sempre verdadeiros?".[55]

As respostas para esses desafios fundamentais começam a surgir. Os arquivistas estão agora percebendo que o mundo dos bancos de dados relacionais, das complexas conexões computacionais, dos sistemas administrativos eletrônicos, dos documentos hipermídia, dos sistemas de informação geográfica multinível é ainda — quando se põe de lado toda a retórica da alta tecnologia — o mundo das relações informacionais, das interconexões, do contexto, da evidência, da proveniência.

Para o arquivista, recriar tais relações, em se tratando de complexos registros eletrônicos, não deve ser diferente, no plano conceitual e teórico, da tarefa de desenredar as interconexões das numerosas séries de documentos administrativos típicas do século XIX para relacioná-las com suas funções e produtores. No plano estratégico e tático, é claro, há um mundo de diferenças. Assim, Margaret Hedstrom e David Bearman propõem "reinventar os arquivos" concentrando o foco não mais na custódia dos documentos em instituições arquivísticas, e sim no controle remoto dos registros armazenados nos computadores da rede governamental ou empresarial. Com isso

---

55. Para uma discussão interessante, ver McKemmish (1994).

os arquivistas ficariam menos preocupados com a tradicional curadoria de objetos físicos, voltando sua atenção para a gestão centralizada do comportamento organizacional no intuito de preservar um sentido de "documentalidade" ou evidência nos sistemas de informação computadorizada da instituição.[56] Mas o trabalho arquivístico de compreender e elucidar as relações contextuais permaneceria essencialmente o mesmo.

David Bearman, o mais visionário teórico dos documentos eletrônicos, trata dessas questões em muitos de seus trabalhos. No seu entender, por exemplo, "o ponto crucial desses desafios impostos ao documento tradicional é que os limites deste último dão vez a um evento de criação documental em que tomam parte o usuário e o sistema. Somente o contexto em que são criados esses documentos virtuais pode nos dar uma noção de seu conteúdo". Para alívio dos arquivistas, Bearman afirma que essa nova mentalidade "corresponde aproximadamente à perspectiva desses profissionais, que por muito tempo se concentraram na proveniência e no contexto de produção dos documentos, e não em sua fisicalidade e conteúdo". Conclui ele que, no tocante aos vários problemas criados pelos documentos eletrônicos, "até agora a análise enriqueceu o conceito de proveniência e reforçou sua ligação direta com as missões, funções e até mesmo as atividades e transações de determinada organização, e não com as unidades organizacionais [...]" (Bearman, 1990:111 e 1993b:193). Para alguns arquivistas, esta última frase pode parecer mais problemática. Tais ligações conceituais dos documentos com as funções e processos empresariais, e não com uma só unidade administrativa, vão de encontro a muitas das tradicionais perspectivas da teoria e metodologia arquivísticas, tal como definidas nos trabalhos do trio holandês, de Jenkinson, de Casanova e até mesmo de Schellenberg. Os documentos eletrônicos impõem aos arquivistas esse duro desafio: os princípios básicos da arquivologia somente serão preservados se descartarmos muitas de suas tradicionais interpretações e aplicações práticas.

---

56. Este é o instigante argumento apresentado por Hedstrom e Bearman (1993:97). Sobre reorientação estratégica, diferentes táticas para diversas culturas organizacionais e gestão de risco, ver Bearman (1993a e 1994a). Sobre táticas relativas às funções e princípios arquivísticos tradicionais, ver Dollar (1992a: cap. 4).

A longo prazo, muitas são as vantagens dessas novas estratégias propostas para que os arquivistas possam lidar com os documentos eletrônicos dos governos e das grandes corporações, como, por exemplo, a implementação de requisitos funcionais formais para o arquivamento mediante políticas e procedimentos ou mecanismos de encapsulamento de metadados como parte de padrões aceitáveis de comunicação. Essas metodologias, contudo, são bem menos relevantes para o setor privado ou, ainda, para os documentos de pequenas agências, juntas e comissões governamentais provisórias ou mesmo já desativadas. Os arquivistas não devem ignorar as atuais (ainda que talvez falaciosas) realidades da produção de documentos eletrônicos, nem os documentos legados por sistemas mais antigos, visando exclusivamente formular estratégias de reengenharia para o futuro; tampouco devem considerar que as descrições de metadados substituirão a ampla contextualidade das descrições arquivísticas de "valor agregado". Parece evidente que, ao menos durante alguns anos, as teorias que os especialistas em documentos eletrônicos conceberam sobre a reformulação dos requisitos funcionais dos sistemas informatizados para preservar a integridade e confiabilidade dos documentos, sobre as medidas a serem impostas para aumentar a transparência organizacional, e sobre a atribuição de competência ao produtor documental para assumir o controle custodial a longo prazo privilegiarão *de facto* os grandes e relativamente estáveis produtores de documentos que têm capacidade para proceder a essa reengenharia, mas por outro lado desfavorecerão os produtores de documentos privados e transitórios que não têm essa mesma capacidade ou não estejam interessados nisso. Aliás, a própria definição de documento arquivístico — cada vez mais adotada pelos que lidam com documentos eletrônicos — como prova das transações exclui, ao menos implicitamente, da alçada dos arquivos e dos arquivistas quaisquer documentos (e seus produtores) que não se enquadrem nesse conceito restritivo baseado na transparência. Ao que parece, a "política da memória" ainda vigora entre nós.[57]

---

57. Sobre os registros eletrônicos, ver Cook (1997). Sobre metadados e descrição arquivística, ver MacNeil (1995) e as réplicas apresentadas por Wallace (1995) e, anteriormente, por Bearman (1992). Bearman e Duff (1996) propõem uma visão conciliadora.

Conclusão I: qual passado constitui o nosso prólogo?

O desafio representado pelo documento eletrônico dá aos arquivistas a oportunidade de refletir retrospectivamente sobre o discurso arquivístico do século, sobre as várias intepretações da interação entre teoria e prática. Todo arquivista em quase todos os países compartilha as vantagens cumulativas propiciadas pelos princípios básicos da arquivologia formulados por Muller, Feith e Fruin; pela defesa moral da inviolabilidade da evidência feita por Jenkinson; pelos esforços de Schellenberg para lidar adequadamente com o enorme volume de documentos das complexas administrações modernas; pela visão arquivística mais abrangente proposta por Booms, Samuels e outros, com foco social em vez de administrativo; pela originalidade do trabalho de Taylor, que transformou os rígidos modelos arquivísticos do passado em modelos flexíveis; pela redescoberta canadense e a reformulação australiana do conceito de proveniência à luz da complexa contextualidade dos documentos modernos; pelos persistentes apelos de Bearman para que os arquivistas deixassem de ser guardiães e se transformassem em auditores, a fim de preservar a proveniência e proteger o caráter probatório dos documentos eletrônicos. Porém, apesar da riqueza do pensamento arquivístico desde a publicação do *Manual dos holandeses*, graças ao qual todos os arquivistas são beneficiários do trabalho dos que os antecederam, ainda hoje faz-se necessária uma mudança nesse pensamento. As grandes modificações no discurso da arquivologia neste século mostram que é preciso reconhecer esses padrões de mudança dentro do próprio discurso e debater as questões pertinentes e as implicações para as metodologias e estratégias arquivísticas, e finalmente incorporar os resultados à prática cotidiana. Examinando o discurso coletivo da arquivologia desde 1898 até o presente, creio que podemos notar cinco principais temas ou mudanças, que por sua vez mostram a necessidade de reconceituar alguns de nossos conceitos teóricos básicos para o futuro.

O primeiro tema diz respeito a uma nítida mudança na própria razão de ser dos arquivos. Passou-se de uma justificativa jurídico-administrativa baseada em conceitos de caráter estatal para uma justificativa sociocultural baseada nas políticas públicas e no uso público. Tal mudança reflete em parte o papel predominante desempenhado neste século pelos historiadores na arquivologia, e em parte as novas expectativas dos cidadãos com relação ao que deveriam ser os arquivos e ao modo como se deveria conceber e proteger o passado, tornando-o acessível. Tradicionalmente, os arquivos foram criados pelo Estado e para servir ao Estado, como parte da sua estrutura hierárquica e de sua cultura organizacional. Não admira, pois, que a arquivologia tenha inicialmente encontrado legitimidade em teorias e modelos estatistas, bem como no estudo da natureza e das propriedades de antigos documentos estatais. Desde então, essa teoria foi adotada em vários outros tipos de instituições arquivísticas em todo o mundo.

No final do século XX, o apoio público aos arquivos, ou pelo menos aos arquivos não empresariais financiados por impostos, mudou radicalmente, pondo de lado esse antigo modelo estatista: hoje os arquivos são do povo, para o povo e pelo povo. Poucos cidadãos aprovariam o uso de altas somas em dinheiro para financiar arquivos cujo conteúdo apenas servisse à comunicação entre burocratas.

A preservação da transparência governamental e da continuidade administrativa, bem como a proteção dos direitos pessoais ainda são devidamente reconhecidas como importantes funções dos arquivos, mas, para a maioria dos usuários e o público em geral, a principal justificativa para os arquivos é sua capacidade de oferecer aos cidadãos um senso de identidade, origem, história e memória pessoal e coletiva. Em outras palavras, já não é mais admissível limitar a definição da memória social somente ao resíduo documental deixado por influentes produtores de documentos. A transparência pública e histórica exige mais dos arquivos e dos arquivistas. Contudo, se essa justificativa sociocultural se manifesta por metodologias baseadas em padrões de utilização, o estudo direto da sociedade e suas instituições, a análise da proveniência funcional dos produtores documentais e outros aspectos ainda não foram solucionados pelos arquivistas.

O segundo tema que emerge do discurso arquivístico diz respeito ao modo como os arquivos e os arquivistas buscaram preservar documentos autênticos e confiáveis enquanto prova de atos e transações. Ao longo do século, os arquivistas procuraram sistematicamente compreender e esclarecer o contexto ou proveniência de um documento tanto quanto seu conteúdo temático. Inicialmente os arquivistas conseguiram preservar tal contexto mantendo sob custódia permanente e em ordem original todos os documentos subsistentes não mais necessários à administração principal. Tais documentos geralmente constituíam séries fechadas de organizações extintas, ou eram antigos documentos isolados, de grande valor. Hoje os arquivistas mudaram radicalmente seu foco: buscam garantir que os documentos sejam criados inicialmente de acordo com padrões aceitáveis, e que todos os atos e ideias importantes sejam devidamente documentados por esse padrão confiável. Num mundo de organizações em rápida evolução e altamente complexas que geram documentação volumosa e descentralizada, num mundo de registros eletrônicos com seus documentos efêmeros e virtuais, seus bancos de dados relacionais de múltiplas finalidades, e suas redes de comunicação interinstitucional, nem sequer restarão documentos fidedignos a serem preservados pelo arquivista segundo os métodos tradicionais — a menos que ele intervenha na vida útil do documento, às vezes antes mesmo que este seja criado. Quando tais documentos puderem ser preservados em arquivos, será necessário rever também a confortável noção do valor permanente dos documentos arquivísticos ao longo do tempo, simplesmente porque ou o documento se tornará completamente ilegível, ou deverá ser recopiado, e sua estrutura e funcionalidade reconfiguradas em novo *software* no intervalo de anos.[58] A tradicional preservação dos documentos arquivísticos era feita de acordo com padrões adequados de reparo, restauração, armazenagem e uso do suporte físico que constituía o documento. No caso dos documentos eletrônicos, o suporte físico torna-se quase totalmente irrelevante, já que os mesmos terão sido transferidos antes que o suporte físico de armazenagem venha a deteriorar-se. O importante será reconfigurar a real funcionalidade e, logo, a proveniência ou o contexto do registro "original", de modo que os arquivistas deverão concentrar-se cada vez mais nesse problema.

---

58. Ver a importante análise feita por O'Toole (1989).

O terceiro tema guarda relação com a fonte da teoria arquivística. Um século atrás, os princípios da arquivologia derivavam de uma análise diplomática dos documentos individuais, ou então das regras estabelecidas para o arranjo e descrição de grupos ou séries fechadas de documentos confiados aos arquivos por instituições estáveis e mono-hierárquicas. Hoje é preciso adotar uma perspectiva completamente diversa. Visto que existem incontáveis séries de documentos multimídia a serem avaliadas em instituições instáveis, e que essa avaliação frequentemente deve ocorrer na fase de planejamento do sistema informatizado, antes que um único documento tenha sido criado, modernamente a avaliação se concentra nas funções e transações do produtor documental, e não nos documentos individuais e seu uso potencial. Portanto, transferiu-se o foco do documento para seu processo funcional ou contexto de produção; do artefato físico para o "o próprio ato ou fato" que produziu o artefato. Embora tal mudança de foco, passando do documento para o contexto, tenha sido inicialmente induzida pelo espectro dos documentos virtuais nos sistemas informatizados, bem como pelos recentes desdobramentos da teoria da avaliação funcional, ela também reflete certas estratégias para descrição inter-relacional de fundos de múltiplos produtores, ou propostas pós-custodiais para "arquivos sem paredes" existentes numa internet global. A teoria arquivística inspira-se agora na análise dos processos de produção de documentos, e não no arranjo e descrição dos produtos documentados em arquivos. Como conclui Eric Ketelaar, "a arquivologia funcional substitui a arquivologia descritiva, [...] somente por meio de uma interpretação funcional do contexto em que se insere a produção de documentos é possível compreender a integridade do *fonds* e as funções dos documentos arquivísticos em seu contexto original" (Ketelaar, 1996).

O quarto tema que emerge de nossa história coletiva ao longo dos últimos 100 anos está ligado aos outros três anteriormente mencionados. Considerando que hoje os arquivistas devem intervir ativamente nos processos de gestão de documentos, a fim de garantir que os documentos mantenham seu atributo de prova confiável, e que é necessário pesquisar e compreender a natureza da função, estrutura, processo e contexto, bem como interpretar sua importância relativa como base para a moderna avaliação (e descrição) arquivística, a tradicional noção de imparcialidade do arquivista já não mais é válida — se é que alguma vez o foi. Os arquivistas inevitavelmente introduzirão seus próprios valores em todas essas atividades, como de fato o farão pela simples escolha — em épocas de recursos limitados e gigantescos volumes de documentos — dos produtores, sistemas, funções, transações, mecanismos de descrição e difusão, e até mesmo dos documentos que deverão receber total, parcial ou nenhuma atenção arquivística. Assim, ao longo do século passado, os arquivistas deixaram de ser passivos guardiães de todo o resíduo documental legado pelos produtores para se tornar ativos criadores do patrimônio arquivístico; deixaram de ser custodiadores supostamente imparciais dos documentos legados para se tornar agentes intervenientes que estabelecem os padrões de arquivamento e, sobretudo, selecionam para preservação arquivística somente uma pequena parcela de todo o universo da informação registrada. Os arquivistas tornaram-se, pois, diligentes construtores de suas próprias "casas da memória". Logo, eles devem examinar diariamente suas políticas de memória no tocante ao processo de criação de arquivos e de formação da memória. Assim, com sensibilidade e alguma perspectiva histórica, os arquivistas terão melhores condições de determinar quais funções, atividades, organizações e pessoas na sociedade devem ser incluídas ou não na memória coletiva do mundo, por meio de seus documentos.

O quinto e último tema é que a arquivologia não deve ser vista como um conjunto de leis científicas imutáveis, abnegadamente formuladas e tidas como válidas para sempre. Os principais teóricos da arquivologia neste século reinventaram o conceito de arquivo de diversas maneiras criativas que refletiam, às vezes inconscientemente, às vezes conscientemente, as correntes dominantes do discurso público de seu tempo e lugar de origem. A teoria arquivística refletiu e evoluiu através de várias dessas fases sociais: desde o positivismo europeu oitocentista, passando pelo gerencialismo do New Deal americano, até as teorias mcluhanistas sobre a mídia nos anos 1960 e o historicismo pós-moderno mais recente. Uma vez reconhecida, a natureza cambiante da arquivologia ao longo do tempo torna-se uma força positiva dessa disciplina, e não negativa. De fato, os melhores teóricos desse campo geralmente foram os que conseguiram reconhecer e articular as grandes e quase sempre radicais mudanças verificadas na sociedade, na estrutura organizacional e nas tecnologias de arquivamento, para depois incorporar o impacto dessas mudanças na prática e na teoria arquivísticas. Se Hugh Taylor e Tom Nesmith acertadamente conclamam os arquivistas a se capacitarem para estudar as complexas ligações entre o contexto de produção e o documento daí resultante, também é necessário para esses profissionais um foco de pesquisa semelhante no que concerne à relação entre o próprio arquivista e a sociedade na qual está inserido, tanto hoje quanto no passado.

Por fim, cabe fazer uma importante ressalva. A história da arquivologia, apesar da exposição aqui simplificada por limitações de espaço, não tem uma evolução linear, com escolas exclusivas de pensadores, e que num processo cumulativo vai nitidamente ascendendo ao glorioso consenso teórico arquivístico da atualidade. Em vez disso, a história da arquivologia é uma rica colagem de camadas superpostas, de ideias contraditórias coexistentes ou até misturadas; de pensadores que apresentam diferenças mais de abordagem do que de ideias fundamentais; de certos pensadores que mudam de ideia em função de novas circunstâncias; de antigas ideias que surgem sob novas formas em novos lugares. O pêndulo do pensamento oscila de um lado para outro, à medida que uma geração soluciona os problemas da geração anterior, criando porém novos problemas para a geração seguinte resolver, de modo que as ideias têm seu tempo, sendo depois descartadas ou mesmo revitalizadas sob nova forma em trabalhos posteriores. E assim deve ser.

Conclusão II: qual é o prólogo de nosso passado?

Para onde vamos, pois, no futuro? Após analisar as ideias arquivísticas do século, creio que estamos gradualmente desenvolvendo um novo esquema conceitual ou teórico para nossa profissão. Neste novo século, penso que os arquivistas continuarão a mudar seu foco de análise, passando das propriedades e características dos documentos individuais para a análise das funções, processos e transações responsáveis pela produção de documentos. Portanto, a avaliação continuará a evoluir, deixando de ser uma apreciação sobre o valor potencial dos registros documentais para fins de pesquisa e tornando--se uma macroavaliação das principais funções, programas e atividades do produtor e de suas interações com os clientes, as quais deverão refletir-se nos registros posteriormente selecionados para preservação. O arranjo e a descrição, concentrando-se menos nas entidades documentais físicas, buscarão desenvolver um amplo conhecimento contextual de "valor agregado" sobre os sistemas de informação, sobre as múltiplas instituições/pessoas que produzem documentos, e sobre sistemas de documentação e metadados informatizados. Ao menos no âmbito das administrações públicas e entidades corporativas, os arquivos podem deixar de ser uma agência que implora pela cooperação das instituições produtoras na transferência de antigos documentos, transformando-se numa agência de auditoria que monitora o desempenho dos produtores na manutenção e fornecimento de certas categorias de documentos arquivísticos deixados sob seu controle.[59] Os serviços de referência e extensão poderão igualmente modificar-se, quando os arquivos forem aos poucos deixando de ser basicamente locais de armazenamento de antigos documentos consultados por pesquisadores para se tornar arquivos virtuais onde os arquivistas, a partir de suas postagens contextualizadas para a internet, facilitarão o acesso do público em todas as partes do mundo aos milhares de sistemas interligados de gerenciamento de documentos, quer sejam os sistemas controlados pelos arquivos, quer sejam aqueles mais amplos e complexos que ficam sob controle dos produtores documentais. No tocante à preservação, a prioridade certamente não mais será manter formatos de armazenagem física descartáveis, e sim proteger a estrutura e a funcionalidade contextual da própria informação através de sucessivas migrações.

---

59. Para uma discussão sobre essas categorias e as circunstâncias relacionadas que permitem que um arquivo deixe os documentos com seus criadores por um período de tempo indeterminado, ver Cook (1995b). Para o debate entre David Bearman e Ken Thibodeau — mediado por Margaret Hedstrom — sobre as vantagens e desvantagens dessa estratégia, ver Bearman (1991). Ver ainda os artigos de Luciana Duranti, Terry Eastwood, Frank Upward, e Greg O'Shea e David Roberts no dossiê especial da revista *Archives and Manuscripts*, n. 24 (nov. 1996).

A meu ver, essas futuras mudanças na prática arquivística sugerem a necessidade de redefinir o cerne da teoria arquivística. Para enfrentar tais desafios, a noção de proveniência não mais deve ser vista em termos de uma ligação direta entre o documento e sua fonte original numa estrutura hierárquica, e sim como um conceito focado nas funções e processos transacionais do produtor que originam os documentos, dentro e entre organizações em constante evolução. Assim, em vez de uma identificação estática dos documentos com uma estrutura, a proveniência torna-se uma relação dinâmica com uma atividade produtora ou autoral. Quanto à ordem original, não mais devemos associá-la à noção de um lugar físico para cada documento dentro de uma única série de documentos, e sim vê-la como um reflexo lógico de múltiplas autorias e múltiplas leituras, de tal modo que, por exemplo, os dados possam ser reunidos de múltiplas maneiras em novas "ordens" (ou "séries") conceituais ou virtuais para diferentes transações efetuadas por diferentes produtores. Assim, um documento deverá pertencer a (ou refletir) várias séries de ordens originais, e não apenas uma.[60] Do mesmo modo, o próprio documento não mais será concebido como uma peça única de um meio documental que integra a estrutura, o conteúdo e o contexto da informação num lugar físico, e sim como uma combinação virtual de várias partes dispersas reunidas (em diversos *softwares* de controle e processos transacionais) para executar ou fornecer comprovação de uma transação ou ideia. Analogamente, o fundo arquivístico não mais deverá refletir uma ordem física estática baseada em regras decorrentes da transferência, arranjo ou acumulação de documentos, e sim o caráter dinâmico da produção múltipla e da autoria múltipla, com foco na função e na atividade, captando assim com maior precisão a contextualidade dos documentos no mundo moderno.

Com todas essas mudanças, o foco teórico (e prático) da arquivologia se transfere do documento para o ato da produção documental, ou a inten-

---

60. Para a primeira e mais importante análise pós-modernista do empreendimento arquivístico, e uma muito provocativa análise das concepções e proposições — muitas falsas e equivocadas — dos arquivistas sobre "ordem" e sobre a natureza do trabalho de estabelecer, recriar e defender a ordem original e outras "ordens", ver Brien Brothman (1991), traduzido neste livro.

ção do produtor, ou o contexto funcional do registro. Esse novo paradigma arquivístico substitui o tradicional foco intelectual no documento físico — aquilo que está sob nossa efetiva custódia física nos arquivos — por um novo foco no contexto, propósito, finalidade, inter-relações, funcionalidade e transparência do documento, seu produtor e seus processos de produção, onde quer que estes ocorram. Com isso, a atividade arquivística não mais se inspira no estudo dos documentos que estão sob custódia de um arquivo, passando esse novo foco a denominar-se paradigma pós-custodial da arquivologia.[61] Tal paradigma, diga-se de passagem, não significa descartar os princípios arquivísticos, nem deixar de adquirir documentos, e sim reformular a tradicional noção jenkinsoniana de preservação da evidência, passando-se do modelo físico para o conceitual, da atividade focada no produto para aquela baseada em processos, do âmbito material para o mental.[62]

Procedendo a essa redefinição pós-custodial e conceitual da proveniência, agora vista como a relação dinâmica entre todas as funções conexas, produtores e "documentos", os arquivistas podem desenvolver um esquema intelectual para enfrentar, confiantes, os desafios de integrar os documentos eletrônicos à sua prática profissional; de avaliar com maior precisão os complexos documentos modernos; de descrever num contexto rico os documentos arquivísticos em todas as mídias; e de promover o uso e o conhecimento contextualizados dos arquivos por parte de seus diversos usuários. Além disso,

---

61. O termo "pós-custodial" foi cunhado por Ham (1981), mas já fora por ele esboçado anteriormente em Ham (1975). O termo é cada vez mais usado na literatura arquivística e certamente está *implícito* em boa parte das recentes teorias sobre documentos eletrônicos e estratégias documentais, mas suas implicações para a profissão e as práticas cotidianas arquivísticas não foram direta ou sistematicamente abordadas por muitos autores — a não ser, é claro, pelos australianos Ian Maclean e Peter Scott, décadas atrás, e por David Bearman. Para uma discussão mais recente, ver McKeemish e Upward (1993 e 1994), e Upward (1994). Ver também O'Shea (1994); Cook (1992b e 1992c); Hedstrom e Bearman (1993). Até agora, a análise pós-custodial mais explícita é a de Cook (1994b). Quero destacar que "pós-custodial" não significa "não custodial". O paradigma pós-custodial é um esquema conceitual genérico para os arquivistas, sendo aplicável quer os registros sejam transferidos para a custódia de um arquivo, quer permaneçam por algum tempo com seu produtor num esquema distributivo ou não custodial.
62. Ver MacNeil (1994b:16-17). Segundo ela, deve-se manter a essência do arquivo voltado para a "proteção e garantia da prova", ainda que os meios e estratégias que empregamos para isso tenham mudado radicalmente. Esse foi também o ponto de vista por mim adotado há algum tempo e neste artigo.

o novo significado da proveniência possibilita que tanto os arquivistas e seus patrocinadores, como também os pesquisadores, em vez de se afogarem num implacável mar de dados irrelevantes, desenvolvam modelos de conhecimento contextualizado, o que por sua vez leva à esperança de sabedoria e maior discernimento. O prólogo direcionador do futuro da arquivologia advém dos princípios contextuais do passado arquivístico. Nas lições de sua história os arquivistas podem encontrar inspiração para guiar de modo mais sensível a humanidade por essas diversas "casas da memória" que eles constroem com tanto zelo. E, refletindo assim o etos pós-moderno e pós-custodial de sua época, eles podem hoje contribuir para que "se tornem presentes as vozes do passado, não para sepultar o passado ou o presente, mas para dar-lhes vida num lugar comum a ambos na memória" (Carruthers, 1990:260).

BIBLIOGRAFIA

ABUKHANFUSA, Kerstin; SYDBECK, Jan (Ed.). *The principle of provenance*: report from the First Stockholm Conference on Archival Theory and the Principle of Provenance, 2-3 set. 1993. Sweden, 1994.

ACLAND, Glenda. Archivist-keeper, undertaker or auditor? *Archives and Manuscripts*, v. 19, p. 9-15, maio 1991.

_____. Managing the record rather than the relic. *Archives and Manuscripts*, v. 20, p. 57-63, maio 1992.

ASSOCIATION OF CANADIAN ARCHIVISTS. *Guidelines for the development of a two-year curriculum for a master of archival studies*. Ottawa, 1990.

ATHERTON, Jay. From life cycle to continuum: some thoughts on the records management-archives relationship. *Archivaria*, v. 21, p. 43-51, inverno 1985/86.

BARRITT, Marjorie Rabe. Coming to America: Dutch *Archivistiek* and American archival practice. *Archival Issues*, v. 18, p. 43-54, 1993.

BEARMAN, David. Archival data management to achieve organizational accountability for electronic records. In: MCKEMMISH, Sue; UPWARD, Frank (Ed.). *Archival documents*: providing accountability through recordkeeping. Melbourne, 1993a. p. 215-27.

_____. *Archival methods*. Pittsburgh, 1989.

_____. Archival principles and the electronic office. In: MENNE-HARITZ, Angelika (Ed.). *Information handling in ofices and archives*. Munique, 1993b.

_____. Archival strategies. In: SAA CONFERENCE, 1994a.

_____. Documenting documentation. *Archivaria*, v. 34, p. 33-49, verão 1992.

_____. *Electronic evidence*: strategies for managing records in contemporary organizations. Pittsburgh, 1994b.

_____. Multisensory data and its management. In: DURANCE, Cynthia (Ed.). *Management of recorded information*: converging disciplines. Munique, 1990.

_____ (Ed.). *Archival management of electronic records*. Pittsburgh, 1991.

_____; DUFF, Wendy. Grounding archival description in the functional requirements for evidence. *Archivaria*, v. 41, p. 275-303, primavera 1996.

_____; LYTLE, Richard H. The power of the principle of provenance. *Archivaria*, v. 21, inverno 1985/86.

BERNER, Richard C. *Archival theory and practice in the United States*: a historical analysis. Seattle, 1983.

BIKSON, T. K.; FRINKING, E. F. *Preserving the present*: toward viable electronic records. The Hague, 1993.

BLAIS, Gabrielle; ENNS, David. From paper archives to people archives: public programming in the management of archives. *Archivaria*, v. 31, p. 101-113, inverno 1990/91.

BODNAR, John. *Remaking America*: public memory, commemoration, and patriotism in the Twentieth Century. Princeton, 1992.

BOOMS, Hans. [1972] Society and the formation of a documentary heritage: issues in the appraisal of archival sources. *Archivaria*, v. 24, verão 1987.

_____. Uberlieferungsbildung: keeping archives as a social and political activity. *Archivaria*, v. 33, inverno 1991/92.

BRADSHER, James Gregory. An administrative history of the disposal of federal records, 1789-1949. *Provenance*, v. 3, p. 1-21, outono 1985.

_____; PACIFICO, Michele F. History of archives administration. In: _____ (Ed.). *Managing archives and archival institutions*. Chicago, 1988. p. 18-33.

BRICHFORD, Maynard J. *Archives and manuscripts*: appraisal & accessioning. Chicago, 1977.

BROOKS, Philip C. The selection of records for preservation. *American Archivist*, v. 3, out. 1940.

BROTHMAN, Brien. Orders of value: probing the theoretical terms of archival practice. *Archivaria*, v. 32, p. 78-100, verão 1991.

BROWN, Richard. Macro-appraisal theory and the context of the public records creator. *Archivaria*, v. 40, p. 121-172, outono 1995.

_____. Records acquisition strategy and its theoretical foundation: the case for a concept of archival hermeneutics. *Archivaria*, v. 33, p. 34-56, inverno 1991/92.

BUCCI, Oddo (Ed.). *Archival science on the threshold of the year 2000*. Macerata, Italy, 1992.

BUREAU OF CANADIAN ARCHIVISTS. Working Group on Archival Descriptive Standards. *Toward descriptive standards*: report and recommendations of the Canadian Working Group on Archival Descriptive Standards. Ottawa, 1985.

CARRUTHERS, Mary. *The book of memory*: a study of memory in medieval culture. Cambridge, 1990.

CLANCHY, Michael. *From memory to written record*: England, 1066-1307. 2. ed. Oxford, 1993.

COOK, Michael. *The management of information from archives*. Aldershot, 1986.

COOK, Terry. An appraisal methodology: guidelines for perfoming an archival appraisal. dez. 1991a. (internal National Archives report).

_____. Another brick in the wall: Terry Eastwood's masonry and archival walls, history, and archival appraisal. *Archivaria*, v. 37, p. 96-103, verão 1994a.

_____. Documentation strategy. *Archivaria*, v. 34, p. 181-191, verão 1992a.

_____. Easy to byte, harder to chew: the second generation of electronic records archives. *Archivaria*, v. 33, inverno 1991/92.

_____. Electronic records, paper minds: the revolution in information management and archives in the postcustodial and postmodernist era. *Archives and Manuscripts*, v. 22, nov. 1994b.

_____. From information to knowledge: an intellectual paradigm for archives. *Archivaria*, v. 19, p. 46-49, inverno 1984/85.

_____. *Government-wide plan for the disposition of records 1991-96*. out. 1990 (internal National Archives report).

_____. It's ten o'clock: do you know where your data are? *Technology Review*, p. 48-53, jan. 1995a.

_____. Leaving archival electronic records in institutions: policy and monitoring arrangements at the National Archives of Canada. *Archives and Museum Informatics*, v. 9, p. 141-149, 1995b.

_____. Mind over matter: towards a new theory of archival appraisal. In: CRAIG, Barbara L. (Ed.). *The archival imagination*: essays in honour of Hugh A. Taylor. Ottawa, 1992b.

_____. *The archival appraisal of records containing personal information*: a Ramp study with guidelines. Paris, 1991b.

_____. The concept of the archival fonds: theory, description, and provenance in the postcustodial era. In: EASTWOOD, Terry (Ed.). *The archival fonds*: from theory to practice. Ottawa, 1992c.

_____. The impact of David Bearman on modem archival thinking: an essay of personal reflection and critique. *Archives and Museum Informatics*, v. 11, p. 15-37, 1997.

_____. The tyranny of the medium: a comment on "total archives". *Archivaria*, v. 9, p. 141-149, inverno 1979/80.

74 Pensar os arquivos

_____. Viewing the world upside down: reflections on the theoretical underpinnings of archival public programming. *Archivaria*, v. 31, p. 123-134, inverno 1990/91.

COX, Richard J. A documentation strategy case study: Western New York. *American Archivist*, v. 52, p. 192-200, primavera 1989.

_____. On the value of archival history in the United States. In: COX, Richard J. *American archival analysis*: the recent development of the archival profession in the United States. Metuchen, NJ, 1990. p. 182-200.

_____; SAMUELS, Helen W. The archivist's first responsibility: a research agenda to improve the identification and retention of records of enduring value. *American Archivist*, v. 51, p. 28-42, inverno/primavera 1988.

CRAIG, Barbara L. Outward visions, inward glance: archives history and professional identity. *Archival Issues*, v. 17, p. 121, 1992a.

_____. The acts of the appraisers: the context, the plan and the record. *Archivaria*, v. 34, p. 175-180, verão 1992b.

_____. What are the clients? Who are the products? The future of archival public services in perspective. *Archivaria*, v. 31, inverno 1990/91.

DANIELS, Maygene F. Records appraisal and disposition. In: BRADSHER, James Gregory (Ed.). *Managing archives and archival institutions*. Chicago, 1988.

DANIELS, Maygene F.; WALCH, Timothy (Ed.). *A modern archives reader:* basic readings on archival theory and practice. Washington, 1984.

DAVIES, J. Conway. *Studies presented to Sir Hilary Jenkinson, C.B.E., LL.D., F.S.A.* Londres, 1957.

DEKKER, Cornelis. La Bible archivistique nierlandaise et ce qu'il en est advenu. In: BUCCI, O. *Archival science on the threshold of the year 2000*. Macerata, Itália, 1992. p. 69-79.

DELMAS, Bruno. Archival science and information technologies. In: MENNE-HARITZ, Angelika (Ed.). *Information handling in ofices and archives*. Munique, 1993. p. 168-176.

DIAMOND, Elizabeth. The archivist as forensic scientist-seeing ourselves in a different way. *Archivaria*, v. 38, outono 1994.

DOLLAR, Charles M. [1978] Appraising machine-readable records. In: DANIELS, Maygene F.; WALCH, Timothy (Ed.). *A modern archives reader*: basic readings on archival theory and practice. Washington, 1984. p. 71-79.

_____. *Archival theory and information technologies*: the impact of information technologies on archival principles and methods. Macerata, Itália, 1992a.

_____. Archival theory and practices and informatics: some considerations. In: BUCCI, Oddo (Ed.). *Archival science on the threshold of the year 2000*. Macerata, Itália, 1992b. p. 311-328.

DOWLER, Lawrence. The role of use in defining archival practice and principles: a research agenda for the availability and use of records. *American Archivist*, v. 51, inverno/primavera 1988.

DUCHEIN, Michel. The history of European archives and the development of the archival profession in Europe. *American Archivist*, v. 55, p. 14-24, inverno 1992.

_____. [1977] Theoretical principles and practical problems of *Respect des fonds* in archival science. *Archivaria*, v. 16, p. 64-82, verão 1983.

DUFF, Wendy M.; HAWORTH, Kent M. The reclamation of archival description: the Canadian perspective. *Archivaria*, v. 31, p. 26-35, inverno 1990/91.

DURANTI, Luciana. Diplomatics: new uses for an old science. *Archivaria*, v. 28, p. 7-27, verão 1989.

_____. Part V. *Archivaria*, v. 32, verão 1991.

_____. Reliability and authenticity: the concepts and their implications. *Archivaria*, v. 39, p. 5-10, primavera 1995.

_____. The concept of appraisal and archival theory. *American Archivist*, v. 57, p. 328-344, primavera 1994.

_____. The concept of appraisal and archival theory; the archival body of knowledge: archival theory, method, and practice, and graduate and continuing education. *Journal of Education for Library and Information Science*, v. 34, inverno 1993a.

_____. The odyssey of records managers. In: NESMITH, Tom (Ed.). *Canadian archival studies and the rediscovery of provenance*. Metuchen, NJ, 1993b.

EASTWOOD, Terry. How goes it with appraisal? *Archivaria*, v. 36, p. 111-121, outono 1993a.

_____. Nailing a little jelly to the wall of archival studies. *Archivaria*, v. 35, p. 232-252, primavera 1993b.

_____. Nurturing archival education in the university. *American Archivist*, v. 51, p. 228-252, verão 1988.

_____. What is archival theory and why is it important. *Archivaria*, v. 37, p. 122-130, primavera 1994.

_____ (Ed.). *The archival fonds*: from theory to practice. Ottawa, 1992.

EVANS, Max J. Authority control: an alternative to the record group concept. *American Archivist*, v. 49, verão 1986.

FAVIER, Jean (Ed.). *La pratique archivistique française*. Paris, 1993.

FISHBEIN, Meyer H. A viewpoint on appraisal of national records. *American Archivist*, v. 33, abr. 1970.

FREEMAN, Elsie T. In the eye of the beholder: archives administration from the user's point of view. *American Archivist*, v. 47, primavera 1984.

GEARY, Patrick J. *Phantoms of remembrance*: memory and oblivion at the end of the first millennium. Princeton, 1994.

GELLER, Lawrence D. Joseph Cuvelier, Belgian archival education, and the First International Congress of Archivists, Brussels, 1910. *Archivaria*, v. 16, verão 1983.

GRANSTROM, Claes. Will archival theory be sufficient in the future? In: MENNE--HARITZ, Angelika (Ed.). *Information handling in ofices and archives*. Munique, 1993. p. 159-167.

GRIMSTED, Patricia Kennedy. *Archives and manuscript repositories in the USSR*: Moscow and Leningrad. Princeton, 1972.

_____. *Intellectual access and descriptive standards for post-soviet archives*: what is to be done? Princeton, 1992.

HAAS, Joan K.; SAMUELS, Helen Willa; SIMMONS, Barbara Trippel. *Appraising the records of modem science and technology*: a guide. Chicago, 1985.

HACKMAN, Larry; WARNOW-BLEWETT, Joan. The documentation strategy process: a model and a case study. *American Archivist*, v. 50, p. 12-47, inverno 1987.

HAM, F. Gerald. Archival strategies for the postcustodial era. *American Archivist*, v. 44, p. 207-216, verão 1981.

_____. *Selecting and appraising archives and manuscripts*. Chicago, 1993.

_____. The archival edge. *American Archivist*, v. 38, p. 5-13, jan. 1975.

_____. The archival edge. In: DANIELS, Maygene F.; WALCH, Timothy (Ed.). *A modern archives reader*: basic readings on archival theory and practice. Washington, 1984.

HARDENBERG, Herman. Some reflections on the principles for the arrangement of archives. In: WALNE, Peter (Ed.). *Modern archives administration and records management*: a RAMP reader. Paris, 1985. p. 111-114.

HEDSTROM, Margaret. *Archives and manuscripts*: machine-readable records. Chicago, 1984.

_____. Descriptive practices for electronic records: deciding what is essential and imagining what is possible. *Archivaria*, v. 36, p. 53-62, outono 1993.

_____. Understanding electronic incunabula: a framework for research on electronic records. *American Archivist*, v. 54, p. 334-354, verão 1991.

_____ (Ed.). *Electronic records management program strategies*. Pittsburgh, 1993.

_____; BEARMAN, David. Reinventing archives for electronic records: alternative service delivery options. In: HEDSTROM, Margaret (Ed.). *Electronic records management program strategies*. Pittsburgh, 1993. p. 82-98.

HOBSBAWM, Eric; RANGER, Terence (Ed.). *The invention of tradition*. Cambridge, 1983.

HOLMES, Oliver W. Archival arrangement — five different operations at five different levels. *American Archivist*, v. 27, p. 21-41, jan. 1964.

HURLEY, Chris. Ambient functions: abandoned children to zoos. *Archivaria*, v. 40, p. 21-39, outono 1995.

_____. What, if anything, is a function. *Archives and Manuscripts*, v. 21, p. 208-220, nov. 1993.

IN MEMORIAM: T. R. Schellenberg. *American Archivist*, v. 33, p. 190-202, abr. 1970.

JENKINSON, Hilary. [1937] *A manual of archive administration*. Londres, 1968.

KAMMEN, Michael. *Mystic chords of memory*: the transformation of tradition in American culture. Nova York, 1991.

KAPLAN, Justin (Ed.). *Bartlett's familiar quotations*. 16. ed. Boston, 1992.

KETELAAR, Eric. Archival theory and the *Dutch manual*. *Archivaria*, v. 41, p. 31-40, primavera 1996.

_____. Archives of the people, by the people, for the people. *South Africa Archives Journal*, v. 34, p. 5-16, 1992.

_____. Exploitation of new archival materials. *Archivum*, v. 35, p. 189-199, 1989.

_____. Muller, Feith et Fruin. *Archives et bibliotheques de Belgique*, v. 57, n. 1/2, p. 255-268, 1986.

KOUCKY, Judith A. (Ed.). *Second European Conference on Archives*: proceedings. Paris, 1989.

KRIZACK, Joan D. *Documentation planning for the U.S. Health Care System*. Baltimore, 1994.

KUNDERA, Milan. *The book of laughter and forgetting*. Nova York, 1980.

LAMB, W. Kaye. The fine art of destruction. In: HOLLAENDER, Albert E. J. (Ed.). *Essays in memory of Sir Hilary Jenkinson*. Chichester, 1962. p. 50-56.

LE GOFF, Jacques. *History and memory*. Nova York, 1992.

LERNER, Gerda. *The creation of feminist consciousness*: from the Middle Ages to Eighteen-Seventy. Nova York, 1993.

LOCKWOOD, Elizabeth. "Imponderable matters": the influence of new trends in history on appraisal at the National Archives. *American Archivist*, v. 53, p. 394-405, verão 1990.

LOWENTHAL, David. *The past is a foreign country*. Cambridge MA, 1985.

MACLEAN, Ian. An analysis of Jenkinson's *Manual of archive administration* in the light of Australian experience. In: HOLLAENDER, Albert E. J. (Ed.). *Essays in memory of Sir Hilary Jenkinson*. Chichester, 1962. p. 150-151.

_____. Australian experience in record and archives management. *American Archivist*, v. 22, p. 387-314, out. 1959.

MACNEIL, Heather. Archival studies in the Canadian grain: the search for a Canadian archival tradition. *Archivaria*, v. 37, p. 134-149, primavera 1994a.

_____. Archival theory and practice: between two paradigms. *Archivaria*, v. 37, p. 6-20, primavera 1994b.

_____. Metadata strategies and archival description: comparing apples to oranges. *Archivaria*, v. 39, p. 22-32, primavera 1995.

_____. Weaving provenancial and documentary relations. *Archivaria*, v. 34, p. 192-198, verão 1992.

MCCOY, Donald R. *The National Archives*: America's Ministry of Documents, 1934-1968. Chapel Hill, 1978.

MCDONALD, Robert A. J. Acquiring and preserving private records: cultural versus administrative perspectives. *Archivaria*, v. 38, outono 1994.

MCKEMMISH, Sue. Are records ever actual? In: MCKEMMISH, Sue; PIGGOTT, Michael (Ed.). *The records continuum*: Ian Maclean and Australian Archives first 50 years. Clayton, 1994. p. 187-203.

_____. Evidence of me. *Archives and Manuscripts*, v. 24, p. 28-45, maio 1996.

_____. Introducing archives and archival programs. In: ELLIS, Judith (Ed.). *Keeping archives*. 2. ed. Port Melbourne, 1993. p. 1-24.

_____; PIGGOTT, Michael (Ed.). *The records continuum*: Ian Maclean and Australian Archives first 50 years. Clayton, 1994.

_____; UPWARD, Frank (Ed.). *Archival documents*: providing accountability through recordkeeping. Melbourne, 1993.

_____; _____. Somewhere beyond. *Archives and Manuscripts*, v. 22, p. 138-149, maio 1994.

MCKITTERICK, Rosamond. *The Carolingians and the written word*. Cambridge, 1989.

MENNE-HARITZ, Angelika. *Archival education*: meeting the needs of society in the twenty-first century. Montreal, 1992.

_____. Appraisal or documentation: can we appraise archives by selecting content? *American Archivist*, v. 57, verão 1994.

MILLAR, Laura. *The end of 'total archives?* An analysis of changing acquisition practices in Canadian archival repositories. Tese (doutorado) — Universidade de Londres, 1996.

MULLER, S.; FEITH, J. A.; FRUIN, R. [1898] *Manual for the arrangement and description of archives*. Nova York, 1968.

NAUGLER, Harold. *The archival appraisal of machine-readable records*: a Ramp study with guidelines. Paris, 1984.

NESMITH, Tom. *Archivaria* after ten years. *Archivaria*, v. 20, p. 13-21, verão 1985.

_____. [1982] Archives from the bottom up: social history and archival scholarship. In: _____ (Ed.). *Canadian archival studies and the rediscovery of provenance*. Metuchen, NJ, 1993a. p. 159-184.

_____. Documentation strategy. *Archivaria*, v. 34, p. 181-191, verão 1992a.

_____. Hugh Taylor's contextual idea for archives and the foundation of graduate education in archival studies. In: CRAIG, Barbara L. (Ed.). *The archival imagination*: essays in honour of Hugh A. Taylor. Ottawa, 1992b.

_____. Introduction: archival studies in English-speaking Canada and the North American rediscovery of provenance. In: _____ (Ed.). *Canadian archival studies and the rediscovery of provenance*. Metuchen, N.J., 1993b. p. 1-28.

_____. Nesmith and *The rediscovery of provenance* (response to Heather MacNeil). *Archivaria*, v. 38, p. 7-10, outono 1994.

NORTON, Margaret Cross. Records disposal. In: MITCHELL, Thornton W. (Ed.). *Norton on archives*: the writings of Margaret Cross Norton on archives and records management. Chicago, 1975.

O'SHEA, Greg. The medium is *not* the message: appraisal of electronic records by Australian archives. *Archives and Manuscripts*, v. 22, p. 68-93, maio 1994.

O'TOOLE, James M. On the idea of permanence. *American Archivist*, v. 52, p. 10-25, inverno 1989.

_____. The symbolic significance of archives. *American Archivist*, v. 56, p. 234-255, primavera 1993.

_____. *Understanding archives and manuscripts*. Chicago, 1990.

POSNER, Ernst. Some aspects of archival development since the French Revolution. In: MUNDEN, Ken (Ed.). *Archives and the public interest*: selected essays by Ernst Posner. Washington, 1967.

ROBERTS, John. Archival theory: myth or banality. *American Archivist*, v. 53, p. 110-120, inverno 1990.

_____. Archival theory: much ado about shelving. *American Archivist*, v. 50, p. 66-74, inverno 1987.

ROPER, Michael. The development of the principles of provenance and respect for original order in the public record office. In: CRAIG, Barbara L. (Ed.). *The archival imagination*: essays in honour of Hugh A. Taylor. Ottawa, 1992. p. 134-149.

SAMUELS, Helen Willa. Improving our disposition: documentation strategy. *Archivaria*, v. 33, p. 125-140, inverno 1991/92.

_____. Who controls the past. *American Archivist*, v. 49, p. 109-124, primavera 1986.

_____. *Varsity letters*: documenting modern colleges and universities. Metuchen, NJ, 1992.

SCHELLENBERG, T. R. The appraisal of modern public records. *National Archives Bulletin*, Washington, v. 8, p. 1-46, 1956.

SCHWARTZ, Joan M. We make our tools and our tools make us: lessons from photographs for the practice, politics, and poetics of diplomatics. *Archivaria*, v. 40, p. 40-74, outono 1995.

SCOTT, Peter. The record group concept: a case for abandonment. *American Archivist*, v. 29, out. 1966.

SCOTT, Peter et al. Archives and administrative change — some methods and approaches. *Archives and Manuscripts*, v. 7, ago. 1978, p. 115-127; v. 7, abr. 1979, p. 151-165; v. 7, maio 1980, p. 41-54; v. 8, dez. 1980, p. 51-69; v. 9, set. 1981, p. 3-17.

SMITH, Wilfred I. [1986] Total archives: the Canadian experience. In: NESMITH, Tom (Ed.). *Canadian archival studies and the rediscovery of provenance*. Metuchen, NJ, 1993.

SPENCE, Jonathan D. *The Memory Palace of Matteo Ricci*. Nova York, 1984.

SPRAGGE, Shirley. The abdication crisis: are archivists giving up their cultural responsibility? *Archivaria*, v. 40, p. 173-181, outono 1995.

STAPLETON, Richard. Jenkinson and Schellenberg: a comparison. *Archivaria*, v. 17, p. 75-85, inverno 1983/84.

TAYLOR, Hugh A. Information ecology and the archives of the 1980s. *Archivaria*, v. 18, verão 1984.

_____. My very act and deed: some reflections on the role of textual records in the conduct of affairs. *American Archivist*, v. 51, p. 456-469, outono 1988a.

_____. Recycling the past: the archivist in the age of ecology. *Archivaria*, v. 35, p. 203-213, primavera 1993.

_____. Some concluding thoughts. *American Archivist*, v. 57, p. 138-143, inverno 1994.

_____. The collective memory: archives and libraries as heritage. *Archivaria*, v. 15, inverno 1982/83.

_____. The media of record: archives in the wake of McLuhan. *Georgia Archive*, v. 6, p. 1-10, primavera 1978.

_____. Towards the new archivist: the integrated professional. Windsor, jun. 1988b. ms.

_____. Transformation in the archives: technological adjustment or paradigm shift. *Archivaria*, v. 25, inverno 1987/88.

TURNER, Janet. Experimenting with new tools: special diplomatics and the study of authority in the United Church of Canada. *Archivaria*, v. 30, p. 91-103, verão 1990.

UPWARD, Frank. *Australia and the records continuum*. San Diego, 1996.

_____. In search of the continuum: Ian Maclean's "Australian experience". Essays on recordkeeping. In: MCKEMMISH, Sue; PIGGOTT, Michael (Ed.). *The records continuum*: Ian Maclean and Australian Archives first 50 years. Clayton, 1994. p. 110-130.

VOSS-HUBBARD, Anke. "No documents — no history": Mary Ritter Beard and the early history of women's archives. *American Archivist*, v. 58, p. 16-30, inverno 1995.

WALLACE, David. Managing the present: metadata as archival description. *Archivaria*, v. 39, p. 11-21, primavera 1995.

WALLOT, Jean-Pierre. Building a living memory for the history of our present: Perspectives on archival appraisal. *Journal of the Canadian Historical Association*, v. 2, p. 263-282, 1991.

WARNOCK, Mary. *Memory*. Londres, 1987.

WILSON, Ian E. Reflections on archival strategies. *American Archivist*, v. 58, p. 414-429, outono 1995.

WINTER, Denis. *Haig's command*: a reassessment. Harmondsworth, 1991.

YATES, Frances A. *The art of memory*. Chicago, 1966.

Ordens de valor: questionando os termos teóricos da prática arquivística[1]

BRIEN BROTHMAN

There is so much to be said — imitating one an-
other: the act of love, say, speaking with tongues.
Yet it was awhile before I saw we gave these words
to one another and heard our voices elsewhere than
the places they were speaking beside oneself, throw-
ing voices away across the room, to other places.
Eli Mandel, *Ventriloquists*

O principal mérito da poesia, segundo alguns teóricos literários, é sua capacidade de, mediante o uso da linguagem, desfamiliarizar, tornar distantes e estranhas as coisas que nos parecem mais familiares. Em outras palavras, a poesia é mais interessante e eficaz quando desfaz os hábitos do pensamento, interrompe o automatismo das percepções, e cria ambivalência de impressões e ambiguidade de noções a respeito de certos tipos de saber ou atividade que tenhamos conservado segura e confortavelmente em nossas mentes.[2] Sem aspirar de modo algum à eloquência poética, a intenção deste ensaio é, de certo modo, poética, uma vez que procuramos utilizar uma linguagem ou vocabulário diferente, a fim de promover ou induzir novas perspectivas sobre normas, práticas e teorias arquivísticas já estabelecidas. Vamos aqui examinar, por vezes divertidamente, os termos da prática arquivística.

---

1. Publicado anteriormente como: Orders of value: probing the theoretical terms of archival practice. *Archivaria*, v. 32, p. 78-100, verão 1991. Agradeço a Terry Cook por suas valiosas sugestões para uma posterior versão deste artigo.
2. Victor Shklovsky (apud Newton, 1988:23-24). Em termos mais gerais, a arte tenta fazer uma "crítica radical da representação — das convenções que se tornaram uma segunda natureza, por meio da qual nós vemos aquilo que vemos e conduzimos as atividades da vida [...]" (Hartman, 1980:112).

Alguns leitores devem às vezes sentir no fundo algum descontentamento com o atual estado da prática arquivística. Embora possa haver bons motivos para manifestar essa insatisfação, cumpre ressaltar que não é isso que pretendemos fazer aqui, pelo menos não diretamente. Em vez de análise, este ensaio oferece descrição, e em vez de prescrição, oferece interpretação. Não se trata de definir ou identificar um problema, nem de criticar a inadequação das técnicas e métodos atualmente utilizados, nem de propor novas soluções. O objetivo não é formular determinada estratégia ou metodologia que venha a revolucionar a atual atividade arquivística e imediatamente dotá-la de um novo aparato instrumental. Muitos arquivistas com mais experiência e conhecimento do que eu já propuseram soluções inteligentes para problemas de ordem técnica e metodológica por eles identificados na prática arquivística. Em vez disso, este ensaio apresenta modos alternativos de discorrer e refletir sobre as atuais práticas e teorias arquivísticas, no intuito de levar os arquivistas a fortalecerem as bases em que se apoia o atual trabalho nessa área, ou a modificarem suas teorias.

Em parte, este ensaio, nas breves considerações feitas na segunda seção a respeito de temas relacionados a proveniência e autoria, trata igualmente de certas questões que têm preocupado os historiadores das ideias nos últimos anos.[3] Outras especialidades históricas têm geralmente usado os documentos para tratar de questões sociais, econômicas e políticas do passado; para os historiadores das ideias, porém, é o próprio *status* evidencial dos documentos artefatuais que se tornou recentemente a preocupação dominante. Em outras palavras, para eles os textos ocupam uma posição central, e não secundária, na disciplina histórica. A introdução da linguística em sua problemática foi certamente a grande responsável por essa preocupação, a qual, em certos casos, subverteu o propósito de sua tarefa. As repercussões da intertextualidade, da desconstrução, da teoria crítica e do pós-modernismo, provenientes das áreas do criticismo literário e da filosofia, por exemplo, se fizeram sentir intensamente em parte da

---

3. Para outras análises feitas anteriormente sobre a importância da história intelectual para os arquivos, ver Cook (1980/81 e 1986).

comunidade dos historiadores, a ponto de alguns caírem num estado de indecisão ou mesmo paralisia autorreflexiva. Os historiadores das ideias, agora mais do que nunca, se mostram hesitantes na relação que eles — e os demais historiadores — mantêm com o próprio material que utilizam para produzir seus textos, especialmente outros textos.[4]

Este ensaio examina, pois, as características do significado da linguagem, prática e teoria arquivísticas da atualidade, transpondo assim os limites da jurisdição da arquivologia. Seu principal objetivo não é fazer incisões, implantes ou excisões para aprimorar o conjunto das práticas arquivísticas. Em vez disso, o enfoque aqui adotado busca incentivar uma reflexão mais profunda sobre os significados culturais da atividade arquivística contemporânea e o contexto em que eles ocorrem e ganham forma, bem como um exame do papel social específico dos arquivos na sociedade. Tais temas estão claramente ausentes da reflexão acadêmica, seja dentro ou fora da arquivologia. A desatenção, se não a indiferença, para com os arquivos no contexto do criticismo social e cultural entre os historiadores das ideias e da cultura e outros estudiosos das questões culturais, que em geral têm-se mostrado menos negligentes em relação à evolução e à importância social das galerias de arte, bibliotecas, museus[5] e outras instituições culturais, constitui uma omissão desconcertante e lamentável.[6] Este ensaio busca preencher

---

4. Ver, por exemplo, Toews (1987) e Harlan (1989). Para uma crítica materialista da recente ênfase na importância da linguagem na análise histórica, ver Palmer (1990). Para uma crítica literária dessa tendência acadêmica, ver Battersby (1988).

5. Recentemente, porém, um historiador queixou-se da quase total ausência de estudos aprofundados sobre a atividade museológica entre os profissionais dessa área. Ver Schelereth (1990:306 e segs.). Com relação ao Canadá, ver Kay (1973).

6. Pode-se dizer que isso vale ao menos para os especialistas contemporâneos em história moderna, incluindo os historiadores canadenses. Por exemplo, em seu livro sobre a história da cultura canadense, Maria Tippett (1990) dá considerável atenção a instituições como galerias de arte, museus e conservatórios musicais, mas refere-se apenas de passagem aos arquivos. A negligência com relação à importância social e cultural dos arquivos pode ser igualmente constatada em análises da literatura sobre história intelectual e cultural. Ver Tippett (1986) e McKillop (1989). Uma exceção à regra é o estudo de Baker (1990), que mostra o importante papel dos arquivos às vésperas da Revolução Francesa como "arsenais ideológicos" usados para legitimar os *loci* de poder político preferidos — seja o parlamento, a suprema corte ou a monarquia —, sistematizando argumentos baseados em documentos históricos determinadores da verdade. Quanto à literatura arquivística, boa parte dos estudos norte-americanos sobre a história e a

essa lacuna examinando alguns significados intencionais e alternativos da linguagem, da prática e da teoria arquivísticas; assim, a palavra "termos", no título deste ensaio, refere-se à capacidade da linguagem para criar novas descrições do trabalho arquivístico. Em segundo lugar, e o que é mais importante, argumenta-se que essa linguagem, em vez de simplesmente refletir uma prática estável, pode representar as tensões e negociações envolvidas na luta entre alguns arquivistas para enfrentar e lidar com o mundo da informação em "termos" arquivísticos. Por último, e relacionado ao segundo ponto, os "termos da prática arquivística" referem-se igualmente aos objetivos a que visa essa prática, ou seja, àquilo que ela define como sua missão. Também isso precisa ser investigado.

O presente ensaio traz influência de outros estudos resultantes de uma profunda reflexão sobre a teoria e a prática arquivísticas. Finda a sua leitura, será possível reconhecer no seu enfoque, nos seus temas e no seu estilo a marca de autores como Hans Booms, Frank Burke, Terry Cook, Hugh Taylor e vários outros, todos eles interessados em investigar a natureza das responsabilidades que os arquivistas devem assumir na sociedade moderna. Naturalmente, encontram-se aqui algumas de suas argumentações. Mais influente, porém, do que qualquer uma delas em particular foi aquilo que eles julgaram importante discutir. Mesmo valendo-se dessas obras como fonte de inspiração, este ensaio tenta incorporá-las no principal objetivo de sua própria crítica: um exame reflexivo do significado social e histórico dos termos da atividade arquivística. Os resultados interpretativos são em boa parte compatíveis, se não de todo concordantes com as atuais proposições "culturalistas". Embora os estudos arquivísticos de cunho culturalista

---

prática arquivísticas é descritiva ou de caráter idealizante. As análises históricas geralmente não passam de cronologias administrativas ou comprovações da importância dos arquivos *para a*, e não *como*, história cultural. Essa é a perspectiva de comissões reais, forças-tarefas e outros relatórios e estudos governamentais. Ver o *Relatório da Comissão Symons* e o *Relatório Wilson*. Ver também Symons (1982/83) e Wilson (1983). Contudo, existem algumas exceções que, de maneira limitada, tratam a prática arquivística como objeto digno de análise e interpretação histórica e cultural. Ver O'Toole (1989); Brichford (1989); Stapleton (1983/84); Keirstead (1986/87); Carroll (1983); e Cox (1990a:186-328). Ver também vários estudos de Ernest Posner, Hugh Taylor e Hans Booms. Mesmo estes, porém, são principalmente histórias internas que ignoram o amplo contexto social, cultural e intelectual.

insistam, com razão, que o *leitmotif* dos arquivistas deve ser cultural e intelectual, creio que, afinal de contas, essa visão essencial se tornará mais rica se levar em conta a reconhecida necessidade de uma compreensão sócio-histórica e cultural da própria atividade arquivística.[7]

I.

Meu ponto de partida é o conceito de *ordem*. Os arquivos estão sempre sendo desafiados a impor ordem ao espaço que ocupam. Essa ordem pode ser espaço físico suficiente para abrigar fitas de computador, filmes, mapas, fotografias e arquivos textuais. Ou pode referir-se a uma ordem intelectual subjacente em que os documentos sejam dispostos de acordo com certos princípios metodológicos profissionais. Contudo, esse espaço/ordem está sempre sujeito a perturbações. Os arquivos têm seu espaço constantemente invadido pelo que se poderia traduzir como sujeira e lixo.[8] Ou seja, o mais desagradável e embaraçoso para os arquivistas são a poluição de informações e a desordem. Em parte, portanto, este ensaio trata de ecologia ou ambientalismo arquivístico.[9]

Ordem significa estarem as coisas em seu devido *lugar*. A noção de um lugar apropriado para a distribuição de artefatos no espaço é um construto mental. Para cada sociedade, comunidade ou cultura, um mesmo objeto colocado em determinada posição pode ser um exemplo de ordem ou desordem. A tinta que sai de minha caneta para *formar* letras e palavras "flui"; a tinta que vaza de uma caneta e *mancha* o papel "derrama-se". No primeiro caso, a tinta está em ordem; no segundo, em desordem. A tinta que flui tem significado e ordem; a tinta derramada não tem significado nem ordem.

---

7. Terry Cook (1984/85:46) refere-se, de fato, a tal necessidade.

8. Sobre a sociologia do lixo, ver Thompson (1979). Curiosamente, metáforas de sujeira, entulho e excremento foram também mencionadas em análises sobre a própria noção de historicidade. Ver Bennington (1989:18-19).

9. Hugh Taylor (1984) escreveu um artigo sobre "ecologia da informação". Porém, como ficará claro nas páginas a seguir, o significado por ele atribuído a essa expressão difere daquele aqui utilizado.

A informação que "flui" implica igualmente um processo controlado, ordenado, instrumentalmente intencional; a informação "derramada" implica perda ou falta de controle, uma quebra da ordem (ou, pelo menos, da aparência desta). Em outras palavras, um "derramamento", seja de tinta ou de informação, significa que a substância foi para um espaço inadequado, por vias inadequadas, criando um estado de desordem. Contudo, os psiquiatras veem ordem e significado profundo em manchas de tintas. Do mesmo modo, artistas e conhecedores de arte podem perceber algum significado em figuras aparentemente informes e irreconhecíveis numa tela.

Desordem, portanto, pode referir-se a matéria/objetos/símbolos que sejam considerados fora de lugar. As coisas que estão fora de lugar geralmente são tidas como sujeira ou lixo. O lixo representa algo que deve ser eliminado ou *escondido de nossas vistas*, para não estragar a beleza intrínseca da ordem e a tranquilidade que ela parece propiciar. Porém essa ordem, esse espaço, significa um esquema de valor permanente, do qual o lixo é seu polo oposto. Um papel para picolé serve a uma boa finalidade quando envolve o picolé. Tem utilidade até ser retirado por alguém querendo refrescar-se num dia quente de verão. Uma vez retirado, perde seu espaço, não havendo mais lugar para ele no mundo. Quando alguém o vê jogado no chão, o incômodo detrito é lançado no lixo. O pauzinho do picolé também se torna lixo, uma vez consumido o picolé. Mas esse nem sempre é o caso. Algumas crianças usam os pauzinhos para fazer muitas coisas. Eles são resgatados da categoria lixo porque continuam tendo valor; encontraram um novo espaço significativo na ordem do mundo. Seu valor aumenta proporcionalmente. A crescente sensibilização para as questões ambientais, nosso receio das consequências da poluição da água e do ar, nossa apreensão diante da escassez dos recursos naturais — nossa recente conscientização das condições atmosféricas —, tudo isso criou uma nova ordem de valores. Nosso compromisso com a reciclagem prolongou o valor de certos produtos ou materiais que costumeiramente eram jogados no "lixo". A reciclagem redefiniu — reformou — a estrutura do "lixo" ou "detrito".

Tais exemplos não são aqui apresentados para especular a respeito das bases anárquicas da criação ou destruição de valores. Ao contrário, os individuos não são a principal fonte da criação de valor e ordem. A questão é que as comunidades sociais criam e destroem valores. O lixo não tem uma existência autônoma, objetiva. Sujeira e lixo são produto de uma exclusão socialmente determinada, o que nos dá uma pista sobre o valor social. Além disso, tudo quanto jogamos fora ou guardamos reflete uma hierarquia de categorias de valores sociais. É o processo social que define o que é um valor elevado e duradouro, o que tem valor efêmero e o que é lixo. Como disse a antropóloga Mary Douglas (1984:2),

> como sabemos, a sujeira é essencialmente desordem. A sujeira absoluta não existe: ela está nos olhos do observador. Se a evitamos, não é por covardia, muito menos horror ou santo pavor. [...] A sujeira ofende a ordem. Eliminá-la não é uma atitude negativa, e sim um esforço positivo para organizar o ambiente.[10]

Para os arquivistas, o principal objetivo é alcançar uma condição de ordem positiva em seus domínios. Para tanto eliminam o que é considerado refugo, uma constante ameaça à ordem existente. Sujeira e lixo continuamente põem em risco o desejo de ordem dos arquivistas e impedem seus esforços para mantê-la.[11] O intuito de ordenar envolve a identificação das principais causas de desordem e a eliminação das coisas que estejam fora de lugar ou que não mais "se encaixem" numa ordem social/arquivística predeterminada. Uma vez longe de nossas vistas, esses objetos de fato perdem seu lugar, seu direito de existir e, por fim, sua existência. Os documentos ou as informações que o trabalho de ordenação ou destruição arquivística elimina perdem um lugar permanente na ordem social.

Assim, enquanto lutam para manter essas ilhas de ordem permanente, os arquivos também criam valor. O trabalho de avaliação não é meramente um processo de identificação de valor, mas de criação ou destruição de

---

10. Sobre a importância da destruição de informação para a consciência histórica, ver Kellner (1975:295).
11. Evidentemente, a deterioração física dos documentos é também uma ameaça à ordem arquivística. Poeira, humidade, variações de temperatura e iluminação inadequada, por exemplo, não têm lugar nos arquivos.

valor; significa mais do que simplesmente identificar valor arquivístico ou histórico já existente num documento antes de ele ter sido encontrado pelos arquivistas. Ao decidirem a respeito do valor arquivístico ou histórico, os arquivistas efetivamente criam, inauguram ou perpetuam um compromisso axiológico que se manifesta na permanência da ordem que daí resulta. Obviamente, os arquivistas estão interessados em definir o que tem valor "permanente" (O'Tolle, 1989: passim), mas a permanência desse valor é absoluta; quaisquer que sejam os critérios utilizados, isso fica estabelecido durante o processo de avaliação, não antes nem depois. Em princípio, independentemente do fato de um conjunto de documentos ter sido ou não consultado, uma vez que tenha sido considerado como de valor permanecente, o direito do documento a ter um lugar nos arquivos e na sociedade torna-se irrevogável.

Chegamos assim a uma conclusão que muitos arquivistas endossariam: a ordem criada pelos arquivos a partir de toda a informação por eles processada é uma ordem que incorpora os valores da sociedade. Os critérios de avaliação e as políticas e estratégias de aquisição — ou, segundo a teoria do lixo, as estratégias de eliminação — são os instrumentos de uma ecologia arquivística: "o belo movimento dos arquivos". A avaliação e a seleção visam a estabelecer essa ordem arrancando as ervas daninhas, num processo de criação de um jardim de belas flores.[12] Sem isso, em vez de um éden organizado, o resultado seria algo parecido com um matagal. Após o momento da aquisição, porém, colocar os documentos em pastas, dispor as pastas

---

12. Comentando a respeito da "massa de documentos" que necessita de novas estratégias de ordenamento arquivístico, Gerald Ham (1981:207) diz que os arquivistas têm-se mostrado "extremamente introspectivos, preocupados com seu próprio *jardim*, quase inteiramente alheios à paisagem histórica e social ao seu redor" (grifo nosso). Embora haja certamente alguma verdade no que ele diz, creio que sua escolha do termo "jardim" é talvez uma afirmação inadvertida de que por vezes os arquivos têm sido não meramente um lugar de introspecção, mas de demarcação consciente, o que não é a mesma coisa. Ao menos atualmente, o isolamento ou insularidade dos arquivos cria deliberadamente uma oposição entre um reino da ordem e um universo da informação no mundo exterior cujas complexidades os arquivistas ao menos suspeitam que existem, percebendo nelas também uma ameaça à ordem arquivística no espaço teórico e físico. A tradicional analogia do ciclo vital que coloca os arquivistas no ponto extremo de um *continuum* talvez seja mais apropriada, pois conserva um sentido de distanciamento, tal como observado por Ham, ao mesmo tempo que realisticamente reconhece a integração dos arquivos no mundo exterior.

nas estantes, resumir os documentos do acervo em inventários e guias são ações de cunho administrativo. Como disse Gerald Ham (1984:16), os arquivistas que divulgam informações sobre documentos em inventários e guias — ainda que de valor arquivístico duvidoso — "ajudam a estabelecer sua credibilidade como acervos legítimos". Assim, não estamos meramente "adquirindo" e "preservando" documentos valiosos; estamos *criando valor*, isto é, uma ordem de valores, pondo as coisas em seu devido lugar, reservando lugar(es) para elas. Tal processo destaca a importância da ordem nos arquivos.

Na verdade, o princípio arquivístico de ordem no espaço remonta a uma noção setecentista de organização que estava incorporada no campo então emergente da história natural, assim descrita por Michel Foucault (1973:131):[13]

Os documentos dessa nova história não são palavras, textos ou registros, mas lugares desimpedidos onde as coisas são justapostas: herbários coleções, jardins [...]. Diz-se que a criação de jardins botânicos e zoológicos expressava uma nova curiosidade por plantas e animais exóticos. Na verdade, esse interesse já existia

---

13. Vale a pena mencionar a importante relação estabelecida entre ordem, espaço e memória eficiente nos tratados clássicos e do início da era moderna sobre mnemônica. Pensava-se que era possível fortalecer a memória associando-se certas imagens mentais a determinados recintos ou lugares de um prédio — que podia ser uma igreja ou palácio, real ou imaginário. Tais estruturas, fictícias ou reais, na verdade serviriam como "espaços de armazenagem". Cícero, por exemplo, ressaltava que a chave para esse tipo de memorização e outros métodos mnemônicos era a relação entre lugar e ordem: "quem quer desenvolver essa faculdade [da memória] deve escolher lugares e formar imagens mentais das coisas que deseja lembrar, e guardar essas imagens nesses lugares, de modo que a ordem dos lugares preservará a ordem das coisas, e as imagens das coisas representarão as próprias coisas, e usaremos os lugares e as imagens respectivamente como uma tabuinha de cera e as letras nelas escritas". Um autor do início da era moderna propôs métodos semelhantes para desenvolver uma boa memória: as coisas são mais fáceis de lembrar quando estão em ordem; quem quer reter coisas na memória deve tratar de colocá-las em ordem, para que da memória de uma coisa se chegue a outra; as coisas que queremos lembrar devemos colocá-las em imagens de lugares e similitudes. E Cícero diz que os lugares são como tabuinhas de cera, ou papéis, e que as imagens são como letras, e colocar as imagens é como escrever, e falar é como ler. Ver Yates (1984:2, 87, e passim); Spence (1983:2 e passim). Sobre a distinção entre memória e história, ver Nora e outros (1984:xvii-xxv). (Agradeço a Tom Nesmith por ter-me recomendado a leitura dessa obra.) Ver também Connerton (1989); Clanchy (1979 e 1980); Derrida (1981:107 e parte II, passim).

há muito tempo. O que mudou foi o espaço onde era possível vê-los e onde era possível descrevê-los. [...]. Sabemos também da importância metodológica que esses lugares "naturais" adquiriram, no final do século XVIII, para a classificação de palavras, linguagens, origens, documentos, registros — em suma, para a constituição de todo o ambiente histórico.

Portanto, as instituições arquivísticas incorporam uma vocação social para criar um espaço especial onde prevalece certa ordem de valores. Essas instituições que guardam documentos arquivísticos ocupam um espaço situado na, e atribuído pela, ordem social circundante. De forma mais ousada, poderíamos dizer que um prédio com finalidades arquivísticas ou — ainda mais audaciosamente — uma rede é simplesmente um contentor maior de arquivos, um espaço limitado cuja forma — sua fachada física externa, sua configuração interna e seu conteúdo e distribuição em termos humanos, tecnológicos e informacionais — reflete nossa ordem de valores sociais e culturais (David Bearman sugeriu, no entanto, que o espaço/ordem físicos é cada vez menos significativo em um universo de informação "não documental" de redes multimídia e de meta-arquivos).[14]

A metáfora ecológica para o tratamento humano da informação não é meramente uma figura retórica usada por poetas ou ensaístas, uma convenção literária criada pelo puro prazer estético da invenção. Recentemente, o governo federal canadense lançou uma política de "gestão do acervo governamental informacional". Tal política reflete uma interessante mudança da atitude do governo em relação à informação. Durante muito tempo, os termos "informação" e "sistema de informação" serviram para designar tecnologias (*hardware* e *software*), redes e sistemas de arquivamento computadorizados, mas essa "tecnomesmerização" deu lugar a uma nova concepção mais holística da informação enquanto "recurso", perpassando todos os tipos de mídia e divisões disciplinares. A escolha do termo "recurso" para descrever a informação nada tem de fortuita. Seu efeito, ou intuito, certamente é trazer para o campo da informação a crescente preocupação

---

14. Ver Bearman (1989); e Cook (1992).

ambiental com a gestão dos "recursos".[15] Longe de ser uma substituição terminológica causal, o uso de "recursos" pode representar o surgimento de uma nova ordem de valores.

De capital importância para estabelecer a ordem edênica na maioria dos arquivos são dois princípios centrais: *ordem original* e *proveniência*. O que representa o conceito de ordem original? Para muitos arquivistas, ordem original denota uma intenção negativa; implica um senso jenkinsoniano de abstenção pessoal — uma necessidade de autoanulação e, como corolário, uma entrega de si mesmo a uma união solidária com a identidade do passado.[16] Isso equivale ao conceito oitocentista alemão de um passado acessível — *"wie es eigentlich gewesen"*, cujo proponente mais conhecido é Ranke. A meu ver, porém, é tão problemático para um arquivo pretender manter-se fiel à ordem *original*, ao menos em termos estritos — capturar essa parte objetiva do passado —, quanto é para os historiadores afirmar que seu trabalho de algum modo captura e representa o passado, ou seja, torna-o presente uma vez mais. Há limites tanto para nossa capacidade de preservar a ordem original quanto para a de importar o passado histórico para o presente. Não há aqui espaço para examinarmos mais a fundo essa questão extremamente complexa, mas os arquivistas certamente devem estar familiarizados com as várias argumentações de filósofos e historiadores alemães e britânicos do século XIX a respeito da relação do historiador com o passado e seus documentos. A arquivologia demonstra um desejo semelhante de extrair algum tipo de

---

15. Curiosamente, Taylor (1984:37) faz menção ao anacronismo agrícola da gestão: "os documentos e a informação neles contida devem ser cultivados com o maior cuidado, se quisermos ter uma boa safra de conhecimentos [...]".

16. Contra os perigos do "presentismo", Hilary Jenkinson (1966:124) insistia em que a prática arquivística deveria envolver um esforço consciente para refletir fielmente as instituições criadoras de documentos e seu tempo, e não os interesses das pesquisas do momento: "quanto às suas incumbências, o arquivista deveria ser moderno somente no que diz respeito às questões estritamente modernas ligadas a edificações, custódia e afins; no restante, ele deveria ser todas as coisas para todos os arquivos, mantendo com estes uma identificação de interesses, época e pontos de vista". Em outras palavras, parece que Jenkinson está querendo dizer que os arquivistas devem procurar fazer com que a prática arquivística e o modo de tratar os documentos garantam que os mesmos reflitam objetivamente sua época. Ver também a nota 47, mais adiante.

registro objetivo inadulterado do passado. Tal propensão suscita questões sobre a ordem original (e *respect des fonds*).

Existem uns poucos estudos que desafiam os cânones arquivísticos de ordem original (Boles, 1982) e *record group*. No início da década de 1960, quando o conceito de *record group* já contava 20 anos, os críticos ressaltavam algumas de suas limitações práticas para fins de ordenamento e utilidade pública dos arquivos.[17] Quando se estuda a história do surgimento do conceito nos Arquivos Nacionais de Washington no início dos anos 1940, fica-se impressionado com a esquizofrenia tipicamente arquivística de seu desenvolvimento. Paul Ahlberg (1989:5) lembra-nos que o conceito tem mais a ver com a gestão arquivística do que com a teoria arquivística. Embora se destinasse a seguir os princípios de proveniência e ordem original, o *record group* foi igualmente introduzido como medida prática para controlar e organizar um volume rapidamente crescente de documentação mediante uma estratégia de dividir para conquistar. As instituições arquivísticas se engajaram numa missão civilizadora: a civilização de um desértico território documental.

O pragmatismo subjacente à estratégia de dividir para conquistar (e que potencialmente atenua o positivismo histórico de Jenkinson) manifesta-se numa frase aparentemente inócua dita em 1940 por Solomon Buck quando era membro do Finding Mediums Committee criado pelos Arquivistas dos Estados Unidos. Tal comitê, cuja tarefa era lidar com o problema dos instrumentos de pesquisa para os arquivos do governo federal, efetivamente cunhou o termo e o conceito de "*record group*". Comentando sobre esse conceito, Buck falou em "agrupar material".[18] O uso do infinitivo "agrupar" constitui uma opção linguística importante, pois a verbalização do substantivo "grupo" desvia a atenção de um conceito de *record group* como

---

17. Fenyo (1966); Scott (1966:502). Ver também Duchein (1983). Mais recentemente, David Bearman e Richard Lytle (1985/86) discutiram igualmente as limitações do conceito de *record group* . Por fim, Terry Cook (1992, parte 4) apresenta argumentos convincentes a favor do abandono desse conceito.

18. Eis o que disse Bucke exatamente: "o que estou propondo é agrupar material que leve em conta não apenas o princípio de proveniência, mas também a conveniência de organização e descrição" (apud Fenyo, 1966:231).

um predicado estável, essencial, natural de organizações criadoras — seu caráter "dado"[19] — e desperta-nos para a possibilidade de conceber uma ação processual, literalmente, um ato de artifício — a criação de uma nova identidade — para fins de gestão e tratamento de arquivos.[20] Essa hipostasiação do conceito significa que os *record group* não são simples epifenômenos de alguma outra ordem antecedente, mas ocorrem como entidades distintas, autônomas.

Os departamentos, unidades organizacionais e sistemas de gestão de arquivos existentes nos governos ou nas corporações não foram criados para acomodar, ou antecipar, esquemas de *record group*. Em geral, os produtores de documentos não consideravam que estes pertencessem ou se destinassem a um determinado *record group*. Além disso, eles costumam ignorar os princípios que regem os sistemas de arquivamento. O fato de que normalmente haja coincidência entre o *record group* e os produtores de documentos, embora desejável, não pode ser tomado como regra. Ainda que seja apenas para servir a finalidades heurísticas, deveríamos lembrar que a primazia da coincidência estrutural no mais alto nível (ou seja, um *record group* para cada instituição, demonstrando continuidade administrativa) certamente não esgota as alternativas para estabelecer a identidade dos documentos por meio do agrupamento arquivístico. Esse preceito profissional baseia-se numa metonímia: a instituição é um ator individual, um autor-organizador de texto/informação, cuja identidade estrutural deve ser preservada. Nossa aposta profissional é dupla: transplantar a ordem origi-

---

19. Vale notar as diversas acepções do termo francês "*donné*", que pode ser traduzido como "dado", do verbo dar, ou "informação" ou "dado". Ver Michel De Certeau na nota 29, mais adiante.

20. Cerca de 20 anos antes, Sir Hilary Jenkinson (1966:156-157, 190, e parte 4, passim) percebeu a necessidade de "criar arquivos", em vez de simplesmente "manter arquivos". Em outras palavras, Jenkinson anteviu a necessidade de irmos muito mais além da tradicional preocupação com a "preservação da qualidade dos arquivos": os arquivistas devem obrigar-se a "tentar considerar a possibilidade de criar [qualidade arquivística]: ou seja, temos de tentar equilibrar o desejo de prover às necessidades do futuro com a determinação para copiar a imparcialidade do passado; estabelecer as diretrizes a serem seguidas pela criação arquivística, excluindo qualquer possibilidade de que os arquivos venham a tornar-se propaganda para a posteridade. Esse problema, e o da quantidade, [...] se não é novo, ao menos intensificou-se muito em nossa época".

nal dos documentos é essencial para preservar a identidade da estrutura; e, segundo, a melhor maneira de conceber a organização e distribuição de informação ou conhecimento social é estar em acordo com as entidades que a criaram (ou organizaram). Há pelo menos três perguntas que podem ser feitas com relação a tais apostas: a) acaso a criação de *record groups* cumpre realmente a sua função de preservação estrutural? b) serão as estruturas percebidas pelos arquivistas aquelas que melhor captam a realidade da história estrutural/organizacional? c) será esta a melhor maneira de considerar a informação histórica? Tais questões devem ser alvo de um vivo e amplo debate. Como dito antes, a organização arquivística simplifica a realidade, como o fazem todas as atividades semelhantes; produz uma entre outras possíveis versões do universo informacional. Com isso, também oculta a complexidade do contexto e organização das informações: as afinidades/estruturas informais interorganizacionais que possam existir como resultado de funções e interesses comuns, ou de novas vias de comunicação criadas pela mudança social ou inovação tecnológica, por exemplo, devem alertar os arquivistas para os possíveis limites, para não dizer inadequações, das imagens e metáforas da informação/organização nas quais se baseiam nossos princípios metodológicos.[21]

O agrupamento de documentos acarreta, pois, uma imposição conceitual sobre um universo documental indiferente. Servirá para que os arquivistas se lembrem de que os documentos e *record groups* não têm um "lugar natural".[22] E, apesar da indubitável conveniência conceitual de trazer para a linguagem arquivística termos naturalizantes, como "orgânico", que evocam certas formas adaptativas espontâneas de integração estrutural-funcional que servem como soluções arquivísticas viáveis, a ordem original e a prove-

---

21. Ver Joerges (1990); Morgan (1980 e 1983); Pinder e Bourgeois (1982).
22. A expressão "lugar natural" é de Oliver Wendell Holmes (1984:162). O artigo de Holmes é conceitualmente confuso quando discute a reprodução da ordem original. Ele usa alternadamente termos como "natural", "lógico", "racional" e "metódico" para caracterizar a ordem original. Holmes dá a entender que a aparente falta de ordem num conjunto de registros equivale à falta de ordem original. Mas, serão ambas equivalentes? Pode-se alegar que a deficiência de empenho ou capacidade organizacional na entidade produtora não é a mesma coisa que a falta de ordem original. A ordem original está lá, na aparente desordem. Sobre essa questão, ver Duchein (1983:78).

niência não são coincidentes com nenhuma ordem informacional natural, pois nada existe de "natural" ou obrigatório nos sistemas de classificação ou no ordenamento de arquivos.[23] O ordenamento da informação é social, não natural. A ordem arquivística não surge como resultado de alguma obrigação inevitável que nos é imposta e que não possamos rejeitar. A ordem edênica vigente nos arquivos é produzida pela prática do *agrupamento*. Tais agrupamentos de documentos são criações; tomando por empréstimo um termo recentemente cunhado na sociologia da ciência, são *micromundos* demarcados por fronteiras escolhidas por nós — indivíduos, estruturas institucionais etc. — e que encobrem uma profusa complexidade que também é crescente no governo e no mundo em geral. Os micromundos que alguns sociólogos e filósofos da ciência viram emergir do laboratório científico podem ser aqui apropriados. Segundo Joseph Rouse (1987:101),

[Os micromundos] constituem tentativas de evitar a caótica complexidade que limita completamente a ocorrência natural dos fenômenos, construindo "mundos" artificialmente simplificados. Existe nesses micromundos apenas uma variedade limitada de objetos cuja procedência é conhecida e cujas formas de interação são rigorosamente restringidas.[24]

Embora não ocorram naturalmente, os *record groups* estruturais são os micromundos definidos por muitos arquivos. E a ordem edênica resultante não é algo natural, um espaço onde os registros tenham um lugar natural, e sim a ordem sócio-histórica imposta de um jardim cultivado.[25]

---

23. Ver Pepler (1990:28) para uma discussão sobre "classificação artificial" arquivística, que não se origina naturalmente dos próprios documentos. Ver também Cook (1992: parte 4).
24. O conceito de micromundo aparece pela primeira vez em Latour e Wilgar (1983: cap. 4).
25. Caso tenham alguma validade, esses parágrafos tendem a mitigar uma das mais fortes formulações do argumento a favor da coincidência estrutura-proveniência, enunciado pelos arquivistas holandeses Muller, Freith e Fruin em 1891. Usando a linguagem na inevitabilidade lógica, disseram eles: "não é, pois, a preferência por esse sistema que nos leva a recomendá-lo, mas antes a consideração de que o arquivista que pacientemente elabora o seu plano previamente e quer levá-lo a cabo coerentemente será de fato obrigado a adotá-lo (Muller et. al.: 1968:56, cap. 2, passim). Vale notar, porém, que não é nosso intento descartar o método holandês, e sim apresentar uma argumentação "flexível", em vez da

Por fim, a opinião recentemente manifestada na comunidade arquivística, segundo a qual o *record group* é um conceito limitado, ou limitador, para fundamentar a prática arquivística, considerando os novos fenômenos associados à informação eletrônica (Cook, 1992: parte 4), que tornaram a proveniência um *locus* menos seguro, mais vago, para a aquisição e o ordenamento, reflete ou ao menos parece corresponder às atuais correntes culturais e intelectuais mais amplas e profundas, as quais questionam a importância ou estabilidade do "sujeito", autor ou criador como árbitros das continuidades ou unidades discursivas.[26]

---

rígida versão do universo informacional que a base da organização arquivística holandesa pressupõe. Quando Michel Foucault (1972, passim) "suspende" nossas unidades discursivas, formações discursivas, estratégias discursivas e regularidades discursivas, não é para rejeitá-las definitivamente, e sim para nos tornar capazes de perceber a maneira pela qual o saber (discursos) se divide e se configura de acordo com as disciplinas, instituições e tradições.

26. Essa noção surgiu como tema predominante em obras recentes sobre filosofia, teoria literária e criticismo. Em sua análise do tema da cibernética na literatura, David Porush (1985:116) observa que uma das principais ideias das obras do romancista Thomas Pynchon é que "todo mundo está conectado. Assim, uma puxada nos fios visíveis — e que são visíveis dependendo da posição e experiência do observador, a luz do recinto — logo desenreda uma meada aparentemente infinita e subterrânea". O problema da autoria estende-se igualmente à literatura textual. A "meada subterrânea" aponta diretamente para a insistência do criticismo textual desconstrutivista nas intermináveis protelações, suplementaridades e intrincamentos barrocos da prática discursiva e da autoria, originalidade e significado — e proveniência — dos documentos. Ver Ulmer (1983:47). Numa linha semelhante, Roland Barthes refere-se ao "*dèja lu*" da intertextualidade. Ver Cullers (1981:102). O infindável entrelaçamento que os teóricos da literatura postularam recentemente para os textos literários — e alguns acreditam que todos os escritos e toda a vida têm *status* literário — é talvez algo mais visível e decerto mais característico no caso da comunicação nas modernas burocracias, onde a proliferação do processamento eletrônico de dados e das tecnologias da informação promoveu e expandiu redes e sistemas labirínticos que tornaram as tarefas de aquisição e avaliação de documentos cada vez mais difíceis para os arquivistas. A informática aparentemente gerou uma complexidade de informação e organização, mas nos proporcionou um conhecimento intuitivo suficiente apenas para podermos entrever essa complexidade sem verdadeiramente compreender a sua natureza. Mark Poster (1990:124-128 e passim) é autor de um dos poucos estudos sobre as possíveis relações entre comunicação eletrônica e desconstrução. Por fim, em parte como reação ao fenômeno da "meada subterrânea", começou a tomar forma uma disciplina chamada ciência da complexidade. Ver Heinz Pagels (1988) e Paul Winter (1990:26). Numa linha análoga, outro crítico cultural, o filósofo francês Jean Baudrillard (1988b:27) observou o desaparecimento das identidades pessoais e, portanto, da autoria, no labirinto das redes de comunicação informacionais. Agora, somos apenas receptores e provedores de informação que a tudo têm acesso instantaneamente. A perda do eu nessa circularidade significa que os seres humanos diante de terminais de computadores, com seu ilusório senso de soberania local, não passam de simples elos de uma cadeia global. Essencialmente, cada indivíduo

Além dessas proposições metafísicas abstratas, porém, os arquivistas afetam a ordem original (impondo uma rígida estrutura ao significado de ordem original) toda vez que decidem destruir documentos que faziam parte de um arquivo. Pertencentes à ordem original quando foram originalmente produzidos, os documentos destruídos não mais têm lugar na ordem

---

no universo da informação tornou-se uma "mera tela, uma mera superfície de absorção e reabsorção das redes influentes". Jean-François Lyotard (1984:15) também discute os "pontos nodais" de um sistema de comunicação, mas concede aos agentes individuais uma pequena margem de influência na rede de informação. Sobre a problemática relação entre a revolução da informação, as modernas estruturas burocráticas e os tradicionais princípios arquivísticos, por exemplo, ver David Bearman e Richard Lytle (1985/86). Posteriormente, Bearman (1990:111) referiu-se ao novo fenômeno da "informação sem autoria" e da prevalência da "poliarquia" sobre a "mono-hierarquia", o qual está associado ao advento das redes de informação eletrônica. Daniel C. Calhoun (1990) faz comentários semelhantes sobre modelos "hierárquicos" *versus* "difusos" de comunicação num contexto sócio-histórico mais amplo. De modo análogo, Gerald Ham (1984:12) aludiu, de fato, à morte do sujeito na moderna comunicação: "as modernas telecomunicações causaram a morte da comunicação e reflexão registradas na intimidade". Tom Nesmith (1982) observou igualmente a importância cada vez menor dos arquivos pessoais, o que reflete o desaparecimento das biografias e o advento de uma história social mais anônima. Por fim, Michael Heim (1987:126, 191) observou que as conexões eletrônicas do processamento de dados produzem "a interligação de toda a vida simbólica num sistema de informação homogêneo; a conexão da escrita informatizada cria uma espécie de proximidade psíquica que pode ameaçar a privacidade e a intimidade do pensamento". Em seguida, Heim explica o que ele considera um assalto à individualidade criativa: "a escrita digital suplanta a estrutura do livro: substitui o zelo artesanal pelos materiais resistentes por uma manipulação automatizada; desvia a atenção conferida à expressão pessoal para as lógicas gerais de procedimentos algorítmicos; transforma a regularidade da formulação contemplativa de ideias numa superabundância de possibilidades dinâmicas; e converte o isolamento privado da leitura e da escrita reflexivas numa rede pública onde a estrutura simbólica pessoal necessária à originalidade autoral é ameaçada pela conexão com a textualidade total das expressões humanas". Eis por que Ham (1984:17) talvez esteja certo quando diz: "os documentos podem ser únicos, mas muito pouco da informação que contêm é única"; assim como Margaret Hedstrom (1989a), quando fala sobre a duplicação ou "redundância" prenunciada pelo número crescente de dispositivos de compartilhamento de dados, particularmente nas instituições públicas. Sobre a importância de se compreender a burocracia, ver Michael A. Lutzker (1982). Sobre a inédita "complexidade do universo documental", ver Margaret Hedstrom (1989a; 1989b:5-6, 19). Sobre os desafios impostos pela atual complexidade organizacional e informacional, ver Ham (1984:207 e passim). Para um contraponto às noções de autoria acima referidas, ver Luciana Duranti (1989; 1989/90 e 1990). Duranti faz uma interessante e originalíssima análise da relação entre ação, intencionalidade e produção de documentos. Contudo, ao enfatizar o *status* jurídico e a competência legal, evocando assim as raízes medievais da definição de *persona*, ela não trata da natureza cada vez mais problemática do ato social da autoria ou origem, ação *versus* estrutura, no jargão dos teóricos sociais. Em última instância, sua perspectiva superestima o poder da intencionalidade individual em oposição à determinação social e discursiva.

original.[27] Em primeiro lugar, manter esses documentos juntamente com aqueles que foram considerados valiosos destrói a ordem arquivística. Em segundo lugar, afastamo-nos da ordem original quando documentos fisicamente separados que antes pertenciam ao mesmo arquivo são reunidos num único lugar. Não obstante a separação física e, por vezes, a relativa autonomia e compartimentalização física dos documentos, os arquivistas rotineiramente os colocam em séries únicas. Tal organização implica uma "ordem" física e intelectual original que na verdade jamais existiu. Ao contrário, nesses dois casos, o processo atende a requisitos institucionais para uma ordem arquivística prática, idealizada, intelectual, em vez da ordem original. Convém, pois, estabelecer uma distinção — ao menos conceitual — entre *ordem original* e *ordem arquivística*.

Por fim, o principal desarranjo da ordem original é, evidentemente, remover os documentos de seu lugar original de proveniência para os colocar em arquivos. E, uma vez transferidos esses documentos, a organização arquivística também deturpa necessariamente a ordem original de modos mais sutis. Em primeiro lugar, eles se tornam arquivísticos. A atribuição de números ao *record groups*, números de volume, designações e descrições arquivísticas, bem como outros acessórios a documentos permanentemente preservados também serve para transfigurar ou transformar o documento. Como já foi dito, pode-se dizer que tais operações elevam os documentos a um *status* arquivístico quase místico, ao mesmo tempo que tendem a diminuir a vitalidade que eles antes possuíam.[28] Em outras palavras, a prática arquivística continua sendo uma arte.[29]

---

27. Sobre essa questão, ver T. R. Schellenberg (1984:153).

28. Sobre os efeitos místicos da prática arquivística, ver O'Toole (1989:17) e Cook (1984/85:46). Sobre a estética de antigas relíquias e documentos, ver David Lowenthal (1985, cap. 4). Para uma interessante discussão sobre a "entropia ou perda de ordem que afeta uma coleção de objetos", a impossibilidade — e indesejabilidade — de recuperar o "código ou sistema original", e como enfrentar essa questão, ver Stephen Bann (1984).

29. O historiador Michel De Certeau (1975:84) parece igualmente aludir à importância transformadora dos arquivos na criação da história ou no processo da escrita: "Em história, tudo começa com o gesto de *separar*, de reunir, de transformar em 'documentos' certos objetos distribuídos de outra maneira. Esta nova distribuição cultural é o primeiro trabalho. Na realidade, ela consiste em *produzir* tais documentos, pelo simples fato de recopiar, transcrever ou fotografar estes objetos mudando ao mesmo tempo o seu lugar e o seu

II.

> *What is it you're after [...] stimulants,*
> *depressants, psychomimetics?*
> *"Uh, information?" Slothrop replies.*
> (Thomas Pynchon, *Gravity's rainbow*)

Está implícito no que foi dito anteriormente que o gigantesco volume de documentos/informação nesta "era de abundância"[30] deu fortes motivos para obrigar a arquivologia a enfrentar a possibilidade de desordem, perturbação e desintegração em sua área. Portanto, os arquivistas tradicionalmente se consideraram adeptos da ordem, visando minimizar a ameaça da poluição ou caos informacional que essa enorme quantidade de documentação representa para nós. Tem sido esta a linha de raciocínio seguida até aqui neste ensaio, e há certamente uma coerência básica nesta afirmação. Gostaria, no entanto, de considerar outra possibilidade um tanto pessimista: os arquivos também participam efetivamente do processo que fomenta a desordem que eles continuamente procuram combater. Isso pelo fato de que os arquivos

---

estatuto. Este gesto consiste em 'isolar' um corpo, como se faz em física, e em 'desfigurar' as coisas para constituí-las como peças que preencham lacunas de um conjunto, proposto *a priori*. Ele forma a 'coleção'. Constitui as coisas em um 'sistema marginal', como diz Jean Baudrillard; ele as exila da prática para as estabelecer como objetos 'abstratos' de um saber. Longe de aceitar os 'dados', ele os constitui. O material é criado por ações combinadas, que o recortam no universo do uso, que vão procurá-lo também fora das fronteiras do uso, e que o destinam a um reemprego coerente. E o vestígio dos atos que modificam uma *ordem* recebida e uma *visão* social. Instauradora de signos, expostos a tratamentos específicos, essa ruptura não é, pois, nem apenas nem primordialmente, o efeito de um 'olhar'. É necessário aí uma operação técnica. As origens de nossos Arquivos modernos já implicam, com efeito, na combinação de um *grupo* (os 'eruditos'), de *lugares* (as 'bibliotecas') e de *práticas* (de cópia, de impressão, de comunicação, de classificação etc.). É, em pontilhados, a indicação de um complexo técnico, inaugurado no Ocidente com as 'coleções', reunidas na Itália e, depois, na França, a partir do séc. XV [...]". Booms (1987:76, 81) fala do "ato constitutivo" dos arquivistas, que pode estar relacionado a um dos conceitos básicos de Jurgen Habermas: "interesse constitutivo do conhecimento". Mais adiante, diz Booms: "no entanto, os historiadores jamais consideraram importante o fato de que, além das obras do acaso, o modo como os arquivistas concebem, moldam e configuram o registro documental pode igualmente influenciar o 'panorama histórico'".
30. A abundância documental é um dos temas básicos da literatura arquivística. Ver Nancy E. Peace (1984); Gerald Ham (1984:11-22); Booms (1987:76-77).

não vivem hermeticamente isolados do resto do mundo, pois não transcendem as forças sociais e culturais que moldaram nossa moderna sociedade, faminta de informação e baseada no conhecimento (ou determinante do conhecimento); também eles estão inseridos (e são por ela determinados) na rede de produção, troca e circulação de informação. Os arquivos são uma rede dentro de uma rede.

A situação dos arquivos é paradoxal. A ordem que eles procuram estabelecer cria condições que incentivam o hábito do uso da informação. Os efeitos que a ordem arquivística busca e promete — e geralmente concretiza —, os desejos a que ela atende fomentam a escalada da demanda e expectativa de informação, o que por sua vez acelera a constante criação das circunstâncias que ameaçam essa ordem salutar: intensa aquisição e insuficiente atenção aos instrumentos de controle. Os próprios efeitos que a ordem arquivística produz na verdade sustentam o espectro da desordem arquivística. Os arquivos são os principais formadores de uma mentalidade documental/informacional, mentalidade que endossa o acúmulo de informação para objetivos de vida: são lugares de memória, ou memorização, que protegem e conferem poder. O espaço arquivístico não é meramente um reino de potencialidade, de interpretação latente e de busca da verdade.[31] Primeiramente submetidos a uma interpretação por meio do agrupamento arquivístico, os documentos — peças de informação — subsequentemente ficam no lugar que lhes foi destinado, aguardando a consulta por historiadores e outros pesquisadores, que mais uma vez reorganizam a informação de acordo com seus próprios objetivos.[32] A relação arquivista-historiador é traumática. Os arquivistas fazem certo tipo de trabalho histórico, e os historiadores, uma espécie de trabalho arquivístico.

O processo dinâmico nessa relação é autoperpetuador: a documentação está sempre precisando de apoio de documentação adicional. Administradores e formuladores de políticas, historiadores e cientistas sociais, assim

---

31. Para um comentário sobre os limites do poder da documentação na escrita da história, ver Michel Foucault (1972:24).
32. Sobre a presença interpretativa dos arquivos, ver nota 29.

como a sociedade em geral, estão envolvidos nessa prática, vivem sob essa lei, por assim dizer, e os arquivos dependem disso.

Os arquivos promovem ativamente o modelo documental na sociedade.[33] Além disso, frequentemente fomentaram a democratização desse modelo e o uso intensivo dos documentos. O acesso aos arquivos e sua utilização não mais estão restritos ao Estado ou a historiadores especializados. Como disse um historiador,

> Mas a nova ambição dos arquivistas é que a massa de documentos por eles reunida não sirva apenas ao historiador especialista, mas seja também utilizada em proveito do desenvolvimento, na população escolar, do gosto pela história e, no público em geral, da cultura histórica.[34]

A atual preocupação da arquivologia com a divulgação — alguns chegaram mesmo a dizer "marketing" — reflete as realidades democráticas políticas e econômicas, assim como os interesses institucionais e profissionais. Assim, programas, exibições, comemorações de eventos e personalidades, tudo isso visa a promover o consumo documental.[35]

Curiosamente, alguns historiadores demonstraram sua preocupação com a abundância de informação histórica. Pierre Nora (1984:xxvi) falou da "memória registradora, que delegou ao arquivo o cuidado da lembrança", que fomentou uma sociedade que vive na "religião preservacionista e no produtivismo arquivístico". A memória tornou-se a "constituição gigantesca e vertiginosa do estoque material". Vinte e cinco anos atrás, antes de nos tornamos plenamente cientes da revolução eletrônica/informacional que

---

33. Com outro propósito, George Bolotenko (1983:23) remonta a origem dessa atitude ao século XIX: "os modernos arquivos e práticas arquivísticas surgiram simultaneamente na Europa do século XIX. Não obstante qualquer dano que os historiadores possam originariamente ter causado ao documento, eles estabeleceram os contornos da arquivologia divulgando o valor do documento histórico, tornando-o uma *desiderata* na matriz intelectual europeia". Jenkinson (1966:157) também usou o termo *desiderata* em seu manual.
34. Robert-Henri Bautier (1961:1159-60). O historiador político americano John Lukacs (1985:53 e segs.) também referiu-se à relação direta entre o desenvolvimento da democracia e a abundância documental.
35. Um dos mais veementes defensores da aquisição e avaliação voltadas para as necessidades dos usuários é Elsie T. Freeman (1984).

estava ocorrendo, Elizabeth Eisenstein (1966:39-40) escreveu sobre o que ela chamou de "o presente dilema", cuja origem ela remontou à "indústria do conhecimento":

> Não é o ataque de amnésia que é responsável pelas presentes dificuldades, e sim a mais completa rememoração que nenhuma geração anterior jamais conheceu. A recuperação, o não esquecimento, a acumulação, em vez da perda, nos levaram ao presente impasse [...]. Considerarei a possibilidade de que o presente panorama histórico é menos diretamente condicionado pelo que aconteceu no mundo fora das bibliotecas e salas de aula do que pelo que tem acontecido dentro dele. Com isso espero ilustrar um aspecto do impacto de uma revolução nas comunicações que teve início cinco séculos atrás e ainda está ganhando impulso. Espero também demonstrar que é preciso levar em conta os meios de comunicação disponíveis ao examinarmos a consciência história em qualquer época.[36]

De um ponto de vista radicalmente diferente, e com preocupações completamente diferentes, Dominick LaCapra (1985:18-21), historiador intelectual americano, também fez restrições à história positivista, queixando-se da excessiva influência do "modelo documental" de conhecimento na prática histórica. Os adeptos desse modelo demonstram preferência por "documentos informacionais aparentemente diretos, como relatórios burocráticos, testamentos, registros, diários, relatos de testemunhas oculares, e assim por diante". Desse modo, "um modelo documental ou objetivista restrito toma o que é em certos aspectos uma condição necessária ou uma dimensão crucial da historiografia e a converte numa definição praticamente exausti-

---

36. Assim como Eisenstein, Michel De Certeau (1975:85) remonta a expansão dos arquivos à invenção da imprensa: "Inicialmente ligado com a atividade jurídica dos homens da pena e da toga, advogados, funcionários, conservadores de arquivos, o empreendimento se faz expansionista e conquistador, depois de passar pelas mãos dos especialistas. É produtor e reprodutor. Obedece à lei da multiplicação. A partir de 1470, ele se alia à imprensa: a 'coleção' se torna 'biblioteca' [...] Desta maneira, a coleção, produzindo uma transformação dos instrumentos de trabalho, redistribui as coisas, redefine unidades do saber, instaura um lugar de recomeço, construindo uma 'máquina gigantesca' [...] a qual tornará possível uma outra história". O canadense Harold Innis, historiador de economia e comunicações, observou que nossa percepção do tempo estava sendo prejudicada pelo dilúvio da moderna informação científica e pela tendenciosidade da mídia. Ver Carl Berger (1986:190).

va". Assim, LaCapra deliberadamente caracteriza como um "fetiche" para a pesquisa arquivística o objetivo predominante que é hoje descobrir "algum fato, figura ou fenômeno 'injustamente negligenciado' e formular uma 'tese' a que se possa associar seu próprio nome".[37]

Tais advertências são a exceção que confirma a regra. A opinião dos arquivistas segundo a qual a maioria dos historiadores tem um apetite insaciável por qualquer pedacinho de papel e que eles consideram que a maioria dos documentos tem algum valor histórico resgatador provavelmente não está longe da verdade. Assim, a busca de novos documentos — material fresco, como dizem os atores — que ofereçam a tentadora possibilidade de novas abordagens e descobertas, em vez da releitura e reinterpretação de velhos e familiares documentos, parece ser a principal preocupação da maioria dos historiadores contemporâneos. Isso faz lembrar uma observação feita em certos estudos sobre a história do método e do processo científicos: o conhecimento não é cumulativo. Sempre que surge uma nova

---

37. A crítica de LaCapra desenvolve uma observação semelhante feita por Hayden White (1978:28) cerca de 20 anos atrás: com a crescente especialização e profissionalização da história, "o historiador comum empenhou-se na busca do documento elusivo que o tornará uma autoridade numa área estritamente definida". Michel Foucault afirma que os documentos de arquivo representam um ambíguo, talvez ilusório, poder de suplementaridade. Eles parecem oferecer aos historiadores a promessa de entrar sob o que seria a superfície de um trabalho individual publicado para descobrir o verdadeiro significado subjacente a toda a sua escrita — a pessoa real, essencial e intencional. A questão é: quando paramos? Quando concluímos que "o documento está completo"?: "A constituição de uma obra completa ou de um *opus* supõe um certo número de escolhas difíceis de serem justificadas ou mesmo formuladas: será que basta juntar aos textos publicados pelo autor os que ele planejava editar e que só permaneceram inacabados pelo fato de sua morte? Será preciso incluir, também, tudo que é rascunho, primeiro projeto, correções e rasuras dos livros? Será preciso reunir esboços abandonados? E que importância dar às cartas, às notas, às conversas relatadas, aos propósitos transcritos por seus ouvintes, enfim, a este imenso formigamento de vestígios verbais que um indivíduo deixa em torno de si no momento de morrer, e que falam, em um entrecruzamento indefinido, tantas linguagens diferentes? [...] Na verdade, se se fala com tanto prazer e sem maiores questionamentos sobre a 'obra' de um autor, é porque a supomos definida por uma certa função de expressão. Admite-se que deve haver um nível (tão profundo quanto é preciso imaginar) no qual a obra se revela, em todos os fragmentos, mesmo os mais minúsculos e os menos essenciais, como a expressão do pensamento, ou da experiência, ou da imaginação, ou do inconsciente do autor, ou ainda das determinações históricas a que estava preso. Mas vê-se logo que tal unidade, longe de ser apresentada imediatamente, é constituída por uma operação [que é] interpretativa" (Foucault, 1972:24). Para uma discussão instigante desse problema no contexto arquivístico, ver Pamela Banting (1986-87:119-122).

teoria ou paradigma, os dados que sustentavam a teoria suplantada são ignorados ou descartados. Estarão também os historiadores cada vez mais propensos a abandonar de vez fontes de informação anteriormente úteis ou utilizadas, em troca de novos tipos de documentação à medida que novos enfoques, conceitos, métodos ou paradigmas passam a dominar o campo da pesquisa histórica? Terá igualmente se tornado uma tendência entre eles, por exemplo, que um documento ou texto seja consultado uma vez e depois evitado por outros historiadores que tentam estabelecer sua própria originalidade buscando outros documentos desconhecidos que prometam oferecer uma interpretação diferente e digna de louvor? Se assim for, estarão os arquivos progressivamente se tornando lugares para a aquisição de documentos consultados com frequência cada vez menor? Haverá alguma verdade na generalização segundo a qual até mesmo os documentos "mais importantes" raramente são consultados mais de uma vez? Estaremos enfrentando e favorecendo uma comunidade de consumidores cuja principal preocupação é a localização do documento revolucionário que foi superficialmente examinado — um novo olhar — ou ignorado por todos nesse campo científico, situação que caracterizaria um número infinito de consultas únicas? E, sendo assim, quais as implicações disso para a estratégia de aquisição — ou para o descarte?

O filósofo francês Jean Baudrillard situou o entusiasmo contemporâneo pela documentação num contexto fenomênico mais amplo, que ele chama de "estratégia fatal" da sociedade moderna. Tal estratégia exclui as benéficas restrições inerentes ao "modo dialético", tais como reconciliação, síntese e equilíbrio, em favor de antagonismos radicais, uma "ascensão aos extremos", que podemos perceber nos casos de "infinita proliferação" sintomática de nossa "hiperdeterminação" e "hiperfuncionalidade". Mais pessimistamente, Baudrillard (1988a:189) vê no câncer, uma doença de superprodução (celular), um símbolo adequado para a "hiperatividade" da sociedade moderna.

> Isso inclui desde o comportamento da célula cancerosa (hipervitalidade numa só direção), até a hiperespecialização de objetos e pessoas, a operacionalidade dos mínimos detalhes, a hipersignificação do signo mais simples: o *leitmotiv*

de nossa vida cotidiana, mas também câncer secreto de todo sistema obeso e canceroso: os da comunicação, da informação, da produção, da destruição.[38]

Baudrillard atribui o inchaço dos símbolos, da comunicação e da informação à obsessão por determinar as causas, situar as origens, levando portanto à obliteração das finalidades. E é essa obliteração das finalidades que produz a mentalidade documental: para cada documento encontrado, há sempre outros que capacitam seus descobridores a desvalorizar o anterior, atribuindo-lhe novas causas: um documento sempre necessita, conduz a ou explica outros preventivamente.[39] E assim prossegue a busca do historiador pelo documento que revelará a causa desconhecida — Marc Bloch certa vez referiu-se à *"hantise des origines"* — e que desvalorizará uma explicação anterior da origem. Segundo Baudrillard (1988a:189), são reflexos dessa situação

> a hipertrofia da pesquisa histórica, o delírio de tudo explicar, de tudo caracterizar, de tudo referenciar [...]. Tudo isso causa uma acumulação fantástica — as referências vivendo uma das outras, e uma à custa da outra. Temos aqui novamente um sistema interpretativo excrescente desenvolvendo-se sem qualquer relação com seu objetivo. Tudo isso é consequência de um salto adiante para a hemorragia das causas objetivas.[40]

---

38. A metáfora epidemiológica de Baudrillard não é tão radical quanto possa parecer. Basta recordarmos o surgimento de termos como *bugs* e vírus na terminologia informática. De modo análogo, o filósofo William Barrett (1972:207-208), assim como Baudrillard, fala de nossa enorme "curiosidade por informação", que se reflete nas "montanhas de memorandos e documentos acumulados a respeito dos assuntos mais triviais", e se pergunta se isso representa algum avanço para nosso conhecimento. Num contexto especificamente arquivístico, Gerald Ham (1981:210) fez inadvertidamente uma vaga porém semelhante alusão à estratégia fatal e à mentalidade documental ao escrever: "as demandas de uma sociedade litigiosa por aparentemente *eterna prova*, bem como a resposta da burocracia às necessidades da sociedade tecnológica garantem a constante proliferação e descentralização" (grifo nosso). Ham então argumenta que a arquivologia se beneficiou dessa situação, mediante o aumento de recursos e o desenvolvimento e amadurecimento da profissão. A referência de Ham à sociedade litigiosa é importante à luz da relação que há 500 anos muitos estabeleceram entre os arquivos e a lei.
39. Ver Foucault, nota 37.
40. Com relação a essa obsessão, Michel Foucault (1972:25) fala de "origens secretas".

Pode-se concordar ou não com esse retrato epidemiológico pós-moderno um tanto sombrio da alienação e descentramento que Baudrillard nos apresenta, mas é interessante notar que a autoestilização da indústria da informática inadvertidamente confirma o seu diagnóstico (mas não seu prognóstico) de hipervitalidade: nos últimos anos, com o advento do *hipertexto*, a revolução da informação parece estar mais uma vez à beira de ser catapultada para uma nova fase. Tal conceito promete textualidade interativa e ligações indefinidamente expansíveis ("conectividade") com outros textos e bases de dados através de *modems* e outras formas de telecomunicações durante o ato de criação do texto. A visão de Ted Nelson, introdutor do conceito de hipertexto, pode ser assim descrita:

> O hipertexto aplica-se ao conhecimento acadêmico e à poesia. O ritmo e o volume das publicações científicas suplantaram em muito a capacidade de nossa antiga tecnologia da era da imprensa [...]. Com um sistema de hipertexto, todo documento científico pode ter links com seu antecedente intelectual e com documentos sobre temas afins. Todo o conjunto da literatura científica pertinente pode ser compactado em cada documento individual. Os links funcionariam do mesmo modo que notas de rodapé, mas com acesso imediato ao material citado, como se cada nota fosse uma janela ou porta para o documento citado.[41]

---

41. Michael Heim (1987:270, nota 33). O surgimento de periódicos como *Computers and Humanities* parece justificar as apreensões manifestadas por Heim, Baudrillard e LaCapra, ou pelo menos as observações por eles feitas. Um futuro não muito distante promete igualmente o advento de redes "hiperativas", ou de uma infraestrutura de informação que rivalizará em escala e importância com as antigas infraestruturas nacionais de transporte (rodovias), energia (eletricidade) e comunicações (telefones). Seu mais importante idealizador e promotor é o dr. Robert Kahn, cientista americano que hoje preside uma entidade não lucrativa, a National Research Inititatives (NRI). Recentemente, Kahn recebeu US$ 15,4 milhões da National Science Foundation para financiar vários projetos de pesquisa sobre redes. Uma das iniciativas que a NRI tem em mente é um sistema de bibliotecas informatizado e conectado, mas que não existiria num computador centralizado. Em vez disso, as informações nacionais ficariam em bases de dados especializadas e separadas, podendo variar desde listas classificadas armazenadas nos computadores de companhias telefônicas até, digamos, figuras de falhas geológicas armazenadas no *mainframe* de uma companhia petrolífera ou de uma universidade. [...] Será necessário desenvolver e utilizar um novo tipo de ferramentas sofisticadas, como os "agentes inteligentes", ou *knowbots*, como os denomina o dr. Kahn. Essas criaturas do outro mundo terão um voraz apetite por informação. Serão enviados pelos humanos em missões exploradoras, viajando quase

Esse sintoma "hipertextual" certamente faz parte das preocupações de Baudrillard ao referir-se à "hipervitalidade" da informação e à "hipertrofia" da pesquisa histórica. E provavelmente assemelha-se àquilo que Dominick LaCapra considera desconcertante no modelo documental de história.[42]

III.

Alguns poderão alegar que não é de responsabilidade do arquivista questionar se os vários temas abordados na seção anterior, tais como ordem, proveniência e autoria, assim como hiperatividade e frenesi documental e informacional, têm grandes implicações para os arquivos. Contudo, é difícil imaginar que os arquivistas que tomam a sério a tarefa de estabelecer e manter uma ordem de valor em seu campo de atividade possam ignorar tais abalos. Como podem eles desconsiderar os estudos sobre a criação de uma ordem de valor, seja esta derivada da ordem original, da ordem que a proveniência sempre promoveu, ou da ordem que no passado previsivelmente surgiu da atribuição de valores aos documentos, em quaisquer suportes, por sua singularidade ou originalidade, ou pela autenticidade de sua autoria? Certamente o desafio imposto pelas recentes análises literárias, sociológicas e filosóficas da sociedade contemporânea deve ser enfrentado, para que se possa reformular e fortalecer, se não rever, a frágil camada de teoria e o considerável corpo de estudos metodológicos nos quais se baseia a moderna prática arquivística. Para tanto, os arquivistas devem estabelecer certa distância do universo da informação — do qual, no entanto, certamente passaram a fazer parte. Mas isso deve ser visto numa outra perspectiva que

---

à velocidade da luz até seu destino eletrônico, em busca de bases de dados apropriadas. Na NRI do dr. Kahn, cientistas já projetaram protótipos de *knowbots* que foram postos a funcionar experimentalmente (Creating a giant computer highway. *New York Times*, 2 set. 1990). Tudo isso, no entanto, parece ter sido previsto ainda no início dos anos 1960 pelo romancista *cyberpunk* William Burroughs (1987:65).

42. Como se sabe, a mentalidade documental na prática histórica remonta ao advento do positivismo científico na história alemã no século XIX, "caracterizado pelo exame crítico das fontes, a pesquisa em arquivos, o gosto pelos detalhes e a deliberada ausência de preocupação com o presente" (Heyck, 1982:134). Ver também Booms (1987:83).

não a diferença de uma objetividade inalcançável. A possibilidade de maior desenvolvimento, *status* e remuneração profissionais, assim como o receio de marginalização levaram muitos a enquadrarem os arquivistas em termos de gestão da informação:[43] os arquivistas são incentivados a emigrar do que Hugh Taylor (1984) denominou "desvio histórico" para o novo mundo do especialismo da informação. Fica assim implícito que nossa renda, segurança e estatura profissionais devem crescer nos próximos anos. Ao mesmo tempo, considerando esse crescente poder integrador ("conexões") da comunicação eletrônica descrito por Michael Heim, a preservação dos arquivos como um "centro" de conhecimento e *expertise* únicos, em vez de um lugar indistinto dentro de um grande circuito eletrônico/informacional, está se tornando mais problemática. A imperceptível supressão da linha divisória entre os arquivistas e a gestão da informação indica a renúncia, se não a deserção, de nossas perspectivas culturais; significa a mudança de foco da prática cultural para a prática administrativa. Tal estratégia pode não ser fatal para a arquivologia como *profissão*; mas pode sê-lo para a arquivologia como *disciplina crítica*.[44]

Que fique bem entendido. Este não é um sermão exortando os arquivistas a sucumbirem à tecnofobia e a resistirem a uma revolução informacional ou cognitiva que está se propagando além de seus domínios — tal revolução já rompeu essas muralhas. Ao contrário, é de responsabilidade do arquivista enfrentar esse momento sem dúvida histórico com um propósito absolutamente crítico e cultural. Tal obrigação implica a incorporação, na mentalidade ou perspectiva arquivística, da sociedade da informação/indústria do conhecimento, incluindo seus principais atores (administradores, arquivistas, bibliotecários, diretores e tecnólogos), suas técnicas (métodos, estratégias e tecnologias), bem como seus conceitos ("sistemas decisórios", "sistemas de gestão da informação", "gestão de dados" e, mais recentemente, "gerenciamento de recursos informacionais"), e sua geografia cada vez

---

43. Kesner (1984/85:163). Ver também Cox (1990b).
44. Esse argumento é condizente com os de outros que já defenderam o papel cultural dos arquivistas. Para um resumo das principais contribuições para esse debate, ver Terry Cook (1984/85, passim).

mais amorfa (centros — *mainframes*, base de dados *versus* periferia —, "processamento de dados distribuído", "redes locais"). Os arquivistas têm constantemente que lidar com ou traduzir tudo isso em *termos* arquivísticos. Creio que os princípios, práticas e teorias arquivísticas estão sendo desafiados como jamais o foram anteriormente. A situação da arquivologia pode ser comparada à da medicina. Os progressos da tecnologia nessa área levaram médicos, filósofos e políticos a questionar — retrospectivamente e prospectivamente — preceitos cruciais que orientaram a prática da medicina, incluindo o significado e o valor da saúde e da vida. Do mesmo modo, a proliferação da tecnologia da informação e das comunicações está nos obrigando — ou deveria estar — a rever o significado de nossos princípios mais sólidos, incluindo o significado de ordem original, proveniência, documento e arquivos.

Para os arquivistas, abster-se da conscientização e do criticismo culturais equivale a irresponsabilidade profissional. Equivale a negligenciar a tarefa singular e positiva que cabe, ou deveria caber, a cada geração de arquivistas, ou seja, realimentar continuamente seus recursos intelectuais e reafirmar sua condição cultural. Vários arquivistas já fizeram uma defesa eloquente do trabalho cultural como papel principal, e não meramente residual ou ancilar, da arquivologia. Certas propostas de pesquisa e aprendizagem arquivísticas enfatizaram devidamente a necessidade de os arquivistas conhecerem as práticas de outros profissionais — administradores e documentalistas, por exemplo (Russell, 1984/85; Cook, 1989) —, enquanto outras têm buscado refinar e adaptar a própria atividade arquivística. As observações acima podem ser resumidas no seguinte axioma: os que incentivam os arquivistas a estabelecer uma relação mais direta com a área de administração e da informação estão fazendo ou mantendo uma distinção que não faz diferença; os que buscam reservar um papel histórico-cultural para os arquivistas querem manter uma distinção que comporta uma diferença. Os que têm enfatizado essa necessidade de fomentar a pesquisa, porém, até agora não conseguiram articular ou situar a inserção cultural da prática arquivística de modo a refinar ou fortalecer sua atitude ou propósito crítico. Enquanto permanecerem cegos ou indiferentes a essa tarefa de autoexame, os arquivistas continuarão sob a ameaça de perder seu vigor cultural e senso de propósito, e sua energia resultará cada vez mais da carga emitida pelo circuito administrativo eletrônico/informacional.[45]

Por fim, sua adesão a conceitos como ordem original, proveniência e *respect des fonds*, que são criações históricas de uma época historicamente autoconsciente, logicamente compromete os arquivistas com a ideia de que sua prática, embora definida, como toda ação humana, reflete fielmente o seu tempo, e só pode ser compreendida no contexto de sua cultura histórica. É estranho, portanto, que até aqui os arquivistas tenham em geral desviado sua atenção da história cultural dos próprios arquivos, da contingência temporal de suas práticas, mantendo-se quase esxclusivamente como espectadores, como se transcendessem a cultura. Talvez seja porque se habituaram a ver-se como catalisadores neutros, que prestam apoio e serviços, ou seja, como meros instrumentos de disciplinas que supostamente são autênticas criadoras de cultura.[46] Em outras palavras, os arquivos têm sido quase sempre considerados lugares culturalmente transparentes, em vez de componentes ou objetos com uma ampla estrutura historicamente caracterizável que tanto determina quanto é determinada pela prática arquivística através de uma dinâmica de relações sociais e culturais negociadas.[47]

---

45. Sobre a importância da relação entre "ambientes de informação" e cultura histórica, ver William Smith (1987/88).

46. Sobre esse papel dos arquivos em relação às artes e à cultura, ver Robin Neil (1983:96-97). Na verdade, o papel cultural que Smith atribui aos arquivos está definido de maneira um tanto ambígua. Sobre esse ponto, ver também a nota 5.

47. Entendo que o ethos de neutralidade é particularmente estranho para ser incorporado pelos arquivistas. Isso porque, dependendo do período dos documentos a serem considerados pelo arquivista, a proposta de Jenkinson, por exemplo (ver nota 16), redunda numa tautologia ou num paradoxo. De fato, ele preconiza uma prática arquivística trans-histórica, em que os arquivistas colocam entre parênteses sua posição histórica. Com isso, eles resistem com susceptibilidade às vicissitutes do contexto interpretativo contemporâneo. Como arquivista, porém, Jenkinson certamente ver-se-ia obrigado a negar, quase como se fora um artigo de fé profissional, que tal evasão seria possível para os membros da sociedade que são criadores de documentos. Ao mesmo tempo, porém, ao proclamar essa neutralidade metodológica, ele exclui os arquivistas do âmbito da presença-histórica--interpretativa. (Sobre a noção do registrador de observações "ausente presente", ver Stanley Raffel (1979:25 e segs.) Desse modo, os arquivistas poderiam capturar em condições originais a expressão historicamente contingente que aguarda as futuras gerações no documento. A crítica de Booms (1987:104) da "estrutura" e "função", bem como seus conceitos de "processo social" e "avaliação contemporânea" são brilhantemente sugestivos. Seu ensaio

Porém, tal perspicácia disciplinar exige que os arquivistas constantemente pratiquem uma autoanálise crítica cultural. Os arquivistas, em particular os historiadores públicos, devem tratar de questões relacionadas à escrita da história administrativa. Além de compreender que a teoria e a prática administrativas estão produzindo fenômenos sociais e históricos a respeito dos quais os historiadores vêm discutindo há muitos anos,[48] os arquivistas devem buscar a consciência histórica de seu próprio enfoque histórico da administração. Tom Nesmith (1982) formulou o argumento fundamental segundo o qual a missão do arquivista é estudar e compreender a história dos documentos. Se assumirmos que é essa a nossa tarefa, devemos constantemente refletir sobre a prática arquivística, que é parte integrante da documentação. A história dos documentos não termina nos portais dos arquivos. Os arquivos fazem parte dessa história.

---

situa a discussão sobre avaliação num contexto mais amplo, reconhencendo a importância dos debates entre filósofos da história e teóricos sociais a respeito do problema de definir o valor arquivístico numa época de abundância documental. Embora sua abordagem da objetividade da avaliação seja mais profunda do que a de Jenkinson, ele não consegue estabelecer definitivamente as bases dessa objetividade — nem pretende chegar a tanto. Assim como Jenkinson, ele ignora as implicações decorrentes da avaliação dos documentos contemporâneos e, o que é hoje cada vez mais raro, dos documentos de outras épocas. Além disso, ele não consegue contornar o paradoxo de imputar objetividade aos arquivistas. Acaso não são as práticas arquivísticas condicionadas pelas mesmas contingências históricas que os próprios documentos procuram preservar? Poderia ser de outra forma? Quando aplicadas a documentos *contemporâneos*, acaso essas práticas e também os documentos não refletem, de modo geral, as mesmas circunstâncias culturais? E, além disso, quando elas lidam com documentos de outros períodos *históricos* — seja qual for o significado de "outros" no contexto do discurso histórico contemporâneo —, será realmente possível fugir às nossas próprias pressuposições culturais? Não são as técnicas que aplicamos em alguma medida influenciadas pelos mesmos fatores temporais de ordem cultural que nosso credo profissional nos ensina que modelam os documentos? Certamente a prática arquivística está sujeita a essas mesmas limitações contextuais, e, embora jamais inteiramente determinados ou superdeterminados por elas, nossos métodos, ou mesmo nosso leque de opções, são em certa medida culturalmente prescritos. Se não acreditarmos nisso, por que praticar a arquivologia? Mais precisamente, por que tantos se dão ao trabalho de preservar documentos de acordo com os princípios de proveniência e ordem original? Nessa linha, o filósofo alemão Hans-Georg Gadamer (1990:395) levanta a questão da sincronia e diacronia: como determinar o significado de "contemporaneidade"? Onde devemos traçar a linha divisória entre nosso passado e nosso presente?

48. Ver, por exemplo, Roy Macleod (1973). Também existe, é claro, literatura a respeito da expansão do fenômeno burocrático.

IV.

Este ensaio procurou cumprir três objetivos. Nenhum deles, como foi dito na introdução, pretendia revolucionar as atuais práticas e estratégias arquivísticas. Em vez disso, o intuito era fazer os arquivistas voltarem sua atenção para a experiência histórica e cultural de sua atividade. Poder-se-ia dizer que se trata de um estudo sobre a relação entre a palavra e o mundo, a fim de obrigar-nos a ver quem somos indagando-nos quando, onde e por que fazemos o que fazemos (prática), e como, onde e por que escrevemos a esse respeito (discurso).

Primeiramente, procedeu-se a um exame heurístico da relevância das recentes ideias anti-humanistas sobre informação, conhecimento e comunicação, e, portanto, sobre os arquivos. Não obstante a referência na seção anterior à necessidade de o arquivista compreender os "atores" (autores) no universo da informação, procurei questionar (mas não negar) uma noção básica na prática arquivística: proveniência/*record group*.[49] O poema "Ventriloquists", de Eli Mandel, na epígrafe deste artigo, evocou-nos esse problema. Aí temos um poeta, praticante de uma das artes mais criativas, que, ao menos implicitamente, se mostra cético quanto ao *status* da criatividade, originalidade e autoria na comunicação humana; nem mesmo o tom poético — suposto modelo de uma visão ou expressão original —, que todos nós de vez em quando adotamos ao falar ou escrever, parece fugir à observação de Mandel. Criatividade, originalidade e identidade autoral, tudo isso se torna sujeito às ambiguidades, para não dizer ilusões, criadas por uma espécie de ventriloquismo social.

Em segundo lugar, este ensaio também reexaminou a noção de ordem *original*, considerando esse princípio à luz de algumas questões da alçada de teóricos literários e sociais, bem como de historiógrafos e filósofos da história que incluíram em suas análises e interpretações algumas teorias controversas sobre o *status* de textos, arquivos, documentos e, de modo geral, a informação no processo histórico e de criação da cultura.

---

49. Para uma discussão sobre a relação entre proveniência e *record group*, ver Cook (1992).

Ordens de valor 115

O último ponto deste ensaio, e que na verdade engloba os dois primeiros, é que os arquivos merecem ser considerados como objeto de análise histórica e social, seja esta realizada por arquivistas ou outros estudiosos. Trata-se de um apelo no sentido de uma maior conscientização histórica e cultural de nossa própria condição. O que foi aqui apresentado é um comentário a respeito da importância cultural da prática arquivística.

REFERÊNCIAS

AHLBERG, Paul. The record group concept in contemporary archives. *Iassist Quarterly*, v. 13, n. 314, outono/inverno 1989.

BAKER, Keith Michael. *Inventing the French Revolution*. Essays on French political culture in the eighteenth century. Cambridge, 1990.

BANN, Stephen. *The clothing of Clio*. A study of the representation of history in nineteenth-century Britain and France. Cambridge, 1984.

BANTING, Pamela. The archive as literary genre: some theoretical speculations. *Archivaria*, v. 23, inverno 1986/87.

BARRETT, William. *Time of need*. Forms of imagination in the twentieth century. Middletown, Conn., 1972.

BATTERSBY, James. The inevitability of professing literature. In: PAYNE, Richard Fleming (Ed.). *Criticism, history and intertextuality*. Lewisburg, 1988. p. 61-76.

BAUDRILLARD, Jean. Fatal strategies. In: POSTER, Mark (Ed.). *Jean Baudrillard. Selected writings*. Stanford, 1988a.

_____. *The ecstasy of communication*. Paris, 1988b.

BAUTIER, Robert-Henri. Les archives. In: MARROU, Henri (Ed.). *L'histoire et ses methods*. Encyclopédie de la Pléiade. 1961.

BEARMAN, David. Multisensory data and its management. In: MANAGEMENT of recorded information. Converging disciplines. Proceedings of the International Council on Archives' Symposium on Current Records. National Archives of Canada, Ottawa, 15-17 maio 1989. Munique, 1990.

_____; LYTLE, Richard. The power of the principle of provenance. *Archivaria*, v. 21, p. 18-27, inverno 1985/86.

BENNINGTON, Geoff. Demanding history. In: Attridge, D. et al. *Poststructuralism and the question of history*. Cambridge, 1989.

BERGER, Carl. *The writing of Canadian history*. Aspects of English-Canadian historical writing since 1900. Toronto, 1986.

BOLES, Frank. Disrespecting original order. *American Archivist*, v. 45, n. 1, p. 26-32, inverno 1982.

BOLOTENKO, George. Archivists and historians: keepers of the well. *Archivaria*, v. 16, verão 1983.

BOOMS, Hans. Society and the formation of a documentary heritage: issues in the appraisal of archival sources. *Archivaria*, v. 24, verão 1987.

BRICHFORD, Maynard. The Provenance of provenance in Germanic areas. In: *Provenance*, v. 7, n. 2, p, 54-70, outono 1989.

BURROUGHS, William S. *The ticket that exploded*. Nova York, 1987.

CALHOUN, Daniel C. A question of convergence: neural networks and the history of information. *Journal of Interdisciplinary History*, v. 21, n. 2, outono 1990.

CARROLL, Carman. David W. Parker: the "father" of archival arrangement at the public Archives of Canada. *Archivaria*, v. 16, p. 150-154, verão 1983.

CLANCHY, Michael. *From memory to written record*: England, 1066-1307. Londres, 1979.

_____. "Tenacious letters": archives and memory in the Middle Ages. *Archivaria*, v. 11, p. 115-125, inverno 1980/81.

CONNERTON, Paul. *How societies remember*. Cambridge, 1989.

COOK, Terry. From information to knowledge: an intellectual paradigm for archives. *Archivaria*, v. 19, inverno 1984/85.

_____. Leaving safe and customed ground: ideas for archivists. *Archivaria*, v. 23, p. 123-128, inverno 1986.

_____. Nailing jelly to the wall: possibilities in intellectual history. *Archivaria*, v. 11, p. 205-218, inverno 1980/81.

_____. Paper trails: a study in northern records and northern administration, 1898-1956. In: COATES, Kenneth S.; MORRISON, William R. (Ed.). *For purposes of dominion*: essays in honour of Morris Zaslow. 1989. p. 13-31.

_____. *The concept of the archival fonds*. Ottawa: Planning Committee on Descriptive Standards, Bureau of Canadian Archivists, 1992.

COX, Richard J. *American archival analysis*. The recent development of the archival profession in the United States. Metuchen, NJ, 1990a.

_____. Textbooks, archival education and the archival profession. *Public Historian*, v. 12, n. 2, p. 73-81, primavera 1990b.

CULLERS, Jonathon. *The pursuit of signs*. Semiotics, literature, deconstruction. Ithaca, 1981.

DE CERTEAU, Michel. *L'ecriture de l'histoire*. Paris, 1975.

DERRIDA, Jacques. *Dissemination*. Chicago, 1981.

DOUGLAS, Mary. *Purity and danger*: an analysis of the concepts of pollution and taboo. Londres, 1984.

DUCHEIN, Michel. Theoretical principles and practical problems of respect des fonds in archival science. *Archivaria*, v. 16, p. 68-81, verão 1983.

DURANTI, Luciana. Diplomatics: new uses for an old science. *Archivaria*, v. 28, p. 7-29, verão 1989.

_____. Diplomatics: new uses for an old science. *Archivaria*, v. 29, p. 4-17, inverno 1989/90.

_____. Diplomatics: new uses for an old science. *Archivaria*, v. 30, p. 4-20, verão 1990.

EISENSTEIN, Elizabeth. Clio and Chronos: an essay on the making and breaking of history-book time. *History and Theory*, v. 6, n. 1, 1966.

FENYO, Mario. The record group concept: a critique. *American Archivist*, v. 29, n. 2, p. 229-240, abr. 1966.

FOUCAULT, Michel. *The archaeology of knowledge*. Nova York, 1972.

_____. *The order of things*. An archaeology of the human sciences. Nova York, 1973.

FREEMAN, Elsie T. In the eyes of the beholder: archives administration from the user's point of view. *American Archivist*, v. 47, n. 2, p. 111-124, primavera 1984.

GADAMER, Hans-Georg. *Truth and method*. 2. ed. Nova York, 1990.

HAM, Gerald. Archival strategies in the post-custodial era. *American Archivist*, v. 44, n. 3, verão 1981.

_____. Archival choices: managing the historical record in an age of abundance. *American Archivist*, v. 47, n. 1, p. 11-22, inverno 1984.

HARLAN, David. Intellectual history and the return of literature. *American Historical Review*, v. 94, n. 3, June 1989.

HARTMAN, Geoffrey H. *Criticism in the wilderness*: the study of literature today. New Haven, 1980.

HEDSTROM, Margaret. Is data redundancy the price archivists will pay for adequate documentation. *Iassist Quarterly*, v. 13, n. 1, p. 24-30, primavera 1989a.

_____. New appraisal techniques: the effect of theory on practice. *Provenance*, v. 7, n. 2, outono 1989b.

HEIM, Michael. *Electronic language*. A philosophical study of word processing. New Haven, 1987.

HEYCK, Thomas. *The transformation of intellectual life in victorian England*. Londres, 1982.

HOLMES, Oliver Wendell. Archival arrangement — five different operations at five different levels. In: DANIELS, Maygene; WALCH, Timothy (Ed.). *A modern archival reader*. Basic readings in archival theory and practice. Washington, 1984.

JENKINSON, Hilary. *A manual of archive administration*. Londres, 1966.

JOERGES, Bernward. Images of technology in sociology: computer as butterfly and bat. *Technology and Culture*, v. 31, n. 2, p. 203-227, abr. 1990.

KAHN, Robert. Creating a giant computer highway. *New York Times*, 2 set. 1990.

KAY, Archie F. *Beyond four walls*. The origins and development of Canadian museums. Toronto, 1973.

KEIRSTEAD, Robin G. J. S. Matthews and an archives for Vancouver, 1951-1972. *Archivaria*, v. 23, p. 86-106. inverno 1986-87.

KELLNER, Hans. Time out: the discontinuity of historical consciousness. *History and Theory*, v. 14, 1975.

KESNER, Richard. Automated information management: is there a role for the archivist in the office of the future? *Archivaria*, v. 19, inverno 1984/85.

LACAPRA, Dominick. *History and criticism*. Ithaca, 1985.

LATOUR, Bruno; WILGAR, Steven. *Laboratory life*. The social construction of scientific facts. Princeton, 1983.

LOWENTHAL, David. *The past is a foreign country*. Cambridge, 1985.

LUKACS, John. *Historical consciousness, or the past remembered*. Nova York, 1985.

LUTZKER, Michael A. Max Weber and the analysis of bureaucratic organization: notes toward a theory of appraisal. *American Archivist*, v. 45, p. 119-30, primavera 1982.

LYOTARD, Jean-François. *The post-modern condition*: a report on knowledge. Minneapolis, 1984.

MULLER, S. et al. *Manual for the arrangement and description of archives*. Nova York, 1968.

MACLEOD, Roy. Statesmen undisguised. *American Historical Review*, v. 78, n. 5, p. 1386-1405, 1973.

MCKILLOP, A. B. Culture, intellect, and context: recent writing on the cultural and intellectual history of Ontario. *Journal of Canadian Studies*, v. 24, n. 3, outono 1989.

MORGAN, Gareth. More on metaphor: why we cannot control tropes in administrative science. *Administrative Science Quarterly*, v. 28, p. 601-607, 1983.

_____. Paradigms, metaphors and puzzle solving in organizational theory. *Administrative Science Quarterly*, v. 25, p. 605-622, 1980.

MULLER, S. et al. *Manual for the arrangement and description of archives*. Nova York, 1968.

NEILL, Robin. Rationality and the information environment: a reassessment of the work of Harold Adams Innis. *Journal of Canadian Studies*, v. 22, n. 4, inverno 1987/88.

NESMITH, Tom. Archives from the bottom up: social history and archival scholarship. *Archivaria*, v. 14, verão 1982.

NEWTON, K. M. *Twentieth-century literary theory*. A reader. Nova York, 1988.

NORA, Pierre et al. *Les lieux de mémoire*. Paris, 1984. V. 1: La Republique.

O'TOOLE, James. On the idea of permanence. *American Archivist*, v. 52, n. 1, inverno 1989.

PAGELS, Heinz. *The dreams of reasons*: the computer and the rise of the sciences of complexity. Nova York, 1988.

PALMER, Brian D. *Descent into discourse*. The reification of language and the writing of social history. Philadelphia, 1990.

PEACE, Nancy E. (Ed.). *Archival choices*. Managing the historical record in an age of abundance. Lexington, 1984.

PEPLER, Jonathan. The impact of computers on classification theory. *Journal of the Society of Archivists*, v. 11, n. 2, 1990.

PINDER, Craig; BOURGEOIS, V. Warren. Controlling tropes in administrative science. *Administrative Science Quarterly*, v. 27, p. 641-652, 1982.

PORUSH, David. *The soft machine*. Cybernetic fiction. Nova York, 1985.

POSTER, Mark. *The mode of information*. Poststructuralism and social context. Chicago, 1990.

RAFFEL, Stanley. *Matters of fact*. A sociological inquiry. Londres, 1979.

ROUSE, Joseph. *Knowledge and power*. Toward a political philosophy of science. Ithaca, 1987.

RUSSELL, Bill. The white man's paper burden: aspects of records keeping in the Department of Indian Affairs, 1860-1914. *Archivaria*, v. 19, p. 50-72, inverno 1984/85.

SCHELERETH, Thomas J. *Cultural history and material history*. Everyday life, landscapes, museums. Ann Arbor, 1990.

SCHELLENBERG, T. R. Archival principles of arrangement. In: DANIELS, M.; WALCH, T. (Ed.). *A modern archival reader*: basic readings on archival theory and practice. Washington, 1984.

SCOTT, Peter J. The record group concept: a case for abandonment. *American Archivist*, v. 29, n. 4, out. 1966.

SMITH, William. The Applebaum-Hébert Report: an introduction. *Archivaria*, v. 16, p. 96-97, verão 1983.

SPENCE, Jonathan D. *The memory palace of Matteo Ricci*. Londres, 1983.

STAPLETON, Richard. Jenkinson and Schellenberg: a comparison. *Archivaria*, v. 17, p, 75-85, inverno 1983/84.

SYMONS, T. H. B. Archives and Canadian studies. *Archivaria*, v. 15, p. 58-69, inverno 1982-83.

TAYLOR, Hugh. Information ecology: archives in the 1980s. *Archivaria*, v. 18, p. 25-37, verão 1984.

THOMPSON, Michael. *Rubbish theory*. The creation and destruction of value. Oxford, 1979.

TIPPETT, Maria. *Making culture*. English-Canadian institutions and the arts before the Massey Commission. Toronto, 1990.

_____. The writing of English-Canadian cultural history, 1970-1985. *Canadian Historical Review*, v. 67, 1986.

TOEWS, John. Intellectual history after the linguistic turn: the autonomy of meaning and the irreducibility of experience. *American Historical Review*, p. 879-907, 1987.

ULMER, Gregory L. On writing: Derrida's solicitation of theoria. In: KRUPNICK, Mark (Ed.). *Displacement*. Derrida and after. Bloomington, 1983.

WHITE, Hayden. The burden of history. In: _____. *Tropics of discourse*. Essays in cultural criticism. Baltimore, 1978.

WILSON, Ian. "A noble dream": the origins of the public archives of Canada. *Archivaria*, v, 16, p. 16-37, verão 1983.

WINTER, Paul. How to deal with complexity. *Computing Canada*, v. 16, n. 12, jun. 1990.

YATES, Frances A. *The art of memory*. Londres, 1984.

Arquivos singulares — o estatuto dos arquivos na epistemologia histórica. Uma discussão sobre *A memória, a história, o esquecimento*, de Paul Ricoeur[1]

ÉTIENNE ANHEIM[2]

> *Car depuis trois ou quatre ans le mot 'cheveu' avait été employé au singulier par un de ces inconnus qui sont les lanceurs de modes littéraires, et toutes les personnes ayant la longueur de rayon de Mme de Cambremer disaient "le cheveu", non sans un sourire affecté. À l'heure actuelle on dit encore "le cheveu", mais de l'excès du singulier renaîtra le pluriel.*
>
> Proust, 1987:748

Os arquivos são tão familiares ao historiador, que levantar a questão do estatuto deles em seu trabalho parece algo destituído de interesse, tão evidente seria a resposta, visto constituírem as "fontes", alfa e ômega da disciplina. Ultrapassada a barreira do senso comum, porém, as dificuldades começam a aparecer. O estatuto legal dos arquivos, que poderia fornecer uma base sólida, está longe de ser claro, e a lei de 1979,[3] dando-lhes uma definição

---

1. Publicado originalmente com o título: Singulières archives: le statut des archives dans l'épistemologie historique. Une discussion de *La mémoire, l'histoire, l'oubli* de Paul Ricoeur. *Revue de Synthèse*, 5e. série, t. 125, p. 153-182, 2004.

2. Sou muito grato a Séverine Blenner, Enrico Castelli Gattinara, Delphine Courtial, Caroline Douki, Serena Ferente, Benoît Grévin, Dominique Iogna-Prat, Samantha Kelly, Anne Levallois, Philippe Minard, Olivier Poncet, Valérie Theis e Renaud Villard por suas leituras e cordiais sugestões.

3. Refere-se à Lei nº 79-18, de 3 de janeiro de 1979, que dispôs sobre a política de arquivos na França, definindo-os da seguinte maneira: 'Os arquivos são o conjunto de documentos, de quaisquer datas, forma, ou suporte material, produzidos ou recebidos por toda e qualquer pessoa física e moral, e por todo e qualquer serviço ou organismo público ou privado, no exercício de suas atividades". A propósito dessa lei, ver DUCROT, Ariane. Comment fut élaborée et votée la loi sur ler archives du 3 janvier 1979. *La Gazette des Ar-*

extremamente ampla, pouco contribui para esclarecer o problema. Porém, mais difícil ainda é precisar a natureza epistemológica dos arquivos e seu lugar no discurso teórico sobre a disciplina histórica.

Colocar a questão nesses termos implica dois pressupostos. Primeiro, é preciso aceitar a pertinência de um discurso epistemológico autônomo sobre a história, contra as críticas pragmatistas ou empiristas, e a legitimidade dos historiadores de intervir nesse campo. Segundo, é preciso igualmente reconhecer a posição central da noção de "arquivos", ao mesmo tempo como base do conhecimento, referente real do discurso e, portanto, garantia da ambição de verdade, e como vínculo material com o passado, lugar onde se instaura, enquanto vestígio, a reflexão sobre a história capturada no tempo, entre passado e presente.

O quadro geral dessa questão é o estatuto da fonte na metodologia e na epistemologia da história. O essencial da bibliografia consagrada a esses domínios começa com o *tratamento* da fonte, criando um impasse sobre sua *natureza*. Uma única verdadeira análise foi proposta a partir do final do século XIX, e incessantemente se repete desde então: a "fonte" pertence à categoria do "vestígio", o que relaciona a história às teorias do conhecimento "indireto". Embora sejam famosas as suas divergências, os seguidores da escola metódica e Simiand estão de acordo neste ponto.[4] A definição geral da história como conhecimento indireto por intermédio de "vestígios" está, pois, presente em historiadores de tendências intelectuais tão diferentes como Marc Bloch (1997:71), Henri-Irénée Marrou (1954:64), Paul Veyne (1978:14), Carlo Ginzburg (1989) e Antoine Prost (1996:67). Ela fornece, pois, uma base à identidade da história através do confronto entre escolas, e sua aparente estabilidade merece um estudo mais aprofundado.

Quando se tenta compreender o que os historiadores entendem por "vestígio", e qual a definição conceitual dessa noção, os elementos de res-

---

chives, n. 104, p. 17-33, 1979 Disponível em: <www.persee.fr/doc/gazar_0016-5522_1979_num_104_1_2661>. Ver ainda POMIAN, Krzysztof. Les archives. du trésor des Chartes au Caran. In: NORA, P. (Dir.). *Les lieux de mémoire*. III Les Frances. De l'archive à l'emblème. 1992. p. 162-233. (N. da O.)

4. Ver Langlois e Seignobos (1898:1 e segs.); Simiand (1903:1960:98).

posta são mais raros. O mesmo se dá quando se pesquisam os discursos que aprofundam o emprego do termo: alguns, como Charles-Victor Langlois e Charles Seignobos ou Henri-Irénée Marrou, refletem bastante sobre o binômio vestígio/documento; outros, como Jacques Le Goff (1978), comparam documento e monumento; por fim, às vezes a reflexão tipológica sobre os modos de existência do vestígio entra em distinções mais elaboradas, como em Marc Bloch ou Carlo Ginzburg. O fato é que, de modo geral, o vestígio frequentemente fornece o ponto conclusivo epistemológico da reflexão sobre as fontes, e dentro dessa reflexão é raro encontrar um lugar para os arquivos, mesmo que possamos citar ainda Marc Bloch (1997), Michel de Certeau (1975) ou Arlette Farge (1989). De fato, os mais recentes debates sobre epistemologia da história pouco utilizaram as noções de "fonte", "vestígio" ou "arquivo", tendo-se concentrado em outros problemas: desde o acordo entre Simiand e Seignobos sobre o conhecimento através de vestígios — depois renovado por Ginzburg —, essa questão parece encerrada entre os historiadores.

Mas os historiadores não são os únicos a escrever sobre história e, paradoxalmente, os filósofos foram mais prolixos a respeito desse tema. Mais que as noções de "fonte" ou de "vestígio", são os "arquivos" — ou antes, o "arquivo" — que foram elaborados como conceitos por Michel Foucault (1969), Jacques Derrida (1995) ou Paul Ricoeur (1985 e 2000). Nessa ocasião, a reflexão se deslocou do plural para o singular. Esse deslocamento foi imitado por muitos historiadores, de modo que hoje se tornou comum usar o singular para designar o material de pesquisa estudado pelo historiador.

Aqui, chamam-nos a atenção essa passagem para o singular e seus pressupostos epistemológicos. Ao proceder esse retorno às fontes — no caso, aos arquivos —, não se trata de erguer uma barreira empirista contra a filosofia: os arquivos não são um refúgio empírico, mas um dos "lugares" da epistemologia da história. O último livro de Ricoeur, *A memória, a história, o esquecimento*, constitui, nesse sentido, a referência em relação à qual gostaríamos de construir nossa reflexão e destacar certas divergências.

Se os historiadores pretendem iniciar-se na escola de Ricoeur — o que é justificável sob vários aspectos —, sem dúvida é necessário proceder a um exame aprofundado das noções por ele elaboradas, e é isso que gostaríamos de fazer aqui a propósito da noção de arquivo. Após expor seu estatuto no pensamento de Ricoeur, tentaremos mostrar sua importância em seu projeto intelectual, relacionando-o com outros textos sobre arquivos do mesmo autor, assim como de Foucault e de Certeau, antes de propor uma abordagem crítica a esse respeito.

A noção de "arquivo" em *A memória, a história, o esquecimento*, de Paul Ricoeur

Não é fácil isolar no meio de tamanha obra uma noção como a de arquivo sem cair na simplificação ou no contrassenso. Estudando sucessivamente três temas diferentes, a fenomenologia da memória, a epistemologia da história e, por fim, a hermenêutica de nossa condição de homens históricos, Ricoeur perseguia uma única e mesma ideia: unificar num mesmo quadro de pensamento as diversas modalidades de relação com o passado e de representações desse passado. O livro analisa em especial o binômio história/memória para mostrar finalmente a impossibilidade de tomar partido de um ou de outro desses termos, sobrepujados pelas noções de perdão e de esquecimento. O interesse de tal projeto reside em sua visão globalizante: o modo de presença do passado, definido como "ter sido", é analisado conjuntamente sob uma ética, uma epistemologia e uma ontologia, a fim de fazer aparecer uma coerência despercebida.

O livro representa, pois, uma tentativa inédita de pensar a fronteira entre filosofia e história com uma preocupação de respeito intelectual pelos dois campos, bem como de dar origem a uma filosofia crítica da história que se liberte da "filosofia da história" no antigo sentido. Sua força provém de sua capacidade de abranger largamente o horizonte problemático, assim como de seu sentido de proposição e de articulação.

A noção de arquivo ocupa um lugar especial na obra em questão. A primeira parte do livro, "Sobre a memória e a reminiscência" (Ricoeur, 2000:3-163), é dedicada à fenomenologia da memória e avança progressivamente, com a análise da polaridade entre memória pessoal e memória coletiva, para o binômio história/memória. Na segunda parte, "História epistemologia" (Ricoeur, 2000:167-369), Ricoeur não apenas empreende uma discussão profunda a respeito de teses filosóficas sobre a história, mas principalmente observa os historiadores em seu trabalho e discute algumas de suas práticas. Retomando, mas modificando a tripartição de Certeau em "L'opération historiografique" (Certeau, 1975), ele divide o trabalho do historiador em três fases: a fase documental, a de explicação/compreensão e, por fim, a de representação (Ricoeur, 2000:169). É na primeira dessas fases, "Fase documental: a memória arquivada" (Ricoeur, 2000:181-230), que se encontra a análise do conceito de arquivo, e que ele leva em conta a dimensão fundamental desse problema para uma epistemologia histórica. Após dedicar duas seções às preliminares do espaço e do tempo ("o espaço habitado" e "o tempo histórico), ele chega ao cerne do problema nas três seções seguintes: "O testemunho", "O arquivo" e "A prova documental".[5]

A ordem dessa sequência é importante na articulação construída pelo autor entre a problemática da memória e a da história. Desde a introdução da segunda parte, o que ele chama de "questão de confiança" se insere na relação entre história e memória (Ricoeur, 2000:172); e no "Prelúdio" que se segue, um comentário sobre o *Fedro* de Platão, surge a esperança de uma articulação pacífica (Ricoeur, 2000:179). O projeto enhtreveda assim por um caminho que privilegia uma forma de continuidade entre memória e história, em vez de uma ruptura mais drástica. A nota de orientação no início do capítulo sobre "A memória arquivada" é explícita: "o *terminus a quo* é ainda a memória captada em sua fase declarativa. O *terminus ad quem* denomina-se prova documental" (Ricoeur, 2000:181). Situando o início da reflexão epistemológica na fase do testemunho — "não se deve esquecer que tudo começa não nos arquivos, mas com o testemunho" (Ricoeur, 2000:182) —, Ricoeur criou um dispositivo de *inclusão* da memória no processo episte-

---

5. Ricoeur (2000): as cinco seções ocupam respectivamente as p. 183-191, 191-201, 201-208, 209-224 e 224-230.

mológico, por um lado, e da epistemologia histórica numa reflexão filosófica sobre a memória e a historicidade, por outro lado.

Nas seções sobre espaço e tempo, a sequência que conduz da memória ao arquivo e depois à operação historiográfica é precisada pelo conceito de "inscrição" (Ricoeur, 2000:183). O projeto é definido como a preocupação de pensar "a transição da memória viva para a posição 'extrínseca' do conhecimento histórico" (Ricoeur, 2000:191) sob a forma da "mutação historiadora do tempo da memória" (Ricoeur, 2000:192), confirmando a ênfase dada à continuidade entre memória e história. Segue-se então a seção fundamental, "O testemunho", na qual se desvenda o início de uma teoria do arquivo: de fato, esse arquivo, memória inscrita, vê-se provido de um sujeito, a "testemunha", que faz uma "declaração": "com o testemunho se inaugura um processo epistemológico que parte da memória declarada, passa pelo arquivo e os documentos, e chega ao fim com a prova documental" (Ricoeur, 2000:201). A testemunha é alguém cuja fala deve estar articulada à fala do historiador pelo conjunto do livro.

O arquivo é portanto o registro da "fase declarativa e narrativa da reconstituição dos vestígios do acontecimento" (Ricoeur, 2000:202), e o testemunho é uma atividade afim da "narrativa" (Ricoeur, 2000:203). Em seguida, Ricoeur destaca as características do testemunho: asserção da realidade factual do acontecimento relatado ("eis o que aconteceu"), certificação da declaração por meio da autodesignação do sujeito que testemunha ("eu estava lá"), situação de diálogo ("acreditem-me"), possibilidade de confrontação com outras testemunhas ("se não acreditam em mim, perguntem a alguém mais") (Ricoeur, 2000:204-206). Essa análise do ato de testemunhar, que determina sua definição do arquivo, é completada pela disponibilidade da testemunha para reiterar seu testemunho, o que Ricoeur interpreta como uma "atitude que assemelha o testemunho à promessa, mais precisamente à promessa acima de qualquer promessa, a de se manter a promessa, de se manter a palavra" (Ricoeur, 2000:206).[6] Desse modo, a estrutura do testemunho é colocada no cerne das relações

---

6. O tema já fora esboçado à p. 203, com "o ato de prometer".

Arquivos singulares — o estatuto dos arquivos na epistemologia histórica **127**

constitutivas do vínculo social (Ricoeur, 2000:206-207), alongando fortemente a abordagem inclusiva de Ricoeur, que, após ter inscrito a memória no limiar da epistemologia histórica, acrescenta-lhe uma dimensão ética através da promessa e do vínculo social.

Segue-se a seção dedicada especificamente a "O arquivo", que é impossível conceber separadamente de sua origem, o testemunho, "seguimento narrativo da memória declarativa" (Ricoeur, 2000:209), ainda que haja uma mudança de amplitude com a passagem à escrita: "o testemunho é originariamente oral; é escutado, entendido. O arquivo é lido, consultado" (Ricoeur, 2000:209). O arquivo está em estrita continuidade com o testemunho, embora o autor ressalte, junto com M. de Certeau, que é também um lugar social e fruto de um ato (Ricoeur, 2000:210-211). Em seguida, Ricoeur passa do "ato de arquivamento" ao "estabelecimento das fontes" pelo historiador, antes de afirmar:

> Esse ato de pôr à parte, coligir, recolher constitui o objeto de uma disciplina distinta, a arquivologia, à qual é devedora a epistemologia da operação histórica no tocante à descrição dos vestígios pelos quais o arquivo representa uma ruptura em relação ao ouvir dizer do testemunho oral. [Ricoeur, 2000:211]

Após introduzir a questão da arquivologia, Ricoeur fica mais perto da definição conceitual de arquivo. Começa por reconhecer que ele próprio tem uma concepção restritiva de arquivo, entendido unicamente a partir do testemunho, e alarga a sua abordagem, sem no entanto abandonar seu núcleo principal: "sem dúvida, se os escritos constituem o principal lote dos depósitos de arquivo (sic), e se, entre os escritos, os testemunhos de pessoas do passado constituem o primeiro núcleo, todos os tipos de vestígios devem ser arquivados" (Ricoeur, 2000:211-212). Após reportar-se à sua análise do *Fedro*, ele nos encaminha em duas direções para ilustrar tal argumento: por um lado, à sua análise da noção de arquivo em *Temps et récit* (*Tempo e narrativa*); por outro, a um resumo do que é a arquivologia, a partir do livro *Les Archives de France. Mémoire de l'histoire*, de Françoise Hildesheimer (1997), evocando novamente a dimensão de ruptura do arquivo em relação ao ouvir dizer (Ricoeur, 2000:212). Mas, quando se espera uma análise epistemológica de tais considerações, o discurso retorna ao seu ponto de partida, a questão do testemunho e do arquivo, cuja repetição final dá a entender que se trata mesmo de um ponto estratégico:

> Se considerarmos, com todas as ressalvas que faremos mais adiante, que o essencial de um fundo (sic) de arquivos consiste em textos, e se quisermos nos ater àqueles que são testemunhos deixados pelos contemporâneos com acesso aos fundos, a mudança de estatuto do testemunho falado para aquele do arquivo constitui a primeira mutação historiadora da memória viva submetida a nosso exame. [Ricoeur, 2000:212]

Ricoeur privilegia assim a textualidade do arquivo, materialização do que está inscrito em filigrana desde o início do capítulo, visto que o arquivo é definido como testemunho posto por escrito.

A partir dessa definição bem articulada do estatuto do arquivo — sempre mencionado no singular —, ele se confronta com Bloch, e mostra a possível relação entre sua concepção de testemunho e aquilo que Bloch chama de vestígio (Ricoeur, 2000:214). O autor tem então a oportunidade de assinalar seu parentesco — crítico — com as teorias do conhecimento histórico como conhecimento indireto, em particular com a noção de paradigma indiciário proposta por Ginzburg (Ricoeur, 2000:219). Seguindo Bloch, Ricoeur lembra que nem todos os vestígios são "testemunhos escritos": há também os "vestígios do passado", que ele propõe denominar "testemunhos não escritos". De resto, é preciso distinguir, sempre segundo Bloch, entre "testemunhos voluntários" e "testemunhos involuntários" no meio dos arquivos examinados pelo historiador — dizendo Ricoeur de passagem que "os documentos dos arquivos são majoritariamente originários de testemunhos não intencionais" (Ricoeur, 2000:215). Ao valorizar essa noção de "testemunho involuntário", Ricoeur descobre então o conceito que lhe permite ligar mais fortemente testemunho e arquivo: se o testemunho pode ser involuntário, então efetivamente é possível definir o arquivo como um testemunho posto por escrito.

Arquivos singulares — o estatuto dos arquivos na epistemologia histórica **129**

O essencial do esforço conceitual de formalização da noção de arquivo foi produzido nessa etapa. O restante da seção sobre arquivo destina-se essencialmente a tirar as consequências desse estatuto, primeiro traçando uma linha divisória entre história e sociologia, depois entre história positiva e história crítica, evocando a genealogia da história crítica que tem início com Lorenzo Valla (Ricoeur, 2000:216-218). Duas questões permanecem: a do vestígio e a dos testemunhos puramente orais. A discussão sobre estes últimos, suscitada pelo caso-limite da *Shoah*, mostra as fronteiras do arquivo e da compreensão historiadora (Ricoeur, 2000:222-224). O vestígio concerne mais diretamente ao nosso esforço para delimitar a noção de arquivo, pois leva o autor a retomar a discussão com Ginzburg. O vestígio, como traço não escrito, justifica o paradigma indiciário, mas Ricoeur entende que mostra também suas fronteiras. O testemunho, a seu ver, não é da mesma natureza do indício, e ele propõe imaginarmos o trabalho do historiador como o resultado de dois métodos conjuntos: um semiótico, dos vestígios, e outro hermenêutico, dos testemunhos arquivados (Ricoeur, 2000:219-222).

A última seção do capítulo sobre a "memória arquivada" é a que diz respeito à prova documental. A partir da noção de arquivo, Ricoeur propõe uma reconstrução do que constitui prova no discurso do historiador, afastando-se de sua problemática do testemunho para ir mais adiante na epistemologia da história. "Tomado no conjunto das questões, o documento se afasta constantemente do testemunho" (Ricoeur, 2000:226). Ele então define tanto o estatuto epistemológico do fato histórico, como conteúdo de um enunciado visando a representar um acontecimento (Ricoeur, 2000:227), como também o campo do historiador — "o mundo, na história, é a vida dos homens do passado tal como ela foi" (Ricoeur, 2000:228). Por fim, colocando novamente a questão da confiabilidade do testemunho — "Crise do testemunho: esta é a severa maneira de a história documental contribuir para a cura da memória, de passar ao trabalho de rememoração e ao trabalho de luto. Mas, pode-se duvidar de tudo?" (Ricoeur, 2000:230) —, já apresentada no início do capítulo, ele aborda as duas etapas seguintes de sua epistemologia da operação historiográfica: a de explicação/compreensão e de representação.[7] Na explicação/compreensão afirma-se a autonomia da história em relação à memória, o que é o reconhecimento implícito, *a contrario*, da continuidade das duas veiculada pelo capítulo precedente. O autor estabelece um diálogo fecundo entre a história das representações e a hermenêutica do agir, impondo às aspirações empíricas as exigências de rigor metodológico extraídas das leituras de Michel Foucault, Michel de Certeau e Norbert Elias, depois dialogando com os trabalhos de historiadores dedicados aos jogos de escalas ou às práticas sociais.

É impossível fazer aqui justiça em tão pouco espaço à ambição dessa epistemologia que consegue destacar a questão da representação do passado no trabalho do historiador, em sua busca da verdade que frequentemente se afasta da busca da fidelidade da memória. O estudo das condições de interpretação do conjunto da operação historiográfica conduz por fim à noção de "representância" (Ricoeur, 2000:359-369), que qualifica o estatuto específico da representação para o historiador, o de "ter sido", de uma realidade no passado: "a representação historiadora é na verdade uma imagem presente de uma coisa ausente: mas a coisa ausente se divide ela própria em desaparecimento e existência no passado" (Ricoeur, 2000:367). O historiador é levado pela epistemologia a considerar sua própria historicidade, que é a de todo homem, e que a terceira parte do livro focaliza a partir da questão: "que significa compreender de uma maneira histórica?" (Ricoeur, 2000:373-589).

A operação historiográfica e sua epistemologia reinscrevem-se nesse quadro ontológico geral:

> Entre todos esses outros, os mortos do passado, que o olhar retrospectivo da história abrange. Não seria então um privilégio da história oferecer a esses ausentes da história um gesto piedoso de sepultamento? A equação entre escrita e sepultamento se apresentaria assim como a réplica do discurso do historiador àquele do filósofo. [Ricoeur, 2000:457]

---

7. Ricoeur (2000), respectivamente p. 231-301 e p. 302-369.

Enquanto a operação historiográfica é finalmente designada como um ato de sepultamento, o livro conclui com a indecidibilidade entre história e memória, e os votos de sua reconciliação através do "difícil perdão" e a esperança de uma "memória feliz".

Ainda que todo resumo de uma argumentação tão complexa já seja uma deturpação, quisemos apresentar da maneira mais fiel possível a noção de arquivo elaborada por Ricoeur, bem como seu corolário, o testemunho. Pode-se propor uma interpretação dessa teoria do arquivo que mostre o papel essencial que ela desempenha na arquitetura da obra — papel essencial pelo menos na leitura de um historiador, pois sem dúvida, para Ricoeur, a noção é menos importante que a de testemunho e tem sobretudo por função ligar esta última à epistemologia da história. O testemunho é, analogicamente, por uma passagem do oral ao escrito, o paradigma para pensar o arquivo; o arquivo é um testemunho colhido pela escrita, e o vínculo assim criado entre eles é um dos pilares sobre os quais se apoia a argumentação do conjunto da obra, permitindo manter ligadas várias partes do discurso.

Como foi dito, é por meio desse vínculo que a problemática da memória viva, que caracteriza a fenomenologia da primeira parte, introduz-se na epistemologia por um movimento de inclusão que atua sobre a continuidade entre memória e história. Em seguida, definido como testemunho posto por escrito, o arquivo inaugura uma cadeia de escritas; trata-se de um texto que narra, visto que recolhe um momento declarativo — servindo assim de base àquilo que autoriza o método hermenêutico a se apropriar da operação historiográfica até envolvê-la por inteiro. Enfim, o arquivo garante o vínculo entre passado, presente e futuro: mostra a ambiguidade da "representação", manifestação ao mesmo tempo da presença e da ausência do passado no tempo presente, mas constitui também registro do testemunho tornado reiterável para o futuro, assegurando portanto a conservação e a perpetuação daquilo que foi dito.

Situada assim no limiar do conhecimento histórico, a noção de arquivo, ligada à de testemunho, cumpre o papel de "ponte" ou de "conector" entre os registros do discurso filosófico, o que é fundamental num livro cujo objetivo é precisamente comunicar tais registros. O binômio testemunho/arquivo é um dos elementos que permitem passar do campo epistemológico para a fenomenologia, para a hermenêutica e para a ontologia, que são os outros níveis de análise da história e da memória no livro em questão — sem esquecer o registro ético, que não é objeto específico de nenhuma seção, mas representa um verdadeiro fio condutor.

O emprego da noção, assim definida, faz aquele que a emprega engajar-se nesses três diferentes planos. Em primeiro lugar, dificilmente se pode separá-la de uma teoria do passado como realidade passada, como "ter sido", cujas implicações para o historiador seria necessário apreender em sua totalidade. Do mesmo modo, ela requer engajamento num projeto ético e ontológico de reflexão sobre a historicidade que não separa o trabalho historiográfico de um horizonte filosófico especulativo. Por fim, essa noção de arquivo leva o historiador a utilizar uma hermenêutica de fronteiras extremamente amplas; aceitá-la significa igualmente definir a história como disciplina hermenêutica, como diálogo com os textos.

Pode-se relacionar essa concepção hermenêutica e dialógica (embora o arquivo, diferentemente do testemunho, possa destinar-se a todos) com o emprego do termo arquivo no singular. Ricoeur não se justifica pela escolha vocabular do singular em vez do plural, sem dúvida por considerar que tal uso tornou-se a norma. Mas pode-se aventar a hipótese de que tal escolha tem a ver com a ideia de testemunho, que dá a entender a singularidade de uma opinião. Se Ricoeur usa o termo arquivo no singular, talvez seja porque cada testemunha é única em si mesma, irredutível naquilo que tem a dizer.

O arquivo e sua filiação conceitual

O uso do singular é recente, e nenhuma justificativa específica foi dada nem por historiadores nem por filósofos para tal emprego. Poderíamos dizer que é natural falar de "arquivo" no singular para designar o documento, ficando o termo "arquivos" no plural reservado a uma série deles. No entanto, mais parece que assim teríamos chegado a um ponto cego da reflexão. De fato, a comparação dos usos do singular e do plural mostra que não se trata de distinguir entre unidade e série: quase sempre, o singular substitui o plural no discurso geral a respeito da documentação arquivada, como no caso de Arlette Farge (1989) em *Le gôut de l'archive*. Raros são os textos que utilizam as duas noções: mais frequentemente encontra-se uma grande predominância de uma ou de outra. Assim, a singularidade — tanto no sentido próprio quanto figurado — da definição dada por Ricoeur ao conceito de arquivo deve ser ressituada nessa evolução do discurso sobre a noção de arquivo/arquivos. Entre os possíveis marcos dessa evolução, gostaríamos de destacar três, que são objeto de referências explícitas em *A memória, a história, o esquecimento*: *L'archeologie du savoir* (*A arqueologia do saber*) de Michel Foucault; *L'écriture de l'histoire* (*A escrita da história*), em particular o capítulo intitulado "A operação historiográfica", de Michel de Certeau; e *Tempo e narrativa*, a obra de Paul Ricoeur que assinalou uma etapa importante de sua reflexão sobre a história.

Arquivo e arqueologia do saber

Para começar, propomos voltar àquela que é talvez a primeira utilização da noção de "arquivo" no singular, a saber: *A arqueologia do saber*, de Foucault, obra publicada em 1969 e comentada por Ricoeur em seus dois grandes livros dedicados à história. Nessa obra, Foucault propõe uma formalização do método elaborado em seu trabalho empírico de anos anteriores, em particular em *Les mots et les choses* (*As palavras e as coisas*) publicado em 1966. Refere-se ele a tal método como uma "arqueologia", entendendo por isso o trabalho de atualização do "arquivo" de um fragmento histórico, isolado no tempo e no espaço. O conceito de arquivo ocupa assim, ao lado dos de enunciado e formação discursiva, uma posição central no dispositivo conceitual que constitui a base da prática da arqueologia. Nesse sentido, ele foi reutilizado pelos historiadores leitores de Foucault que quiseram inspirar-se no método arqueológico. Cabe notar, porém, que a importação do conceito de arquivo "no sentido foucaultiano" suscitou mal-entendidos. De maneira breve, os que decidiram adotar o quadro conceitual da arqueologia de Foucault passaram a empregar o termo "arquivo" para designar "arquivos"; o emprego do singular tornou-se antes um sinal de adesão a certa concepção do trabalho histórico do que uma fidelidade ao projeto de Foucault.

De fato, o termo arquivo, no sentido empregado por Foucault em *A arqueologia do saber*, não poderia, a rigor, assemelhar-se ao que os historiadores chamam de arquivos, e tampouco tem por objetivo substituí-lo lexicalmente ou epistemologicamente. Cabe lembrar a definição de arquivo formulada por Foucault (1969:169-170):

> Em vez de vermos se alinharem no grande livro mítico da história palavras que traduzam em caracteres visíveis pensamentos constituídos antes e alhures, temos, na densidade das práticas discursivas, sistemas que instauram os enunciados como eventos (com sua condição e seu âmbito de manifestação) e coisas (com sua possibilidade e sua área de utilização). São todos esses sistemas de enunciados (eventos, por um lado, e coisas, por outro) que proponho chamar de *arquivo*. Por esse termo, não designo a soma de todos os textos que uma cultura manteve em sua posse como documentos de seu próprio passado, ou como testemunho de sua identidade preservada; tampouco as instituições que, numa dada sociedade, permitem registrar e conservar os discursos cuja memória se deseja guardar e manter livremente disponível.

O arquivo, nesse sentido, não serviria para designar de outra maneira os arquivos; o termo visa outra coisa, o conceito sem materialidade de um sistema de relação: "o arquivo é antes de tudo a lei do que pode ser dito, o sistema que rege o surgimento dos enunciados como eventos singulares. [...] É o sistema geral de formação e transformação dos enunciados" (Foucault, 1969:170-171). A ambição da arqueologia é atualizar esse sistema, para um lugar e um momento determinados.

No entanto, justifica-se tal confusão. A escolha da palavra "arquivo", meramente anódina para os historiadores profissionais, e sua relação com a noção de enunciado, dentro do quadro geral de uma reflexão sobre os sistemas discursivos, contribuíram para que os historiadores aí vissem outra maneira de designar seu material. Aparentemente, apesar da definição precisa formulada por Foucault, a passagem para o singular encerrava a potencialidade de uma "textualização" do documento histórico, o que não é o caso da obra de Foucault nos anos em que escreveu *A arqueologia do saber*.

Os arquivos na "operação historiográfica"

A segunda parte de nosso percurso conduz a outro autor muitas vezes citado por Ricoeur (2000:253-266) e por ele incluído, justamente ao lado de Foucault, entre os "mestres do rigor": Michel de Certeau. A influência de Foucault sobre este último mostra que a filiação manifestada por Ricoeur, e que nós seguimos, nada tem de casual.[8] Em "A operação historiográfica", porém, Certeau somente uma vez utiliza a noção de "arquivo" num sentido verdadeiramente foucaultiano.[9] Mas é o conjunto do texto, incluindo os trechos a respeito dos arquivos, que revela a influência da leitura das obras *As palavras e as coisas* e *A arqueologia do saber*, em particular a parte sobre discursividade, que Certeau reintroduz numa epistemologia especificamente histórica. Ele completa assim o trabalho de Foucault do ponto de vista histórico, ao mesmo tempo que o torna mais acessível aos historiadores, que não teriam senão que substituir o plural pelo singular para se basear num "arquivo" reunindo as contribuições de Foucault e de Certeau. Interessantes, neste sentido, são as páginas que Certeau (1975:100-106) dedica ao "estabelecimento das fontes". A argumentação começa pela análise do documento, tal como apreendido pelo historiador:

> Em história, tudo começa pelo ato de *pôr à parte*, de coligir, de transformar assim em "documentos" certos objetos organizados de outra forma. Essa nova organização cultural é o primeiro trabalho. Consiste, na verdade, em *produzir* tais do-

---

8. Entre as várias referências à obra de Michel Foucault em Michel de Certeau, ver Certeau (2002).
9. Certeau (1975:72): "num texto que guarda ainda a forma de narrativa, [o historiador] articula a prática de uma nova inteligibilidade e a remanência de passados diferentes (que sobrevivem não só nos documentos, mas também nesse 'arquivo' particular que é o próprio trabalho histórico)".

cumentos, pelo fato de recopiar, transcrever ou fotografar esses objetos mudando ao mesmo tempo seu lugar e seu estatuto. [Certeau, 1975:100, grifo do autor]

A afirmação pode parecer ambígua: o que Certeau diz parece descrever a operação realizada pelos arquivistas, do passado ou do presente, que transformam os documentos em arquivos, mas não é isso que ele quer dizer. Certeau ignora os atores e as práticas que constituíram os arquivos para referir-se diretamente ao trabalho do historiador, como se ele fosse o primeiro produtor dos documentos a partir de um todo indiferenciado, omitindo o fato de que os documentos chegam ao historiador mediante uma estrutura ordenada produzida anteriormente. Em seguida, a ambiguidade permanece; embora Certeau estivesse a falar do trabalho do historiador, ele retorna aos arquivos: "as origens de nossos Arquivos modernos já implicam, de fato, a combinação de um grupo ('eruditos'), de lugares ('bibliotecas') e de práticas (copiagem, impressão, classificação etc.)" (Certeau, 1975:101). A seu ver, porém, tais arquivos foram constituídos, produzidos e postos à parte por eruditos que nos precederam — projeção da relação do historiador com os arquivos, que deixa de lado o fato de que os arquivos foram constituídos por motivos práticos por pessoas que não eram necessariamente historiadores. Na verdade, o mal-entendido resulta de que Certeau fala de um tipo específico de arquivos, cuja exemplaridade ele generaliza:

De modo vago, é a indicação de um complexo técnico inaugurado no Ocidente com as "coleções" reunidas na Itália e depois na França a partir do século XV e financiadas por grandes mecenas para se apropriarem da história. [...] [A empresa] é produtora e reprodutora. Obedece à lei da multiplicação. A partir de 1470, alia-se à imprensa: a "coleção" torna-se "biblioteca". [...] E, com os produtos que multiplica, o colecionador torna-se um ator na cadeia de uma história a ser feita [...]. [Certeau, 1975:101]

Certeau (1975:102) pensa em certos tipos antigos de práticas da história, realizadas por personagens com preocupações específicas, mas às quais seria difícil aplicar o paradigma da arquivologia: "o erudito quer totalizar as incontáveis 'raridades' aonde o conduzem as trajetórias indefinidas de sua curiosidade, e assim inventar linguagens que possibilitem sua compreensão". E cita, como exemplos, Nicolas Claude Fabri de Pereisc, Athanasius Kircher e Leibniz. Enfatiza, assim, as práticas eruditas na gênese dos arquivos de que dispõe o historiador atual, onde se encontram sobretudo as práticas sociais de conservação da documentação visando à utilização pelas pessoas da época, e não como arquivos visando a uma "história a ser feita".

Ao falar da produção do documento, ele toca no problema teórico suscitado pela gênese dos arquivos, mas este é preterido no discurso pela análise do procedimento do historiador diante de uma documentação considerada como "já existente". Quando ele diz que "não é o caso de que não se tenha de utilizar de *outra maneira* acervos conhecidos e, por exemplo, modificar o funcionamento de arquivos definidos até então por uma utilização religiosa ou 'familiar'" (Certeau, 1975:103), é de se esperar uma clara identificação do problema da relação entre arquivologia e história. Porém, dada a afirmação seguinte, percebe-se que a estrutura dos arquivos não é considerada como objeto de uma investigação cujas qualidades possam ter algum efeito sobre o trabalho do historiador, mas apenas como um dado diante do qual a única palavra de ordem epistemológica é a decupagem das fontes pertinentes, sem incluir a reflexão prévia sobre o estado dessas fontes, considerado em todo caso como arbitrário:

> Do mesmo modo, não se pode chamar de "pesquisa" o estudo que adote pura e simplesmente as classificações de outrora, que "se atenha", por exemplo, aos limites impostos pela série H dos Arquivos, e que portanto não se defina por um campo *objetivo* próprio. Um trabalho é científico quando opera uma redistribuição do espaço e se caracteriza sobretudo pelo "estabelecimento das fontes" — ou seja, por uma ação instituidora e por técnicas transformadoras. [Certeau, 1975:103]

De modo geral, a arquivologia permanece fora das preocupações de Certeau, e a distinção pertinente parece ser aquela feita entre "arquivos", isto é, textos, e "Arquivos" com inicial maiúscula, lugar, dispositivo, instituição.

Quando ele se refere à arquivologia, um pouco mais adiante, o mal-entendido se confirma:

> A transformação da "arquivologia" é o começo e a condição de uma nova história. Ela se destina a cumprir o mesmo papel que a máquina erudita dos séculos XVII e XVIII. Darei apenas um exemplo: a intervenção do *computador*. François Furet mostrou alguns dos efeitos produzidos pela "constituição de novos arquivos conservados em cartões perfurados": só há significante em função de uma série, e não em relação a uma "realidade"; só constitui objeto da pesquisa o que é formalmente construído antes da programação etc. [Certeau, 1975:104]

Tal afirmação causa perplexidade. Além do fato de que, em geral, a arquivologia não esperou pelas necessidades da história para se transformar, e de que frequentemente foram os historiadores que ignoraram suas transformações, resta o problema de saber o que entende Certeau por "arquivologia" nessa frase. Por um lado, ele parece referir-se a arquivamento ("constituição de novos arquivos"), mais do que arquivologia; por outro, ele parece falar do tratamento informático de dados ("programação"). Em ambos os casos, não parece que a arquivologia como ciência da estrutura de arquivos esteja realmente sendo levada em consideração. Predomina nesse trecho uma indistinção entre organização de dados e tratamento de dados: Certeau não leva em consideração a dupla constituição dos arquivos e o filtro arquivístico, considerando análogos o pôr à parte do historiador contemporâneo, quando ele escolhe sua documentação, e o pôr à parte o documento enquanto peça de arquivo ao longo do tempo. Do mesmo modo, ele considera como se fossem da mesma ordem a nova organização do estoque de dados pelo computador e o recurso ao mesmo para tratar desses dados. Com isso ele ignora a natureza constitutiva dos arquivos, ainda que várias vezes retorne às questões de decupagem e redecupagem em função dos lugares, dos atores e das instituições.

Temos portanto uma dupla origem: de um lado, em Foucault, um arquivo no singular que nada tem a ver com os arquivos do historiador; de outro, em Certeau, arquivos que ligam o real, a morte e o texto, sem levar em conta o problema de sua produção: tais legados permanecem perceptíveis, com nuanças, em Ricoeur — mas também em muitos historiadores que não mantiveram a diferença entre "arquivos" e "arquivo", misturando Foucault e Certeau.

Ricoeur diante de Ricoeur: retorno a Tempo e narrativa

Cabe mencionar um último texto, que também dialoga com *A arqueologia do saber* (1969), e que tem papel importante na genealogia de *A memória, a história, o esquecimento* (2000): trata-se de *Tempo e narrativa* (1985), que tem duas passagens dedicadas à questão dos arquivos e do arquivo, sendo os dois termos empregados no volume 3, o que permite avaliar o distanciamento da posição mantida pelo autor em 2000, quando praticamente não utilizava senão o singular.

A primeira passagem concerne diretamente a *A arqueologia do saber* e à noção de arquivo (Ricoeur, 1985:393-397). A respeito da oposição entre continuidade e descontinuidade, Ricoeur analisa o projeto foucaultiano, e seu comentário mostra que ele entende bem a noção de "arquivo" em seu sentido de sistema, mas que também inscreve sua validade numa hermenêutica que ele se propõe ampliar. Em perfeita continuidade com essas páginas está o trecho de *A memória, a história e o esquecimento* em que ele avalia o alcance da noção de arqueologia sem retornar ao arquivo senão para defini-lo como "o registro das formações discursivas" (Ricoeur, 2000:254-257). Está claro que a noção de arquivo formulada por Ricoeur não pode ser confundida com a de Foucault, e que sua aproximação se dá no âmbito da homonímia — embora não seja impossível imaginar uma contaminação gráfica do singular.

Outra passagem do mesmo volume 3 de *Tempo e narrativa* concerne diretamente aos "arquivos", no sentido corrente que lhe atribuem os historiadores (Ricoeur, 1985:212-228, esp. 212-220). Sob o título "Arquivos, documento, vestígio", que se podem aproximar de várias noções retomadas em 2000, Ricoeur começa pelo conceito de vestígio, por ele definido

140 Pensar os arquivos

como "um conector entre as perspectivas sobre o tempo que o pensamento especulativo dissocia sob o estímulo da fenomenologia, sobretudo heideggariana" (Ricoeur, 1985:212), utilizando-o em seguida para passar à vertente epistemológica da prática historiadora:

> Que o vestígio seja um requisito para a prática historiadora, basta, para demonstrá-lo, seguir o processo de pensamento que, partindo da noção de arquivos, depara-se com a de documento (e, entre os documentos, com a do testemunho), daí remontando à sua pressuposição epistemológica final: precisamente o vestígio. [Ricoeur, 1985:212]

As noções se articulam umas às outras, mas não da mesma maneira que no modelo que tentamos resumir anteriormente. O testemunho surge em parênteses, como uma das variantes do documento, e a jusante dos arquivos, citados no plural, ao passo que em 2000, em *A memória, a história e o esquecimento*, ele se torna o novo "conector" entre fenomenologia e epistemologia, em lugar do vestígio, que adquire outra função. Segue-se então a questão da definição do conceito de "arquivos". Para tanto, Ricoeur recorre a dois verbetes de dicionário, que lhe permitem deduzir três características:

> primeiro, a remissão à noção de documento: os arquivos são um conjunto, um corpo organizado, de documentos, de registros; depois, a relação com uma instituição: num caso, diz-se que os arquivos resultam da atividade institucional ou profissional; noutro, diz-se que são produzidos ou recebidos pela entidade cujos referidos documentos são os arquivos; por fim, o ato de arquivar tem por objetivo conservar, preservar os documentos produzidos pela instituição em questão [...]. [Ricoeur, 1985:212-213]

O uso da noção no plural em *Tempo e narrativa* — como quase nunca é o caso em *A memória, a história, o esquecimento*, onde somente o singular figura no índice de noções — se faz acompanhar de uma reflexão muito diferente daquela de 2000 sobre o estatuto dos arquivos, dando ênfase à produção e suas condições. Assim se abre uma via, no entanto logo abandonada:

Uma sociologia pode legitimamente incorporar esse caráter institucional para denunciar, se necessário, o caráter ideológico da discriminação que preside a operação aparentemente inocente da conservação de documentos e que trai a finalidade declarada dessa operação. Não é nessa direção que nossa investigação nos conduz, e sim à noção de documento (ou de *record*) contida na definição primeira de arquivo e à noção de vestígio contida explicitamente naquela de depósito. [Ricoeur, 1985:213]

Causa surpresa ver fechar-se a porta entreaberta a respeito da natureza dos arquivos, devido à falta de interesse por uma "sociologia" destinada a "denunciar" um caráter "ideológico". Quando se neutraliza a carga polêmica do vocabulário em seu contexto, e se fala de "ciência" destinada a "lançar luz sobre" o caráter "construído" dos arquivos, a proposição de Ricoeur pode designar a arquivologia, que assim parece descartada de saída. A argumentação, conservando o plural, mas valendo-se do singular do documento e do vestígio, que acaba por contaminar o arquivo em seu texto de 2000, envereda pela via seguida até hoje. Após a análise do documento como prova e de sua relação com o monumento, o documento é investido de uma carga ontológica que é a mesma do arquivo no singular em *A memória, a história, o esquecimento*:

> quando a ideia de uma dívida para com os mortos, para com os homens de carne e osso aos quais algo realmente aconteceu no passado deixa de dar à pesquisa documental sua finalidade primeira, a história perde sua significação. [Ricoeur, 1985:216]

Segue-se uma denúncia do dado tornado insignificante na história serial, em que se pode ver a prefiguração da defesa de uma hermenêutica do testemunho singular que se dá através do documento de arquivo. Não é de surpreender que a argumentação, retomando a ideia do conhecimento por vestígio, chegue finalmente a destacar a inscrição da história no contexto mais geral da questão do sentido:

De fato, o historiador, como tal, não sabe o que faz ao constituir signos em vestígios. Subsiste, a respeito deles, uma relação de uso. É frequentando os arquivos, consultando os documentos, que ele se envolve com o vestígio do passado tal como foi. Mas o que *significa* esse vestígio é problema não do historiador, mas do historiador-filósofo. [Ricoeur, 1985:227-228]

A leitura desse texto, como etapa que conduz de *A arqueologia do saber* até *A memória, a história, o esquecimento,* passando por "A operação historiográfica", é rica em ensinamentos. Certos pontos o afastam do último Ricoeur, como a manutenção do plural e a demonstração de que os arquivos são resultado de uma produção social e institucional, o que é amplamente ignorado pelo livro de 2000. Outros pontos, porém, anunciam claramente as linhas mestras deste último. Conceitos como os de documento, vestígio e testemunho, embora reorganizados, continuam os mesmos (até se poderia dizer que testemunho toma o lugar de vestígio, que em 1985 situava-se no início e no término da argumentação, como base absoluta do arquivo, enquanto este último, passando ao singular, retoma menos a noção de arquivos no plural do que aquela de documento tal como figura em *Tempo e narrativa*). Reencontramos igualmente duas questões interligadas: a do sentido e a da morte e da dívida.

Tais elementos confirmam que, apesar de todas as nuanças e descontinuidades, apesar da autonomia e do projeto próprio de cada autor, certos traços reaparecem, através da reflexão sobre a noção de arquivos/arquivo, desde o Foucault de 1969 até o Ricoeur de hoje, passando pelo Certeau dos anos 1970. O primeiro é a tendência à textualização do arquivo. Entende-se por isso o fato de definir prioritariamente o documento de arquivo como um texto, um discurso posto por escrito. Sem dúvida, o arquivo foucaultiano parece, enquanto sistema de relações, longe dessa caracterização. Mas, ligando sua teoria do arquivo ao seu trabalho sobre os enunciados e a discursividade, Foucault talvez tivesse tornado possível uma interpretação textualista de seu conceito de arquivo, uma espécie de arquitexto que seria a lei de produção de todos os textos num universo da linguagem onde a materialidade dos arquivos teria pouco lugar. Em Certeau, encontramos essa dimensão da linguagem dos arquivos como verdadeiro objeto de análise; do mesmo modo, em Ricoeur, em que pese outras dimensões do vestígio serem evocadas, elas são suplantadas pela dimensão textual, ligada à abordagem hermenêutica.

O segundo traço comum é a ausência de qualquer análise social da documentação. Em Foucault, a questão não é levantada, por estar fora do espaço onde se desenvolve a arqueologia — é sobretudo na década seguinte que o método foucaultiano procuraria ligar mais intensamente discursividade e práticas. Em Certeau, a questão das condições de produção está bem presente, mas vimos como ela foi abandonada no que concerne à arquivologia para concentrar-se no trabalho do historiador. Além disso, já mencionamos a maneira como Ricoeur a descarta em *Tempo e narrativa*, silenciando sobre a mesma em *A memória, a história, o esquecimento*, onde o processo de produção concreta dos arquivos permanece excluído da análise.

Por fim, o último traço comum entre esses textos, pelo menos os de Certeau e de Ricoeur — que a esse respeito têm preocupações semelhantes, bem diferentes da de Foucault —, é que o arquivo se torna o meio pelo qual uma espécie de metafísica se introduz na epistemologia, em particular sob a forma da relação com o passado, o tempo e a morte.[10] Tais traços, que assumem uma forma específica na noção de arquivo proposta por Ricoeur, podem ser objeto de uma reflexão crítica por parte do historiador.

Crítica do "arquivo"

Vários aspectos da definição dada por Ricoeur podem ser discutidos. Por questão de clareza, os agrupamos aqui em quatro pontos.

1. O arquivo é um texto.

O verdadeiro *leitmotif* de seu trabalho pode ser identificado desde a ideia de registro da memória em seu estágio declarativo até a afirmação de

---

10. Pode-se comparar, por exemplo, as passagens já citadas acima, de Paul Ricoeur, com Certeau (1975:105): "a história é fiel ao seu propósito fundamental, que sem dúvida resta definir, mas do qual já se pode dizer que a liga simultaneamente ao real e à morte", ou, p. 141: "substituto do ser ausente, confinamento do mau gênio da morte, o texto histórico tem um papel performativo".

que o essencial de um fundo de arquivos consiste em textos. A admissão desse ponto, porém, não é evidente. Não se trata de dizer que *o arquivo não é um texto*, e sim que *o arquivo não é somente um texto*, e pode ser que *o arquivo não seja antes de tudo um texto*, ou seja, que a dimensão textual não seja aquilo que especifica seu estatuto epistemológico. A dimensão material do arquivo, o fato de ser um objeto vindo do passado e institucionalizado — que Ricoeur reconhece e evoca por vezes —, e que constitui o principal propósito da arquivologia parecem recobertos por esse textualismo.

2. O arquivo está relacionado a uma ontologia da condição humana.

Ele liga a epistemologia à ética e à ontologia. Assim vêm à tona os temas da promessa, do sepultamento, do luto e da morte. Tal função é representada de maneira emblemática pela seguinte afirmação, no fim do "Prelúdio" na parte sobre a epistemologia da história: "não se deve esquecer, porém, que não é nos arquivos que tudo começa, e sim com o testemunho" (Ricoeur, 2000:182). Que significa a palavra "tudo" nessa frase? Não é o trabalho do historiador, mas o sentido de seu trabalho, o que o relaciona aos mortos que deixaram seu testemunho, introduzindo no discurso sobre a epistemologia uma base ontológica cuja escolha se poderia discutir. Sem dúvida, a posição de Ricoeur é fortemente fundamentada e inscreve-se igualmente numa filiação: pode-se entrevê-la em Certeau e em autores mencionados naquela oportunidade, como Henri-Irénée Marrou[11] e René Rémond.[12]

---

11. Ricoeur (2000:439-440): "o historiador, afirma Marrou, é antes de tudo aquele que interroga os documentos. Sua arte nasce como hermenêutica; continua como compreensão, que é essencialmente interpretação de signos; visa ao 'encontro do outro', à 'reciprocidade das consciências'. A compreensão do outro torna-se assim a estrela guia do historiador, à custa de uma *epokhé* do eu num verdadeiro esquecimento de si. Nesse sentido, a implicação subjetiva constitui ao mesmo tempo a condição e o limite do conhecimento histórico. A visão específica a Marrou, em relação a Dilthey e Aron, é a ênfase dada à amizade que nos torna 'conaturais ao outro'. Não há verdade sem amizade. A filosofia crítica da história se abre assim para uma ética do conhecimento histórico".

12. Ricoeur (2000:441): o comentário sobre a introdução de René Rémond a *Notre siècle, 1918-88* (Paris: Fayard, 1988), ao colocar o problema de escrever a história de um período cujas testemunhas estão ainda vivas, conduz a essas reflexões, que são no entanto as de Ricoeur, e não de Rémond: "as dificuldades com que se defronta o historiador do passado fazem ressurgir as interrogações anteriores concernentes ao trabalho da memória e sobre-

Contudo, podem-se fazer duas ressalvas a essa inscrição do trabalho do historiador numa ontologia do tempo. Por um lado, uma crítica pragmática: qual a pertinência dessa afirmação no tocante ao que os historiadores fazem realmente? Será possível dizer que seja de tal ordem o senso comum dos historiadores, aquilo em que eles creem coletivamente no exercício de sua disciplina, os fundamentos de que a dotaram? Podemos ficar céticos diante da ideia de que essas proposições sobre a morte, o passado ou a promessa constituam o sentido do trabalho do historiador. A resposta a essa objeção poderia ser que o filósofo formula a propósito da história um sentido que o historiador não vê; tal proposição parece no entanto duvidosa, ao pôr em cena um filósofo com uma visão superior dos saberes que alguém como Ricoeur jamais pretenderia encarnar.

A segunda crítica, uma extensão da primeira, é de natureza antropológica: se não há certeza de que tais proposições sejam generalizáveis para o plano da comunidade historiadora, não seria então uma construção específica de uma corrente de pensamento que compartilharia, dum ponto de vista antropológico, a dupla característica de um embasamento hermenêutico e espiritual ligado ao cristianismo? De fato, nesse ponto, Marrou, Certeau e Ricoeur têm várias características em comum, e é surpreendente que tenham sido precisamente esses homens a afirmarem a força de uma relação necessária entre o trabalho do historiador, a dívida para com o passado, e o horizonte da morte. Nesse mesmo sentido, é possível que a consciência aguda da culpabilidade ligada à *Shoah* tenha contribuído para essa ênfase no binômio arquivo/testemunho e sua inserção numa problemática filosófica mais ampla.

3. O arquivo destina-se ao historiador

Essa formulação pode parecer exagerada e não é afirmada dessa maneira, mas várias vezes Ricoeur parece adotar um ponto de vista semelhante sobre o arquivo. Diz ele no início da seção sobre a prova documental:

---

tudo ao trabalho de luto. É como se uma história muito próxima impedisse a memória--relembrança de se desligar da memória-retenção, e o passado, de se separar do presente, deixando o acontecido de exercer a função de mediação entre o 'não... mais' e o 'ter sido'. Numa outra linguagem, que adotaremos mais adiante, aqui a dificuldade é construir sepultura e túmulo para os mortos de ontem".

Conduzamos o historiador aos arquivos. Ele é seu destinatário na medida em que os vestígios foram conservados por uma instituição para serem consultados por quem está capacitado para tanto, segundo as regras concernentes ao direito de acesso, variando o tempo de consulta conforme a categoria dos documentos. [Ricoeur, 2000:224]

Nesse trecho, o arquivo — tal como em Certeau, que o considera produzido para o historiador ou seu ancestral, o erudito colecionador — destina-se naturalmente ao historiador. Certamente, Ricoeur sabe que isso é uma ficção, mas ele não se aprofunda no assunto, pois o mais das vezes os arquivos não têm como primeira destinação a consulta pelo historiador, e sim o uso prático pelos que os constituíram e cuja preocupação não é propriamente o conhecimento do passado. Esse impasse no tocante às condições de produção do arquivo suscita vários problemas, pois impede que se leve em conta o estatuto do arquivo enquanto produto de uma prática social, e não de um interesse erudito de considerar os testemunhos do passado.

4. O arquivo situa-se fora da reflexividade dos conceitos do historiador.

Corolário do ponto anterior, este não é o mais visível, mas nem por isso é menos surpreendente. Embora Ricoeur proponha uma reflexão bastante aprofundada sobre o ofício do historiador, sobre suas categorias, como as representações, ou as práticas, e sua aplicação ao material histórico, por exemplo, a questão do sentido das condutas dos atores envolvidos em determinadas trajetórias sociais, tudo é posto de lado quando a questão é o arquivo. Não há mais história das representações ou das práticas no âmbito do arquivo. Este último é o material primitivo para fazer essa história, mas os conceitos dela não se lhe aplicam. Porém, como tentamos demonstrar, os arquivos necessitam de uma história das práticas e de uma história das representações, são objetos históricos enquanto tais, o que jamais é valorizado na definição conceitual de Ricoeur. Certamente o problema vem à tona quando a ocasião se apresenta, e não cabe pensar que Ricoeur o ignora: a questão é que verdadeiramente ele não tem lugar na argumentação filosófica, sendo apenas um acidente que não está ligado à substância do arquivo.

Retorno ao testemunho

O fato de o arquivo fugir ao âmbito da investigação histórica parece uma consequência direta de sua ligação com o testemunho. De fato, o que constitui e garante a substância do arquivo — em última instância, o que o *autoriza* — é o testemunho; é nesse ponto, secundário em relação às quatro dificuldades mencionadas, que devemos agora concentrar a discussão. Esse testemunho está igualmente fora da análise teórica: não tem qualidades específicas, é indiferenciado e, pelo menos em seu estatuto filosófico, também foge ao âmbito do discurso histórico ou sociológico. O "testemunho", como uma espécie de absoluto "fora da história", é substituído por práticas complexas de criação de arquivos e serve como um mito de fundação, cuja importância pudemos ver no conjunto da construção do livro. Ele é o ponto de apoio do discurso ontológico e hermenêutico, a garantia da coerência do projeto — mas pode ser também seu ponto fraco.

Não apenas sua idealização tem qualquer coisa de mítico, como também seu emprego como conceito fundamental obriga a adotar posicionamentos que podem ser contestados pelo menos em dois pontos. O primeiro nos leva à afirmação já mencionada: "não é nos arquivos que tudo começa, e sim com o testemunho".[13] O binômio arquivo/testemunho constitui o testemunho em *arrière-monde* do arquivo, o verdadeiro lugar onde "tudo começa". Sem dúvida, tal definição é útil para pensar certos tipos de fontes que são efetivamente testemunhos registrados, no sentido mais apropriado. Mas, será possível construir uma teoria do arquivo a partir da generalização de um caso verdadeiramente particular? Isso é discutível; de fato, um número muito grande de documentos conservados em arquivos é desprovido desse *arrière-monde* do testemunho — ou então seria preciso ampliar a noção de testemunho a ponto de fazê-la perder o seu sentido. Certos documentos são sua própria origem, no sentido de que são eles mesmos a realização daquilo de que falam, ainda que aparentemente se pudesse tomá-los como testemunhos. O documento de nomeação de um oficial ou de um clérigo

---

13. Ricoeur (2000:182). Ver também p. 158 e 174.

por um soberano não é a memória escrita de uma nomeação efetuada pela oralidade: é o próprio ato pelo qual se faz a nomeação, sem *arrière-monde* testemunhal no sentido que lhe atribui Ricoeur. Com esse tipo de documento, tudo começa nos arquivos porque tudo começa com a peça escrita. Os exemplos poderiam ser aqui multiplicados: a contabilidade é a própria realização do ato de contar, e não o registro de elementos situados no âmbito da oralidade e da declaratividade. Todos esses documentos não são somente narrativos, mas também performativos, como muitas vezes é o caso do que os historiadores chamam de "fontes da prática". Considerar a conservação desses documentos como o reconhecimento de seu valor memorial só seria possível se tais fontes fossem consideradas como a memória delas mesmas, do ato que elas realizaram num dado momento: o conceito de um testemunho precedente, útil em certos casos, seria no entanto necessário?

Tais dificuldades conduzem ao segundo ponto. Ricoeur não ignorou os problemas suscitados pelo emprego desse conceito e tratou ele mesmo de enfrentá-los, em particular no texto dedicado aos "testemunhos voluntários" e "involuntários". Tais categorias são emprestadas de Bloch, e lembramos aqui o trecho já citado anteriormente:

> Veremos, além disso, os testemunhos se dividirem em testemunhos voluntários, destinados à posteridade, e os não intencionais, alvo da indiscrição e do apetite do historiador. [...] Por fim, "foi nas testemunhas não intencionais que a pesquisa, ao longo de seus progressos, acabou por depositar cada vez mais sua confiança" (Marc Bloch, *Apologie*, p. 75). De fato, salvo as confissões, as autobiografias e outros diários, os regimentos, os documentos secretos de chancelarias e alguns relatórios confidenciais de chefes militares, os documentos de arquivos são majoritariamente originários de testemunhas não intencionais. A disparidade do material que povoa os arquivos é realmente imensa. [Ricoeur, 2000:215]

Que é dessa disparidade na teoria de Ricoeur? Esse trecho assimila o que Bloch denomina testemunha ao sentido que Ricoeur empresta a essa palavra na definição mais elaborada que ele apresenta, embora não seja certo que ela lhe permita recorrer à distinção de Bloch. De fato, para Ricoeur o testemunho vale pelas problemáticas conjuntas da declaração afirmativa, da afirmação biográfica e da promessa fiável. Tais categorias podem, de fato, aplicar-se aos tipos de fontes enumeradas na citação acima.

Mas qual seria o sentido de um testemunho "involuntário", isto é, de um texto ao qual somente o historiador atribui a qualidade de testemunho? Cabe perguntar como pode o historiador engajar uma "testemunha", instituída por ele somente, numa afirmação biográfica e no cumprimento de uma promessa, se é sem a "vontade" dessa testemunha que ele faz essa escolha. Considerando a maneira como Ricoeur definiu o testemunho, parece difícil qualificá-lo como involuntário sem eliminar a força e a especificidade próprias ao conceito e reconduzi-lo ao seu sentido comum, aquele empregado por Bloch, e que designa em geral aquele que deixou um vestígio. Ora, Ricoeur lembra que os testemunhos involuntários são amplamente majoritários. Isso significa que ele baseia sua tese em conceitos (arquivo/testemunho) que só são adequados para uma fração minoritária do objeto que se quer apreender — os testemunhos voluntários dentro dos arquivos — e que não parecem convenientes para designar a maioria: os testemunhos involuntários. Portanto, não é certo que a teoria do arquivo de Ricoeur seja apropriada para fundamentar epistemologicamente o estatuto dos arquivos no trabalho do historiador.

Cabe lembrar, porém, que o arquivo não foi objeto de uma reflexão epistemológica específica por parte de Ricoeur, que deliberadamente deixa de lado algumas orientações que ele menciona por vezes de passagem, como o fizera em *Tempo e narrativa*. Seu projeto se inscreve no âmbito da filosofia geral, e não de uma epistemologia regional, embora seja sob este último aspecto que o discutimos. Ricoeur privilegiou o movimento geral do pensamento, sob risco de sacrificar o que poderia haver de contrário a esse mesmo movimento num conceito como o de arquivo. O equívoco é evidente quando ele torna a empregar a noção de "pôr à parte" utilizada por Certeau. Como neste último, há uma espécie de confusão nessa categoria: quando "põe à parte", o historiador não faz a mesma coisa que os que o precederam e que constituíram esses arquivos como tais. Isso cria um impasse quanto à arquivologia, cuja natureza repousa precisamente na particularidade desse movimento de pôr à parte efetuado pelos agentes históricos e que transforma o documento em peça de arquivo. Na passagem do testemunho ao arquivo, Ricoeur menciona apenas o ato de pôr por escrito, o que deixa em segundo plano o "arquivamento" desse escrito, etapa que nada tem de evidente e que é o cerne da crítica arquivística, em relação à crítica documental clássica, "interna" e "externa".

Uma alternativa epistemológica: o estatuto dos arquivos

Em vez de ligá-los aos testemunhos e de analisá-los num contexto imediatamente hermenêutico e textualista, tentaremos definir os arquivos por outra via, a partir desse dispositivo pelo qual o documento se transforma em arquivos. Como já dissemos antes, os arquivos não são meramente textos (ou fotografias, mapas etc.), e sim textos (ou fotografias, mapas etc.) transmitidos por determinadas razões, em determinadas condições, graças a um dispositivo material adequado, a começar por coordenadas dentro de uma série de "lugares" (cidade, depósito, fundo, subsérie etc.), tendo assim "fossilizado" toda uma série de usos, incluindo precisamente aqueles para os quais esses arquivos foram originariamente conservados, assim como aqueles dos primeiros arquivistas, não raro diferentes dos nossos. Nesse sentido, a materialidade dos arquivos aparece em primeiro lugar. Os arquivos são *objetos* que adquirem seu sentido numa série material objetiva, e não apenas textos que transmitem um testemunho.

Do ponto de vista epistemológico, valendo-se de diferentes contribuições apresentadas neste número,[14] pode-se optar por definir os arquivos como a objetivação de práticas sociais por outras práticas — aquelas de todos os que (em sua maioria não historiadores) ao longo do tempo participaram da escrita, conservação e classificação de tais documentos. Ao definirmos o documento de arquivo como "prática objetivada" formando um "conglomerado" de objeto e de texto, restituímos aos arquivos sua historicidade e sua

---

14. *Revue de Synthèse*, n. 5, 2004. (N. da O.)

materialidade. Assim, reconhecemos a natureza de objetos provenientes do passado, mas ainda materialmente presentes. Essa concepção de arquivos como "práticas sociais fossilizadas", misturando indissociavelmente texto e objeto, não condiz com as argumentações desenvolvidas por Ricoeur na arquitetura geral de seu livro. Para concluir, poderíamos tentar fazer, a partir dessa outra formulação, um breve inventário das diferenças.

A primeira discordância se dá no nível metodológico. O trabalho de Ricoeur sobre a noção de arquivo conduz o historiador a uma definição hermenêutica de seu método. Considerar os arquivos do ponto de vista das práticas não é optar por suprimir essa abordagem hermenêutica, mas por subordiná-la a um método geral de crítica que não parte de um ponto de vista erudito de exegese do sentido do arquivo como texto, mas que coloca antes de tudo os problemas de sua produção na prática. Ao considerar-se o arquivo como o resultado de um testemunho — o que é uma maneira de reintroduzir um sujeito, do passado, é certo, mas consciente e responsável, no cerne de uma relação dialógica com o historiador através do arquivo —, ignora-se que existem precondições para o desenvolvimento da análise hermenêutica, e que essas precondições pertencem ao âmbito de uma crítica sócio-histórica dos arquivos como vestígios das práticas humanas.

De resto, o projeto ontológico e ético de inscrição da epistemologia histórica está sendo assim questionado, o que é sem dúvida um dos pontos fracos de nossa própria crítica. A importância do método de Ricoeur é conseguir essa articulação: criticar suas noções de testemunho e de arquivo contribui para solapar o conjunto do edifício, sem ter como substituí-lo por enquanto. Certamente o projeto de sentido almejado por Ricoeur é de grande interesse para a problematização filosófica geral da história como disciplina; no entanto, arrisca mutilar a epistemologia assim apresentada deturpando suas bases. Desse ponto de vista, nossa crítica tende, ao contrário, a destacar a forte descontinuidade onde Ricoeur cria a continuidade, e a acentuar o isolamento da reflexão sobre a história diante da concepção do tempo, do passado e da historicidade do homem, através de um reforço do "corte epistemológico". Trata-se de um risco que é preciso levar em conta.

Mas esse risco comporta ao menos um benefício: o da integração da história numa ciência social unitária. Acentuando o corte epistemológico com o passado e abandonando as problemáticas da morte, da dívida e do sepultamento, podemos, em compensação, reaproximar a história de outras disciplinas de que ela tinha se afastado muito por causa dessas reflexões. De fato, a análise de Ricoeur é tributária de uma concepção fixista do trabalho de antropólogos, geógrafos e sociólogos. Ele centra sua epistemologia histórica não apenas na relação com o tempo, o que é natural, mas em *uma* forma de relação com o tempo, a dívida, que isola a história das demais disciplinas classificadas entre as "ciências sociais". De fato, como lidar com essa problemática da dívida, da morte e do testemunho no caso da geografia, da sociologia e da antropologia? Poderíamos igualmente levantar a questão do caso-limite da história do tempo presente: uma epistemologia em termos de testemunho e de arquivo no sentido de Ricoeur seria válida para pensar as pesquisas históricas mais recentes, que estão bem próximas da sociologia? Por fim, passemos aos problemas epistemológicos criados pela mistura de gêneros: como definir a epistemologia dos historiadores que recorrem à antropologia ou à sociologia, ou aquela dos especialistas destas últimas disciplinas, que utilizam a pesquisa histórica, sem ser finalmente forçado a extrair a história do enquadramento desejado por Ricoeur, entre fenomenologia da memória e hermenêutica da condição histórica do homem?

Essas críticas deixam em suspenso um grande número de questões. O problema do estatuto do passado enquanto "ter sido" permanece em particular em suspenso na releitura que vimos de propor. A definição de Ricoeur tem igualmente a faculdade de ligar passado, presente e futuro em torno do conceito de história. Para manter o paralelismo com seu trabalho e a coerência com as críticas já formuladas e as observações feitas sobre a natureza dos arquivos, poderíamos definir o modo de ser do passado para o historiador como "estar ainda lá", em vez de "ter sido". O "passado", para nós, seria a persistência — arquivos, vestígios e todos os traços possíveis — de algo absolutamente extinto que chamamos de "passado", que às vezes parece desempenhar o papel de um mito do discurso. Vale lembrar a definição do mundo do historiador formulada por Ricoeur (2000:228): "a vida dos homens do passado tal como ela foi". Acaso não poderíamos dizer que o "mundo" é, ao contrário, tudo o que existe hoje para o historiador, considerando que, entre as coisas existentes, muitas existem desde há muito, e que elas são um meio de chegar ao objeto — e não ao mundo — do historiador, o estudo das sociedades e sua transformação ao longo do tempo? Nesse sentido, poderíamos considerar que a história não se relaciona com passado enquanto passado, mas com a presença do passado no presente.

Essa proposição necessitaria de uma argumentação mais consistente do que a que podemos oferecer dentro dos limites deste texto. Mas o fato é que a avaliação crítica de Ricoeur tem um preço: um exame rigoroso dos problemas que ele coloca só pode nos obrigar a repensar totalmente conceitos tais como arquivo, passado, testemunho, memória ou representação. Muitos pontos obtêm adesão, em particular no que concerne à ética e à política, diante dos interesses que estão em jogo no binômio história/memória. Impõem-se ao leitor, sobretudo, a amplitude da construção e a capacidade de reinserir a prática do historiador num contexto bem mais geral. Contudo, foi nosso intento destacar, a partir de um ponto preciso, o estatuto teórico do arquivo, a divergência que pode haver quanto ao emprego do termo "arquivo", bem como examinar as eventuais consequências dessa opção conceitual para a epistemologia da história.

A passagem para o singular do termo "arquivo" no discurso, largamente adotada pelos historiadores, tem sobretudo nesse contexto um valor simbólico. Como lembra Marcel Proust (1987:155), há nessas questões de singular e plural uma parte de arbitrário da linguagem e do jogo social, de modo que é preciso precaver-se para não cair no sectarismo e na interpretação exagerada. Pode-se no entanto sugerir que esse singular, que o historiador emprega facilmente e sobre o qual Ricoeur elaborou uma teorização, não raro implica uma concepção de história discutível; estando ele caracterizado pelo textualismo, pela hermenêutica e pela marca de um "retorno do sujeito" — a testemunha — pode-se continuar preferindo um plural que faça da história uma disciplina crítica pertencente a uma ciência social única.

REFERÊNCIAS

BLOCH, Marc. *Apologie pour l'histoire ou métier de historien*. Paris: Armand Collin, 1997.

CERTEAU, Michel de. Le rire de Michel Foucault e Le noire soleil du langage: Michel Foucault. In:_____. *Histoire et psychanalyse entre science et fiction*. Paris: Gallimard, 2002. p. 137-151 e 152-173.

_____. L'opération historiographique. In:_____. *L'Écriture de l'histoire*. Paris: Gallimard, 1975. p. 75-153.

DERRIDA, Jacques. *Mal d'archive*. Paris: Galilée, 1995.

FARGE, Arlette. *Le gout de l'archive*. Paris: Seuil, 1989.

FOUCAULT, Michel. *L'archeologie du savoir*. Paris, Gallimard, 1969.

GINZBURG, Carlo. Traces. Racines d'un paradigme iniciaire. In: _____. *Mythes, emblems, traces*. Morphologie et histoire. Paris: Flammarion, 1989. p. 139-180.

HILDESHEIMER, Françoise. *Les Archives de France*. Mémoire de l'histoire. Paris: Champion, 1997.

LANGLOIS, Charles-Victor; SEIGNOBOS, Charles. *Introdution aux études historiques*. Paris: Hachette, 1898.

LE GOFF, Jacques. Documento/monumento. In: *Enciclopedia*. Turin: Einaudi, 1978. v. 5, p. 38-48.

MARROU, Henri-Irénée. *De la connaissance historique*. Paris: Seuil, 1954.

PROST, Antoine. *Douze leçons sur l'histoire*. Paris: Seuil, 1996.

PROUST, Marcel. *À la recherche du temps perdue*. Sodome et Gomorrhe. Paris: Robert Laffont, 1987.

RICOEUR, Paul. *La mémoire, l'histoire, l'oubli*. Paris: Seuil: 2000.

_____. *Temps et récit*. Paris: Seuil, 1985. v. 3.

SIMIAND, François. Méthode historique et science sociale. Étude critique d'après les ouvrages recentes de M. Lacombe et de M. Seignobos. *Revue de Synthèse Historique*, v. 6, n. 1, p. 1-22, 1903. Reproduzido em *Annales, ESC*, v. 1, p. 83-119, 1960.

VEYNE, Paul. *Comment on écrit l'histoire*. 2. ed. Paris: Seuil, 1978.

Relendo os arquivos: novas contextualidades para a teoria e a prática arquivísticas[1]

TOM NESMITH

A leitura convencional de arquivos acontece a todo momento em algum lugar, mas eles também estão sendo relidos de outras e mais profundas maneiras, graças ao crescente interesse pela história dos documentos e dos próprios arquivos. Talvez como jamais tenha ocorrido anteriormente, o debate sobre as atividades arquivísticas está sendo incentivado por um estudo mais detalhado do assunto, a partir de uma variedade sem precedentes de perspectivas tanto no campo da arquivologia como no de outras disciplinas. Isso veio renovar a discussão a respeito de toda uma série de tradicionais conceitos, funções e objetivos do trabalho arquivístico. A I Conferência Internacional de História de Documentos e Arquivos, realizada na Universidade de Toronto em 2003 — por si só um marco nessa discussão —, deu ensejo a uma reflexão sobre as principais características dessas tendências intelectuais e os rumos que elas podem estar nos apontando.

Por um lado, a história intelectual da profissão arquivística é a história do pensamento sobre a natureza do conhecimento contextual a respeito dos documentos. Nos últimos 30 anos, mais ou menos, assistimos a uma nítida guinada (*contextual turn*) nas comunidades arquivísticas em muitos países, no sentido de um exame mais aprofundado do papel do conhecimento contextual sobre os documentos no trabalho arquivístico. Desde os anos 1970, os arquivistas vêm-se manifestando diante dessa mudança de várias maneiras: maior engajamento na pesquisa sobre o conceito de proveniência; interesse crescente pela evolução dos vários tipos de documento, funções administrativas e constituição de arquivos institucionais e pessoais; desenvolvimento de um trabalho descritivo muito mais contextual; maior atenção à diplomática;

---

1. Publicado originalmente com o título: Reopening archives: bringing new contextualities into archival theory and practice. *Archivaria*, v. 60, p. 259-274, outono 2005.

debates sobre como aplicar aos fundos ou sistemas de séries o conhecimento contextual, e sobre a quantidade de informação contextual necessária para preservar a integridade dos documentos e possibilitar a recuperação tanto de documentos como de informação no trabalho de referência.

Recentemente, essa guinada contextual tomou alguns rumos importantes e radicalmente novos na teoria arquivística, sob a influência de perspectivas pós-modernas. Em consequência disso, está surgindo uma visão mais ampla da contextualidade. A ênfase pós-moderna na importância de se compreender os meios de comunicação contribuiu para essa evolução da arquivologia, além de validar o interesse dos arquivistas pelo estudo de documentos e arquivos. Agora, estes são considerados meios de comunicação igualmente dignos de estudo por um número cada vez maior de especialistas em várias disciplinas. O pós-modernismo também promoveu a visão de que o contexto é praticamente ilimitado. Essa concepção ampliada do contexto tem por base suas dimensões culturais e sociais. Sua crescente importância reflete também a noção pós-moderna de que finalidade e certeza são evasivas (Portanto, sempre necessitaremos de mais contexto se quisermos entender o que é possível conhecer). Tais tendências no meio acadêmico e intelectual em geral ampliaram consideravelmente as antigas noções arquivísticas de contexto. Assim, talvez seja melhor dizer que, em vez de um único contexto apropriado, existem várias contextualidades importantes para o trabalho arquivístico.

Essa noção ampliada de contextualidade suscita pelo menos duas questões: a) quais são suas dimensões e características?, e b) como incorporar tais características ao trabalho arquivístico? As respostas para essas questões virão em parte do que for deduzido do estudo da história dos documentos e arquivos, e do que os arquivistas vierem a fazer com tais deduções. Uma vez que isso leva os arquivistas a um ponto decisivo na história intelectual de sua profissão, é importante averiguar os rumos que ela pode vir a tomar. As ideias aqui apresentadas são preliminares e exploratórias, tratando-se, portanto, de um trabalho em andamento.

Apesar da renovada importância e das profundas implicações dessa retomada em consideração do trabalho arquivístico, ela ainda é conceitualmente incipiente. E num estágio ainda menos desenvolvido, sobretudo em seu mais recente enquadramento pós-moderno, encontra-se o debate sobre as possibilidades de reformular conceitos-chave da arquivologia e de realizar (ou mudar) o trabalho nessa área incorporando à teoria e à prática arquivísticas novos conceitos e um maior conhecimento da história dos documentos e arquivos. Não é o caso de definirmos aqui o pós-modernismo, considerando que muitas obras de arquivistas e outros estudiosos já o fizeram.[2] Trata-se, isso sim, de acompanharmos aqueles que começaram a investigar mais a fundo as implicações das novas perspectivas contextuais e pós-modernas. Na verdade, eles estão respondendo às críticas feitas por vezes aos pós-modernos. O acadêmico britânico Christopher Butler (2002:116) diz que "os pós-modernos são ótimos críticos desconstrutores e péssimos construtores". Este artigo pretende contribuir para a construção de novos meios de conceber e realizar o trabalho arquivístico. Os tradicionais conceitos e práticas da arquivologia estão passando por uma profunda reavaliação, devido principalmente à conscientização da importância e complexidade da história da atividade de registro e arquivamento e à transição pós-moderna. Refletir sobre essa reorientação é o principal item da agenda intelectual da profissão. Este artigo visa lançar luz sobre a elaboração dessa agenda.

Uma das principais teses do pós-modernismo a respeito da reconceituação do trabalho arquivístico é que este deveria ser visto como um *processo* ou ação em curso. O pós-modernismo sustenta que os documentos e os arquivos, como meios de comunicação, são limitados por várias influências e fatores que os condicionam, e que tais limitações por sua vez condicionam o que podemos conhecer através deles. Portanto, são produto de processos indeterminados de conhecimento e deles participam como agentes. Comparativamente, as tradicionais concepções a respeito de documentos e arquivos refletem análises mais restritas que logo resultam em simples procedimentos e postulados. Assim, podia-se determinar de uma vez por todas a proveniência de um documento sem muita dificuldade. Podia-se

---

2. Eis uma amostra desse trabalho: Brothman (1991 e 2002); Nesmith (1999 e 2002); Cook (2000 e 2001); Ketelaar (2002); Cook e Schwartz (2002); Harris (2000); McKemmish (2001); McKemmish e Piggott (1994).

prontamente identificar um fundo, mediante um processo bastante facilitado pelo fato de que, afinal, havia apenas um fundo a ser encontrado. E podia-se perfeitamente resumir tudo quanto os arquivistas precisam saber sobre o seu trabalho em um ou dois pequenos manuais (ou as 100 regras holandesas) — que resistiriam à passagem do tempo — tão definitivos e abrangentes como os próprios arquivos.

Podia-se igualmente dizer em uma linha ou duas o que significa proveniência, ou documento, ou arquivo. Estas eram definições dicionarizadas, com toda a fixidez e autoridade que o gênero requer. A atenção estava voltada para o que vinha a ser uma coisa inerte e geralmente física. Por exemplo, um documento seria descrito como algo simplesmente autoevidente — um mero objeto, como um memorando, uma carta, uma fotografia ou um documento eletrônico —, que não necessitava de mais explicação. E arquivo seria simplesmente definido como um conjunto de documentos permanentemente conservado num lugar físico denominado arquivo. Segundo essas definições convencionais, um documento ou um arquivo na verdade não *fazem* muita coisa, se é que fazem, e tampouco possuem qualquer característica conceitual importante; em vez disso, simplesmente estão lá, recebendo a ação — sendo prontamente identificados e enviados, recebidos, conservados e recuperados por alguém, mas sem exercer qualquer ação ou influência.

Tendo isso em mente, procurei reconceituar alguns termos-chave da arquivologia. Minha intenção foi enfatizar que, para melhor conhecerem os documentos, sua manutenção e o trabalho de arquivamento, os profissionais dessa área devem entender que tudo isso é resultado de vários processos ou, na verdade, de várias histórias. Assim, afirmei que "documento é a mediação crescente do conhecimento a respeito de algum fenômeno — mediação criada por processos sociais e técnicos de inscrição, transmissão e contextualização". A proveniência de determinado documento ou conjunto de documentos "consiste nos processos sociais e técnicos da inscrição, transmissão, contextualização e interpretação de documentos, os quais são responsáveis por sua existência, características e continuidade histórica". E arquivo "é a mediação contínua do conhecimento sobre documentos (e, portanto, fenômenos), ou aquele aspecto da elaboração dos mesmos que produz esse conhecimento por meio de funções como avaliação, processamento e descrição de documentos, e a implementação de procedimentos visando torná-los acessíveis". Posteriormente, afirmei que "o trabalho arquivístico, enquanto processo multifacetado de elaborar memórias dando forma a ações relembradas ou registradas, transmitindo tais relatos através do tempo e do espaço, organizando, interpretando, esquecendo ou mesmo eliminando-os, resulta na construção de alguma atividade ou condição anterior".[3] Levarei mais adiante essa linha de pesquisa, como parte do projeto de reorientar o trabalho arquivístico para uma contextualidade mais abrangente. Para começar, vejamos o conceito de integridade de um documento (ou sua confiabilidade e autenticidade), já que a preservação dessa integridade é um dos principais propósitos de toda a atividade arquivística. Em certos aspectos essenciais, reformula-se o objetivo tradicional. Se, com os pós-modernistas, percebemos que a comunicação está sendo sempre deturpada, então nossa tarefa não seria simplesmente mostrar que um documento *é* confiável e autêntico no sentido convencional, ou, em outras palavras, que não foi deturpado por inscrição inadequada ou posterior alteração, correspondendo ao que seus autores originais criaram e queriam que significasse. Nossa tarefa seria tentar entender, na medida do possível, essa visão convencional de integridade, e mostrar até que ponto o documento guarda evidência dos vários processos, subsequentes à sua inscrição inicial, que também contribuíram para sua "criação" num sentido mais amplo, ou para que se tornasse o documento de que *agora* dispomos. Qualquer documento provavelmente significou várias coisas para as muitas pessoas (ao longo de toda a sua história) que o criaram, ou que participaram dos processos sociais e técnicos de inscrição, transmissão e contextualização que o fizeram chegar até nós tal como o objeto que se nos apresenta. De quais desses vários atos de criação em vários momentos de sua história guarda ele evidência, e quão confiável e autêntico

---

3. Nesmith (1999:145-146) e (2002:26). Acrescento agora à lista das funções arquivísticas aqui definidas a preservação — omissão flagrante — e ressalto que os documentos e a organização de arquivos são basicamente processos ou atividades *humanas* correntes. Qualquer registro, conceito, procedimento, tecnologia, estrutura ou função de natureza arquivística é animado pelos interesses humanos, pelo comportamento e a cultura. Para compreender os documentos e arquivos, é preciso vê-los como fenômenos culturais.

é ele enquanto prova? A integridade de um documento depende de nossa percepção de qualquer evidência que ele possa guardar desse processo de criação. A noção convencional de autenticidade dá ênfase à preservação da relação entre o documento e seu autor original. Mas, como um documento raramente ou nunca chega até nós inalterado desde a sua inscrição inicial, provavelmente ele guarda evidência de um processo bem mais variado de criação que constantemente e sutilmente, ou nem tanto, o modifica (em geral recontextualizando-o) e cujo impacto aumenta essa evidência que ele guarda.

Voltando às funções arquivísticas, proponho as seguintes reconceituações: *avaliação* pelos arquivistas é o ato de pesquisar a contextualidade dos documentos (ou da história deles) em busca de significado contextual que justifique as decisões a respeito de sua conservação. Contextualizando os documentos, os arquivistas tanto ajudam a criar como a selecionar o registro arquivístico que será conservado. Na verdade, a avaliação deve ajudar a criar os documentos a serem selecionados. Tal avaliação, é claro, molda a documentação resultante sobretudo pela seleção de uma quantidade relativamente pequena de documentos a serem conservados como arquivos. O resultado dessa avaliação arquivística é agora essencial para conhecer a origem ou proveniência do documento, bem como a prova que ele guarda a partir de então.

Porém, a avaliação representa mais do que essa noção (ainda sob muitos aspectos) convencional. Para melhor conhecerem o efeito do *processo* de avaliação e do papel que nele desempenham, os arquivistas devem igualmente levar em conta outros fatores que influenciam o processo mais geral de avaliação do qual emergem os documentos. Os autores e guardiães pré--arquivísticos dos arquivos documentam algumas coisas e outras não (essa é uma decisão baseada na avaliação classificatória), e optam por eliminar certos documentos, sem o conhecimento das instituições arquivísticas, ou então fornecem a estas últimas apenas alguns desses documentos, retendo outros para outras ocasiões. Ao mesmo tempo, os patrocinadores dos arquivos delegam-lhes autoridade para aquisição, o que constrange seu trabalho de avaliação sob vários aspectos. De fato, patrocinadores e/ou usuários importantes dos arquivos podem intervir para estabelecer ou mesmo impor decisões sobre aquisição. Tais complexidades do processo de avaliação ainda não foram devidamente abordadas pela teoria arquivística. As decisões sobre avaliação de arquivos precisam levar em conta essas fases cruciais da história dos documentos para saber se elas deveriam influenciar aquilo que um arquivo deve conservar. A avaliação arquivística deve procurar mostrar como essa longa história (evidenciada pelo documento que consultamos) torna muito mais rica a informação que nos é fornecida.

O *arranjo* físico dos documentos continuará sendo um aspecto menor do trabalho arquivístico, limitado ao processamento físico para a utilização. Segundo Peter Horsman (2002:17), "a descrição conceitual" tornou-se a prioridade, "em vez do arranjo físico". Isso posto, a remoção da maioria dos documentos por meio da avaliação é um rearranjo físico invasivo imposto pelos arquivos e não exclusivamente por eles, como já mencionado. Será, então, que a avaliação pode ser reconceituada em parte como arranjo? O pós-modernismo desafia o modo como os arquivistas veem o arranjo físico dos documentos. O tradicional conceito arquivístico de *ordem original* tem pouco significado nos arquivos pós-modernos, onde as origens nunca são definitivas, e sim dependentes de novas histórias a serem elaboradas. Ao chegarem a um arquivo, os documentos terão algum tipo de ordenação, mas esta provavelmente não será a sua verdadeira ordem *original*, já que eles podem ser facilmente e repetidamente deslocados antes de seu arquivamento. De fato, quem poderá afirmar que a ordem dos documentos que chegam a um arquivo é *a* original, ou mesmo que, nos arquivos, essa ordem nunca foi alterada, deliberadamente ou por acaso, por algum arquivista ou pesquisador? Parece-me que já é tempo de descartar o conceito tradicional de ordem original. Evidentemente, isso não significa que a ordenação física dos documentos não tem importância, podendo ser modificada sem mais nem menos. Talvez seja o caso de falarmos não de ordem original, e sim da ordem em que os documentos são recebidos por um arquivo. Seria como um instantâneo de um momento no tempo, não a ordem original, mas algo que talvez se aproximasse disso. Mas essa ordem em que são recebidos os arquivos, devido a certos fatores que confundem a "ordem original", pode também não ser estática. E, se os documentos estiverem de tal modo desordenados ao serem recebidos que requeiram sua reorganização pelos arquivos, a ordem em que serão colocados provavelmente não será também a original.

O trabalho de arranjo alia-se à descrição e envolve a explicação dessas várias ordenações. No suporte eletrônico, pode-se constatar essa atividade híbrida (e as intervenções do arquivista que contribuem para definir o processo de criação do documento e, portanto, a noção de sua integridade) no estudo de Jim Suderman, por exemplo, sobre o trabalho dos Arquivos de Ontário visando a identificar séries de documentos eletrônicos. Nele o autor analisa uma ampla base de dados de correspondência do governo de Ontário, sem que sejam evidenciadas quaisquer subdivisões de série estabelecidas pelo criador dos documentos. Deixar tais arquivos sem a designação dessas séries oculta as relações que certamente existem entre eles, ainda que já não sejam prontamente identificáveis. A preocupação do trabalho arquivístico em preservar o valor probatório leva Suderman a estudar meios de identificar essas relações entre os documentos investigando os métodos profissionais do criador, mas estes também são difíceis de determinar. Portanto, se quisermos identificar as séries, os documentos serão consideravelmente alterados (ou transformados) pelo processo arquivístico de aquisição e arranjo em séries. Suderman (2002:46) conclui:

> No suporte papel, as características estáveis dos documentos enquanto objetos físicos limitaram o impacto da transformação de um meio operacional num meio arquivístico. O impacto dessa transformação foi ainda mais atenuado pela familiaridade de arquivistas, criadores de documentos e usuários de arquivos com o suporte papel. Na ausência da estabilidade física e de um conhecimento geral do suporte eletrônico, as séries eletrônicas não serão transferidas da base de origem; somente serão criadas através dos métodos arquivísticos profissionais de avaliação, aquisição e descrição.

Voltando ao conceito de *fundo*, que tem sido fundamental para a teoria e a prática arquivísticas em muitos países, especialmente o Canadá, como poderíamos defini-lo? Laura Millar (2002:4) e Peter Horsman (2002) sustentaram de modo convincente que o fundo de que falamos na teoria arquivística jamais existiu como tal na prática. O fundo que os arquivistas canadenses chamam de "conjunto de documentos, independentemente de sua forma ou suporte, automática e organicamente criados e/ou acumulados e utilizados por determinado indivíduo, família ou entidade empresarial no exercício das atividades ou funções desse criador" é na verdade construído por arquivistas a partir de alguns dos documentos de *certos* criadores, mas não de *todos* os documentos de *todos* os possíveis criadores. Os fundos organizados pelos arquivistas não são os fundos que eles dizem estar organizando em suas afirmações teóricas. Dizer que esses fundos se definem como tais confunde em vez de esclarecer a proveniência. Será que existem mesmo os fundos puros de nossos postulados teóricos? Deve essa quimera ser substituída por algo mais substancial? Nesse caso, pelo quê?

Tanto Millar quanto Horsman chamaram a atenção para importantes limitações do uso do conceito de fundo como expressão da proveniência. Na verdade, eles dizem que, apesar de todo o esforço para aplicar ao conceito de fundo o princípio arquivístico fundamental da proveniência, não foi isso o que os arquivistas fizeram. Primeiro, o fundo não é de fato o "conjunto" dos documentos de um criador, mas em geral uma pequena parte restante deles. Segundo, os arquivistas não necessariamente incluem na descrição do fundo todos os documentos desse conjunto remanescente. Terceiro, como os arquivistas não conseguiram chegar a um consenso quanto a uma definição consistente de fundo, ou de criador do fundo (para aludirmos a uma observação de Terry Cook), será que existe realmente um verdadeiro fundo nesse sentido? Assim, deveríamos preocuparmo-nos demasiado com a questão relativa a fundos? Ou será que podemos descrever, como sugere Horsman, um razoável conjunto de documentos — um fundo, se quiserem denominá-lo assim — resultante de "uma série de atividades de guarda de documentos e intervenções arquivísticas?[4] Isso lembra um pouco o modo

---

4. Ver Horsman (2002:23). Ver também Cook (1992:70); no seu entender, em se tratando de registros institucionais de múltipla proveniência, seus criadores são agências "que contribuíram *de alguma maneira significativa* para a criação das séries em questão, ou simplesmente participaram de sua coleta e utilização (grifo nosso).

como Jim Suderman vê as séries de documentos eletrônicos. Tanto Millar quanto Horsman concluem que, em vez de buscar no conceito de fundo a chave para tratar da proveniência, os arquivistas deveriam concentrar-se no conhecimento "da história do criador, da história dos documentos e da história custodial", segundo Millar (2002:14), e, analogamente, segundo Horsman (2002:23), "na descrição das estruturas funcionais, tanto internas quanto externas: as narrativas arquivísticas sobre essas múltiplas relações entre criação e uso, a fim de que os pesquisadores possam realmente compreender os documentos do passado". Trata-se de buscar aquilo que Eric Ketelaar (2002) chama de "narrativas tácitas" por trás dos documentos. Propõem esses autores que a história dos documentos e do arquivamento tenha prioridade em nosso trabalho, porque esse remanescente provisional dos documentos (*o* fundo de *um* criador) somente emerge por meio do conhecimento da história do processo que fez dele objeto de pesquisa.

O termo *referência* não significa propriamente ajudar as pessoas a terem acesso a documentos e conhecimentos já existentes, ou congelados no tempo, mas auxiliar os usuários a criá-los levando-os a consultar registros contendo descrições contextuais sobre como foram criados os documentos (incluindo a interferência arquivística para a sua criação), e possibilitando-lhes aprender com pesquisadores a respeito de sua contribuição para o conhecimento dessa contextualidade. *Divulgação pública* não significaria apenas informar a sociedade sobre a existência de documentos arquivísticos e suas possíveis utilizações, mas também sobre o modo como as atividades arquivísticas ajudam a formar nosso senso de realidade e sobre o poder social e político dos processos arquivísticos. Os arquivistas estão começando a deixar de ter um papel secundário na sociedade, à medida que se multiplicam incrivelmente as novas maneiras de utilizar os arquivos; ironicamente, porém, se os arquivistas afirmam deter *a* verdade sobre os documentos (em vez de ressaltar que os arquivos prestam uma contribuição àquilo que se pode conhecer), eles podem muito bem ficar novamente à margem num mundo cético pós-moderno.

Para tornar a sociedade mais próxima da verdade, a divulgação pública deve incluir maior número de estudos como os de Richard Cox e David

Wallace (2002) e Verne Harris e colaboradores (2002). Ambos os livros mostram como é importante para a sociedade conhecer melhor a história da criação de documentos e do trabalho arquivístico para a transparência das instituições públicas e privadas num regime político democrático. Necessitamos também de livros sobre arquivos e documentos, como os de curadores de museus e galerias, bibliotecários e outros estudiosos que produziram trabalhos reflexivos sobre a história dessas instituições e seus acervos. Tais publicações alcançam um vasto público leigo, podendo informá-lo sobre o papel duradouro, complexo e crucial que essas instituições têm desempenhado.[5] Precisamos também de obras igualmente acessíveis sobre os arquivos e as ideias, ou o simbolismo, os aspectos emocionais e o autoconhecimento que eles inspiram, além de suas funções mais obviamente utilitárias.

Preservação diz respeito não tanto ao fato de manter um documento em estado original ou devolvê-lo ao estado original, e sim de modificá-lo a fim de reter o máximo possível de suas características físicas e significados (e, portanto, sua integridade). Ou seja, trata-se de documentar as inevitáveis mudanças nos documentos causadas pela natureza ou por nosso empenho em utilizá-los e conservá-los.

Essa reformulação da teoria e prática arquivísticas está se efetuando graças à contribuição de muitos arquivistas. E é incentivada pela crescente conscientização de que os documentos e o trabalho arquivístico têm histórias muito mais importantes, intrincadas e imprecisas do que se costuma pensar. Ao mesmo tempo, tem-se observado uma evolução paralela de capital importância entre os responsáveis por algumas das mais significativas e relevantes expressões da boa prática nos últimos 30 anos. Tais projetos incluem iniciativas em vários países no intuito de conceber e implementar padrões descritivos e definir padrões de metadados para a gestão de documentos, especialmente os eletrônicos. Assim, foram desenvolvidos ou propostos vários sistemas formais, como RAD, Isad (G), Custard, bem como diversos padrões de gestão documental em âmbito nacional e internacional. O projeto de pesquisa de metadados sobre guarda de documentos da Uni-

---

5. Sobre as bibliotecas, ver Levy (2001) e Casson (2001).

versidade Monash, na Austrália, os requisitos funcionais da Universidade de Pittsburgh para projeto de pesquisa sobre guarda de documentos, o padrão para aplicação da diplomática eletrônica desenvolvido pelo projeto UBC e testado pela InterPares e o fórum internacional sobre metadados realizado em 2000 nos Países Baixos prestaram importante e valiosa contribuição para tais iniciativas em geral.

Comentários feitos recentemente por participantes desses esforços ressaltam a limitada capacidade dos sistemas formais para atender às características cada vez mais numerosas e complexas dos metadados ou do contexto que são indispensáveis para descrever e controlar os documentos com a maior integridade possível. Heather MacNeil, que tem enorme experiência no desenvolvimento de padrões descritivos e padrões para gestão e guarda de documentos eletrônicos, destacou recentemente "a importância de reconhecer e aceitar os limites do que podemos conseguir" na área de estabelecimento de padrões. Sustenta ela, particularmente no que diz respeito a metadados de documentos eletrônicos, que, "[se] os padrões recomendados fossem plenamente adotados nos sistemas eletrônicos, estes provavelmente entrariam em colapso devido ao enorme peso dos metadados". E, refletindo uma visão pós-moderna, acrescenta que, "mesmo que fôssemos capazes de preservar todos os metadados necessários, os documentos continuariam sendo um pálido reflexo da realidade que pretendem representar".[6]

Tais opiniões são compartilhadas por outra grande especialista na área, Wendy Duff, para quem os esquemas descritivos ou de metadados variam, o que é legítimo, atendendo às diferentes necessidades de seus criadores. Diz ela: "os metadados, a nova solução miraculosa para nossos infortúnios digitais, à primeira vista parecem objetivos e universais. Mas esse senso de objetividade é uma ilusão". O estudo de Jean Dryden sobre a tentativa de conciliar no projeto Custard os diferentes padrões descritivos americanos e canadenses, em relação a normas internacionais de descrição como a Isad (G), dá margem a conclusões semelhantes. Em sua análise desse ambicioso

---

6. Ver a resenha do livro de Borgman (1999) feita por MacNeil (*Archival Science*, v. 3, n. 1, p. 73, 2003). Ver também MacNeil (2002) para uma discussão dessas ideias em relação aos resultados do projeto InterPares.

esforço para ampliar o alcance de uma norma, podemos perceber que as normas estão longe de ser um reflexo fiel das realidades documentais que pretendem retratar. Segundo ela, as normas não são uma expressão clara e incontestável das melhores práticas e teorias; elas são variáveis, fruto de difíceis escolhas e concessões, e, quando transpõem as fronteiras culturais e políticas, o esforço para estabelecê-las tem mostrado simplesmente quão pouco sabemos sobre descrição, incluindo a importância atribuída pelos usuários de arquivos a determinados tipos de conhecimento contextual incorporados às normas.[7]

Enfatizando igualmente a necessidade de compreender melhor o conhecimento contextual, Sue McKemmish expõe o enfoque abrangente e pós-moderno para determinar os metadados a serem agregados aos documentos ao longo do *continuum* de sua existência. Entre os vários esforços formais para elaborar tais metadados, o trabalho dela e de seus colegas é especialmente importante para mostrar que os documentos evoluem e que as intervenções dos arquivistas e/ou responsáveis pela sua guarda contribuem para essa evolução. Mesmo reconhecendo a necessidade desse enfoque abrangente, Sue McKemmish (2001:354), assim como MacNeil e Duff, adverte:

> À guisa de ressalva, cumpre dizer que a riqueza, complexidade, diversidade e idiossincrasias dos contextos em que os documentos foram criados, gerenciados e utilizados não podem ser integralmente representados em modelos, sistemas, normas e esquemas, mas isso não diminui seu valor e importância estratégica para a prática. [...] Ao tentar definir, classificar, precisar e representar os documentos e seus contextos de criação, gestão e uso, os padrões descritivos e o esquema de metadados sempre serão apenas uma visão parcial da natureza dinâmica, complexa e multidimensional dos documentos e de sua ampla rede de relações contextuais e documentais.

---

7. Duff (2001b:285); sobre as limitações dos meios de representação, ver Duff e Harris (2002:284) e Duff (2001a). Ver também Dryden (2003). O projeto Custard não chegou a ser implementado, indicando assim a diversidade de opiniões sobre os padrões. O que é um padrão para determinada comunidade não o é necessariamente para outra.

O fórum sobre metadados realizado em 2000 na Holanda transmitiu--nos esse tipo de observação ao concluir que, por ser tão complexo, aparentemente sem prazo definido e dificultado pelos custos e outras questões práticas (por exemplo, se ele é tão oneroso e complexo, será que a maioria dos criadores vai utilizá-lo?), o trabalho com metadados requer a realização de mais pesquisas que forneçam soluções para esses problemas (Hedstrom, 2001; Wallace, 2001).

Quase 30 anos de experiência em tentativas de estabelecer as melhores práticas possibilitaram identificar essas novas e importantes questões relativas às limitações, à objetividade e à viabilidade financeira e política de uma efetiva implementação de padrões para metadados e sistemas de descrição. Isso dá margem a uma legítima preocupação com os rumos de nossa prática profissional. Seja do ponto de vista pós-moderno ou de outros mais familiares, essa discussão mostra que ultimamente a teoria e a prática arquivísticas têm sido radicalmente criticadas por um grande número de renomados arquivistas em diversos países. Que rumo tomarão agora os arquivistas, especialmente quando seus maiores e mais ambiciosos esforços para aprimorar noções cruciais da prática arquivística parecem defrontar-se com grandes limitações? A resposta a essa questão envolve muito mais do que se pode oferecer num breve artigo, mas pretendo explorá-la mais a fundo (além do esboço geral apresentado acima) focalizando a noção de *descrição*, em parte porque, reconceituada, ela pode fornecer algum indício das mudanças abrangentes que a crítica implica. Deve-se entender por descrição a ação, mediada por arquivistas, de pesquisar e representar a contextualidade multifacetada (ou seja, a história dos documentos ou "narrativa arquivística" a seu respeito), possibilitando que documentos e o próprio conhecimento sejam produzidos por meio do trabalho arquivístico. É necessário incorporar mais plenamente essa visão nos sistemas de descrição. Deve haver uma integração criativa entre o trabalho mais antigo já realizado na área da padronização e o conhecimento produzido pela recente reconceituação da prática e da teoria.

As pesquisas sobre metadados continuam em andamento, mas sua aplicação talvez seja limitada, pois pode ser que os produtores de documentos não os estejam utilizando muito nos documentos eletrônicos e de outro tipo, e o mesmo pode estar ocorrendo nos arquivos com relação aos seus sistemas de descrição.[8] Isso posto, a maioria desses sistemas formais carece atualmente de elementos básicos de informação sobre o contexto de criação de documentos, ou não os utilizam satisfatoriamente, quando existem. A maioria deles concentra-se em fornecer uma quantidade limitada de informação sobre pessoas, estruturas administrativas e funções envolvidas na inscrição original dos documentos, e não sobre os respectivos contextos social, procedimental, arquivístico e de cultura organizacional, ou sobre as inesperadas e anômalas circunstâncias do "modo como as coisas funcionam" para produzir a inscrição original dos documentos — para usar a feliz expressão de Elizabeth Yakel (1996). Além disso, esses sistemas formais geralmente não documentam boa parte da história custodial dos documentos, as intervenções dos arquivistas, os usos e o impacto dos documentos ao longo do tempo. Em outras palavras, esses sistemas formais devem passar a relatar a história geral dos documentos e do trabalho arquivístico (ou as contextualidades dos documentos), já que essa informação também ajuda a esclarecer por que existem tais documentos, as evidências que eles poderiam guardar, e como eles foram e devem ser utilizados.[9]

Como bem disseram MacNeil, Duff e McKemmish, nenhum desses sistemas formais reformulados será capaz de conter todas as possíveis informações contextuais ou de metadados relativas à história dos documentos que seja tão abrangente quanto possível. Mesmo assim, os sistemas ora utilizados devem começar a adaptar-se, passando a incor-

---

8. Pesquisas recentes feitas na Austrália e na Grã-Bretanha sobre a aceitação, pelas instituições governamentais nesses países e na África, de novos padrões criados para a guarda de documentos (como a ISO 15489 para a gestão documental) mostram as limitações e dúvidas existentes no que diz respeito à eficácia da padronização como meio de fornecer informação contextual sobre documentos. Jackie Bettington (2004:65) conclui a respeito da experiência australiana: "no momento, a natureza contingente da guarda de documentos torna a total padronização dessa atividade e sua integração com outros processos dentro de uma organização uma meta ilusória". Ver também McLeod (2004) e Tough (2004).

9. Para uma crítica às *Normas de Descrição Arquivística* do Canadá, pelo fato de não tratarem adequadamente da contextualidade do material fotográfico, ver Schwartz (2002). Michelle Light e Tom Hyry (2002) sugerem algumas medidas práticas para conciliar as práticas vigentes com as novas visões teóricas.

porar os elementos básicos mais evidentes que faltam nessa história. E, devido às limitações de qualquer método que venha a ser adotado, algo mais será necessário. Para facilitar o processo de convergência, e fornecer aos sistemas de descrição existentes uma quantidade adicional de informações contextuais com a qual eles possam lidar sem sobrecarregar os usuários, será preciso intensificar as pesquisas em andamento sobre a história dos documentos e do trabalho arquivístico. Igualmente necessário para ampliar esses sistemas é aquilo que Duff e Harris (2002:284, 274), seguindo Millar e Horsman, chamam de "arquitetura descritiva que seja amigável para o usuário — ou que ao menos estabeleça com ele uma interface que represente vivamente as relações e a informação contextual de maneira clara, compreensível". Como seriam essa "interface" ou as "narrativas arquivísticas" de Horsman? Como funcionariam? Um modo de se refletir a esse respeito seria como se segue. Qualquer sistema descritivo seria precedido por um conjunto de textos explicativos sobre o método descritivo adotado pelo sistema/arquivo e a natureza da informação contextual nele encontrada, *e* não necessariamente lá encontrada. Ao entrar no sistema, o pesquisador teria automaticamente acesso a tais textos (Prevê-se o acesso pela internet, embora esse procedimento não dependa de informatização). O pesquisador poderia optar por ler esses textos, mas não seria obrigado a fazê-lo. Ele poderia ir diretamente às descrições, ou entrar em contato com um arquivista, se possível. O pesquisador teria assim a possibilidade de escolher o nível de informação que lhe parecesse relevante, devendo porém estar atento (e ter acesso) a uma variedade maior de informação e orientação contextuais, caso isso se tornasse mais importante do que o esperado inicialmente.

Tais textos serviriam como orientação para o exame e a utilização da ampla gama de dados que podem ser úteis aos pesquisadores. Eles não seriam propriamente as descrições dos documentos, mas haveria alguma superposição necessária para estabelecer conexões entre os textos e as descrições. Como parte de uma introdução geral, teríamos um texto sobre a história do próprio trabalho arquivístico, alertando os pesquisadores para os contextos sociais e institucionais que o influenciaram ao longo dos anos e que resultaram na autoridade formal que o mesmo veio a adquirir. Isso daria uma noção de como esse trabalho foi realizado de diversas maneiras, de acordo com diferentes premissas, com suas qualidades e defeitos. Além disso, mostraria aos pesquisadores as possíveis implicações do impacto desse trabalho na busca e no conhecimento dos documentos que lhes interessam. Ficariam eles cientes da importância das decisões arquivísticas (por exemplo, na área de avaliação) para a configuração das características dos arquivos. Ainda nessa mesma linha, um texto sobre a história de um arquivo daria ao pesquisador alguma noção da história da avaliação arquivística. Mostraria que uma quantidade maior de informações sobre a avaliação de determinados documentos poderia ser encontrada no sistema, nos relatórios de avaliação existentes, indicando então como achá-las. O mesmo vale para os relatórios sobre preservação e outros documentos arquivísticos (Na maioria dos casos, tal procedimento seria destinado a um arquivo específico, mas nada impede que seja adaptado a sistemas de descrição regionais e nacionais, como a Biblioteca e Arquivo Nacional do Canadá).

No que diz respeito à descrição, um texto sobre história arquivística poderia dar uma noção geral dos principais tipos de informação contextual relevante para o conjunto desse arquivo. Outros ensaios poderiam oferecer uma visão introdutória mais detalhada dos vários tipos de informação contextual sobre os documentos no sistema, o que seria útil para o pesquisador. Tomados em conjunto, poderiam fornecer uma *concepção* tão abrangente quanto possível da história ou contextualidades dos documentos, embora efetivamente não tenhamos conhecimento de todas as informações sobre o contexto em que de fato se inseriam tais documentos — informações que obviamente jamais serão conhecidas em sua totalidade. Na verdade, isso seria útil em certos casos, como fez Joanna Sassoon (2000) ao esclarecer em um dos textos propostos a razão pela qual determinado conjunto de documentos não mais existe. Essa abordagem mais conceitual da descrição, que mostra não só o que ainda não se pode saber sobre os documentos custodiados, mas também o que se pode saber sobre os documentos não custodiados, poderia fazer parte do padrão mais flexível proposto por Duff e Harris, diferentemente dos enfoques mais tradicionais das normas de descrição, que dão grande ênfase ao que *se sabe* sobre o que *está* sob custódia.

Um dos objetivos desses textos é oferecer ao pesquisador uma "narrativa" possível ou uma história sobre os documentos a ser considerada na busca de informação nas descrições existentes dos documentos. Tal narrativa ajudará a localizar informações, caso sejam fornecidos muitos dos possíveis vínculos entre os principais elementos do conhecimento contextual. Poderia haver ensaios sobre contextos sociais, criadores, autoridade, legislação pertinente, funções, sistemas e processos de arquivamento, culturas organizacionais, tecnologias da informação e outras características materiais dos documentos, história custodial, tipos de documentos particulares a serem encontrados na mídia, como ter acesso aos mesmos diplomaticamente, saber qual poderia ser a sua forma ideal, sua evolução, suas anomalias e particularidades. Tais ensaios não só ensinariam os pesquisadores a usar os pontos de acesso contextual possivelmente existentes no sistema, mas também os ajudariam a ler um arquivo — ou extrair dos documentos as histórias menos visíveis, porém complexas que produzem e influenciam as provas que eles possam conter (Sekula, 1987; McCaig, 2002).

De certo modo, isso seria o mesmo que incorporar aos sistemas de descrição e outras funções boa parte do que os arquivistas geralmente já sabem e a cujo respeito escrevem em *Archivaria* e outras publicações. Tais textos poderiam também remeter à literatura afim produzida por outros estudiosos. O pesquisador poderia igualmente contribuir diretamente com os textos descobrindo algo a respeito de certo aspecto desconhecido do contexto, talvez alertado para sua importância por meio de tais ensaios, e divulgando esse conhecimento talvez mediante um comentário, um novo ensaio e, evidentemente, uma descrição adaptada faria referência ao pesquisador numa nota de pé de página. A informação transmitida por esses ensaios não deve extrapolar os limites do sistema de descrição em publicações especializadas, na literatura afim ou em notas pessoais, nem ser elaborada fora do expediente de trabalho, e sim fazer parte do mesmo, com alta prioridade.

Tais ensaios direcionariam os pesquisadores para informações específicas do sistema de descrição sobre determinados conjuntos documentais. Na verdade, o produtor de documentos pode não estar a par dos tipos de informação contextual examinados nos ensaios (Esses são os tipos de limitações a que aludimos anteriormente). Mas algumas descrições podem contê-los. Além das descrições específicas de certos documentos e que constituem o cerne de um sistema de descrição, esses ensaios gerais introdutórios viriam acompanhados de outros elementos valiosos, como guias temáticos, listas de arquivos e, atualmente, cada vez mais, documentos digitalizados. Os ensaios seriam de grande utilidade na era digital, em que um número cada vez maior de pessoas tem acesso a documentos digitalizados sem contar com a orientação de um arquivista no que se refere às contextualidades que definem a compreensão dos documentos.[10]

Os arquivistas estão cada vez mais cientes da gama crescente de contextualidades que influenciam o trabalho arquivístico. Conhecem as limitações das diversas teorias e práticas que pautaram as abordagens tradicionais desse trabalho. O caminho à nossa frente não está inteiramente claro, mas podemos nos orientar pelo desejo de examinar essas contextualidades estudando a história da arquivologia, assim como as formulações teóricas e as práticas profissionais nessa área, a fim de nelas incorporar essa ampla gama de contextualidades. Isso representa um grande e estimulante desafio no sentido de podermos reler os arquivos de maneiras extremamente proveitosas.

---

10. Os breves ensaios que acompanham o diário digitalizado do primeiro-ministro William Lyon Mackenzie King no site da Biblioteca e Arquivo Nacional do Canadá (<archives.ca>) são exemplos incipientes do trabalho aqui proposto. Tais ensaios discutem a elaboração do diário de King, a importância do mesmo em sua vida (em relação ao contexto social mais amplo da história da escrita de diários), a história custodial e arquivística dos diários e o impacto dos mesmos na vida pública e intelectual no Canadá.

REFERÊNCIAS

BETTINGTON, Jackie. Standardised recordkeeping: reality or illusion? *Archives and Manuscripts*, v. 32, n. 2, nov. 2004.

BORGMANN, Albert. *Holding on to reality*: the nature of information at the turn of the millennium. Chicago, 1999.

BROTHMAN, Brien. Orders of value: probing the theoretical forms of archival practice. *Archivaria*, n. 32, verão 1991.

_____. Afterglow: conceptions of record and evidence in archival discourse. *Archival Science*, v. 2, n. 3/4, 2002.

BUTLER, Christopher. *Postmodernism*: a very short introduction. Oxford, 2002.

CASSON, Lionel. *Libraries in the Ancient World*. New Haven, 2001.

COOK, Terry. Archival science and postmodernism: new formulations for old concepts. *Archival Science*, v. 1, n. 1, 2000.

_____. Fashionable nonsense or professional rebirth? Postmodernism and the practice of archives. *Archivaria*, n. 51, Spring 2001.

_____. The concept of the archival fonds: theory, description, and provenance in the post-custodial era. In: EASTWOOD, Terry (Ed.). *The archival fonds*: from theory to practice. Ottawa, 1992.

_____; SCHWARTZ, Joan M. (Ed.). Archives, records, and power. *Archival Science*, v. 2, n. 1, 2, 3 e 4, 2002.

COX, Richard; WALLACE, David. *Archives and the public good*: accountability and records in modern society. Westport: CT, 2002.

DRYDEN, Jean. Cooking the perfect custard. *Archival Science*, v. 3, n. 1, 2003.

DUFF, Wendy M. Archival description: the never ending story. *Archives News/Argiefnuus*, v. 43, n. 4, p. 141-51, jun. 2001a.

_____. Evaluating metadata on a metalevel. *Archival Science* v. 1, n. 3, 2001b.

_____; HARRIS, Verne. Stories and names: archival description as narrating records and constructing meanings. *Archival Science*, v. 2, n. 3/4, 2002.

HARRIS, Verne. *Exploring archives*: an introduction to archival ideas and practice in South Africa. 2. ed. Pretoria, 2000.

_____ et al. *Refiguring the archive*. Cape Town, 2002.

HEDSTROM, Margaret. Recordkeeping metadata: presenting results of a working meeting. *Archival Science*, v. 1, n. 3, 2001.

HORSMAN, Peter. The last dance of the phoenix, or the de-discovery of the archival fonds. *Archivaria*, n. 54, outono 2002.

KETELAAR, Eric. Tacit narratives: the meanings of archives. *Archival Science*, v. 1, n. 2, 2002.

LEVY, David M. *Scrolling forward*: making sense of documents in the digital age. Nova York, 2001.

LIGHT, Michelle; HYRY, Tom. Colophons and annotations: new directions for the finding aid. *American Archivist*, v. 65, n. 2, outono/inverno 2002.

MACNEIL, Heather. Providing grounds for trust II: the findings of the authenticity task force of inter-pares. *Archivaria*, n. 54, outono 2002.

MCCAIG, Joann. *Reading in*: Alice Munro's archives. Waterloo, 2002.

MCKEMMISH, Sue. Are records ever actual? In: _____; PIGGOTT, Michael (Ed.). *The records continuum*: Ian Maclean and Australian archives first fifty years. Clayton, 1994.

_____. Placing records continuum theory and practice. *Archival Science*, v. 1, n. 4, 2001.

MCLEOD, Julie. ISO 15489: helpful, hype, or just not hot? *Archives and Manuscripts*, v. 32, n. 2, nov. 2004.

MILLAR, Laura. The death of the fonds and the resurrection of provenance: archival context in space and time. *Archivaria*, n. 53, primavera 2002.

NESMITH, Tom. Seeing archives: postmoderism and the changing intellectual place of archives. *American Archivist*, n. 65, primavera/verão 2002.

_____. Still fuzzy, but more accurate: some thoughts on the "ghosts" of archival theory. *Archivaria*, n. 47, primavera 1999.

SASSOON, Joanna. Chasing phantoms in the archives: the Australia House Photograph Collection. *Archivaria*, v. 50, outono 2000.

SCHWARTZ, Joan M. Coming to terms with photographs: descriptive standards, linguistic "othering", and the margins of archivy. *Archivaria*, v. 54, outono 2002.

SEKULA, Alan. Reading an archive. In: WALLIS, Brian (Ed.). *Blasted allegories*: an anthology by contemporary artists. Nova York, 1987.

SUDERMAN, Jim. Defining electronic series: a study. *Archivaria*, n. 53, primavera 2002.

TOUGH, Alistair. Records management standards and the good governance agenda in Commonwealth Africa. *Archives and Manuscripts*, v. 32, n. 2, nov. 2004.

WALLACE, David. Archiving Metadata Forum: Report from the Recordkeeping Metadata Working Meeting, June 2000. *Archival Science*, v. 1, n. 3, 2001.

YAKEL, Elizabeth. The way things work: procedures, processes and institutional records. *The American Archivist*, v. 59, n. 4, outono 1996.

"Muitos caminhos para verdades parciais": arquivos, antropologia e o poder da representação[1]

ELISABETH KAPLAN

Introdução: arquivistas e antropólogos

Na década de 1970, certas correntes das ciências sociais e humanas passaram a incentivar um estudo epistemológico mais aprofundado de conceitos, tais como representação, autenticidade e objetividade, e também sua relação com questões referentes a poder e autoridade.[2]

Os antropólogos George E. Marcus e Michael M. J. Fischer (1986:6) examinaram as implicações dessa tendência para sua disciplina. "No plano mais genérico", disseram, "o debate contemporâneo é a respeito de como um emergente mundo pós-moderno virá a ser representado como objeto para o pensamento social em suas várias manifestações disciplinares contemporâneas". Eles então caracterizaram tal desafio para sua disciplina como uma "crise de representação". Ampliando sua visão do cenário intelectual, tentaram identificar uma "mudança de foco, passando-se da busca de teorias generalizadoras da sociedade para a discussão dos problemas atinentes à interpretação e descrição da realidade social". A argumentação dos dois antropólogos a respeito de como deveria ocorrer

---

1. Publicado originalmente com o título: "Many paths to partial truths": archives, anthropology, and the power of representation. *Archival Science*, n. 2, p. 209-220, 2002.
2. Essa perspectiva é aqui por vezes caracaterizada como "pós-modernismo", embora eu reconheça que a definição desse termo possa criar tantas dificuldades quanto o debate sobre o próprio modernismo. A primeira versão deste ensaio foi apresentada, juntamente com trabalhos de Joan M. Schwartz e Tom Nesmith, na Conferência da Sociedade Americana de Arquivistas em Pittsburgh, em 1999. Outra versão posterior foi apresentada no Seminário Sawyer 2000/01 na Universidade de Michigan. Agradeço a Terry Cook e Joan Schwartz por terem me convidado a participar desse projeto; a Bob Horton pela inesgotável paciência no trabalho de edição; e a Lucille N. Kaplan, Martha Kaplan, John D. Kelly e Helen W. Samuels pelos comentários e o apoio prestado.

tal mudança na antropologia despertou forte reação entre seus colegas, levando a uma profunda reformulação e rearticulação da história e do futuro da disciplina.

Marcus e Fischer (1986:vii) tinham então afirmado que "todo campo que tem por objeto a sociedade" teria de reformular-se diante desse desafio. Retrospectivamente, a maioria das disciplinas das ciências sociais e humanas reagiu. Mas uma releitura arquivística desse trabalho, juntamente com importantes estudos ao longo da história da antropologia, mostra um forte contraste, na medida em que a arquivologia — certamente um "campo que tem por objeto a sociedade" — permaneceu em boa parte alheia a tais debates. Enquanto outras disciplinas ajustaram-se ao pós-modernismo, até os anos 1990 a arquivologia permaneceu aferrada a ideias e práticas claramente baseadas no positivismo do século XIX.

Se é que podemos estabelecer analogias consistentes e proveitosas entre a arquivologia e outras disciplinas — e creio que assim seja, especialmente no caso da antropologia —, então a discrepância torna-se ainda mais desconcertante e digna de exame. À diferença de outras áreas, por que a arquivologia permaneceu relativamente tão isolada intelectualmente? De que modo esse isolamento condicionou a trajetória de nossa profissão e quais serão as consequências disso para nosso futuro? Se essas consequências são motivo de preocupação, que medidas devemos tomar para enfrentar a situação?[3]

Embora eu não possa responder a todas essas questões, creio que fazê-las oferece aos arquivistas uma oportunidade. As comparações interdisciplinares podem ajudar-nos a ver o nosso campo num contexto mais abrangente, lançando nova luz sobre ideias e práticas familiares, reorientando-nos para o cenário intelectual mais amplo em que trabalhamos. A análise comparativa pode ajudar-nos a compreender melhor o passado de nossa área de

---

3. Embora os estudos antropológicos aqui mencionados sejam fundamentais, não se está afirmando nem dando a entender que sejam representativos, consensuais ou típicos da literatura, e decerto não são os mais recentes. Trata-se de uma seleção feita por um leigo curioso, impressionado com sua repercussão na reflexão sobre arquivos. Neste texto procuramos examinar as implicações de *algumas* interessantes ideias antropológicas para a teoria e a prática arquivísticas, e não fazer um balanço das principais escolas do pensamento antropológico do século XX.

estudos. Em última instância, porém, deveria ajudar-nos a melhorar nossa prática, pois isso é o mais importante para nós; uma noção consciente daquilo que fazemos nos possibilitará formular e justificar as decisões que devemos tomar cotidianamente. Este último ponto é fundamental para os arquivistas. Segundo Clifford Geertz (1973:5), "se quisermos compreender o que é uma ciência, devemos primeiro examinar não suas teorias ou suas descobertas, tampouco o que dizem a esse respeito os seus defensores, e sim o que fazem os seus profissionais"; e em antropologia social, acrescenta ele, "o que os profissionais fazem é etnografia".

A antropologia fornece uma base especialmente proveitosa para comparações porque as duas disciplinas têm em comum certas características essenciais. No fundo, ambas se ocupam de representações — de pessoas, de culturas, de fatos e, em última instância, de história e de memória. Ambas exercem poder na criação e uso de documentos, observações, informação. Os antropólogos (assim como os arquivistas) costumam ver-se como desinteressados selecionadores e compiladores de fatos de uma realidade transparente. Na verdade, porém, ambos servem como intermediários entre um objeto e seus posteriores intérpretes, uma função/papel que, por si só, é de interpretação. Isso se traduz em poder sobre o documento e como este é interpretado; e indica onde o poder é negociado e exercido. Esse poder sobre a evidência da representação e o poder sobre o acesso à mesma dão-nos algum poder sobre a história, a memória e o passado. Embora arquivistas e antropólogos possam considerar que suas profissões não têm esse poder, o fato é que elas estão de tal modo incorporadas às instituições políticas e às estruturas sociais que quaisquer alegações de inocência e objetividade são totalmente infundadas.

Mas, embora a antropologia e a arquivologia partilhem dessas várias características, assim como da mesma atmosfera cultural e intelectual, elas seguiram trajetórias completamente diferentes. Comparar o desenvolvimento dessas duas disciplinas pode ser muito útil para os arquivistas interessados em compreender melhor o lugar que ocupam, como lá chegaram e, também, a trajetória histórica de sua consciência. Para tanto, este ensaio coteja alguns estudos antropológicos fundamentais com as fases do pensamento arquivístico, tal como descritas num artigo de Terry Cook (1997).[4]

Antropologia: invisibilidade, observação e representação

A antropóloga Nancy Scheper-Hughes (1992:23) afirmou que, "durante gerações, os etnógrafos basearam seu trabalho num mito e numa pretensão. Pretendiam eles que não havia etnógrafo no campo". Tal pretensão fundava-se na percepção do etnógrafo como "uma tela invisível e permeável através da qual informação pura ou 'fatos' podiam ser objetivamente filtrados e registrados". Porém essa imagem perdeu seu brilho quando surgiram outras questões. Nas primeiras décadas do século XX, a antropologia passou a confrontar-se com sua identidade profissional, assumiu diferentes configurações nacionais, começou a dividir-se em subespecialidades e esforçou-se para encontrar o seu lugar entre as ciências.

O marco dessa renúncia à invisibilidade e objetividade foi um importante livro de Bronislaw Malinowski, *Argonautas do Pacífico Ocidental*, publicado em Londres em 1922. Malinowski formulou pela primeira vez a doutrina do observador participante, reconhecendo a presença do antropólogo no campo e sua função como filtro de informações. A tese do observador participante foi um momento crucial no desenvolvimento da disciplina, ao romper definitivamente com os métodos adotados pelos missionários que haviam inspirado boa parte das primeiras descrições etnográficas e com os antropólogos contemporâneos que continuavam a observar seus objetos a distância. Estava assim desfeito o mito do etnógrafo invisível.

Malinowski dizia também que a discussão sobre os procedimentos de campo era um elemento crucial da etnografia. Com essa valorização da metodologia, dos padrões da prática e dos critérios de avaliação da pesquisa,

---

4. O referido artigo, extraordinariamente erudito e nuançado, voltado para argumentos pós-modernistas, serve como pedra de toque para esta análise.

percebeu-se também a importância de *revelar* métodos. Trata-se de um meio de controlar e monitorar a subjetividade evidenciada pelo reconhecimento do duplo papel do antropólogo como participante e observador. Malinowski e sua geração, mesmo reconhecendo as tensões presentes em seu trabalho, ainda acreditavam na ciência como conhecimento racional verificável pelo método. Segundo ele,

> Ninguém pensaria em fazer uma contribuição à ciência física ou química sem fornecer uma descrição detalhada de todo o planejamento das experiências; do aparato utilizado; do modo como foram realizadas as observações; do número delas; do tempo que lhes foi dedicado. [...] Nas ciências menos exatas, não se pode fazer isso com o mesmo rigor, mas todo pesquisador fará o possível para informar o leitor sobre as condições em que a experiência ou as observações foram feitas. [...] No caso da etnografia, em que tais informações talvez sejam ainda mais necessárias, nem sempre elas foram fornecidas em quantidade suficiente no passado, e muitos autores não trabalham à plena luz da sinceridade metódica quando manipulam e nos apresentam seus dados extraídos da mais completa obscuridade. [Malinowski, 1932:2-3]

Para a geração seguinte de antropólogos, o aprimoramento da metodologia e a fé na ciência da disciplina não foram suficientes para levar os profissionais a nenhum pódio olímpico da objetividade. Os métodos aprimorados atenuaram, mas não superaram o problema da subjetividade: o relativismo cultural, incorporado no filtro linguístico através do qual apreendemos a realidade, tornava isso impossível. Como disse Melville Herskovits (1948:64),

> os julgamentos se baseiam na experiência, e a experiência é interpretada pelo indivíduo em termos de sua própria enculturação. Ao aduzirmos esse princípio, tocamos em muitas questões fundamentais há muito levantadas pelos filósofos. O problema do valor é uma dessas questões. [...] Chegamos até mesmo ao problema da natureza básica da própria realidade. [...] [Se] a realidade só pode ser apreendida através do simbolismo da linguagem [...] não será então a rea-

182 Pensar os arquivos

lidade definida e redefinida pelos sempre variáveis simbolismos das inúmeras linguagens da humanidade?

Formular métodos não era o bastante: os antropólogos tinham também que declarar sua perspectiva ou visão de mundo. Nenhum método ou ponto de vista podia ser considerado transparente ou por si mesmo evidente. Enquanto Malinowski instava os antropólogos a fornecerem informação explanativa e contextual trabalhando "à plena luz da sinceridade metódica", Herskovits (1948:93) sustentava que a "honestidade de propósito" era um ponto crucial para a qualidade da etnografia. Já que não podiam ser inteiramente objetivos, os antropólogos podiam ser avaliados e responsabilizados por suas decisões e conclusões: isso graças à discussão explícita de seus métodos e pontos de vista. Assim, gradualmente, a partir das novas formulações teóricas de Malinowski, essa específica e detalhada elaboração de métodos, e o reconhecimento da influência da perspectiva pessoal e profissional se incorporaram à prática cotidiana da antropologia. Com isso, Herskowits avistou o abismo, mas ficou longe dele.

Mesmo confrontando-se com esses aspectos problemáticos da etnografia, os antropólogos de meados do século passado mantiveram-se confiantes na natureza cumulativa, positiva do conhecimento. Seus métodos podiam ser reformulados e aperfeiçoados, os méritos relativos da percepção de cada um deles a respeito de seus objetos de estudo até podiam ser debatidos, mas sua fé na disciplina permaneceu inabalável.

Ao contrário das gerações anteriores, para as quais o aperfeiçoamento dos métodos lhes permitiria captar e compreender a realidade, os antropólogos que aderiram ao pós-estruturalismo e ao pós-modernismo nos anos 1970 e 1980 desafiaram o próprio conceito de realidade social. Questionaram os princípios não só metodológicos, mas também epistemológicos de sua disciplina. Os dois trabalhos mais frequentemente citados como primeiros representantes dessa perspectiva são os de Marcus e Fischer (1986) e de Clifford e Marcus (1986), que provocaram uma série de reações. Embora fortemente influenciados por teorias inicialmente exploradas pelo criticismo literário e histórico (especialmente em *Orientalismo*, lançado por

Edward Said em 1979, uma contestação das representações ocidentais das sociedades não ocidentais), esses dois estudos de 1986 são de antropólogos fazendo críticas à sua própria disciplina.

Para Marcus, Fischer e os que compartilhavam de suas ideias, uma reformulação dos métodos não vinha ao caso: tratava-se de *desligar* o profissional das metodologias, fossem tradicionais ou recentes. Aqui as questões eram de ordem epistemológica e filosófica, e não podiam ser resolvidas simplesmente aprimorando métodos ou reformulando velhos argumentos.[5] Para eles, a disciplina tornara-se cada vez mais reflexiva, voltada para a natureza da própria antropologia. Se, no entender de Alexander Pope, "a verdadeira ciência, o verdadeiro estudo do homem é o homem", para Marcus e Fischer, o verdadeiro estudo dos antropólogos era a antropologia, e não o "outro", mas a desconstrução de suas próprias presunções e seus próprios produtos. Seguir por esse caminho, porém, significaria o fim da prática, levando a um interminável círculo de autoanálise. Como observaram vários críticos, nenhuma das críticas pós-modernas especificou quaisquer critérios para o que poderia vir a ser uma *boa* etnografia nesse novo contexto pós-moderno.[6] Por fim, reconhecendo que algo deveria ser feito, disse Nancy Scheper-Hughes (1992:28): "cansei-me dessas críticas pós-modernas e, diante dos tempos difíceis por que passamos nós e nossos objetos de estudo, procuro assumir um compromisso com a prática de uma etnografia 'suficientemente boa'".

Enquanto isso... voltando aos arquivos

O longo século de polêmicas e agitação na antropologia contrasta vivamente com a relativa calma no campo arquivístico. Talvez o exemplo mais marcante do isolamento da arquivologia seja o contraste entre dois gran-

---

5. As questões epistemológicas não eram as únicas problemáticas para os antropólogos politicamente mais engajados, para quem o pós-modernismo dificilmente leva em conta qualquer contexto político.
6. Ver, por exemplo, Sangren (1988).

des teóricos que estavam trabalhando ao mesmo tempo no mesmo país. O *Manual de administração de arquivos*, de Hilary Jenkinson, foi publicado em 1922, mesmo ano em que Bronislaw Malinoswski lançou *Argonautas do Pacífico*. Para Jenkinson (1922:106), diferentemente de Malinowski, o arquivista continuava sendo alguém sem "entusiasmos externos", um conservador passivo e imparcial de inocentes resíduos documentais herdados do passado:

> A função do arquivista é servir. Ele existe para tornar possível o trabalho de outros. [...] Seu credo é a inviolabilidade da evidência; sua missão, conservar cada fragmento de evidência presente nos documentos confiados à sua guarda; seu objetivo é prover, sem preconceitos ou segundas intenções, a todos que desejam conhecer os caminhos do saber. [...] O arquivista é talvez o mais abnegado devoto da verdade que o mundo moderno produz. [apud Cook, 1997:23]

Para Jenkinson, o arquivista era objetivo e neutro, invisível e passivo: a seleção era feita pelos produtores dos documentos, e não pelo arquivista, cujo papel era o de um respeitável guardião de um registro ocorrido naturalmente, um resíduo natural de processos administrativos, em vez de uma escolha consciente do arquivista. Isso é um tipo de positivismo singularmente irrefletido e, retrospectivamente, uma afirmação incrivelmente conservadora. Considerando todo o vigor intelectual do começo do século XX, quando estavam em plena atividade tanto um Freud quanto um Joyce, o brado de Jenkinson soa como um estranho e desagradável eco do século XIX. O primeiro compêndio de arquivologia em idioma inglês curiosamente voltava-se para o passado, acolhendo práticas concebidas para documentos medievais, em vez de olhar para a frente para lidar com novas formas e quantidades de documentação provenientes de novas culturas organizacionais já bastante evidentes após a I Guerra Mundial.

As ideias conservadoras de Jenkinson não poderiam ficar muito tempo sem resposta. Em fins da década de 1930, destacados pensadores começaram a desafiar Jenkinson e a levantar novas questões metodológicas. A seleção tornou-se um elemento básico da teoria e da prática, originando assim uma nova visão do papel do arquivista como produtor ativo do registro histórico. Ele já não era mais invisível. Nos Estados Unidos, tais mudanças resultaram em boa parte da grande quantidade de documentos produzida pelos modernos processos burocráticos: "os arquivistas americanos", como observou Cook (1997:26), "começaram seu trabalho seletivo enfrentando um acúmulo crescente de documentos contemporâneos, dos quais apenas uma pequena parcela poderia ser preservada como arquivos". Como observou Margareth Cross Norton em 1944 (apud Cook, 1997), "evidentemente, nenhuma entidade pode mais preservar todos os documentos resultantes de suas atividades". Os métodos de seleção foram primeiramente elaborados por Theodore Schellenberg, e nas décadas seguintes a teoria e os critérios de avaliação receberam importantes contribuições de muitos teóricos que ajudaram a aprimorar os métodos pelos quais os arquivos são escolhidos para preservação a longo prazo.

Apesar da crescente sofisticação dos métodos, manteve-se um consenso básico a respeito da função do arquivista. A teoria arquivística permaneceu relativamente isolada do discurso acadêmico em geral, sem contato com as discussões mais abrangentes sobre a epistemologia dos arquivos. A grande maioria dos arquivistas americanos esquivou-se das questões levantadas por esses teóricos e continuou, não de todo passiva, mas geralmente trabalhando à margem desse consenso, mais propensa à argumentação *ad hominem* do que a um debate filosófico mais amplo.

Somente a partir dos anos 1980 alguns arquivistas começaram a perturbar esse clima de tranquilidade com uma nova abordagem social da avaliação/seleção, a qual aceita a subjetividade de todo o processo, assim como da própria história, e preconiza um papel ativo, consciente e autoconsciente do arquivista como coautor do registro histórico, como criador ativo do passado do futuro, vendo os arquivos como as representações problemáticas que eles são, e reconhecendo e procurando compreender o poder (e a responsabilidade) que isso implica. Hans Booms e Hugh Taylor foram os pioneiros dessa escola de pensamento; e entre seus defensores mais destacados estão Terry Cook, Joan Schwartz, Brien Brothman, Rick Brown, Verne Harris e Tom Nesmith (Cook, 2001b: nota 14).

Mas essas questões de poder e representação, depois que foram levantadas, provocaram tremenda resistência, e parece que seu efeito, em termos intelectuais, foi ter congelado no tempo a atividade arquivística.[7] De fato, a grande maioria dos arquivistas americanos ainda tem a respeito de sua atividade uma noção positivista do século XIX, vendo-se em termos jenkinsonianos como guardiães objetivos de um registro histórico ocorrido naturalmente — isso a despeito da ubiquidade do chamado discurso pós-moderno nas duas últimas décadas, a despeito, inclusive, da tendência intelectual e filosófica de todo o século XX!

Por que persistiram tão obstinadamente as velhas correntes de pensamento, apesar dos instigantes desafios propostos por convincentes teóricos dessa área? Talvez a resposta esteja na prioridade máxima conferida à "prática" nessa atividade, o que não enseja nem estimula a autoanálise intelectual que hoje faz parte da maioria das áreas acadêmicas, incluindo a antropologia. De certo modo, isso se explica pela obscuridade em que trabalhavam os arquivistas. Até pouco tempo atrás, a organização de arquivos como campo de pura aplicação prática livrava o profissional do controle externo e da pressão interna com que tem de lidar a maioria das disciplinas acadêmicas. Definida e representada como um campo prático, a profissão de arquivista não tem sido tradicionalmente considerada *política* ou *criativa* — nem pelos arquivistas, nem por ninguém mais.

Certamente, a prática é a *raison d'être* do arquivista. As teorias nesse campo jamais poderiam ser um fim em si mesmas: os arquivistas fazem o que fazem para que outros (acadêmicos, estudantes, administradores, funcionários públicos, cidadãos, genealogistas), seja agora ou num futuro distante, possam fazer o que fazem. E os arquivistas devidamente reconhecem que esses interessados no trabalho arquivístico valorizam os *arquivos* como documentos reais, úteis, e como instituições práticas, atuantes, e não como ideias ou teorias da arquivologia. Tais premissas, assim como outras, levaram à convicção, por parte da maioria dos arquivistas

---

7. Sobre a resistência e outras reações dos arquivistas ao pós-modernismo, ver Cook (2001b); ver também Brothman (1999) e Cook (2001a), especialmente sua crítica à "ciência" arquivística tradicional.

norte-americanos, de que a intelectualização do campo era incompatível com suas práticas arquivísticas.

Vários fatores estão aqui em jogo. Mais frequentemente, os arquivistas profissionais alegam que estão simplesmente demasiado ocupados em suas atividades para acompanhar e atender às vicissitudes da pesquisa acadêmica realizada na "torre de marfim". Tal atitude é em parte estimulada por uma consciência de classe profissional manifestada sobretudo desde que se adotou o aparato de um ofício aspirante ao *status* acadêmico, com publicações, sociedades, teses, graduações e certificação. A atividade arquivística é de fato bem mais diversificada do que pode parecer aos leigos na matéria, e as diferentes orientações, por exemplo, de professores, curadores de manuscritos e arquivistas dos setores governamental, acadêmico e empresarial podem levar a profundas divergências no tocante a questões de ordem prática e teórica.

Um resultado disso é a vaga suspeita, no seio da comunidade arquivística, de que certo nível de autoconsciência prejudicará sua atividade, sem falar na confiabilidade das informações, e de que contestar os princípios que sustentam nossa profissão e levantar questões sobre subjetividade e poder acabariam por trazer grande confusão. Esse não é um receio de todo infundado: o pós-modernismo (em seu sentido mais óbvio) poderia ter um efeito demolidor se literalmente aplicado às sólidas estruturas da prática arquivística, anulando anos de conhecimento profissional, valores e *expertise* acumulados, abalando nossas convicções a respeito de nós mesmos e de nossa profissão, e deixando-nos num estado de paralisia profissional.

Mas nem a paralisia profissional nem o total extermínio da tradição arquivística são reações razoáveis. Devemos reagir, ou confrontarmo-nos com a irrelevância. A incapacidade ou falta de disposição para reagir impedirão o arquivista de desenvolver um aparato intelectual mais formal para a disciplina e, consequentemente, de refinar e aprimorar a nossa atividade. Ficará assim limitada nossa capacidade de comunicar nossas ideias e de debater nossas divergências com profissionais de outras áreas. Se quisermos dialogar com outros profissionais, teremos de reconsiderar nossas expectativas e percepções.

188 Pensar os arquivos

Isso é especialmente importante agora, quando se observa uma interessante mudança de tendência em que, enquanto alguns arquivistas começam a se interessar por seu papel na produção de conhecimentos e pelas questões relativas a poder e representação, especialistas de várias disciplinas acadêmicas, que há algum tempo já vinham se dedicando a tais questões, passam a voltar sua atenção para a arquivologia e os arquivistas, bem como para a natureza das instituições e documentos arquivísticos. Esses movimentos simultâneos são promissores, mas também problemáticos. Ao mesmo tempo que estão por fim encontrando sua própria voz, os arquivistas descobrem que outros já estão falando em nome deles — usando sua linguagem de maneira que eles talvez nem mesmo reconheçam, caracterizando sua profissão com uma visão incompleta ou distorcida.[8] Precisamos reagir, falar por nós mesmos, estabelecer um diálogo capaz de dar ao nosso trabalho mais atenção, respeito, apoio e recursos — e, sobretudo, uma prática mais nuançada e transparente.

Caso nós, profissionais, aceitemos a visão dos arquivos como uma forma de representação, devemos conceber meios viáveis de continuar a fazer o trabalho arquivístico sem os antolhos positivistas do passado. Evidentemente, o modelo puramente reflexivo não é uma opção. Precisamos buscar uma prática que, embora imperfeita, seja mais autoconsciente e transparente. A questão não é simplesmente pesquisar arquivos, mas conscientizar os arquivistas, e esclarecer e aprimorar a prática. Os novos antropólogos fazem etnografia *e* refletem a respeito da disciplina; tornam-se profissionais cada vez mais intelectualizados. Deve haver um cenário paralelo para os arquivistas, em que continuemos a fazer *e* a escrever sobre nossa atividade, explicando-a e apresentando-a com maior sofisticação para públicos mais

---

8. Como disse Richard Cox (2001:400), "muitos desses estudos levam sua definição de arquivos muito além da visão que temos de nosso trabalho (seja incentivando-nos a rever como definimos o termo e nossa atividade, seja ocultando um sentido mais literal e a importância dos arquivos sob o jargão pós-modernista de modo a nos deixar poucos meios de compará-los ou relacioná-los com nosso trabalho e nossa missão)". Como exemplo, Cox cita as obras *Archive fever*, de Derrida, e *The imperial archive*, de Thomas Richard. "Independentemente das abordagens que esses estudos propõem (que não são poucas), mesmo assim ainda é difícil captar o sentido preciso de "arquivo" ou "arquivos" tal como definidos por esses autores".

amplos. O resultado disso seria a intelectualização da profissão e de sua prática, tornando-se esta última mais rica e mais complexa. A teoria não está nem substituindo nem prejudicando a prática, e sim empenhada num diálogo mutuamente produtivo com ela.[9]

Como poderia isso conduzir-nos numa nova direção? Aqui podemos novamente fazer uma extrapolação a partir de alguns temas recorrentes na história da antropologia: revelar métodos; declarar preconceitos; refletir sobre nosso trabalho; e dialogar com outras disciplinas e com os interessados em nossa atividade. Principalmente, devemos aprender a conviver com a incerteza. Como disse Terry Cook (2001b:30), "os arquivistas devem agir [...] em vez de viver em constante questionamento, mas, quando agirem, também não devem deixar nunca de se questionar". Aceitando os desafios à tradição arquivística que começam a surgir dentro e fora de nossa área, devemos esperar que certo desconforto se torne um fato corriqueiro em nossa profissão. Como disseram Marcus e Fischer (1986:x) a respeito dos esforços da antropologia para lidar com o impacto da crise de representação, "um período de experimentação caracteriza-se pela [...] tolerância para com a incerteza quanto à orientação do campo e com a incompletude de alguns de seus projetos". A incerteza sempre vem acompanhada de ansiedade, mas é essa ansiedade que devemos acolher de bom grado e até mesmo comemorar. Creio que o resultado não seria um flerte com um modismo, mas uma disciplina mais madura e, principalmente, um conjunto de novas práticas, a articulação de decisões individuais na rotina cotidiana, capazes de serem compreendidas, avaliadas e aprimoradas com o tempo.

O x da questão está na ênfase pós-moderna na perspectiva. No início da década de 1930, a antropóloga Ruth Bunzel esteve na cidadezinha de Chichicastenango, na Guatemala, para realizar um trabalho de campo. A etnografia daí resultante, publicada em 1952, permanece firmemente arraigada em sua época, mas tem um apelo duradouro para os historiadores da antropologia. Bunzel percebeu que estava explorando um novo campo

---

9. Sobre a relação entre teoria e prática como elementos complementares, em vez de opostos, ver Cook (2000:389-390).

metodológico e fez o possível para formular autoconscientemente suas teses e marcar sua presença na etnografia. Ao mesmo tempo, reconhecendo a incerteza inerente ao seu trabalho, observou que, na prática da antropologia social, "não existe uma fórmula mágica, e sim muitos caminhos para verdades parciais" (Bunzel, 1952:xiii-xiv). Inspirados nessa atitude intelectualmente madura e esperançosa, os arquivistas poderiam considerar que estão fazendo o mesmo.

REFERÊNCIAS

BROTHMAN, Brien. Declining Derrida: integrity, tensegrity, and the preservation of archives from destruction. *Archivaria*, n. 48, outono 1999.

BUNZEL, Ruth. *Chichicastenango*: a Guatemalan village. Gluckstadt, Alemanha: J-J-Augustin, 1952.

CLIFFORD, James E.; MARCUS, George E. (Ed.). *Writing culture*: the poetic and politics of ethnography. Berkeley: University of California Press, 1986.

COOK, Terry. Archival science and post-modernism: new formulations for old concepts. *Archival Science: International Jounal on Recorded Information*, v. 1, n. 1, 2001a.

_____. Fashionable nonsense or professional rebirth: post-modernism and the practice of archives. *Archivaria*, n. 51, p. 14-35, primavera 2001b.

_____. "The imperative of challenging absolutes" in graduate archival education programs: issues for educators and the profession. *The American Archivist*, n. 63, outono/inverno 2000.

_____. What is past is prologue: a history of archival ideas since 1898, and the future paradigm shift. *Archivaria*, n. 43, primavera 1997.

COX, Richard J. Making the records speak: archival appraisal, memory, preservation, and collecting. *The American Archivist*, v. 64, n. 3, p. 394-404, outono/inverno 2001.

GEERTZ, Clifford. Thick description: toward an interpretative theory of culture. In: _____. *The interpretation of cultures*. Nova York: Basic, 1973.

HERSKOVITS, Melville J. *Man and his works*: the science of cultural anthropology. Nova York: Alfred A. Knopf, 1984.

JENKINSON, Hilary. *A manual of archival administration*. Oxford: Clarendon, 1922.

MALINOWSKI, Bronislaw. *Argonauts of the Western Pacific*: an account of native enterprise and adventure in the archipelagoes of Melanesian New Guinea. Nova York: E. P. Dutton and Co., 1932.

MARCUS, George E.; FISCHER, M. J. *Anthropology as cultural critique*: an experimental moment in the human sciences. Chicago: University of Chicago Press, 1986.

SANGREN, P. Steven. Rhetoric and the authority of ethnography: "postomodernism" and the social reproduction of texts. *Current Anthropology*, n. 29, jun. 1988.

SCHEPER-HUGHES, Nancy. *Death without weeping*: the violence of everyday life in Brazil. Berkeley: University of California Press, 1992.

(Des)construir o arquivo[1]

ERIC KETELAAR

> Os documentos de arquivos são também uma
> concepção, sempre virtual, que consiste no objeto
> físico e suas relações, vínculos e informação
> contextual, definidos tanto pelos processos aplicados
> à sua gestão quanto pelo próprio objeto físico.
> Reed (2005:106)

Os "arquivadores"

Os arquivos não falam por si mesmos: refletem os interesses, as esperanças e os receios do usuário. O que este extrai dos arquivos é de sua própria responsabilidade (Menne-Haritz, 2001). Ele pode construir como bem entender aquilo que encontra em documentos de arquivos já construídos por seu próprio criador à sua maneira. Eis por que os arquivos jamais se fecham, jamais estão completos: cada indivíduo ou cada geração pode ter sua própria interpretação dos arquivos, tem o direito de reinventar e de reconstruir sua visão do passado. Esse direito se opõe ao que Wolfgang Ernst chamou, neste colóquio, de "o veto do documento". Como afirma Derrida, "posso questionar, contradizer, atacar ou simplesmente desconstruir a lógica do texto que tenho diante de mim, mas não posso nem devo alterá-lo" (Derrida, 2001:374). Isso quer dizer que cada geração tem o direito de escrever sua própria história. Não mais se admite que alguém reordene os fatos à sua própria maneira; não se admite o direito de tocar no próprio fato real (Arendt, 1954:238-239).

No entanto, às vezes é preciso corrigir os fatos. Pode-se exercer o direito de resposta e pôr em dúvida a validade de dados pessoais (nos ar-

---

1. Publicado originalmente com o título: (Dé)Construir l'archive. *Matériaux pour l'Histoire de Notre Temps*, n. 82, p. 65-70, abr./jun. 2006. Este texto é uma adaptação de Katelaar (2006).

quivos de Estado, de médicos etc.). O direito de corrigir é reconhecido em todas as legislações concernentes à proteção de dados de todos os países da União Europeia. Porém, mesmo quando a informação contida nos arquivos está correta, deve-se permitir que esta seja revista, comentada e enriquecida. Como afirma Verne Harris (2000:86-88), a intervenção "arquival" está ligada à narração. A cada fase de sua trajetória, um "arquivador" narra uma história ativando o documento. Devemos documentar essas histórias. Em primeiro lugar, para responsabilizar todos os "arquivadores", como o prescreve o código de deontologia dos arquivistas.[2] Mas também para reconstituir o itinerário dos documentos desde a sua criação até sua guarda nos arquivos e para restabelecer a ligação entre "a realidade dos documentos em mãos de seu criador e esses mesmos documentos numa instituição arquivística" (Millar, 2001:15). Quem criou o documento, quando, por que e como? Onde estava ele guardado, num cofre ou no quarto de dormir? Quem utilizou o documento pela primeira, segunda, enésima vez, e quando, por que e como? Quem determinou-lhe o valor, quando, por que e como? E assim por diante. Todas essas histórias constituem a genealogia do documento, uma genealogia mais dinâmica e mais efetiva do que a simples história do criador.

Os arquivos

Que são os arquivos? Onde a maioria dos arquivistas franceses e ingleses emprega o termo "arquivos", no plural, os acadêmicos (exceto os profissionais da arquivologia) passaram a usar o singular: arquivo.[3] Para a maioria dos antropólogos, sociólogos, filósofos, teóricos da cultura e da literatura, arquivo

---

2. Disponível em: ‹www.ica.org›. Parágrafo 5: "Os arquivistas respondem pelo tratamento dos documentos e justificam as modalidades adotadas". O comentário inclui: "Eles mantêm um registro escrito da entrada de documentos, bem como de sua conservação e tratamento".

3. Nota das organizadoras: na língua francesa, a palavra "arquivo" é usada no plural, "archives". Depois de Foucault, autores como Jacques Derrida, Arlette Farge, Michel de Certeau e Paul Ricoeur também adotaram o vocábulo no singular.

é o arquivo foucaultiano: "o sistema geral da formação e da transformação dos enunciados" (Foucault, 2002:172). Na terminologia dos arquivistas, em francês, alemão e holandês, o termo *les archives* (pl.), *das Archiv, het archief* (sing.) serve para designar tanto a instituição quanto o prédio onde são conservados os arquivos. Isso corresponde à origem da palavra arquivo, que vem da palavra grega *archeion*: residência dos magistrados superiores, os arcontes, e onde se guardavam os documentos oficiais (Derrida, 1995:2-3).

Atualmente, *archeion* significa uma instituição, como o Arquivo Nacional, que gerencia e conserva fundos de arquivos. Na terminologia arquivística, os arquivos são definidos como "documentos, quaisquer que sejam sua data, sua forma e seu suporte material, produzidos ou recebidos por qualquer pessoa física ou moral e por qualquer serviço ou instituição de caráter público ou privado no exercício de suas atividades" (Código do Patrimônio, art. L. 211-1). A qualificação de "quaisquer que sejam sua forma e seu suporte material" mostra que nem o modo de inscrição (escrito à mão ou à máquina, pintado ou impresso) nem o suporte (tábua de argila, pergaminho, papel) são essenciais. Somente o vínculo arquivístico que liga os documentos ao contexto de sua criação é essencial.

Arquivamento dinâmico

"Nenhum documento, nenhuma história" (Langlois e Seignobos, 1962:29). Arquivistas e historiadores utilizaram os arquivos como fontes que lhes fornecem testemunhos documentados concernentes ao passado. Além disso, os bons arquivistas e historiadores jamais se contentaram com o que estava dito, e sim com a maneira pela qual a mensagem fora expressa: a língua, o meio, a técnica de produção, o tipo de documento, as circunstâncias históricas e o contexto da escrita (isto é, o autor e o público a que ele se dirige) (Heald, 1996:93). "Mesmo quando sai diretamente de arquivos empoeirados", diz Alan Munslow (1997:6), "o testemunho preexiste sempre num quadro de estruturas narrativas e está carregado de significações culturais — quem elaborou o arquivo, por quê, o que foi incluído, o que foi excluído?".

Além da história, outras disciplinas descobriram também os arquivos. A antropóloga Ann Stoler explica que a "virada arquivística" na antropologia lhe fornece, assim como a seus colegas, matéria para refletir de maneira crítica sobre a redação de documentos e o modo escolhido para utilizá-los, sobre os arquivos não como lugares de recuperação de conhecimentos, mas de produção de conhecimentos, como monumentos do Estado, mas também como lugares de etnografia do Estado. O que não significa a rejeição dos arquivos coloniais como fonte do passado, e sim um contato mais consequente com esses arquivos enquanto artefatos culturais de produção de fatos, de taxonomias e de noções discordantes sobre o que constitui a autoridade colonial (Stoler, 2002a:90-91; 2002b:85).

Atualmente, parafraseando Langlois e Seignobos, poderíamos dizer: "para além dos documentos, a história". Os pesquisadores de arquivos erguem os olhos do documento para ver mais longe e questionar os limites do documento em questão (Blouin e Rosemberg, 2005). Assim, a atenção não se concentra apenas no próprio documento arquivístico, mas no processo funcional ou contexto da criação (Yakel, 1996); não apenas nos arquivos como produto a ser arquivado, mas nos arquivos como processo; não apenas no artefato físico, mas na própria ação que originou a criação do artefato (Taylor, 1988); o foco muda da análise das propriedades e características de cada documento para a análise das funções, processos e transações que estão na origem da criação dos documentos (Cook, 1997:47).

Com essa nova abordagem, arquivar e arquivamento são muito mais do que "classificar (um documento) nos arquivos" (*Le Petit Robert*),[4] mas abrangem todas as fases, desde a coleta de documentos, de sua gestão e utilização, até sua disponibilização. O advento do documento digital nos fez compreender bem claramente que um documento não é um artefato com conteúdo e entorno de limites fixos. Um documento digital é definido diferentemente de um documento físico; ele pode remeter a outros documentos através de *links*, é variável e mutável, fluido e instável. A noção de original

---

4. "Para o público e funcionários em geral, um documento só se torna realmente um arquivo quando vai para um serviço de arquivos (ou, como se costuma dizer, quando é arquivado)", como dizem Favier e Neirinck (1993:22-23).

se dilui (Delmas, 1996:52), pois cada documento ou representação (através de mídia, tela ou saída de impressora) é essencialmente uma representação, ou melhor, uma reconstrução feita pelo sistema e o aplicativo utilizados. Na era digital, o original desapareceu; tem que ser reconstruído a cada vez através de cópias: o original está inscrito em sua cópia (Ernst, 1988:515). A cópia possibilita a (re)construção do original. Todo documento, e não apenas o documento digital, é uma "construção mediadora que muda continuamente", como disse Terry Cook (2001:10). Toda vez que um criador, usuário ou arquivista interage com um documento, intervindo, interrogando e interpretando, esse documento é construído de maneira ativa. Cada ativação deixa marcas no documento ou em seu contexto, as quais constituem os atributos da significação ilimitada dos arquivos. O documento é ativo, "membrânico", a membrana possibilita a infusão (a absorção) e a exalação dos valores arraigados em toda ativação. Isso implica que os arquivos não são estáticos, e sim um processo dinâmico (Ernst, 2002:138-139). Há uma coletânea alemã de ensaios intitulada *Archivprozesse. Die Kommunikation der Aufbewahrung* (Os processos arquivísticos. A comunicação do que está disponível) em cuja introdução Jürgen Fohrman (2002:22) explica que os arquivos deveriam ser considerados como um processo dinâmico: se tudo que sai dos arquivos é moldado pelo trabalho do usuário e depois devolvido aos arquivos para ser novamente reativado etc. — então é preciso compreender os arquivos não apenas como um tesouro, um lugar, um *Wunderkammer*, e sim como um processo. Toda utilização de arquivos age retrospectivamente sobre todos os empregos precedentes; em outras palavras, não mais podemos ler um texto como o faziam nossos predecessores (Ketelaar, 2001). Dou-lhes um exemplo. Os arquivos criados e utilizados pelas agências alemãs e holandesas durante a II Guerra Mundial para registrar a pilhagem dos bens de judeus foram utilizados, após a guerra, no contexto das ações de restituição e indenização. Assim, o mesmo documento pôde ser sucessivamente utilizado por diferentes poderes com diferentes objetivos para diferentes públicos; atualmente serve para auxiliar a busca de obras de arte e outros bens espoliados e perdidos durante o Holocausto. É certo que a pilhagem e o registro dos bens pilhados são ultrajantes, mas foi por causa da reutilização do documento que o registro primário tornou-se o arquivo de uma experiência traumática. É uma aplicação da *Nachträglichkeit* de Freud (causalidade retrospectiva): fatos ocorridos posteriormente podem modificar não apenas a significação, mas também a própria natureza de fatos anteriores (Van Zyl, 2002:53-55). Assim, os arquivos não nos levam apenas ao passado: preservam o presente para o futuro ao transmitirem testemunhos e experiências autênticas da atividade humana através dos tempos (Ernst, 2002:120-122).

"Arquivalização"[5]

Por arquivamento entende-se geralmente a atividade que se segue à criação de um documento. A teoria arquivística atual, porém, considera que o arquivamento começa mais cedo: antes de serem integrados a um sistema de gestão de documentos, estes são capturados, isto é, apreendidos e integrados, aceitos pelo sistema. Foi Derrida que introduziu a noção de *archivation* (arquivação).[6] A arquivação vai além da captura e inclui a fase preliminar da criação; ela consigna, inscreve um vestígio em algum lugar, em algum espaço exterior. Paul Ricouer (2000) também usa o termo arquivação para referir-se ao registro do testemunho oral seguido da seleção, reunião e coleta desses vestígios. Antes da *arquivação*, porém, antes mesmo da inscrição de um documento, há um "momento de verdade" (Stuckey, 1997:220), para o qual proponho o termo arquivalização, um neologismo que significa "a escolha consciente ou insconsciente (determinada por fatores sociais e culturais) que faz considerar que alguma coisa merece ser arquivada" (Katelaar, 1999; 2000:328-329).[7]

---

5. Nota das organizadoras: o termo *"archivalisation"*, cunhado pelo autor, foi livremente traduzido como "arquivalização".

6. O termo *arquivação* foi empregado nos anos 1990 por Bernard Stiegler e também Marie--Anne Chabin (1999:66). Os arquivistas franceses empregavam anteriormente o termo *archivéconomie* ou *archivage* (ver Delmas, 2001:28).

7. A frase de Pierre Nora (1984:xxvi) "a sociedade inteira vive na religião conservadora e no produtivismo arquivístico" foi assim traduzida por Arthur Goldhammer: *"society as whole has acquired the religion of preservation and 'archivalization'"* (Nora, 1996:8, 11). Quando introduzi o termo "arquivalization", não sabia que Goldhammer já o havia empregado.

A arquivalização precede a arquivação derridiana e o arquivamento. Valendo-nos da metáfora popperiana, os responsáveis pela arquivalização devem vasculhar novamente o mundo para que algo se ilumine no sentido arquivístico; isso é necessário antes de proceder à inscrição, ao registro — em suma, antes de arquivar. A arquivalização não determina apenas se e como as ações serão registradas nos arquivos. Nas fases seguintes de gestão e utilização dos arquivos, *o software da inteligência humana,* que é determinado social e culturalmente, cumpre também o seu papel (Ketelaar, 2001b). O arquivamento é um "regime de práticas" variável conforme a época e o lugar.

Quando constrói (cria, elabora e utiliza) arquivos, o homem é influenciado consciente ou inconscientemente por fatores sociais e culturais. Os que trabalham em diferentes organizações criam e utilizam seus documentos de diferentes maneiras. Mesmo quando trabalham na mesma organização, contadores, advogados e engenheiros criam seus arquivos de maneiras diferentes, não só por causa das exigências da legislação, mas sobretudo porque seguem normas profissionais — isto é sociais e culturais — diferentes. Por isso a arquivologia não diz respeito somente aos documentos dos arquivos tais como foram criados, mas engloba igualmente a cultura organizacional daqueles que concebem os arquivos, e isso nos contextos sociais, religiosos, culturais, políticos e econômicos.

Ao diferenciar a arquivalização e a inscrição da arquivação posterior seguida do arquivamento, obtemos um encontro de fatores sociais e culturais, de normas e valores, uma ideologia que influencia a criação de documentos e arquivos.

Conceitos arquivísticos

Os arquivos não servem meramente para a conservação de um conteúdo arquivável do presente para o futuro. Esse presente e sua relação com o futuro são na verdade *construídos* pela arquivalização e a arquivação: como diz Derrida, "a arquivação tanto produz quanto registra o evento". O *Archterhuis,* o esconderijo da casa de Amsterdã — não me refiro à construção de tijolos, mas ao *Archterhuis* como lugar de memória — somente existe por sua arquivação no *Diário* de Anne Frank. Outro exemplo: segundo a legislação francesa, o nascimento de uma criança só existe por meio de sua inscrição no registro civil. Por isso, se um bebê morre antes do registro de seu nascimento ou se a criança nasce antes de 22 semanas de amenorreia sem chegar a pesar 500 gramas, o escrivão não vai lavrar uma certidão de nascimento, mas apenas um registro de criança sem vida.[8] O nascimento não ocorreu porque ele não foi registrado. Uma foto ou um vídeo não são apenas registros: constituem um evento. Basta pensar nos filmes caseiros: neles os momentos felizes foram levados à cena, foram produzidos por sua arquivação no filme. Até mesmo o que é mostrado "ao vivo" na tevê foi "produzido antes de ser transmitido" (Derrida e Stiegler, 1996:40).

Os sistemas de arquivação são criadores ativos de categorias. Cada classificação implica escolhas de categorias por meio da arquivalização (Bowker e Star, 1999:279, 321). É impossível morrer de velhice porque a classificação internacional de doenças não reconhece a decrepitude como causa de mortalidade (Bowker e Star, 1999:90, 276). No século XIX, as informações sobre os ciganos eram colhidas e registradas sob a rubrica "administração da polícia", as doenças contagiosas, sob "almirantados", e os explosivos, sob "ferrovias". E assim é até hoje. Segundo o último código decimal de Dewey utilizado nas bibliotecas, os documentos relativos a crianças deficientes devem ser registrados como "crianças com incapacidades", ao passo que vamos encontrar os ciganos sob a denominação de "pessoas Romani". Mas há uma grande diferença entre as bibliotecas e a internet, por um lado, e os arquivos, por outro. Nos arquivos, não é o que hoje se considera politicamente correto que determina a classificação, mas o contexto original onde se colheu a informação.

Bowker e Star dão ainda vários outros exemplos de como a vida é construída e ordenada pela classificação, a rotulagem e a categorização. Seu estudo confirma a proposição de Derrida (1995:34) segundo a qual "a es-

---

8. Circular DHOS/DGS/DACS/DGCL n. 2001/576 de 30 de novembro de 2001, relativa à inscrição no registro civil e à responsabilidade pelos corpos das crianças mortas antes do registro de nascimento.

trutura técnica do arquivo arquivante determina também a estrutura do conteúdo arquivável em seu próprio surgimento e em sua relação com o futuro". As condicionantes tecnológicas determinam não apenas a estrutura mas também o conteúdo da escrita (evidentemente, a tecnologia não é o único fator que determina a forma e o conteúdo, pois os fatores cognitivos e culturais têm papel igualmente importante).

Até recentemente, os holandeses eram instruídos a tratar somente de um assunto em sua correspondência com os poderes públicos — como o sistema de arquivamento do serviço público só permitia que um dossiê tratasse de um único assunto, não se podia registrar a carta de um cidadão que tratasse de vários assuntos (Ketelaar, 1997:214-215). A tecnologia de arquivamento condiciona a arquivalização (a escolha do cidadão de tratar de um só assunto em sua carta), o que por sua vez condiciona a arquivação e o arquivamento: quando as cartas tratam apenas de um assunto, basta um processo de trabalho relativamente simples baseado num sistema de gestão de documentos relativamente simples.

Memórias coletivas

O arquivamento necessita igualmente da seleção daquilo que deve ser preservado ou não. A memória humana e social não pode tudo reter: não é possível lembrar certas coisas senão esquecendo muitas outras. Somente uma parte dos testemunhos tornam-se arquivos: esse resíduo não é senão uma construção que transpõe fronteiras para alimentar memórias coletivas.

As memórias sociais ou coletivas não são entidades fixas: seu conteúdo se modifica no decorrer do tempo porque dependem das normas da sociedade e do poder. Assim, nenhuma das características da memória social está ao abrigo das relações de poder, das elaborações discursivas e da influência de forças poderosas, como sustentam Tanabe e Keyes (2002) num livro sobre a memória social na Tailândia e no Laos. Antes de tudo, como afirma David Gross, a sociedade tem um papel importante quando se trata de determinar os valores, os fatos ou os acontecimentos históricos que merecem ser relembrados e aqueles que não o merecem (Gross, 2000:77). Em segundo lugar, a sociedade influencia a maneira pela qual a informação sobre o passado é relatada: ela tem voz ativa no tocante ao grau de intensidade emocional ligado a esse passado. Na maioria dos casos, porém, é o Estado que decide pela sociedade, sendo ele que impõe a sua política da memória (Derrida e Stiegler, 1996:62). É preciso exercer uma vigilância crítica com relação à política da memória: é preciso praticar uma política da memória e, num mesmo movimento, exercer uma crítica da política da memória (Derrida e Stiegler, 1996:75).[9]

Desvendar as narrativas tácitas

A genealogia semântica dos arquivos (membranosos) poderá ser considerada uma ameaça a valores tradicionais como autenticidade, originalidade e unicidade. Cada interpretação do documento, como afirma Derrida, significa no entanto um enriquecimento, uma extensão do documento. Por isso acredito no poder do documento: o documento como "reservatório de significações", as significações estratificadas, múltiplas, ocultas na arquivalização e no arquivamento, que podem ser desconstruídas e reconstruídas, depois interpretadas e utilizadas perpetuamente por gerações de usuários. Hoje lemos outra coisa nos documentos que a geração posterior à nossa, e assim por diante, *ad infinitum*.

A genealogia semântica dá ensejo a construir e desconstruir aquilo que todas as pessoas envolvidas na criação e utilização de arquivos tinham em vista para a arquivalização e o arquivamento. Essa reconstrução e desconstrução não representam o fim dos arquivos, pois somente são possíveis examinando-se os arquivos. Como declara Carolyn Heald (1996:101): "de fato, os documentos existem; só precisamos desconstruí-los, lê-los, não através de lentes objetivas, mas usando lentes subjetivas [...]. O testemunho físico

---

9. Sobre a política de memória e o poder do Estado, ver Ketelaar (2002:221-238), e as outras contribuições ao número da *Archival Science* dedicado ao tema "Arquivos, Documentos e Poder", organizado por Johan Schwartz e Terry Cook.

pode nos revelar tanto ou mais sobre um documento e seu contexto quanto o próprio conteúdo informativo".

A significação jamais está inteiramente presente, mas é construída pela interação da presença e da ausência, do visível e do invisível (Porter, 1996:13). O invisível está situado no passado, mas também nos espaços ocultos dos arquivos, assim como no discurso invisível dos criadores e "arquivadores". Mas é preciso igualmente levar em conta o usuário, cujo olhar direto, parafraseando Andreas Huyssen (1995:31), confere uma aura ao documento. O usuário torna-se arquivista nos sistemas digitais de conservação compartilhada de arquivos de instituições públicas, indivíduos e comunidades. Instituições arquivísticas do mundo inteiro adotam novos métodos para capturar, registrar e utilizar documentos públicos e privados, histórias, imagens e sons. Incentivam-se as pessoas a transmitir seus documentos ao servidor de uma instituição arquivística, estabelecendo assim uma relação entre documentos privados e documentos públicos, possibilitando a inclusão de *folksonomies* nas taxonomias públicas (Ketelaar, 2003). O indivíduo ou o grupo que assim contribui para o enriquecimento dos arquivos pode conservar seu "testemunho de si" (McKemmish, 1996) e permitir somente um *link* estabelecendo uma espécie de acordo de "tutela partilhada", ou pode, ainda, atribuir a responsabilidade pelos documentos à instituição arquivística (como parte confiável?).

Uma vez que não mais aceitamos a existência de uma única realidade ou significação ou verdade, e sim várias, todas elas válidas, podemos tentar descobrir essas significações múltiplas examinando não apenas o contexto administrativo, mas também os contextos sociais, culturais, políticos, religiosos da criação, conservação e utilização de documentos — em outras palavras, examinando a genealogia semântica do documento e descobrindo as narrativas tácitas.

REFERÊNCIAS

ARENDT, Hanna. *Truth and politics*. [1954] In: _____. *Between past and future*. Eight exercises in political thought. Hammondsworth: Penguin, 1977. p. 227-264.

BLOUIN, Francis; ROSEMBERG, W. G. (Ed.). *Archives, documentation, and institutions of social memory*. Essays from the Sawyer Seminary. Ann Harbour: University of Michigan Press, 2005.

BOWKER, Geoffrey C.; STAR, Susan Leigh. *Sorting things out*: classifications and its consequences, inside technology. Cambridge, Mass.: MIT Press, 1999.

CHABIN, Marie-Anne. *Je pense donc j'arquive*. Paris: L'Harmattan, 1999.

COOK, Terry. Archival science and postmodernism: new formulations for old concepts. *Archival Science*, v. 1, p. 3-24, 2001.

_____. What is past is prologue: a history of archival ideas since 1898, and the future paradigm shift. *Arquivaria*, v. 43, p. 17-63, 1997.

DELMAS, Bruno. Archival science facing the information society. *Archival Science*, v. 1, p. 25-37, 2001.

_____. Manifeste pour une diplomatique contemporaine. Des documents institutionnels à la information organisée. *Gazette des Archives*, v. 172, p. 49-70, 1996.

DERRIDA, Jacques. *Mal d'archive*. Paris: Galilée, 1995.

_____. *Papier machine*. Paris: Galilée, 2001.

_____; STIEGLER, Bernard. *Échographies de la télévision*. Entretiens filmés. Paris: Galilée/INA, 1996.

DODDS, Gordon (Ed.). *Imagining archives*. Essays and reflections by Hugh A. Taylor. Lanham: Scarecrow, 2003.

ERNST, Wofgang. *Das Rumoren Der Archive*. Ordnung Aus Unordnung. Berlim: Merve, 2002.

_____. (in)Differenz: Zur Extase der Originalität im Zeitalter der Fotokopie. In: GUMBRECHT, H. U.; PFFEIFER, K. L. *Materialität der Kommunikation*. Frankfurt: Suhrkamp, 1988.

FAVIER, Jean; NEIRINCK, Danièle. *La pratique archivistique française*. Paris: Archives Nationales, 1993.

FOHRMAN, Jünger. Archivprozesse oder uber den Umgang mit der Erforschung von Archiv. Einleitung. In: SCHOLZ, L.; POMPE, H. *Archivprozesse*. Die Kommunikation der Aufbewahrung. Colônia DuMont, 2002. p. 19-23.

FOUCAULT, Michel. *L'archéologie du savoir*. Paris: Gallimard, 2002.

GROSS, David. *Lost time*. On remembering and forgetting in late modern culture. Amherst: University of Massachusetts Press, 2000.

HARRIS, Verne. *Exploring archives*. An introduction to archival ideas and practice in South Africa. Pretoria: National Archives of South Africa, 2000.

HEALD, Carolyn. Is there room for archives in the postmodern world? *American Archivist*, v. 59, p. 88-101, 1996.

HUYSSEN, Andreas. *Twilight memories*: marking time in a culture of amnesia. Nova York: Routledge, 1995.

JOSEPH, Betty. *Reading the East India Company, 1720-1840*: colonial currencies of gender, women in culture and society. Chicago: University of Chicago Press, 2004.

KETELAAR, Eric. Archival temples, archival prisons: modes of power and protection. *Archival Science*, v. 2, p. 221-238, 2002.

_____. Archivalisation and archiving. *Archives and Manuscripts*, v. 27, n. 1, p. 54-61, 1999.

_____. Archivistics research saving the profession. *The American Archivist*, v. 63, n. 2, p. 329-330, 2000.

_____. Being digital in people's archives. *Archives and Manuscripts*, v. 31, p. 8-22, 2003.

_____. L'ethnologie archivistique. *La Gazette des Archives*, n. 192, p. 7-20, 2001a.

_____. Record keeping systems and office technology in Dutch public administration, 1823-1950. *European Administrative Hystory*, v. 9, 213-222, 1997.

_____. Tacit narratives: the meaning of archives. *Archival Science*, v. 1, p. 143-155, 2001b.

_____. Writing on archiving machines. In: NEEF, S. et al. (Ed.). *Sign here!* Handwriting on the age of new media. Amsterdã: Amsterdam Uiversity Press, 2006.

LANGLOIS, Charles-Victor; SEIGNOBOS, Charles. *Introdution aux études historiques*. Paris: Kimé, 1962.

MCKEMMISH, Sue. Evidence of me. *Archives and Manuscripts*, v. 24, p. 28-45, 1996.

MENNE-HARITZ, Angelike. Acess — the reformulation of an archival paradigm. *Archival Science*, v. 1, p. 57-82, 2001.

MILLAR, Laura. Creating a national information system in a federal environment: some thoughts on the Canadian Archival Information Network. In: SEMINAR ARCHIVES, DOCUMENTATION AND THE INSTITUTIONS OF SOCIAL MEMORY, 24 jan. 2001, Bentley Historical Library/Institute of the University of Michigan.

MUNSLOW, Alan. *Deconstructing history*. Londres: Routledge, 1997.

NESMITH, Tom (Ed.). *Canadian archival studies and the recovery of provenance*. Londres: Scarecrow, 1993.

NORA, Pierre (Ed.). *Les lieux de mémoire*. I. La République. Paris: Gallimard, 1984.

_____ (Ed.). *Realms of memory*: rethinking the French past. I. Conflicts and divisions. Tradução de Alfred Goldhammer. Nova York: Columbia University Press, 1996.

PORTER, Gaby. Seeing through solidity: a feminist perspective on museums. In: MACDONALD, S.; FYFE, G. (Ed.). *Theorizing museums*. Representing identity and diversity in a chanching world. Oxford: Blackwell, 1996.

REED, Barbara. Records. In: MCKEMMISH, Sue et al. (Ed.). *Archives*: recordkeeping in society. Wagga Wagga: Charles Sturt University, 2005. p. 101-130.

RICOEUR, Paul. *La mémoire, l'histoire, l'oubli*. Paris: Seuil, 2000.

STOLER, Ann. Colonial archives and the art of governance. *Archival Science*, v. 2, p. 87-109, 2002a.

_____. Colonial archives and the art of governance. On the content in the form. In: HAMILTON, C. (Ed.). *Refiguring the archive*. Dordrecht: Academic Publishers, 2002b.

STUCKEY, Steve. Recording creating events: commentary. *Archives and Museums Informartics*, v. 11, p. 270, 1997.

TANABE, Shigeharu; KEYES, Charles F. (Ed.). *Cultural crisis and social memory*: modernity and identity in Thailand and Laos. Honolulu: University of Hawai Press, 2002.

TAYLOR, Hugh. My very act and deed: some reflections on the role of textual records in the conduct of affairs. *American Archivist*, v. 51, p. 456-469, 1988.

VAN ZYL, Susan. Psychoanalysis and the archive: Derrida's archive fever. In: HAMILTON, C. (Ed.). *Refiguring the archive*. Dordrecht: Kluwer, 2002.

YAKEL, Elizabeth. The way things work: procedures, processes, and institutional records. *American Archivist*, v. 59, p. 454-464, 1996.

Os arquivos coloniais e a arte da governança[1]

ANN LAURA STOLER

> A genealogia é nebulosa, meticulosa e pacientemente documental. Lida com um emaranhado de pergaminhos confusos, documentos que foram raspados e recopiados repetidas vezes.
> Foucault (1977:139)

Este artigo trata do contexto colonial visto através de suas produções arquivísticas. Especula sobre as conclusões a que podemos chegar, abordando não só o conteúdo arquivístico do colonialismo, mas também sua forma particular e por vezes peculiar. Focaliza o arquivamento como processo, e não os arquivos como coisas. Considera os arquivos como experimentos epistemológicos, em vez de fontes, e os arquivos coloniais como amostragens de conhecimento controverso. Mais importante, vê os arquivos coloniais não só como transparências em que se inscreviam as relações de poder, mas também como complexas tecnologias de governança. Dois são os seus objetivos: situar as novas abordagens dos arquivos coloniais no quadro mais amplo da "guinada para a história" das duas últimas décadas; e mostrar o que a historiografia crítica do colonialismo tem a ganhar voltando sua atenção para uma política do conhecimento que leve em conta gêneros arquivísticos, culturas de documentação, ficções de acesso e convenções arquivísticas.[2]

---

1. Publicado originalmente com o título: Colonial archives and the arts of governance. *Archival Science*, v. 2, p. 87-109, 2002.
2. Sobre a "guinada para a história", ver a introdução a Terrence J. McDonald (1996). Este capítulo apresenta uma versão condensada do primeiro capítulo de meu livro *Along the archival grain* (Princeton: Princeton University Press, 2009).

Ceticismo epistemológico, arquivos e "guinada para a história"

Cerca de quatro décadas depois de o antropólogo social britânico E. E. Evans-Pritchard ter em vão advertido que a antropologia teria que escolher entre ser história ou ser nada, e de Claude Levi-Strauss ter repudiado a afirmação de que a história não tinha nenhum "valor especial", nem espaço analítico privilegiado, os estudiosos da cultura promoveram uma iniciativa transformadora, celebrando com inédito entusiasmo o que veio a chamar-se "guinada para a história".[3] Para alguns, a aproximação da antropologia com a história nas duas últimas décadas, ao contrário dessa "guinada" em outras disciplinas, não foi propriamente uma guinada, e sim uma volta aos seus princípios fundamentais: investigação dos processos cumulativos de produção cultural, mas sem as aspirações tipológicas e as hipóteses evolucionárias antes assumidas. Para outros, a frenética guinada para a história representa um significativo afastamento de uma proposta anterior, uma ruptura mais explícita com a longa cumplicidade da antropologia com as políticas coloniais.[4] Assim, poderíamos dizer que a referida guinada não assinala uma guinada para a história *per se*, e sim uma reflexão diferente sobre a política do conhecimento — uma rejeição das categorias e das distinções culturais outrora assumidas pelo governo colonial e nas quais as práticas estatais pós-coloniais continuaram a se basear.

Contestar os usos e abusos de tempos passados é algo frequente em muitas disciplinas acadêmicas, mas sobretudo nessa área florescente da etnografia colonial. Na última década, os estudiosos do regime colonial refutaram as categorias, o esquema conceitual e as práticas e taxonomias das autoridades coloniais.[5] O questionamento da construção do conhecimento colonial, bem como das categorias sociais privilegiadas daí resultantes, levou esses estudiosos a reverem aquilo que julgavam como fontes de conhecimento e o que delas se podia esperar. A investigação sobre os domínios

---

3. Ver Evans-Pritchard (1951:152); Levi-Strauss (1966:256).
4. Ver Dirks, Eley e Ortner (1994); McDonald (1996); sobre a história na imaginação antropológica, ver Sider e Smith (1997); ver também Fox (1991:93-114) e Faubion (1993).
5 Ver, por exemplo, Dirks (1992) e Cooper e Stoler (1997).

íntimos em que os governos coloniais intervinham possibilitou reconsiderar o que tomávamos como os fundamentos da autoridade europeia e suas principais tecnologias (Stoler e Cooper, 2002). Ao tratar o colonialismo como uma história viva que informa e molda o presente, e não como um passado morto, uma nova geração de estudiosos está seguindo a sugestão de Michel de Certeau no sentido de explorar um novo terreno buscando imaginar que tipos de conhecimento situado produziram tanto as fontes coloniais como suas próprias posições respectivas na "operação historiográfica" (Certeau, 1988). Alguns estudiosos do colonialismo estão relendo tais arquivos e fazendo história oral com pessoas que vivenciaram esses eventos arquivados para comentar a seu respeito em narrativas coloniais.[6] Outros, ainda, estão fazendo o mesmo com fotografias, gravuras e arte documental (Edwards, 1997). Alguns estão investigando como os documentos coloniais foram requisitados e reciclados para confirmar antigos direitos ou apresentar novas demandas políticas. Como parte de uma iniciativa mais ampla, já não estamos mais estudando coisas, e sim a produção delas. Os estudiosos do colonialismo, dentro e fora da área da antropologia, estão empenhados em reconsiderar não só o que vêm a ser os arquivos coloniais, mas também até que ponto os documentos escritos colidem ou coincidem com as memórias coloniais no campo pós-colonial.

Se a advertência feita por Evans-Pritchard, uns 30 anos atrás, de que "os antropólogos tendiam a ser pouco críticos em relação ao uso que faziam das fontes documentais" teve escassa repercussão à época, hoje certamente não se pode dizer o mesmo. No entanto, por mais radical que tenha sido a guinada arquivística no pensamento pós-colonial da década de 1990, o mais surpreendente é que ela continue tão tímida e experimental (Evans-Pritchard, 1961:5). Os antropólogos não mais podem considerar os arquivos como objeto de outra disciplina. Tampouco os arquivos são tratados como locais inertes de armazenagem e conservação (Ginzburg, 1989a). Porém, a natureza do trabalho com arquivos tende a continuar sendo mais extrativa do que

---

6. Sobre os arquivos em relação à memória popular, ver Price (1998); White (2000); Stoler e Strassler (2000).

etnográfica. Os documentos ainda são usados parcial e seletivamente para corroborar a invenção colonial de práticas tradicionais ou para justificar demandas culturais. Os antropólogos jamais se empenharam em "esgotar" as fontes, como Bernard Cohn criticou certa vez os historiadores por fazê-lo com tanto fervor moral. Mas a metáfora extrativa permanece relevante para uns e outros (Cohn, 1980). Os estudiosos da experiência colonial "mineram" o *conteúdo* das comissões e relatórios governamentais, mas raramente dão atenção a sua *forma* ou *contexto* peculiares. Ocupamo-nos dos documentos exemplares, em vez da sociologia das cópias, ou das pretensas verdades contidas nos procedimentos rotineiros e redundantes. Citamos cautelosamente exemplos dos excessos coloniais — ainda que incomodados com o páthos e o voyeurismo que tais citações implicam. Podemos facilmente ridicularizar os fetichismos do ofício do historiador, mas aí permanece a convicção comum de que ter acesso ao que é "reservado" e "confidencial" constitui o objetivo almejado pelos labores intelectuais diligentes e sagazes (Smith, 1995). A capacidade para tanto é que mede o mérito acadêmico. Não menos comum é a convicção de que nesses tesouros guardados se podem realmente encontrar os segredos do Estado colonial.

Várias são as maneiras de encarar o tipo de desafio que tenho em mente, mas uma delas parece óbvia: ocupados como estiveram os estudiosos da cultura em tratar as etnografias como textos, apenas agora estamos refletindo criticamente sobre a produção de documentos e como decidimos utilizá-los; sobre os arquivos não como lugares de recuperação da informação, e sim de produção de informação, como monumentos do Estado e também como lócus da etnografia estatal. Não se trata de rejeitar os arquivos coloniais enquanto fontes do passado, mas de afirmar um compromisso maior de tratá-los como artefatos culturais de produção de fatos e taxonomias que criaram distintas noções do que constituiu a autoridade colonial.

Como Ranajit Guha e Greg Dening há muito alertaram, as "fontes" não são "matrizes do verdadeiro significado", "origens" das verdades coloniais *per se* (Guha, 1994; Dening, 1995:54). Saber se os documentos são autênticos e fidedignos continua sendo uma questão premente, mas o fato de voltarmos nossa atenção para as condições sociais e políticas que produziram tais documentos — ou, nas palavras de Carlo Ginzburg, seus "paradigmas indiciários", — modificou a percepção daquilo que o conceito de fidedignidade poderia sinalizar e acarretar politicamente. O mais importante não é distinguir entre ficção e fato, e sim rastrear a produção e o consumo desses "fatos" em si mesmos. Assim, os estudos coloniais estão tomando um novo rumo, visando pesquisar as redes de inteligibilidade que produziram tais "paradigmas indiciários" em determinada época, para determinado segmento social, e de determinada maneira (Ginzburg, 1989a).

Os estudiosos do colonialismo começaram a perceber as apropriações da história colonial impregnadas de agendas políticas, tornando certos relatos dignos de figurar como fonte histórica e outros não (Cohen, 1992). Também no tocante às problemáticas questões sobre os motivos pelos quais as memórias pessoais são moldadas e apagadas pelos Estados, a ênfase analítica recaiu sobre o modo como as práticas do passado são selecionadas para futura utilização e futuros projetos (Rappaport, 1994); Nuttal e Coetzee, 1998). Tais questões convidam a voltar à própria documentação, ao ato de "ensinar", cuja raiz latina é *docere*, àquilo que era ensinado e a quem — na confusão burocrática de fórmulas rotineiras, esquemas genéricos e digressões prescritivas que estão no bojo de um arquivo colonial. A questão do "viés" oficial dá lugar a um desafio diferente: identificar as condições de possibilidade que moldaram o que podia ser escrito, o que garantia a repetição, quais competências eram consignadas na escrita arquivística, que histórias não podiam ser contadas e aquilo que não podia ser dito. Em seu estudo sobre a Comissão de Assuntos Nativos da África do Sul, Andrew Ashforh exagerou, talvez, ao afirmar que "o verdadeiro centro do poder" nos Estados modernos é "o escritório, o lócus da escrita", mas pode ser que ele não tenha errado completamente o alvo (Ashforth, 1990:5). O fato de que cada documento acumula em camadas o relato transmitido de eventos anteriores e o significado de um determinado momento político deixa clara uma questão: aquilo que constitui o arquivo, a forma que este assume, e os sistemas de classificação que sinalizam determinadas épocas representam a própria substância da política colonial.

Da extração à etnografia nos arquivos coloniais

A transformação da atividade arquivística é o
ponto de partida e a condição de uma nova história.

Certeau (1988:75)

Se antes os arquivos eram considerados um meio para atingir um fim, hoje não se pode dizer o mesmo. As vantagens de "um rico acervo documental, com sua facilidade de acesso e sua aura de imparcialidade" (Hart, 1993:582), são coisa do passado. Na última década, o ceticismo epistemológico tomou de assalto os estudos culturais e históricos. A visão da história como narrativa, e do fazer histórico como ato carregado de sentido político, fez com que a teorização sobre os arquivos deixasse de ser a tarefa prosaica de historiadores ou arquivistas inexperientes, ou um requisito de admissão para neófitos obrigados a mostrar domínio dos instrumentos de seu ofício. O "arquivo" foi elevado a um novo *status* teórico, com prestígio suficiente para garantir-lhe tratamento diferenciado, como objeto de estudo em si mesmo. Em seu livro *Mal de arquivo*, Jacques Derrida (1995) descreveu de modo convincente essa mudança e deu-lhe um nome, criando um vocabulário explícito e evocativo para sua legitimação na teoria crítica. Porém, as obras de Natalie Zemon Davis, Roberto Ecchevaria, Thomas Richards e Sonia Combe, para citar apenas algumas, sugerem que Derrida só se manifestou a esse respeito depois que a guinada arquivística já havia acontecido.[7]

Essa passagem do arquivo como fonte para o arquivo como objeto de estudo ganhou vigência graças a uma série de diferentes mudanças analíticas, preocupações práticas e projetos políticos. Para alguns, como Greg Dening (1995) em suas sutis incursões no campo da arquivologia, isso representa uma volta à meticulosa "poética do detalhe". Para outros, como Michel-Rolph Trouillot ao tratar das omissões arquivísticas acerca da revolução hatiana, e David William Cohen em suas especulações históricas, tal transição assinala

---

7. Ver Davis (1987); Ecchevarria (1990); Richards (1993); Combe (1994). Ver também LaCapra (1995).

Os arquivos coloniais e a arte da governança   213

um novo enfoque do fazer histórico, visando saber quais relatos são autorizados, quais procedimentos eram necessários e o que é possível saber a respeito do passado (Trouillot, 1995; Cohen, 1994). Para Bonnie Smith (1995), a pesquisa nos arquivos assim como os congressos universitários, foram o lócus do século XIX onde a ciência histórica marcou-se por credenciais de gênero.

Evidentemente, há algum tempo os arquivistas também vêm refletindo sobre a natureza e a história dos arquivos.[8] O que marca esse momento é a profusão de fóruns em que os historiadores se juntam aos arquivistas em novos debates sobre evidência documental, gestão de arquivos e teoria arquivística.[9] Interessa-lhes discutir as políticas de armazenamento, os tipos de informação realmente importantes, e o que deve ser mantido nos arquivos à medida que as coleções de documentos em papel vão dando lugar a formatos digitais (Cook, 1994).

Na teoria da cultura, "o arquivo" tem "A" maiúsculo, é figurativo e conduz a outros campos. Pode não ser nem um lugar físico, nem uma coleção de documentos. Pode, em vez disso, servir como expressiva metáfora para qualquer *corpus* de omissões e coleções seletivas — e, o que é igualmente importante, para a atração e a nostalgia que podem ser despertadas por essa busca e acumulação do primário, originário e intacto.[10] Para aqueles mais diretamente influenciados pela *Arqueologia do saber*, de Foucault (1972), o arquivo não é uma instituição, e sim "a lei sobre o que pode ser dito"; não uma biblioteca de eventos, e sim "o sistema que estabelece os enunciados como eventos e coisas", o "sistema de suas enunciabilidades".

Sob quaisquer desses aspectos — e existem muitos outros —, a "guinada arquivística" registra um reexame da materialidade e do imaginário das coleções, assim como das pretensões de fidelidade existentes na documentação.[11]

---

8. Ver Posner (1984); Duchein (1992); Cook (1997).

9. Ver, por exemplo, Berner (1983); Foote (1990); Cook (1992); O'Toole (1994). As mudanças na maneira como os próprios arquivistas entendem o seu trabalho, nos últimos 15 anos, podem ser percebidas em muitos artigos da *The American Archivist* e da *Archivaria*.

10. Esse movimento metafórico está evidenciado nas contribuições dos dois números especiais de *History of the Human Sciences* dedicados a "O Arquivo" (n. 11, nov. 1998, e n. 12, maio 1999). Sobre o arquivo como metáfora, ver Sekula (1986).

11. Ver, por exemplo, Geary (1994:81-114).

214 Pensar os arquivos

Tal "guinada" coincide com uma profusão de novos estudos no campo da história do conhecimento, os quais em absoluto não se referem aos arquivos, nem figurativamente, nem literalmente. Aqui me vêm à mente os estudos de Ian Hackings sobre a história política da teoria das probabilidades e os investimentos estatais na "domesticação do acaso"; de Steven Shapin, sobre a história social das verdades científicas, nos quais ele descreve o poder de predizer como algo usufruído por, e reservado ao, homem cultivado e confiável; de Mary Poovey, sobre como se produziu historicamente a noção de "fato moderno"; de Alain Desrosières (entre vários outros), sobre a estatística como ciência do Estado; de Silvana Patriarca, sobre a estatística como modo moderno de representação; e de Lorraine Daston, sobre o desenvolvimento da teoria clássica das probabilidades como meio de medir as incertezas de um mundo modernizante.[12] Caberia igualmente acrescentar os ensaios de Anthony Grafton (1997) sobre as notas de rodapé, interpretadas como meio de acesso a comunidades morais e suas reivindicações de autoridade e verdade.

Que têm em comum todos esses estudos? Todos tratam das coordenadas sociais legitimadoras de epistemologias: como as pessoas imaginam que sabem o que sabem e que instituições validam esse conhecimento, e como elas fazem isso. Nenhum deles considera as convenções e categorias de análise (estatísticas, fatos, verdades, probabilidade, notas de rodapé etc.) como inócuas ou benéficas. Todos concordam no que diz respeito a questões sobre padrões de fidedignidade e confiança, sobre critérios de credibilidade, e sobre os projetos morais e os prognósticos políticos a que servem tais convenções e categorias. Todos levantam um conjunto semelhante de questões históricas sobre o saber e o poder autorizados — quais forças políticas, tendências sociais e virtudes morais produzem os conhecimentos qualificados que por sua vez desqualificam outros tipos de saber, outros conhecimentos. A meu ver, nenhum outro conjunto de questões é mais relevante para a política pública arquivística do período colonial.

Porém, a guinada arquivística pode ser igualmente rastreada mediante outras instâncias, sugerindo que algo semelhante a uma etnografia com

---

12. Ver Hacking (1990); Shapin (1994); Poovey (1998); Desrosières (1998); Patriarca (1998). Ver também Norris (1995); Anderson (1991).

arquivos tem vigorado há algum tempo. A micro-história de um moleiro do século XVI narrada por Carlo Ginzburg, assim como as histórias de perdão relatadas por Natalie Davies em seu livro *Fiction in the archives* basearam-se em documentos "hostis" das elites para revelar "o hiato entre a imagem subjacente aos interrogatórios dos juízes e o efetivo depoimento dos acusados" (Ginzburg, 1982:xvii-xviii). Mesmo não se pretendendo etnografias do arquivo, ambas as obras apontam nessa direção. Ao abordar especificamente "como as pessoas contavam histórias, o que elas julgavam ser uma boa história, como elas buscavam justificar-se", Davis vale-se dessas cartas de perdão quinhentistas para revelar-nos mais do que os meros fatos das cruas histórias de seus autores camponeses (Davis, 1987:4). As histórias de perdão registravam também as "coerções legais", o monopólio da justiça pública pelo poder real, e a clemência cada vez mais reclamada pela monarquia (Davis, 1987:4). A "ficção nos arquivos" de Davis revelou histórias que apelavam às verdades morais, baseavam-se em metáforas compartilhadas e alta cultura literária, e dependiam do poder do Estado e das inscrições arquivadas de sua autoridade.

Os recentes adeptos da guinada arquivística acataram a afirmação de Derrida segundo a qual "não existe poder político sem controle dos arquivos", mas o fato é que essa insistência na relação entre aquilo que é tido como saber e aquele que detém poder constitui desde há muito um dos princípios básicos da etnografia colonial (Derrida, 1995:4). Em seu estudo sobre a revolução haitiana, ao insistir em que "as narrativas históricas se baseiam em conhecimentos prévios, que por sua vez se baseiam na distribuição do poder arquivístico", Rolph Trouillot pôde rastrear a supressão de vestígios arquivísticos e os silêncios impostos aqui e ali (Trouillot, 1995:55). Ao observar que as primeiras historiografias coloniais da Índia britânica dependiam de informantes nativos, sendo posteriormente escritas com base nesses relatos, Nicholas Dirk (1993) chamou-nos a atenção para a relação existente entre arquivamento, especialistas e produção de conhecimento. Mais recentemente, analisando os meios pelos quais o serviço de inteligência britânico funcionava através de canais nativos, Christopher Bayly (1996) definiu o acesso do Estado à "informação" como ponto crítico da arte da

216 Pensar os arquivos

governança e tema altamente controverso. Em meu estudo sobre as "hierarquias de credibilidade" que, nas narrativas coloniais das Índias Holandesas, determinavam o que era tido como relato plausível, interpreto a política colonial a partir da distribuição "estratificada" da produção documental do Estado e por meio dos rumores (difundidos por uma população nativa acossada) que através dela se criavam (Stoler, 1992a).

Segundo a afirmação instigante de Foucault (1972), o arquivo não é nem a soma de todos os textos preservados por uma cultura, nem a instituição que possibilita a preservação desses documentos: é, antes, "o sistema de enunciados" ou as "normas da prática" que definem as regularidades específicas daquilo que pode e não pode ser dito. Os estudiosos do colonialismo lidaram com essa formulação para procurar entender o que faz com que os arquivos coloniais sejam ao mesmo tempo documentos de exclusões e monumentos de determinadas configurações de poder.

Gonzalez Echevvaria e Thomas Richards seguem Foucault quando definem o arquivo imperial como "a representação fantástica de um padrão epistemológico predominante" (Richards, 1993:11). Para Richards, tal arquivo é material e figurativo, a metáfora de uma imaginação imperial britânica inalcançada, porém compartilhada. O arquivo imperial era não só a suprema tecnologia do Estado imperial de fins do século XIX, mas também o efetivo protótipo do Estado pós-moderno, baseado no domínio global da informação e dos circuitos através dos quais se transmitem os "fatos". Echevvaria vê o arquivo ao mesmo tempo como relíquia e ruína, um repertório de crenças codificadas, gêneros de testemunhos, conjuntos de conexões entre o sigilo, o poder e a lei (Echevvaria, 1990:30). Segundo ele, foram os discursos legitimadores dos arquivos coloniais espanhóis que conferiram ao romance latino-americano seu conteúdo específico e seu formato temático. Tanto para Richards quanto para Echevvaria, o arquivo é um padrão que serve para decodificar algo mais. Ambos nos levam a pensar diferentemente sobre as ficções arquivísticas, mas concentram sua meticulosa análise na literatura, e não nos próprios arquivos coloniais (Richards, 1993).

Na verdade, não se trata de saber se devemos considerar o "arquivo" como um conjunto de normas discursivas, um projeto utópico, um depósito de documentos, um corpo de enunciados, ou como todas essas coisas. Os arquivos coloniais eram ao mesmo tempo lugares do imaginário e instituições que produziam histórias, na medida em que ocultavam, revelavam e reproduziam o poder estatal.[13] Poder e controle, como observaram diversos especialistas, são fundamentais para a etimologia do termo (Echevvaria, 1990:31). Pelo latim *archivum*, "residência do magistrado", pelo grego *arkhe*, comandar ou governar, os arquivos coloniais ordenavam (tanto no sentido imperativo quanto taxonômico) os critérios de evidência, prova, testemunho e depoimentos para construir relatos morais. "Narrativas fatuais", casos edificantes e múltiplas versões — elementos que Hayden White (1987:26-57) associa ao que se considera história — revelam os enredos específicos que também "funcionavam" nos arquivos coloniais. Nas narrativas fatuais é que o Estado colonial afirmava para si mesmo suas ficções; nos casos edificantes é que ele demarcava o alcance de suas missões filantrópicas; e nas múltiplas e controversas versões é que os discursos culturais eram desacreditados ou restabelecidos.

Por esse prisma, é evidente que os arquivos do século XIX e começos do século XX da administração holandesa nas Índias não podem em absoluto ser lidos aleatoriamente. As questões ganhavam importância conforme eram classificadas e enquadradas discursivamente. As comunicações oficiais entre o governador-geral e seus subordinados, entre ele e o ministro das Colônias, e entre este e o rei eram guias referenciais para o pensamento administrativo. Organizadas em forma de fólios, as páginas de rosto continham longas listas remissivas de dossiês e decisões que eram genealogias abreviadas daquilo que constituía relevância, precedência e "razões de Estado". Com evidências suplementares que podiam incluir testemunhos de especialistas e relatórios encomendados, esses fólios indicavam e confirmavam o que era tido como prova, e quem copiava de quem na cadeia de comando. Os momentos de descrença e dispersão, as mudanças de poder e o rompimento de contratos foram durante algum tempo o principal foco de uma história social e política crítica. O que mudou foi a percepção do

---

13. Essa ligação entre o poder estatal e o que vale como história foi há muito tempo assinalada por Hegel em *A filosofia da história*, como indica Hayden White (1987:12).

quanto as práticas arquivísticas desses "documentos imperiais" refletiam as mudanças em suas tecnologias de dominação.[14]

Se é óbvio que os arquivos coloniais são produto de aparatos estatais, não é tão óbvio que sejam em si mesmos tecnologias que fomentaram a produção desses Estados (Stoler, 1997). Procedimentos escritos de responsabilização eram produto das instituições, mas os indícios documentais (relatórios semanais apresentados aos superiores, resumos de relatórios, recomendações baseadas em relatórios) requeriam um sofisticado sistema de codificação para poderem ser rastreados. A arte da governança colonial fundamentava-se em estatísticas e sondagens, mas também no aparato administrativo que produzia tal informação. Múltiplos circuitos de comunicação — linhas de navegação, correios e telégrafos — eram financiados por verbas estatais e sustentados por sistemas tributários. As editoras coloniais tratavam de selecionar os documentos a serem copiados, divulgados ou destruídos. Construíram-se prédios públicos para garantir que tais documentos fossem devidamente catalogados e armazenados. E, tal como no regime racista em que se produziam os arquivos, os jovens mestiços e nativos, impedidos de progredir na carreira de funcionário público, eram os escribas que faziam o sistema funcionar. Trabalhando como copistas na burocracia colonial, costumavam ser chamados de "máquinas de copiar" e desprezados por sua falta de iniciativa, seu fraco domínio da língua holandesa e sua fácil adaptação a essas funções inferiores. A análise dessa espécie de estruturação do Estado colonial resulta numa leitura etnográfica dos arquivos bem diversa daquela apresentada nas histórias sobre o colonialismo várias décadas atrás.

Lendo arquivos no sentido habitual

Poderíamos dizer que, nos últimos 15 anos, a abordagem crítica dos arquivos coloniais caracterizou-se sobretudo pela ideia de ler tais arquivos "a contrapelo". Os estudiosos do colonialismo, inspirados na economia po-

---

14. Ver Trouillot (1995). Ver também Duchein (1992).

lítica, especializaram-se em escrever histórias populares "vistas de baixo", histórias de resistência que viam capacidade de ação em pequenos gestos de recusa e silêncio entre os colonizados.[15] Assim, o estudo dos arquivos coloniais dedicou-se a uma leitura "invertida das fontes das classes superiores", visando revelar a linguagem da dominação e as distorções inerentes às percepções do estatismo (Stoler, 1985).

O projeto político era escrever relatos que mostrassem a realidade deturpada do saber oficial e as duradouras consequências dessas distorções políticas. Segundo Ranaji Guha, os documentos coloniais eram artifícios retóricos que omitiam os fatos da subjugação, reclassificavam pequenos delitos como subversão política ou simplesmente ignoravam os colonizados. Os interesses políticos concentravam-se numa estratégia analítica de inversão e recuperação: um esforço para ressituar aqueles que apareciam como objeto da disciplina colonial enquanto sujeitos subalternos que — mesmo constrangidos — faziam suas próprias escolhas. Nesse esquema, os documentos arquivísticos eram contrapesos da etnografia, e não o seu espaço (Amin, 1995).

Mas a autoridade colonial e as práticas que a sustentavam permeavam espaços mais diversos do que aqueles buscados nesse "romance da resistência" outrora imaginado. Se a ideia de Marx segundo a qual "os homens fazem sua própria história, mas não a fazem como querem", informava essas primeiras tentativas de escrever histórias sobre a atuação popular, elas também deixavam claro que o regime colonial baseava-se em algo mais do que as deliberadas desigualdades de determinadas relações de produção e troca. Examinando mais atentamente as elaboradas representações culturais do poder, os estudiosos do colonialismo voltaram sua atenção para as práticas que privilegiavam certas categorias sociais, tornando-as "boas para pensar". Em especial, tornamo-nos mais desconfiados em relação ao vocabulário colonial que sub-repticiamente escapa de seu enquadramento histórico e ressurge como nossos conceitos analíticos, e não como categorias nativas que devem ser explicadas (Stoler, 2002).

---

15. Ver o prefácio em Stoler (1995).

Nos estudos coloniais, o foco nessas tensões do império, que eram ao mesmo tempo de caráter privado e geral, considerou sexo e sentimento não como metáforas do império, e sim como seus elementos constitutivos (Stoler, 1992b). Perceber o quanto o pessoal era político reformulou nossa visão dos arquivos: manuais de administração doméstica, educação infantil e cuidados médicos dividem espaço com documentos oficiais, processos judiciais e relatórios de comissões como textos definidores nas culturas documentais colonialistas. A abordagem pioneira de Raymond Williams da cultura como um espaço de significado controverso, e não unânime, possibilitou aos estudiosos do colonialismo fazerem o mesmo. Conceituando raça não como coisa, e sim como um conjunto permeável e multifacetado de relações, as histórias coloniais cada vez mais se concentram nas categorizações arquivadas e não arquivadas para redefinir as subsunções coloniais num contexto mais amplo (Chandler, Davidson e Harootunian, 1994). Seja qual for o enfoque adotado, trata-se de ler os arquivos com base no que tomamos como evidência e no que esperamos descobrir. Como podem os estudiosos do colonialismo passar tão rápida e confiantemente a ler tais arquivos "a contrapelo", sem primeiro fazê-lo no sentido habitual? Como proceder a essa releitura sem uma noção prévia da textura desses arquivos? Como comparar os colonialismos sem conhecer os circuitos da produção de saber em que eles operavam e as comensurabilidades raciais em que se fiavam? Se a noção de uma etnografia colonial parte da premissa de que a produção arquivística é ao mesmo tempo um processo e uma poderosa tecnologia de controle, então não devemos apenas rever as categorias recebidas dos arquivos. Devemos interpretá-los por meio de suas regularidades, sua lógica de rememoração, suas densidades e distribuições, suas consistências de desinformação, omissão e erro — no seu sentido habitual.

Assumir que conhecemos tais textos, a meu ver, reduz nossas possibilidades analíticas. É demasiado cômodo tomar por base histórias previsíveis com enredos familiares. Deixamos de ver até que ponto o fazer histórico colonial foi influenciado por historiografias nacionalistas e projetos ligados ao Estado. Consideramos inquestionável a ideia de que os Estados coloniais foram sobretudo máquinas famintas de informação em que o poder advinha da acumulação maciça de conhecimento, e não da qualidade do mesmo. Presumimos que a governança colonial era motivada e alimentada por uma equação que reduz o conhecimento ao poder, e que tais Estados almejavam ter o máximo de ambos. Assim, tornam-se irrelevantes as propostas malogradas, as visões utópicas e os projetos inviáveis, por serem "não eventos". Ler os arquivos coloniais somente a contrapelo é ignorar o poder na produção dos próprios arquivos.

Civilidades e credibilidades na produção arquivística

Se os documentos coloniais refletiam a supremacia da razão, eles também registravam uma economia emocional manifestada em noções distintas sobre o que era imaginado, o que era temido, o que era testemunhado e o que era ouvido. Tal leitura nos remete às estruturas de sentimento que os burocratas coloniais endossavam, às fórmulas a que eles se sujeitavam, à mistura de razão imparcial, argumentação exaltada, condicionamento cultural e experiência pessoal que determinavam o que eles optavam por relatar a seus superiores e assim se incorporava à visão oficial. Os documentos coloniais holandeses registram essa economia emocional de várias maneiras: no comedimento dos textos oficiais, na crítica mordaz reservada às anotações marginais, nas notas explicativas dos relatórios oficiais a que geralmente eram relegadas as considerações sobre a prática cultural e nas quais se armazenava o conhecimento local. As questões prementes levantadas por Steven Shapin em sua história social da verdade bem poderiam ser as mesmas dos historiadores coloniais. Pergunta ele: o que era tido como informação confiável? O que adquiria virtude epistemológica, e por meio de quais critérios sociais? Que sentimentos e civilidades produziam o saber colonial "especializado" que conferia crédito a certas pessoas para emitir opiniões sobre a verdade, e a outras não?

Como observa Echevvaria, os arquivos coloniais eram repositórios legais do saber e repositórios oficiais de políticas. Mas eram igualmente repositórios de bom gosto e de má-fé. Os escribas eram encarregados de fazer cópias bem caligrafadas. Mas os relatórios sobre a situação colonial encaminhados ao governador-geral na Batávia e ao ministro das Colônias em Haia geralmente eram escritos por homens de letras cujo *status* na hierarquia colonial fundamentava-se tanto em suas demonstrações de erudição europeia quanto em sua deliberada ignorância do saber local, em sua capacidade de configurar os eventos em enredos familiares, e em seu domínio das artes da deferência, da dissimulação e da persuasão. Tudo se baseava no uso sutil de seus conhecimentos e dotes culturais. Como observou certa vez Fanny Colonna (1997) a respeito da Argélia francesa, a política colonial do saber penalizava os que conheciam demasiado bem e os que conheciam mal a situação local. Nas Índias, os funcionários públicos que conheciam a fundo os assuntos javaneses eram condenados por não acatarem as virtudes da familiaridade restrita e seletiva.

Em seu importante estudo sobre o desenvolvimento de um sistema de informações britânico na Índia, Christopher Bayly (1966) afirma que o domínio do "conhecimento afetivo" foi inicialmente uma preocupação do Estado colonial britânico, a qual foi diminuindo no século XIX, à medida que esse Estado se tornava mais hierárquico, e o exercício do governo, uma questão de rotina. Eu diria, ao contrário, que o conhecimento afetivo estava no cerne da racionalidade política em sua última forma colonial. A modernidade colonial baseava-se no disciplinamento de seus agentes, no policiamento da família, em visões orwellianas de intervenção no cultivo da compaixão, do descaso e do desdém.

A acumulação de conhecimento afetivo não era, pois, uma *etapa* que os Estados coloniais acabariam por superar. Os principais termos dos debates sobre os brancos pobres e os métodos de educação infantil mesmo na década de 1930, pouco antes do fim do domínio holandês, comprovam reiteradamente esse ponto. Quando os documentos coloniais reservados reprovavam o amparo às crianças mestiças abandonadas — ou seja, a "proteção materna" (*Moederzorg*) não deveria ser substituída pela "proteção do Estado" (*Staatszorg*) —, eles estavam colocando a responsabilidade afetiva no cerne de seus projetos políticos. Quando esses mesmos altos funcionários trocavam informações sobre como fazer com que uma crescente população local europeia afastada e descontente mantivesse "fortes laços" com a Holanda, a palavra "sentimento" é que predomina em sua correspondência. As autoridades holandesas talvez nunca tenham chegado a um consenso sobre como cultivar uma mentalidade europeia entre os jovens, ou a partir de que fase do desenvolvimento infantil deveriam começar a fazê-lo. Mas nessas deliberações sobre "formação" e "educação" havia a preocupação a respeito do que fazer para tornar alguém "sensível" a determinados quadros sensoriais e indiferente a outros. Os Estados coloniais e suas autoridades, à semelhança das metropolitanas, tinham bons motivos para interessar-se pela distribuição do afeto e sabiam perfeitamente por que isso era importante para a política colonial.

Lógicas culturais e convenções arquivísticas

> Os arquivos não têm o peso da tradição; não constituem a biblioteca das bibliotecas, fora do tempo e do espaço: revelam as normas da prática [...] seu limite de existência é estabelecido pela descontinuidade que nos separa daquilo que não mais podemos dizer.
>
> Foucault (1972:130)

Uma forma de rever o uso que fazemos dos arquivos coloniais é analisar detidamente, em vez de ignorar, suas convenções, as práticas que ditam sua ordem tácita, suas categorias de classificação, suas normas de arranjo e referência. As convenções arquivísticas podem indicar quais eram as "fontes" confiáveis, aquilo que constituía evidência "suficiente" e as lacunas que — na falta de informação — poderiam ser preenchidas para construir um enredo plausível. Convenções sugerem consenso, mas não se sabe ao certo que opiniões os profissionais coloniais tinham em comum. As convenções arquivísticas foram criadas a partir de um repertório variável de verdades coloniais sobre aquilo que deveria ser classificado como segredos e assuntos de segurança do Estado, e sobre que tipos de ações poderiam ser desacreditadas por terem como motivo vinganças pessoais e sentimentos específicos, ou consideradas como subversão política contra o regime.[16] Tais convenções revelavam não só as taxonomias de raça e controle, mas também o conhecimento profundo, ou raso e desigual que tanto calejados burocratas quanto inexperientes profissionais tinham sobre as regras do jogo.

O estudo dessas convenções pode conduzir a duas direções: à sua lógica consensual, mas também, mais diretamente, a suas regras arbitrárias e múltiplos pontos de divergência. Os conflitos políticos se revelam na viabilidade variável das categorias e nas discordâncias quanto à sua utilização. Mas, como observa Paul Starr, a "informação deslocada" — a inadequação de certas práticas, percepções e populações ao sistema convencional de classificação adotado pelo Estado — pode ter tanto ou mais a nos dizer (Starr, 1992). Era de se esperar que comentários sobre as creches europeias nas colônias surgissem nos relatórios sobre educação, mas o próprio fato de aparecerem também em outros documentos — relatórios sobre a indigência dos europeus e a assistência aos brancos pobres, ou recomendações para aplacar o descontentamento da população de ascendência europeia — sugere que o que estava "deslocado" era geralmente assunto confidencial, e que as crianças orientadas para sensibilidades culturais erradas é que estavam perigosamente deslocadas.

Comissões coloniais: histórias que os Estados contam para si mesmos

Como diz Ian Hacking a respeito das categorias sociais, os arquivos tanto produziam quanto registravam as realidades que ostensivamente descreviam. Contavam histórias morais, criavam precedente em busca de evidência e, além disso, criavam narrativas cuidadosamente elaboradas. Esse trabalho se evidencia sobretudo nas comissões de inquérito ou comissões

---

16. Sobre as distinções administrativas entre o "político" e o "privado", e o "criminoso" e o "subversivo", ver Stoler (1985 e 1988).

estatais. Por definição, as comissões organizavam o saber, reordenavam suas categorias e prescreviam o que os funcionários do Estado estavam encarregados de saber. Como diz o antropólogo Frans Husken sobre as comissões holandesas em Java, "'quando nada mais funciona, e não se consegue chegar a uma decisão, crie uma comissão' era a resposta predileta das autoridades coloniais" (Husken, 1994:213). Mas as comissões não eram apenas uma pausa na política e tática de protelação. Assim como as estatísticas, elas ajudavam a "determinar [...] o caráter dos fatos sociais" e produziam novas verdades na medida em que produziam novas realidades sociais (Hacking, 1991:181). Eram reações à crise que geravam crescente ansiedade, materializando a realidade da própria crise.[17] Quando a maioria das comissões era encerrada (ou gerava as seguintes), podia-se-lhes atribuir o mérito de terem definido "momentos decisivos", justificativas para intervenções e, não menos importante, um saber especializado.

As várias comissões designadas para tratar do problema dos brancos pobres nas Índias entre os anos 1870 e começos da década de 1900, bem como aquelas criadas na África do Sul entre o início dos anos 1900 e fins dos anos 1920 servem para exemplificar meu argumento. Elas têm em comum certas características gerais:[18] produziram relatórios publicados: *Indigência entre os europeus* (1901/02) e *O problema dos pobres brancos na África do Sul* (1929-32) (Asforth, 1990; Husken, 1992); tratavam dos europeus indigentes e de sua atitude inadequada em relação ao trabalho, à diferença racial, ao comportamento sexual e à moralidade; demandaram capacidade e conhecimento administrativos, bem como vários anos de trabalho; produziram milhares de páginas de texto e envolveram grande número de entrevistadores e centenas de entrevistados. No caso das Índias, seus questionários investigativos sobre uniões sexuais, filhos ilegítimos e relações domésticas despertaram o ódio de centenas de colonos europeus que consideravam o governo das Índias como um "Estado inquisitorial". Ambas

---

17. Um bom exemplo do que Ian Hacking chama de "nominalismo dinâmico" ou "efeito de *looping*" na categorização.

18. Não pretendo estabelecer aqui comparações entre políticas coloniais, o que fiz em outros lugares. Ver Stoler (2000a, 2000b e 2009).

as comissões eram repositórios das aflições coloniais — inquietantes testemunhos da insegurança do privilégio branco, das ambiguidades da inclusão na privilegiada categoria de "europeu" e da adoção de uma política pública firmemente baseada na raça; preocupavam-se com o número crescente de brancos empobrecidos porque se preocupavam com algo mais. Como dito na Comissão Carnegie, "vizinhança" com os "não europeus" tendia a pôr em contato nativos e brancos, "neutraliza a miscigenação", atenua a divisão de cor e promove a "igualdade social".[19]

Essas comissões podem e devem ser interpretadas a partir de seu extraordinário conteúdo etnográfico, mas também a partir do conteúdo manifesto em sua forma. Assim como outras comissões coloniais, elas especificavam grupos de pessoas que mereciam a atenção e a assistência do Estado. Além disso, eram textos redentores, destinados a oferecer previsões baseadas em explicações causais de desoneração e culpabilidade. Enfim, eram documentos da criação da historiografia estatal e monumentos da importância da história para a consolidação dos Estados imperiais. Ao escreverem o passado, produziam dramáticas narrativas históricas baseadas em cronologias seletivas, momentos cristalizadores e eventos significativos. Ao definirem a pobreza no presente, também determinavam quem no futuro seria considerado como branco — e, portanto, quem merecia o amparo do Estado. Com isso, escreveram, reviram e reelaboraram genealogias raciais. Nenhuma dessas comissões foi a primeira do gênero. Ao contrário, ganharam crédito por terem representado o passado através de prescrições para o presente e previsões para o futuro. Revelaram, também, algo mais: como as práticas sociais estavam historicamente sedimentadas em eventos e se transformavam em coisas; como o aumento do desemprego e da pobreza entre os colonos europeus tornou-se um "problema" denominado "pauperismo branco", com características próprias. O "pauperismo branco" definia, fisiológica e psicologicamente, diferentes tipos de pessoas, com modos coletivos de "estar no mundo", com atitudes e mentalidades específicas. Como outras comissões coloniais, estas eram consumadas produtoras de tipos e categorias sociais.

---

19. Ver The poor white problem... (1932:xx).

Comissões e estatísticas eram, semelhantemente, instrumentos da arte de governar. São invenções do século XVIII consolidadas pelo Estado liberal do século XIX.[20] Eram produtos e representações do investimento do Estado na transparência pública. Mas as comissões tinham maior autoridade moral na medida em que pretendiam escrutinar a prática estatal, revelar equívocos burocráticos e produzir novas verdades sobre as ações do próprio Estado. Além disso, tais comissões sobre os "brancos pobres" eram fundamentalmente produto de tecnologias "biopolíticas". Não apenas vinculavam a relação entre pais e filhos, e entre babás e crianças, à segurança do Estado, como também buscavam justificação etnográfica, testemunhos oculares de observadores participantes dos atos dos indivíduos — se usavam calçados, falavam holandês ou malaio, ou obrigavam seus filhos a fazerem orações matinais —, práticas diretamente ligadas à fiscalização do Estado sobre sua própria viabilidade.

Tanto as comissões como as estatísticas faziam parte da "ciência moral" do século XIX, que codificava e contabilizava as patologias da sociedade. Enquanto as estatísticas usavam desvios da média para identificar desvios da norma, as comissões complementavam esses números com relatos sobre "casos individuais" para estabelecer graus de moralidade (Appardurai, 1996). As comissões instaladas afirmavam a autoridade do Estado para emitir juízos sobre o bem coletivo e moral da sociedade. Eram instrumentos prescritivos e probabilísticos cujo poder residia parcialmente em sua capacidade de prever e afastar possibilidades politicamente arriscadas.

Tal como as estatísticas, a comissão demonstrava o direito do Estado ao poder através de seu interesse pela verdade. Nas Índias, a Comissão sobre o Pauperismo conferia autoridade moral ao Estado demonstrando sua consciência moral e seu comedimento, seu empenho em refletir criticamente sobre seus próprios percalços, na busca da verdade "a todo custo". Mas seu poder baseava-se em algo mais que sua percepção do clima moral do presente e suas implicações para o futuro. A comissão justificava sua autorização para usar verbas, tempo e pessoal em parte recontando o passado e

---

20. Ver Loades (1997); Desrosières (1998); Breen (1994).

relembrando e reiterando sua interpretação de sua importância duradoura. As narrativas históricas constroem esses textos com casos que afastavam do presente as causas das privações e iniquidades, ainda que reproduzindo as consequências duradouras das políticas de administrações passadas.

Enfim, tais comissões eram essencialmente tecnologias "quase-estatais", em parte do Estado, em parte não, produto ao mesmo tempo de funcionários do governo, porém constituídas invariavelmente por membros externos. Se, como disse Tim Mitchell, os Estados modernos ganham força em parte por criarem e manterem uma fronteira indefinida entre eles mesmos e a sociedade civil, tais comissões exemplificavam tal processo (Gramsci, 1972; Mitchell, 1991). Seus temas específicos eram criados pelo Estado, mas geralmente pesquisados e relatados pelos que não faziam parte de seus quadros permanentes. As comissões Carnegie e das Índias designavam equipes de especialistas preparados para lidar com moralidade (peritos em liturgia), desvios (advogados, educadores) e doenças (médicos), aos quais o Estado conferia temporariamente autoridade pública em assuntos específicos. Elas exemplificavam os meios pelos quais o Estado exercia seu poder designando especialistas "externos" para avaliar a sua capacidade de defender o interesse público e seu compromisso com o bem público.

Tentações arquivísticas e segredos estatais

Como os arquivistas são os primeiros a observar, para compreender um arquivo é necessário compreender as instituições a que ele servia. Os temas inter-relacionados, as partes reescritas e as citações feitas mostram não apenas como as decisões são tomadas, mas também como as histórias coloniais são escritas e reelaboradas. A informação deslocada ressalta quais categorias têm importância, quais delas se tornam senso comum e depois são descartadas. Além disso, indiciam expectativas que fogem a uma forma mais articulada.

A comissão é uma espécie de convenção arquivística, assim como o são os "segredos de Estado". Os Estados lidam com a produção de segredos e sua disseminação seletiva. Nesse aspecto, o Estado colonial holandês cumpria bem o seu papel.[21] Como disse Weber certa vez, o "sigilo oficial" foi uma invenção típica da burocracia, e por esta "fanaticamente defendida". As denominações "sigiloso", "altamente sigiloso" e "confidencial" registravam mais do que ficções de proibição ao acesso público. Tampouco assinalavam as prementes preocupações políticas do Estado colonial. Mais do que isso, tais códigos de ocultação eram os recursos fetichizados do próprio Estado. Os segredos de Estado denominavam e produziam conhecimento privilegiado, e designavam leitores privilegiados, ao mesmo tempo lembrando-lhes qual o conhecimento a ser almejado, e aquilo que era importante saber. O relatório secreto, assim como a comissão, criava categorias que pretendia não mais que descrever. Nas Índias, o documento confidencial impunha um peso político que requeria polícia secreta, informantes pagos e especialistas.

Segredos implicam acesso limitado, porém o que mais impressiona nos arquivos coloniais holandeses é que raramente os assuntos classificados como "confidenciais" (*vertrouwelijk, zeer vertrouwelijk, geheim, and zeer geheim*) eram de fato secretos. Alguns certamente tinham a ver com polícia clandestina e táticas militares (por exemplo, mobilização de tropas para proteger agricultores contra um ataque), mas a maioria desses documentos tratava de questões prosaicas da vida pública nas Índias.[22] Embora se possa argumentar que os documentos que registram a perturbadora presença de mendigos europeus e holandeses sem-teto nas ruas da Batávia eram "sigilosos" para quem os lia nos Países Baixos, certamente isso não era segredo para a maioria dos europeus que vivia nos centros urbanos da colônia.

O que era "confidencial" nesses relatórios não era o tema de que tratavam — no caso, indigentes europeus de "sangue puro" e seus descendentes mestiços —, e sim as divergências entre os altos funcionários sobre como resolver o problema, sobre quais as suas causas, e sobre o número desses

---

21. Segundo George Simmel, em vários aspectos, o desenvolvimento histórico da sociedade se caracteriza pelo fato de que aquilo que numa época anterior era notório torna-se sigiloso, e, por outro lado, aquilo que antes era sigiloso deixa de sê-lo. Ver Wolff (1950:331).
22. Algemeen Rijksarchief (The Hague) Ministerie van Koloniën. Geheim n. 1.144/2.284. Department of Justice to the Governor General, Batavia, 29 abr. 1873.

indigentes. Alguns relatórios eram "confidenciais" porque os funcionários não conseguiam chegar a um consenso sobre o número de mestiços que se achavam em apuros: se eram 29 ou dezenas de milhares.[23] Em suma, às vezes os documentos eram classificados como "confidenciais" e "secretos" por causa da magnitude do problema — e outras vezes porque os funcionários não chegavam a um acordo a respeito de quais eram os problemas. Porém, o mais surpreendente é talvez a variedade de informações confidenciais que os estudiosos do colonialismo esperam que eles divulguem. Segredos de Estado não são necessariamente verdades secretas sobre o Estado, mas promessas de confidências compartilhadas. Se tais segredos são antes registros para chamar a atenção do que métodos de ocultação, então o modo como se produziam os segredos de Estado, aquilo que era sigiloso numa época, e depois não, pode indicar a variabilidade do que se considerava como "senso comum", assim como as mudanças na mentalidade política. Como afirma Marc Ventresca (1995:50), no século XVIII os dados estatísticos eram considerados uma fonte do poder estatal e, portanto, não se divulgavam. O acesso público às estatísticas do Estado é um fenômeno do século XIX.

Os segredos de Estado compunham um recurso básico do arquivo colonial, um elemento decisivo na produção de ficções de acesso reveladas tanto por seu conteúdo quanto por sua forma.

Os arquivos coloniais como "sistemas de expectativas"

Aceitar a sugestão de Jean e John Comaroff (1992) para "criarmos nossos próprios arquivos coloniais" significa não apenas, como eles acertadamente recomendam, considerar novos tipos de fontes, mas também maneiras diferentes de abordar aquelas de que já dispomos, leituras diferentes daquelas que já fizemos (Ventresca, 1995:50).

---

23. Algemeen Rijksarchief. Verbaal 28 March 1874, n. 47. Department of Justice to the Governor General.

Ao passarmos de um projeto extrativo para outro mais etnográfico, nossas leituras dos arquivos devem seguir novos rumos, buscando tanto as falhas em uma leitura linear quanto uma leitura a contrapelo. De Certeau definiu certa vez a ciência histórica como uma redistribuição no espaço, o ato de transformar alguma coisa em outra diferente. Adverte-nos ele que nossa análise histórica dos arquivos deve visar a algo mais do que "simplesmente adotar classificações anteriores"; deve livrar-se das restrições da "série H do Arquivo Nacional", buscando novos "códigos de reconhecimento" e nossos próprios "sistemas de expectativas". Mas essa estratégia depende daquilo que sabemos a respeito do que sabemos (Certeau, 1988:107). Para os estudiosos do colonialismo, tais códigos e sistemas estão no cerne daquilo que ainda precisamos saber sobre os governos coloniais. A amplitude da referência global e da visão lateral que os regimes coloniais desigualmente adotaram sugere que uma sensibilidade etnográfica, em vez de uma atitude extrativa, pode ser mais adequada para entendermos como nações, impérios e regimes racistas se formaram — não de uma maneira que demonstra um saber e um *know-how* confiantes, mas de um modo inquieto e expectante.

REFERÊNCIAS

AMIN, Shahid. *Event, metaphor, memory*: 1922-1992. Berkeley: University of California Press, 1995.

ANDERSON, Benedict. Census, map, museum. In: _____. *Imagined communities*: reflections on the origin and spread of nationalism. Nova York: Verso, 1991. p. 163-186.

APPARDURAI, Arjun. Number in the colonial imagination. In: MODERNITY at large: cultural dimensions of globalization. Minneapolis: University of Minnesota, 1996. p. 114-138.

ASHFORTH, Adam. *The politics of official discourse in twentieth-century South Africa*. Oxford: Clarendon, 1990.

BAYLY, Christopher. *Empire and information*: intelligence gathering and social communication in India, 1780-1870. Cambridge: Cambridge University Press, 1996.

BERNER, Richard. *Archival theory and practice in the United States*: an historical analysis Seattle: University of Washington Press, 1983.

BREEN, William J. Breen. Foundations, statistics, and state-building. *Business History Review*, v. 68, p. 451-482, 1994.

CERTEAU, Michel de. [1974] The historiographic operation. In: _____. *The writing of history*. Nova York: Columbia University Press, 1988.

CHANDLER, J.; DAVIDSON, A.; HAROOTUNIAN, H. (Ed.). *Questions of evidence*: proof practice and persuasion across the disciplines. Chicago: University of Chicago Press, 1994.

COHEN, David William. *Burying SM:* the politics of knowledge and the sociology of power in Africa. Portsmouth, NH: Heineman, 1992.

_____. *The combing of history*. Chicago: Chicago University Press, 1994.

COHN, Bernard. History and anthropology: the state of play. *Comparative Studies in Society and History*, v. 22, n. 2, p. 198-221, 1980.

COLONNA, Fanny. Educating conformity in French colonial Algeria. In: COOPER, Frederick; STOLER, Ann Laura (Ed.). *Tensions of empire*: colonial cultures in a bourgeois world. Berkeley: University of California Press, 1997. p. 346-370.

COMAROFF, Jean; COMAROFF, John. *Ethnography and the historical imagination*. Boulder: Westview, 1992.

COMBE, Sonia. *Archives interdites*: les peurs françaises face à l'histoire contemporaine. Paris: Albin Michel, 1994.

COOK, Terry. Electronic records, paper minds: the revolution in information management and archives in the post-custodial and post-modernist era. *Archives and Manuscripts*, v, 22, n. 2, p. 300-329, 1994.

_____. Mind over matter: towards a new theory of archival appraisal. In: CRAIG, Barbara (Ed). *The archival imagination*: essays in honour of Hugh A. Taylor. Ottawa: Association of Canadian Archivists, 1992. p. 38-69.

_____. What is past is prologue: a history of archival ideas since 1898, and the future paradigm shift. *Archivaria*, v. 43, p. 17-63, primavera 1997.

COOPER, Frederick; STOLER, Ann Laura (Ed.). *Tensions of empire*: colonial cultures in a bourgeois world. Berkeley: University of California Press, 1997.

DAVIS, Natalie Zemon. *Fiction in the archives*: pardon tales and their tellers in sixteenth-century France. Stanford: Stanford University Press, 1987.

DENING, Greg. *The death of William Gooch*: a history's anthropology. Honolulu: Hawaii University Press, 1995.

DERRIDA, Jacques. *Archive fever*: a Freudian impression. Chicago: Chicago University Press, 1995.

DESROSIÈRES, Alain. *The politics of large numbers*: a history of statistical reasoning. Cambridge: Harvard University Press, 1998.

DIRKS, Nicholas B. Colonial histories and native informants: biography of an archive. In: BRECKENRIDGE, Carol A.; VAN DER VEER, Peter (Ed.). *Orientalism and the postcolonial predicament*: perspectives on South Asia. Philadelphia: University of Pennsylvania Press, 1993. p. 279-313.

____ (Ed.). *Colonialism and culture*. Ann Arbor: University of Michigan Press, 1992.

____; ELEY, Geoff; ORTNER, Sherry B. (Ed.). [1983] *Culture, power, history*: a reader in contemporary social theory. Princeton: Princeton University Press, 1994.

DUCHEIN, Michel. The history of European archives and the development of the archival profession in Europe. *American Archivist*, v. 55, p. 14-25, inverno 1992.

ECHEVARRIA, Roberto Gonzales. *Myth and archive*: a theory of Latin American narrative. Cambridge: Cambridge University Press, 1990.

EDWARDS, Elizabeth. Anthropology and colonial endeavor. *The History of Photography*, v. 21, n. 1, primavera 1997.

EVANS-PRITCHARD, E. E. *Anthropology and history*. Manchester: Manchester University Press, 1961.

____. Social anthropology: past and present, The Marett Lecture, 1950. In: ____. *Social anthropology and others essays*. Nova York: Free Press, 1951.

FAUBION, James. History in anthropology. *Annual Review of Anthropology*, v. 22, p. 35-54, 1993.

FOOTE, Kenneth E. To remember and forget: archives, memory, and culture. *The American Archivist*, v. 53, n. 3, p. 378-393, 1990.

FOUCAULT, Michel. [1971] Nietzsche, genealogy, history. In: BOUCHARD, Daniel (Ed.). *Language, counter-memory, practice*: selected essays and interviews by Michel Foucault. Ithaca: Cornell University Press, 1977.

____. The statement and the archive. In: ____. *The archaeology of knowledge and the discourse on language*. Nova York: Pantheon, 1972. p. 79-134.

FOX, Richard. For a nearly new culture history. In: ____ (Ed.). *Recapturing anthropology*: working in the present. Santa Fe: School of American Research Press, 1991. p. 93-114.

GEARY, Patrick. *Phantoms of remembrance*: memory and oblivion a the end of the first millennium. Princeton: Princeton University Press, 1994.

GINZBURG, Carlo. *Clues, myths, and the historical method*. Baltimore: Johns Hopkins University, 1989a.

____. Clues: roots of an evidential paradigm. In: ____. *Clues, myths and the historical method*. Baltimore: Johns Hopkins University Press, 1989b. p. 96-125.

____. *The cheese and the worms*: the cosmos of a sixteenth-century miller. Londres: Penguin, 1982.

234   Pensar os arquivos

GRAFTON, Anthony. *The footnote*: a curious history. Cambridge, MA: Harvard University Press, 1997.

GRAMSCI, Antonio. State and civil society. In: HOARE, Q.; SMITH, G. (Ed.). *Selections from the prison notebooks of Antonio Gramsci*. Londres: Lawrence and Wishart, 1972. p. 257-264.

GUHA, Ranajit. [1983] The proses of counter-insurgency. In: DIRKS, Nicholas B.; ELEY, Geoff; ORTNER, Sherry B. *Culture, power, history*: a reader in contemporary social theory. Princeton: Princeton University Press, 1994. p. 336-371.

HACKING, Ian. How should we do the history of statistics? In: BURCHELL, G.; GORDON, C.: MILLER, P. (Ed.). *The Foucault effect*: studies in governmentality. Chicago: Chicago University Press, 1991.

_____. *The taming of chance*. Nova York: Cambridge University Press, 1990.

HART, Jane Sherron de. Oral sources and contemporary history: dispelling old assumptions. *Journal of American History*, set. 1993.

HUSKEN, Frans. Declining welfare in Java: government and private inquiries, 1903-1914. In: CRIBB, Robert (Ed.). *The late colonial state in Indonesia*. Leiden: KITLV, 1994. p. 213.

LACAPRA, Dominick. History, language, and reading. *American Historical Review*, v. 100, n. 3, jun. 1995.

LÉVI-STRAUSS, Claude. *The savage mind*. Chicago: Chicago University Press, 1966.

LOADES, David. The royal commissions. In:_____. *Power in Tudor England*. Nova York: St. Martin's, 1997. p. 70-82.

MCDONALD, Terrence J. (Ed.). *The historic turn in the human sciences*. Ann Arbor: University of Michigan Press, 1996.

MITCHELL, Timothy. The limits of the state. *American Political Science Review*, v. 85, p. 77-96, 1991.

NORRIS, Christopher. Truth, science, and the growth of knowledge. *New Left Review*, v. 210, p. 105-123, 1995.

NUTTALL, Sarah; COETZEE, Carli (Ed.). *Negotiating the past*: the making of memory in South Africa. Cape Town: Oxford University Press, 1998.

O'TOOLE, James M. On the idea of uniqueness. *The American Archivist*, v. 57, n. 4, p. 632-659, 1994.

PATRIARCA, Silvana. *Numbers and nationhood*: writing statistics in nineteenth-century Italy. Cambridge: Cambridge University Press, 1998.

POOVEY, Mary. *A history of the modern fact*: problems of knowledge in the sciences of wealth and society. Chicago: Chicago University Press, 1998.

POSNER, Ernst. [1940] Some aspects of archival development since the French Revolution. In: DANIELS, Maygene; WALCH, Timothy (Ed.). *A modern archives reader*. Washington, DC: National Archives and Record Service, 1984. p. 3-21.

PRICE, Richard. *Convict and the colonel*: a story of colonialism and resistance in the Caribbean. Boston: Beacon, 1998.

RAPPAPORT, Joanne. *Cumbe reborn*: an Andean ethnography of history. Chicago: University of Chicago Press, 1994.

RICHARDS, Thomas. *The Imperial Archive*: knowledge and the fantasy of empire. Londres: Verso, 1993.

SEKULA, Allan. The body and the archive. *October*, v. 39, p. 3-64, inverno 1986.

SHAPIN, Steven. *A social history of truth*: civility and science in seventeenth--century England. Chicago: Chicago University Press, 1994.

SIDER, Gerald; SMITH, Gavin (Ed.). *Between history and histories*: the making of silences and commemorations. Toronto: Toronto University Press, 1997.

SMITH, Bonnie G. Gender and the practices of scientific history: the seminar and archival research in the nineteenth-century. *American Historical Review*, v. 100, n. 4/5, p. 1150-1176, 1995.

STARR, Paul. Social categories and claims in the liberal state. In: DOUGLAS M.; HULL, D. (Ed.). *How classification works*: Nelson Goodman among the social sciences. Edimburgo: Edinburgh University Press, 1992. p. 154-179.

STOLER, Ann Laura. *Along the archival grain*: epistemic anxieties and colonial common sense. Nova Jersey: Princeton University Press, 2009.

_____. Beyond comparison: colonial statecraft and the racial politics of commensurability. In: AUSTRALIAN HISTORICAL ASSOCIATION, jul. 2000a, Adelaide.

_____. *Capitalism and confrontation in Sumatra's plantation, 1870-1979*. Ann Arbor: University of Michigan Press, 1995.

_____. In cold blood: hierarchies of credibility and the politics of colonial narratives. *Representations*, v. 37, p. 151-189, 1992a.

_____. Labor in the revolution. *Journal of Asian Studies*, v. 47, n. 2, p. 227-247, 1988.

_____. Perceptions of protest: defining the dangerous in colonial Sumatra. *American Ethnologist*, v. 12, n. 4, p. 642-658, 1985.

_____. Racial histories and their regimes of truth. *Political Power and Social Theory*, v. 11, 183-255, 1997.

_____. Sexual affronts and racial frontiers. *Comparative Studies in Society and History*, v. 34, n. 3, p. 514-551, 1992b.

_____. Tense and tender ties: American history meets postcolonial studies. In: ORGANIZATION OF AMERICAN HISTORIANS, abr. 2000b.

_____. Genealogies of the intimate. In:_____ (Ed). *Carnal knowledge and imperial power*: race and the intimate in colonial rule. Berkeley: University of California Press, 2002.

_____; STRASSLER, Karen. Castings for the colonial: memory work in "new order" Java. *Comparative Studies in Society and History*, v. 42, n. 1, p. 4-48, 2000.

THE POOR white problem in South Africa. Report of the Carnegie Commission. Stellenbosch: Pro Ecclesia Drukkerij, 1932.

TROUILLOT, Michel-Rolph. *Silencing the past*: power and the production of history. Boston: Beacon, 1995.

VENTRESCA, Marc. *When states count*: institutional and political dynamics in modern census establishment, 1800-1993. Stanford: Stanford University, 1995.

WHITE, Hayden. *The content of the form*: narrative discourse and historical representation. Baltimore: Johns Hopkins, 1987.

WHITE, Luise. *Speaking with vampires*: rumor and history in colonial Africa. Berkeley: University of California Press, 2000.

WOLFF, Kurt (Ed). *The sociology of George Simmel*. Londres: Free Press, 1950.

PARTE II

Arquivos privados e pessoais: da multiplicidade de sentidos à normatização das práticas

Provas de mim...[1]

SUE MCKEMMISH

Keep them, burn them — they are evidence of me.[2]
Matthew Pearce, apud Swift (1992:52)

*They spent long hours together over little meals she prepared
and talked about life and love and literature, assuring each
other how wise they were. Now that he's moved back to Europe
he writes her frequent letters, making her a witness to his life...*
White (1995b:313)

Um tipo de testemunho

O ato de arquivar é um "tipo de testemunho". No plano pessoal, é um modo de evidenciar e memoriar nossas vidas — nossa existência, nossas atividades e experiências, nossas relações com os outros, nossa identidade, nosso "lugar" no mundo. Em seu romance *Highways to war*, Christopher Koch (1995) nos oferece algumas ideias interessantes sobre o arquivamento pessoal como um "tipo de testemunho". Seu personagem fictício Mike Langford, baseado na vida do *cameraman* Neil Davis,[3] é um fotógrafo de guer-

---

1. Publicado originalmente com o título: Evidence of me... *Archives and Manuscripts*, v. 24, n. 1, p. 28-45, maio 1996. Posteriormente publicado, a convite, em *The Australian Library Journal*, v. 45, n. 3, p. 174-187, ago. 1996. Em 1997, o artigo ganhou o *Australian Society of Archivists' Mander Jones Award*, conferido à publicação considerada maior contribuição individual para a área dos arquivos, na Austrália, no ano anterior. O artigo inspirou uma réplica de Harris (2001), que, por sua vez, deu origem a uma tréplica de McKemmish e Upward (2001). Meus agradecimentos ao colega Frank Upward, por seus comentários sobre a versão preliminar deste texto, e a Michael Piggott, por seu incentivo e apoio.
2. Tolstoy foi ainda mais enfático ao falar de seu diário: "O diário *sou* eu" (Cf. *Tolstoy's diaries*, editado e traduzido por R. F. Christian, Flamingo, 1995). Agradeço a Michael Piggott por ter chamado minha atenção para essa citação.
3. Neil Davis fez o famoso filme em que um tanque norte-vietnamita atravessa o portão da Embaixada americana no que hoje é a cidade de Ho Chi Minh. Ele filmou uma década de guerra na Indochina, e morreu algum tempo depois filmando um confronto na Tailândia.

ra australiano que desaparece no Camboja após o surgimento do Khmer Vermelho. Sua história nos é contada através de seu diário registrado num gravador, suas anotações de trabalho, e suas fotografias e de seus amigos, constituindo-se tudo isso em "testemunhos" de sua vida.

Aqueles entre nós que, como Mike Langford, preservam registros pessoais estão empenhados no processo de criação de um arquivo pessoal. A funcionalidade de um arquivo pessoal, sua capacidade de testemunhar uma vida, depende de quão sistematicamente nos damos ao trabalho de criar nossos registros como documentos, considerando-os documentos (isto é, organizando esses registros entre si e "situando-os" no contexto de atividades afins), preservando-os e descartando-os ao longo do tempo (isto é, organizando-os para que sirvam de memória a longo prazo de atividades e relacionamentos importantes). Os arquivistas, em particular os coletores de arquivos, estão em parte engajados no processo de garantir que um arquivo pessoal considerado valioso para a sociedade em geral seja incorporado aos arquivos coletivos da sociedade, constituindo assim uma parte acessível da memória dessa sociedade, de seu saber experiencial e de sua identidade cultural — prova de *nós*.

O que caracteriza o comportamento dos indivíduos quem mantêm documentos, e que fatores condicionam tal comportamento? Que tipos de "culturas pessoais de arquivamento" podem ser identificados?

Num extremo, temos aqueles como o personagem Ann-Clare, do romance *The grass silver*, do australiano Gillian Mears. Sete anos após o desaparecimento de Ann-Clare na África, sua irmã inicia uma busca que tem por objetivo conhecer melhor Ann-Clare, o relacionamento entre ambas, e assim entender a sua morte: "Entre as coisas de Ann-Clare, encontro quase todas as cartas que recebeu e cópias de suas respostas." (Mears, 1995:62).

Há "registros externos e internos", além de fotografias e *slides* que documentam os detalhes mais íntimos da vida e das relações de Ann-Clare. Temos em Ann-Clare um intrigante e perturbador retrato de uma arquivadora obsessiva.

O filme gravou o momento de sua morte quando a câmera caiu de suas mãos e continuou capturando as imagens do solo.

No outro extremo, existem aquelas pessoas que funcionam essencialmente num modo "rememorativo". Patrick White é exemplo por excelência desse tipo de "arquivador": "Ele não mantinha diários, jamais guardou cartas, nem fez cópias das que escreveu. Tinha apenas sua memória, mas lembrava-se de tudo".[4]

E, entre as Ann-Clares e os Patrick Whites, existe toda uma gama de comportamentos relativos à manutenção de registros pessoais.

Os arquivistas podem analisar o que acontece no arquivamento pessoal do mesmo modo como analisam o arquivamento corporativo. Assim como identificam atividades e funções corporativas importantes, e especificam os documentos mantidos como prova dessas atividades, da mesma forma eles podem analisar papéis socialmente atribuídos e atividades correlatas e concluir quais documentos os indivíduos guardam como provas desses papéis e atividades — "provas de *mim*". Podem também definir os indivíduos em termos de suas relações com os outros — usando palavras que implicam papéis ou relacionamentos, lembrando James Baldwin quando disse aos brancos: "vocês têm que *me* chamar de negro; isso é o que define *vocês* como brancos". Cônjuge, amante, companheiro, camarada, pai ou mãe, irmão, criança, neto, padrinho, amigo, empregado, contribuinte, cidadão, assinante, membro de um clube, associação ou igreja, estudante, companheiro de quarto, cliente, ancestral, descendente... *eu*, todas essas palavras relacionam os indivíduos entre si e com a sociedade. Tais relações implicam modos socialmente condicionados de se comportar e interagir que se estendem também ao comportamento relacionado com o arquivamento de documentos.

Que registros das atividades associadas a esses vários papéis os indivíduos desejam ou necessitam manter, e sob que forma documental? Por que necessitam mantê-los? Por quanto tempo necessitam fazê-lo e por quê? Por que certos indivíduos conservam seus documentos ao longo do tempo de modo a possibilitar-lhes a criação de um arquivo pessoal? Tal como sucede no caso da manutenção de documentos corporativos, no tocante à manuten-

---

4. Marr (1992:597), referindo-se às memórias de White, *Flaws in the glass.*

ção de documentos pessoais, tais questões podem ser abordadas com relação a aspectos tais como as competências e seus respectivos direitos, deveres e responsabilidades; a necessidade de continuar cumprindo efetivamente determinado papel; ou necessidades fundamentais ligadas a uma percepção de si, de identidade, de um "lugar" no mundo. Onde encontrar formulações sobre a importância do arquivamento para atestar e rememorar uma vida?

Poderíamos começar pelas obras de sociólogos. Anthony Giddens, por exemplo, ao explorar questões de identidade e modernidade fala da "narrativa do eu":

> A questão existencial da autoidentidade está ligada à frágil natureza da biografia que o indivíduo "fornece" a seu respeito. A identidade de uma pessoa não reside no comportamento, nem — ainda que isso seja importante — nas reações dos outros, e sim na capacidade de *dar seguimento a uma narrativa particular*. A biografia do indivíduo, para manter uma interação regular com os outros no cotidiano, não pode ser inteiramente fictícia: deve incorporar continuamente os eventos que ocorrem no mundo externo e ordená-los na "história" em curso sobre o eu. [Giddens, 1991:54][5]

Mesmo que uma "narrativa do eu" jamais venha a ser escrita, manter registros, em especial um diário, pode ser um meio de "dar seguimento a uma narrativa particular". De fato, manter um diário tornou-se uma forma recomendada de autoterapia, um meio de "sustentar um senso integrado do eu" (Giddens, 1991:76). Giddens refere-se também ao "processo de mútuas revelações" ligado às relações íntimas na era moderna. Um aspecto desse processo é, talvez, o fato de escrever e guardar cartas.

A escrita criativa e reflexiva também levanta questões fundamentais sobre a natureza e o papel dos documentos como "prova de *mim*" — por que criar e preservar documentos, por que queimá-los? —, bem como sobre o gesto pessoal de arquivamento.

---

5. Agradeço a Frank Upward por ter chamado minha atenção para essa referência.

Guarde-os...

Ambientado no presente e no passado, o romance *Even after*, de Graham Swift (1992), narra duas histórias paralelas: numa, Bill Unwin relata em primeira pessoa uma vida contemporânea; noutra, conta uma história baseada em anotações de seu ancestral vitoriano Matthew Pierce. Um dos temas abordados pelo romance é a razão pela qual as pessoas produzem e conservam documentos.

Por outro lado, e na medida em que tais categorias ainda são significativas, *The silent woman* é uma obra de não ficção escrita por Janet Malcolm (1994) como uma "meditação sobre o problema da biografia", tomando como estudo de caso as biografias de Sylvia Plath, poeta norte-americana que se suicidou em 1963, depois que seu marido, o poeta inglês Ted Hughes, deixou-a por outra mulher. Malcolm desconstrói as várias biografias de Plath, tanto as que são favoráveis a ela quanto as que são favoráveis a Hughes. Desconstrói igualmente suas fontes — os poemas, um romance, os contos, diários e cartas de Plath, e as cartas de Hughes, bem como as cartas, depoimentos e memórias de familiares e amigos. A autora elabora assim a sua própria história da vida e morte de Plath, abordando questões fundamentais, como, por exemplo, por que as pessoas criam e preservam documentos, o que elas registram, as formas documentais escolhidas e seu significado para futuros leitores:

> Estava eu assim me inteirando das brigas de um casal. As cartas destilavam acusações, recriminações, ressentimento, ofensas, ameaças, insultos, demonstrações de pena, ódio, petulância, desprezo, orgulho ferido — todo o repertório de maus sentimentos que pessoas que mantiveram um relacionamento obsessivo jogam na cara uma da outra como baldes de água suja... As cartas fixam a experiência. O tempo corrói o sentimento. O tempo gera indiferença. As cartas nos mostram aquilo que um dia prezamos. *Elas são fósseis do sentimento*. [Malcolm, 1994:110; grifo meu]

O romance *Even after* é em parte a história de Mathew, arqueólogo e geólogo amador, filho de um relojoeiro da Cornuália, nascido num mundo pré-darwiniano em que as pessoas "ainda tinham alma". Mathew casou-se com a filha de um pastor do condado de Devon, teve filhos e "quase viveu feliz para sempre". "Eis que certo dia Mathew disse ao vigário que não mais acreditava em Deus. Resultado: escândalo, divórcio..." (Swift, 1992:47).

A dúvida religiosa assaltara Mathew enquanto ele lutava para chegar a um acordo sobre a "evidência" do passado, a partir do momento descrito por ele como o "momento em que perdi a fé". É quando ele está num sítio arqueológico em Dorset e vê os ossos de um ictiossauro — "o crânio de um animal que deve ter vivido, segundo certas teorias, há muito mais tempo do que admitem as Escrituras [...]" (Swift, 1992:101). Lutava ele igualmente para aceitar a morte de seu filho, como anotado em seus cadernos, os quais abrangem o período de seis anos decorrido entre essa morte e o fim de seu casamento em 1860 (ano em que Darwin publicou *A origem das espécies*), e relatam a perda de sua fé. Preservados para a posteridade, dão testemunho de como "ideias que abalaram o mundo" se manifestavam no microcosmo de uma vida privada. Em 1869, Mathew embarca para a Austrália, deixando seus cadernos para a ex-mulher, com as seguintes palavras: "o que você fará com eles — ignorá-los, guardá-los ou destruí-los — não é do meu interesse. [...] Guarde-os, queime-os — eles são provas de *mim*" (Swift, 1992:51-52).

Por que Mathew escreveu os cadernos? Por que os guardou? Por que sua ex-mulher não os queimou?

> Esses anotadores. Essa necessidade de tomar notas; de registrar. [...]. Será que, de algum modo, em meio ao tormento de sua alma (sua o quê?), Mathew teria vislumbrado a posteridade? Algum futuro leitor. Algum credenciador desconhecido. [...] Uma pequena súplica, afinal, pela não extinção. Uma vida, afinal, para além da vida. [...] [Swift, 1992:207]
>
> E Elizabeth? Ela guardou a carta, guardou os cadernos. Ela ainda o amava. [Swift, 1992:221]

Por que Plath escreveu poemas, diários e cartas? Que aspectos de sua vida eles representam? Por que outras pessoas — o marido, a mãe, os amigos — guardaram e publicaram os escritos da poeta e suas próprias anotações a respeito do relacionamento com ela? Hughes, por exemplo, guardou e publicou os diários de Plath, mas destruiu os dois que se referiam aos meses que antecederam sua morte. A mãe guardou e depois finalmente publicou as cartas que a filha lhe enviara. Outros amigos guardaram as cartas da escritora e as confiaram a coleções de manuscritos espalhadas pelo mundo. Segundo Hughes, o "verdadeiro eu" de Plath só se revela em seu últimos poemas, os quais após sua morte firmaram sua reputação como poeta e mais tarde assumiram outro significado, em virtude das circunstâncias dessa morte. Para ele, os primeiros poemas, o romance, os contos e cartas de Plath representam seus "falsos eus", enquanto seus diários registram "sua luta cotidiana com seus eus conflituados" (Malcolm, 1994:4). Significativamente, à luz dessa interpretação, Hughes destruiu o registro que ela fez de sua "luta cotidiana" nos diários escritos à mesma época que seus últimos poemas.

Afastando-se da visão de Hughes com relação aos "eus conflituados", Janet Malcolm fala das "muitas vozes em que a escritora se manifestava — as vozes dos diários, de suas cartas, do romance *A redoma de vidro*, dos contos, dos primeiros poemas, das poesias de *Ariel* —, [que] falseavam toda a ideia de uma narrativa biográfica" (Malcolm, 1994:17). Ela contrasta o tom "mordaz e sombrio" da escritora de diários, e sua extraordinária intimidade, com o tom da escritora de cartas domésticas (Malcolm, 1994:38); e a *persona* por trás das "cartas particulares e espontâneas", enviadas à mãe na certeza de que não seriam alvo de críticas, com a *persona* por trás dos poemas, "a personalidade pela qual Plath gostaria de ser representada e lembrada" (Malcolm, 1994:34). Assim, podemos ver não só como os documentos arquivísticos (diários e cartas) fornecem "provas de *mim*", mas também como o tipo de evidência que tais documentos capturam está relacionado com a evidência contida em outros tipos de documentos — como diferentes gêneros documentais comunicam diferentes aspectos de uma vida, exprimindo-se em diferentes vozes.

Queime-os...

Durante boa parte de sua vida, Patrick White foi o arquétipo de um destruidor de documentos:

> É horrível pensar [...] que as cartas de alguém ainda existem. Estou sempre queimando-as. Amanhã mesmo devo lançar ao fogo um diário de guerra que descobri outro dia no fundo de um armário. (apud Marr, 1992:323; extraído de uma carta escrita em 1957 ao editor americano Bem Huebsch)

Seus manuscritos também eram rotineiramente incinerados:

> Eu estava queimando os papéis, maço por maço, pensando que poderia talvez conservar apenas esse pequeno maço. Fora todo escrito à mão, nos tempos em que Patrick tinha uma bela caligrafia, muito fácil de ler. Mas não pude evitá-lo, pois prometera queimá-los. E quando faço uma promessa, devo cumpri-la.[6]

A destruição de documentos e a psicologia do destruidor foram temas igualmente recorrentes na ficção de White:

> De nada adianta guardar velhas cartas... É mórbido. Você começa a lê-las novamente e esquece que seguiu em frente.[7]
>
> Ele começou a descartar seus papéis aos punhados, e os segurava com o chinelo quando o vento ameaçava carregá-los para longe [...]
>
> Era tanto um plantio quanto uma dispersão de sementes. Quando terminou, se sentiu mais leve, mas sempre tinha sido, suspeitou enquanto se afastava.
>
> Agora, ao menos, ele estava livre de praticamente tudo...[8]

---

6. Manoly Lascaris, referindo-se à queima dos manuscritos de *The tree of man* e *Voss* (apud Marr, 1992:441). Mesmo a contragosto, Lascaris, também a pedido de White, queimou todas as cartas que este lhe enviara.

7. *The tree of man*, p. 213 (apud Marr, 1992:441).

8. *The solid mandala*, p. 213 (apud Marr, 1992:442). Talvez a concepção de White sobre a destruição de cartas e outros documentos pessoais esteja baseada em sua experiência como oficial da inteligência da RAF no Oriente Médio durante a Segunda Guerra Mundial,

Quando a Biblioteca Nacional da Austrália tentou coligir os documentos de White em 1977, obteve a seguinte resposta:

> Meus manuscritos são destruídos tão logo os livros são publicados. Faço muito poucas anotações nos cadernos, não guardo as cartas de meus amigos, assim como lhes peço que não guardem as minhas, e tudo que eu deixar inacabado quando morrer deve ser queimado. As versões finais de meus livros são o que eu desejo que as pessoas vejam, e lá estará tudo o que julgo ser importante para mim. [apud Marr, 1994:492]

Evidentemente, restaram várias cartas de White nos arquivos de seus correspondentes que não atenderam ao seu pedido para destruí-las. Marr (1994:107) nos oferece uma visão interessante da psicologia ou, em alguns casos, da economia do ato de coligir ao comentar que, após a publicação de *The tree of man*, uma quantidade bem maior de cartas de White encontra-se preservada: White era então um homem cujas cartas foram guardadas.

Nos últimos anos de vida, White mudou radicalmente seu modo de pensar a respeito da preservação de documentos. Antes, segundo Marr, "o mais importante era sua privacidade". Além disso, à diferença dos que não têm boa memória, a sua era prodigiosa, de modo que ele não precisava guardar documentos para as suas recordações pessoais. Sua "narrativa do eu" se mantinha através das lembranças e das formas literárias de seus romances e contos. Contudo, também para White, chegou um momento em

---

quando esteve encarregado de censurar cartas pessoais de outros membros de sua unidade — "cartas entre homens e mulheres que, aparentemente, jamais se reencontrariam". White baseou-se nessa experiência para escrever *Voss* — "o relacionamento à distância entre Voss e Laura floresceu por meio dessas cartas censuradas" (Marr, 1992:226). White ficou particularmente perturbado com o modo pelo qual as cartas e cadernos de Katherine Mansfield foram usados para acusá-la. Embora afirmasse que preferia "lembrar-se dela por suas histórias", ele também confessou ter ficado "tremendamente intrigado com os desabafos íntimos" (carta a Marshall Best citada em Marr, 1992:376). O comportamento destrutivo de White com relação a cartas, diários e manuscritos não se estendeu às fotografias: embora tenha descartado todas as cartas e a maioria dos documentos que passaram por suas mãos, White guardou fotografias. Caixas delas. (ver a resenha de David Marr do livro de William Yang, *Patrick White: the late years*. Pan Macmillan, 1995). Agradeço mais uma vez a Michael Piggott por essa referência.

que o mais importante não era mais a sua privacidade, e sim deixar para a posteridade evidências a respeito de sua própria vida. Assim, atendendo ao pedido de Marr para que o ajudasse a escrever sua biografia, solicitou a seus correspondentes que lhe dessem acesso a suas cartas, e finalmente autorizou o biógrafo a coligi-las e publicá-las.[9] Assim como as cartas de Plath, os originais de White podem hoje ser encontrados nos registros de seus correspondentes pessoais e comerciais depositados em arquivos e bibliotecas de várias partes do mundo.

Vale notar que um dos grandes méritos da biografia de White escrita por Marr, que se concentra nos motivos pelos quais ele se tornou um escritor e nas origens de seus textos, reside na constante filtragem da informação contida numa carta de White — sobre suas atividades, seus escritos, suas ideias, sentimentos e relações com os outros —, tomando por base a natureza particular da relação entre White e o seu destinatário, e estabelecendo vínculos entre as diferentes maneiras pelas quais as cartas e as obras literárias de White evidenciam sua identidade. Diversos aspectos da personalidade de White se revelam aos seus vários e numerosos correspondentes, dependendo da natureza e do grau de sua intimidade com eles, embora os traços mais reveladores de sua personalidade multifacetada fossem compartilhados com seus leitores através do retrato dos diversos personagens por ele criados que representam aspectos de si mesmo.

As ideias contidas nos trabalhos criativos e reflexivos anteriormente mencionados mostram que pode ser proveitoso para os arquivistas explorar mais a fundo uma série de questões. Por exemplo, que outros tipos de documentos podem servir como prova, o que eles evidenciam? Analisar mais detidamente o modo como as cartas pessoais evidenciam os relacionamentos ajuda-nos a compreender a natureza multifacetada da proveniência e pode levar os arquivistas a especularem, como fez Chris Hurley, que o lócus da proveniência talvez não seja, afinal, as pessoas ou as entidades corporativas, e sim as relações entre elas. As cartas pessoais podem nos

---

9. Marr (1992:647) descreveu como a prima de White, Peggy Garland, mostrou-lhe "o que esse livro poderia ser" quando colocou em suas mãos o primeiro "eletrizante pacote de suas cartas".

informar *sobre* muitos aspectos da vida de um indivíduo, mas evidenciam principalmente as relações e interações entre o remetente e o destinatário. O contexto para interpretar a informação nelas contida é essa relação, essa interação. Tal discussão sugere igualmente que precisamos entender melhor como as cartas servem de documentos (informação) e registros (prova da relação entre as partes envolvidas), e como seu valor informativo depende de seu valor probatório — e também as implicações disso para outras formas de documento. Nessas áreas, o conhecimento dos arquivistas sobre o atributo de "registrabilidade" e a importância do contexto em relação aos documentos arquivísticos deve contribuir para o conhecimento de outros cuja principal preocupação reside quer no modo como os documentos servem de informação, quer na interpretação de outros tipos de evidência.

O animal contador de histórias

O livro *Highways to war,* de Christopher Koch, nos mostra o poder da fotografia para documentar ou congelar o momento. Cobrindo a guerra no Vietnã e depois no Camboja, Langford fotografa a ação em situações de extremo risco, como o fizeram na vida real o cinegrafista Neil Davis e o fotojornalista Don McCullin, cujas carreiras foram dedicadas a "testemunhar eventos catastróficos".[10]

> Eram fotografias extraordinárias. Ele nasceu para trabalhar com instantâneos, sempre quis congelar o momento... Ele fotografou soldados americanos à beira da morte, como fez com as tropas AVRN, capturou as expressões de seus rostos naqueles instantes. Eram fotografias que você não esquece... [Koch, 1995:163-164]

O romance de Koch é, sob muitos aspectos, um relato bastante idealizado, mas seu retrato do papel cumprido pelo fotógrafo como testemunha

---

10. A expressão provém da resenha de Harry Gordon (A haunted witness, *The Saturday Age Extra,* 3/2/1996) sobre o livro de McCullin, *Sleeping with ghosts: a life's work in photography.* Vintage, 1996.

do momento reflete-se em vários outros escritos sobre fotografia. Como disse Alfred Eisenstaedt, também fotojornalista na vida real: "o trabalho do fotógrafo é buscar e captar o momento que conta uma história".

Em outra de suas obras de ficção, *Waterland*, Graham Swift (1992b:62) expõe a tese segundo a qual o que define o ser humano é a necessidade fundamental de contar uma história, o instinto de nos justificarmos. O protagonista do romance, referindo-se às histórias que a mãe lhe contava para apaziguar seu medo da escuridão, diz:

> Meu primeiro contato com a história se deu através das palavras de minha mãe, das histórias de faz de conta que ela me contava na hora de dormir: como Alfred queimou os bolos, como Canuto comandou as ondas, como o rei Charles se escondeu em um carvalho — como se a história fosse uma invenção agradável. E mesmo depois, como colegial, quando fui introduzido à história como objeto de estudo, quando inclusive nutria por ela uma espécie de paixão juvenil, ainda era a aura fabulosa da história que me atraía, e eu acreditei, talvez como você, que a história fosse um mito. Até que uma série de encontros com o aqui e agora, me agarrando pelo braço, batendo no meu rosto e me dizendo para dar uma boa olhada para a bagunça em que eu estava, me fizeram ver que a história não era invenção; ela de fato existia — e eu me tornara parte dela. [Swift, 1992: 62]

Somente mais tarde, acrescenta, "percebi que a história não era uma invenção, mas que realmente existia — e que eu me tornara parte dela".

Swift nos dá uma noção de como a "narrativa do eu" de Giddens pode fundir-se com a narrativa da coletividade — e enfim contribuir para o relato que constitui a própria história

> Então, assumi meu foco de interesse. Então comecei a examinar a história — não apenas a surrada história do vasto mundo, mas também, e com especial dedicação, a história de meus antepassados de Fenland. E comecei a exigir da história uma Explicação. Somente para descobrir, através dessa indagação, mais mistérios, mais surpresas e motivos de perplexidade do que eu tinha antes; somente para concluir, 40 anos depois — não obstante a admiração pela utili-

dade e o poder instrutivo da disciplina que eu escolhera —, que a história é um relato. E não tenho como negar que nesse tempo todo o que eu buscava não era alguma preciosidade que a história pudesse revelar, e sim a própria História: a Grande Narrativa, capaz de preencher lacunas e espantar o medo da escuridão.

Swift acaba por relacionar a identidade humana à "capacidade para sustentar a narrativa":

Crianças, somente os animais vivem inteiramente o aqui e o agora. Somente a natureza desconhece a memória assim como a história. Porém o homem — permitam-me oferecer-lhes uma definição — é o animal contador de histórias. Onde quer que vá, ele quer deixar atrás de si não um rastro caótico, um espaço vazio, e sim as reconfortantes boias e tabuletas sinalizadoras das histórias. Ele precisa continuar contando e elaborando histórias. Enquanto houver uma história, está tudo bem.

Assim como Giddens, Swift nos põe em confronto com a ampla gama de suas ideias — lembra-nos que a manutenção de registros é apenas uma espécie de testemunho, um dos processos que contribuem para sustentar a narrativa, embora esteja inextrincavelmente ligada a aspectos fundamentais da identidade individual e cultural.

Testemunhando o momento cultural

Além de levar em consideração a necessidade que tem o indivíduo de evidenciar e memoriar uma vida — de deixar atrás de si "as reconfortantes boias e tabuletas sinalizadoras das histórias" — ou os padrões de comportamento relacionados com a manutenção de documentos pessoais, os arquivistas podem indagar a respeito do valor que pode ter para os outros um arquivo pessoal. Podem analisar como a sociedade criou sistemas e políticas para transmitir através do tempo e do espaço os documentos pessoais, de modo que conservem suas qualidades como "provas de *mim*". O estudo dos diários pode ser bastante esclarecedor a esse respeito: trata-se de uma

forma documental e também de um sistema de manutenção de registros —
sistema que é tão institucionalizado em nossa sociedade que os indivíduos
podem prontamente seguir suas "regras" e "protocolos", implementando os
processos de arquivamento associados à elaboração de um diário que conservem seu caráter transacional, evidencial e memorialístico.[11] Igualmente
importante seria investigar o fenômeno do colecionamento de arquivos
como exemplo de uma forma institucionalizada de preservar a memória de
uma sociedade — e até que ponto este é um meio efetivo de transbordar um

---

11. Alguns podem discutir se diários e outros documentos pessoais reflexivos, isto é, cartas
não enviadas, notas para si mesmo, e versões preliminares de textos acumulados em conjuntos documentais pessoais, são, de fato, documentos. Eles se encaixam na definição de
documento focada em seus atributos de transação comunicada, capturada, mantida em
contexto, e guardada como prova da atividade social ou comercial a qual se associa pelo
tempo em que mantiver seu valor? Diários pessoais são comunicações? Eles capturam
transações no contexto social ou profissional ao qual se associam? Eles são mantidos ao
longo do tempo como prova? Potencialmente, a resposta pareceria ser sim. Alguns argu-
mentariam que diários pessoais são comunicações/transações com o eu. Esse significado
do diário é explorado pela biógrafa Brenda Niall em uma resenha de *Diaries*, de Judy
Cassab (Knopf, 1995): "Um diário é a forma de escrita mais privada. Autobiografias são
expostas ao mundo; cartas são transações entre duas pessoas, mas, no diário, o eu fala somente para o eu" (Painting a life on pages of a diary. *The Sunday Age, Agenda*, 7/1/1996).
Certamente, os diários variam desse tipo de comunicação muito privada com o eu àquela
que pretende ser publicada (Michael Piggott cita como um exemplo interessante deste
gênero o *West Indian tour diary*, de Steve Waugh). Existe um sentido mais fundamental
pelo qual qualquer diário se qualifica como uma forma de comunicação — os processos
socialmente condicionados envolvidos na manutenção de um diário indicam uma potencial
comunicabilidade, a despeito da intenção do autor de realmente divulgá-lo. A intenção
do autor de não divulgá-lo ou o fato de torná-lo deliberadamente inacessível a olhares
curiosos são irrelevantes para o estatuto do diário como documento. Os fatores críticos na
determinação desse estatuto são: a) ser apresentado em uma forma documentária potencialmente acessível a outras pessoas; b) ser integrado em um sistema de arquivamento no
contexto de uma atividade social ou profissional; c) ser mantido de maneira que permita
a continuidade de sua função como prova de atividade.

Mesmo que primariamente reflexivos, os diários têm, em geral, uma função instrumental
nos processos sociais que dizem respeito às atividades cotidianas de quem os mantém, a
seus papéis sociais e profissionais, e a suas relações com outros. Talvez, de forma ainda
mais significativa, eles podem evidenciar a maneira pela qual nós nos "posicionamos" em
relação aos outros. A chave para a potencial qualidade documentária do diário é a possibilidade de ele ser capturado por processos que o fixam no tempo e no espaço, o ligam ao
seu contexto transacional (ou seja, o contexto de uma atividade social relacionada com as
funções e os papéis de um indivíduo particular na sociedade), e o mantêm contextualizado, tornando-o "rastreável" no tempo e espaço. Sua natureza transacional e probatória,
as características distintivas do documento de arquivo, pode ser determinada por esses
critérios. Biógrafos, historiadores e outros têm estudado diários, certamente, a partir de
suas perspectivas particulares.

arquivo pessoal para além dos limites de uma vida particular, e de cumprir o papel de transformar a prova de *mim* em prova de *nós*.

Há nos escritos de Edmund White uma aguda percepção da relação entre a manutenção de documentos pessoais e as questões ligadas à identidade cultural e à memória, bem como ao "instinto de testemunhar":

> Talvez seja indelicado ou irrelevante, para a avaliação crítica, considerar um artista, escritor, comerciante ou curador levando-se em conta a sua morte. Contudo, a necessidade de prestar homenagem ao morto é um instinto premente. Os quadros de Ross Bleckner intitulados *Hospital room*, *Memoriam* e *8,122 + as of january 1986* homenageiam os que morreram de Aids e incorporam troféus, bandeiras, flores e portões — imagens públicas.
>
> Há também uma forte necessidade de registrar o nosso próprio passado, nossa própria vida, antes de desaparecermos. Suponho que todos ao mesmo tempo acreditam e preferem ignorar que cada detalhe de nosso comportamento se inscreve na arbitrariedade da história. Que a cultura, que a época em que vivemos determina como fazemos sexo, enlouquecemos, casamos, morremos e reverenciamos, até mesmo como dizemos *Ai!* ao invés de *Ouch!* quando somos beliscados... Para os *gays*, essa força da história veio a purificar-se, perdeu seu aspecto natural. A própria rapidez da mudança revelou o estridente maquinismo da história. Ter sido oprimido nos anos 1950, libertado nos anos 1960, exaltado nos anos 1970 e dizimado nos anos 1980 é um itinerário rápido demais para ser seguido por uma cultura inteira. Pois estamos testemunhando não só a morte dos indivíduos, mas também a ameaça a toda uma cultura. Mais uma razão para dar testemunho do momento cultural. [White, 1995b:215]

Por outro lado, cabe refletir sobre a importância que tem para as questões da identidade individual o fato de testemunhar o momento cultural. Recentemente, a reação despertada na Austrália pela exposição "Entre dois mundos", promovida pelo Arquivo Nacional daquele país, mostrou quão fortemente a preservação de documentos enquanto memória cultural evidencia o passado e estabelece importantes ligações com o aqui e o agora das vidas individuais. Os documentos lá exibidos testemunham a política cruel e infame que separou de suas famílias as crianças da etnia *koori*, especialmente aquelas consideradas mestiças, causando-lhes sofrimento por toda a vida. O efeito dos testemunhos acerca das crianças *koori* cujas famílias tinham sido atingidas por essa política foi resumido por Michale Long, que abriu a exposição. Tinha ele uma vaga noção dessa política e de seu legado, mas, como afirmou, somente ao assistir à exposição, percebeu o seu efeito devastador sobre o seu povo e pela primeira vez inteirou-se do sentimento de perda e de dor dos membros das famílias diretamente afetadas.[12]

Sem dúvida, nas obras dos sociólogos também encontramos especulações sobre a contribuição da manutenção de arquivos tanto pessoais quanto corporativos para se preservar a memória social, o conhecimento experiencial e a identidade cultural. Anthony Giddens, por exemplo, examina tais aspectos no que concerne à informação registrada enquanto fonte autorizada. No contexto mais amplo por ele apresentado, é possível identificar o papel especial dos documentos arquivísticos na transmissão da cultura (Upward, 1993).

Exterminando a memória

Na Bósnia-Herzegovina, eventos recentes forneceram-nos um exemplo chocante de quão fundamental é garantir a preservação dos documentos pessoais e corporativos, e de outros documentos que possam produzir prova da identidade cultural; tanto assim que as bibliotecas e arquivos foram deliberadamente visados durante os bombardeios.

Eis como um escritor interpretou a destruição deliberada dos acervos de instituições como a Biblioteca Nacional e a Universidade de Sarajevo:

---

12. Ao tempo em que escrevia, o governo acabara de instaurar um inquérito sobre as "crianças roubadas" da Austrália, aquelas em relação às quais os arquivos oficiais, em anotações casuais como "vai passar por europeu; cabelo preto, pele escura, mas afora isso bastante atraente", testemunham o racismo institucionalizado que sustentou a política do governo (...afora isso — palavras simples feitas brutais nesse contexto).

As bibliotecas, arquivos, museus e instituições culturais da Bósnia foram alvo de destruição, no intuito de eliminar qualquer evidência material — livros, documentos e obras de arte — capaz de lembrar às futuras gerações que pessoas de diferentes tradições étnicas e religiosas tiveram algum dia um patrimônio comum. Não satisfeitos em aterrorizar e exterminar os vivos, os executores da "limpeza" étnica queriam também eliminar toda a memória do passado. [Riedlmayer, 1994]

Riedlmayer menciona igualmente a queima de documentos públicos, registros cadastrais, documentos de doações religiosas e livros paroquiais das comunidades muçulmanas e católicas (bósnia e croata).

Este é apenas um exemplo de um padrão recorrente na história humana. Num certo nível, tais ações visavam proteger os vencedores contra futuras reivindicações por parte dos povos despojados; num nível mais profundo, destruir a memória — a prova de que esses povos sempre ali viveram — e esses povos, essas culturas *jamais teriam existido*.

Preservando a memória

Embora seja possível fazer paralelos entre os modos como os arquivistas analisam e explicam a acumulação de documentos pessoais e corporativos, não é tão fácil identificar um papel para os arquivistas na guarda de documentos pessoais que se compare ao papel que eles estão desempenhando no desenvolvimento e implementação de estratégias pós-custodiais para a manutenção de arquivos corporativos. Conquanto seja possível pensar em alguns meios pelos quais os arquivistas possam conectar-se ao processo de captura de documentos pessoais e modificar os padrões de acumulação individual, é difícil imaginar que eles consigam desempenhar o papel pró-ativo e intervencionista que lhes é atribuído no caso dos registros corporativos. O mais provável é que o comportamento dos produtores de arquivos pessoais seja influenciado pelos acontecimentos no mundo corporativo e interconectado. Os padrões e processos de arquivamento adotados no local de trabalho serão incorporados aos métodos de comportamentos de guarda de documentos. Novos formatos documentais e sistemas de arquivamento, limitados e possibilitados pela tecnologia da informação e comunicação, porém motivados por necessidades comerciais e sociais, se tornarão institucionalizados em nossa sociedade, e adotaremos em nossas várias competências novos padrões de acumulação. Nos meios corporativos, a atuação direta dos arquivistas é mais significativa, embora seja ainda de natureza facilitadora, mais do que instrumental.

O Projeto Pittsburgh[13] definiu os critérios funcionais para a gestão de arquivos corporativos e especificou os meios de estabelecer sistemas e processos de arquivamento capazes de capturar, gerir e fornecer documentos completos, precisos e utilizáveis de importantes atividades empresariais, e conservá-los enquanto forem necessários para atender a finalidades comerciais, legais e de responsabilização. O projeto propôs estratégias pós-custodiais visando supervisionar em vez de executar — formulando políticas, projetando sistemas, desenvolvendo táticas de implementação e controlando a adequação aos padrões. Tratou de investigar se as aplicações de *software* podem satisfazer alguns ou todos os requisitos funcionais para a manutenção de documentos corporativos; os meios pelos quais esses requisitos podem contribuir para o desenvolvimento de normas, especialmente aquelas relacionadas com comunicações comerciais aceitáveis; e quais características da cultura empresarial podem afetar o êxito das estratégias de arquivamento. O projeto analisou igualmente a "garantia literária" para a manutenção de arquivos corporativos no que concerne ao regime normativo da organização referenciado por lei, padrões e melhores práticas.

O Projeto Pittsburgh era concernente à formação dos arquivos corporativos, mas sua súmula não incluía questões ligadas aos arquivos coletivos da sociedade, à memória social e à identidade cultural, e tampouco considerava a produção de arquivos pessoais. Como disse Chris Hurley em evento da Associação Australiana de Arquivistas realizado em Canberra em 1995, "talvez haja todo um processo de reinvenção a ser empreendido

---

13. Disponível em: <http://web.archive.org/web/20000818163633/www.sis.pitt.edu/~nhprc/>.

— paralelamente ao Projeto Pittsburgh —, visando identificar e articular os requisitos necessários para a guarda de arquivos pessoais e de evidências sócio-históricas".

Precisamos igualmente descobrir a mais ampla "garantia literária" para tais requisitos funcionais.

Adrian Cunningham (1994) propôs uma série de estratégias para a intervenção arquivística na produção de arquivos pessoais em formato eletrônico, incentivando, por exemplo, autores e estudiosos a extrair cópias digitais de trabalhos em andamento, a intervenção pré-custodial (envolvendo a formação de parcerias com potenciais doadores para influenciar seus métodos de arquivamento) e o desenvolvimento, de um padrão consensual para o formato dos registros e os meios de armazenamento para a guarda de documentos eletrônicos. Outros sugeriram averiguar se os aplicativos projetados especialmente para uso pessoal — e, por extensão, para uso de clubes, associações e pequenas empresas — podem atender aos critérios de guarda documental. Também seria útil considerar a criação de parcerias com indivíduos e organizações que interajam com potenciais doadores e possam modificar seus métodos de arquivamento, como empresas editoras, no caso dos escritores. De modo geral, porém, como já foi dito, talvez tenhamos apenas de aceitar que os arquivistas não exercem uma influência tão direta nesses aspectos procedimentais do arquivamento pessoal num meio eletrônico quanto são capazes de fazê-lo no contexto do suporte papel.

Cabe aos arquivistas ampliar e compartilhar seus conhecimentos sobre a função dos arquivos pessoais em nossa sociedade e o "lugar" que estes ocupam nos arquivos coletivos. Talvez a análise dos arquivos pessoais, tal como sugerida neste artigo, nos possibilite compreender o arquivamento *per se* como um sistema social — uma perspectiva quase sempre ausente nos estudos sobre a produção de arquivos corporativos.

Assim, um projeto de pesquisa poderia investigar como processos e sistemas de arquivamento se tornam institucionalizados em nossa sociedade, de maneira que os indivíduos acabam por aplicar implicitamente "regras" relativas a formas documentais e sistemas de arquivamento na constituição de seus arquivos pessoais em nossa sociedade, de tal modo que os indivíduos aplicam implicitamente em seus métodos as "normas" relativas às formas documentais e aos sistemas de arquivamento (assim como aplicam as "normas" gramaticais quando falam e escrevem). A produção de documentos e os processos de manutenção de documentos no contexto do suporte papel se institucionalizaram em nossa sociedade a ponto de se tornarem uma questão de rotina para muitos indivíduos. Tal institucionalização está em via de ocorrer no caso dos registros eletrônicos — portanto, para que as pessoas possam operar nesse contexto, é necessário tornar explícita a aplicação das "normas" relativas aos processos. Os arquivistas estão começando a perceber como conseguir isso num meio corporativo, mas talvez não se possa dizer o mesmo em relação aos arquivos pessoais. No intervalo entre a produção de documentos eletrônicos e a rotinização dos processos de arquivamento, os arquivos pessoais podem estar em risco. Outros itens do projeto incluiriam um estudo sobre os motivos pelos quais as pessoas desejam ou necessitam produzir, manter e destruir registros, bem como sobre as diretivas para a gestão de arquivos pessoais. Poder-se-iam pesquisar os traços de personalidade dos indivíduos que são bons administradores de arquivos, que têm interesse em produzir e conservar documentos de modo a constituir um arquivo pessoal. Vários são os fatores que influenciam o comportamento dos que mantêm documentos em qualquer contexto. Alguns desses fatores, incluindo a personalidade, podem muito bem forjar tal comportamento tanto no meio corporativo quanto no âmbito pessoal. A "garantia literária" para a preservação de arquivos pessoais e da evidência sociocultural deveria ser igualmente investigada. Por fim, urge explorar os requisitos funcionais para regimes arquivísticos pós-custodiais capazes de assegurar que um arquivo pessoal importante para a sociedade se torne uma parte acessível da memória coletiva.

REFERÊNCIAS

CUNNINGHAM, Adrian. The archival management of personal records in electronic form: some suggestions. *Archives and Manuscripts*, v. 22, n. 1, p. 94-105, maio 1994.

GIDDENS, Anthony. *Modernity and self-identity*: self and society in the late modern age. Cambridge: Polity, 1991.

HARRIS, Verne. On the back of a tiger: deconstructive possibilities in *Evidence of me*. *Archives and Manuscripts*, v. 29, n. 1, 2001.

KOCH, Christopher. *Highways to war*. Port Melbourne: Heinemann, 1995.

MALCOLM, Janet. *The silent woman*. Londres: Picador, 1994.

MARR, David. *Patrick White*: a life. Sydney: Vintage, 1992.

_____ (Ed.). *Patrick White*: letters. Sydney: Random House, 1994.

MEARS, Gillian. *The grass sister*. Sydney: Knopf, 1995.

RIEDLMAYER, Andras. Killing the memory: the targeting of libraries and archives in Bosnia-Herzegovina. *Newsletter of the Middle East Librarians Association*, n. 61, p. 1-6, outono 1994.

SWIFT, Graham. *Ever after*. Londres: Picador, 1992a.

_____. *Waterland*. Londres: Picador, 1992b.

UPWARD, Frank. Intitutionalizing the archival document. In: MCKEMMISH, Sue; UPWARD, Frank. *Archival documents*: providing accountability through recordkeeping. Clayton: Ancora, 1993. p. 41-54.

_____; MCKEMMISH, Sue. In search of the lost tiger, by way of Sainte-Beuve: re-constructing the possibilities in *Evidence of me*. *Archives and Manuscripts*, v. 29, n. 1, 2001.

WHITE, Edmund. Esthetics and loss. [1987]. In: _____. *The burning library*: writings on art, politics and sexuality 1969-1993. Londres: Picador, 1995b.

_____. Straight women, gay men. [1991]. In: _____. *The burning library*: writings on art, politics and sexuality 1969-1993. Londres: Picador, 1995a.

O caráter dos arquivos pessoais: reflexões sobre o valor dos documentos de indivíduos[1]

CATHERINE HOBBS

Os arquivos pessoais contêm documentos sobre vidas particulares e a personalidade humana. Embora esses arquivos de fato geralmente representem um testemunho registrado das atividades de seu produtor, tal como ocorre com os arquivos das organizações, os arquivos pessoais contêm igualmente indícios do caráter individual do produtor da documentação. Temos aí um vislumbre de seu mundo interior, assim como de suas manifestações externas nas atividades públicas. Em meu trabalho com a Coleção de Manuscritos Literários na Biblioteca Nacional, tenho lidado exclusivamente com os arquivos de poetas, romancistas e teatrólogos, bem como de organizações e pessoas ligadas à literatura, como tradutores e pequenas editoras. Durante esse trabalho, tenho notado certo silêncio no que concerne aos arquivos pessoais na teoria arquivística convencional. Essa teoria tem sido formulada sobretudo por autores que trabalham ou têm experiência em arquivos nacionais ou, mais recentemente, institucionais, onde a ênfase recai no aspecto empresarial e coletivo, e não no individual e idiossincrásico. Embora deva haver boas razões para tanto, creio que se deva dar maior atenção aos arquivos pessoais na elaboração da teoria arquivística. Na verdade, é necessário voltar a levar em consideração o "pessoal" no arquivo pessoal.

O foco administrativo ou governamental de boa parte do pensamento arquivístico tem-se evidenciado especialmente nos recentes debates sobre avaliação e aquisição de arquivos. Os arquivos pessoais requerem um método de avaliação diferente daquele usado com documentos administrativos

---

1 Publicado originalmente com o título: The character of personal archives: reflections on the value of records of individuals. *Archivaria*, v. 52, p. 126-135, outono 2001.

262 Pensar os arquivos

ou governamentais. Um ponto de partida para esse novo método poderia estar relacionado ao modo como conceituamos os documentos e ao modo como os abordamos durante o processo de aquisição. Afinal, o que torna os arquivos pessoais diferentes de outras categorias de fundos? Que tipos de experiências humanas aí se registram? Decerto, um aspecto essencialmente importante dos arquivos pessoais é documentar as atividades dos indivíduos, mas o que também neles fica registrado é a visão particular, idiossincrásica e singular das pessoas quando estão fazendo as coisas que fazem e comentando a esse respeito. Portanto, tais arquivos não apenas se referem aos negócios e atividades formais de caráter oficial do indivíduo, como são também uma importante fonte de informações sobre a vida e as relações cotidianas e pessoais, quase que por sua própria natureza. De modo genérico, os arquivos de um indivíduo são o lugar onde personalidade e fatos da vida interagem em forma documental. Certamente, como diriam Michel Foucault e outros críticos pós-estruturalistas, o indivíduo, por meio de suas palavras e pensamentos, costuma refletir, em geral de modo subconsciente, várias práticas públicas e normas sociais. Embora tais reflexões pessoais sejam um bom meio de apreender essas perspectivas sociológicas mais amplas, são os próprios filtros pessoais que revelam o caráter íntimo do criador dos arquivos. Aqui importa mais a psicologia dos arquivos do que sua transacionalidade.

Os arquivos pessoais contêm a visão individual das experiências da vida; afastam-se, portanto, da formalidade coletiva e da organização sistêmica presentes em outros tipos de documentos. Há nos arquivos pessoais uma intimidade inexistente no sistema formalizado, coletivo e corporativo de arquivamento. Esse caráter intimo não só se reflete no conteúdo e na organização dos documentos pessoais, como também influi na interação direta do arquivista com o criador/doador durante a avaliação, aquisição e posterior manutenção dos arquivos pessoais. No caso dos arquivos de escritores, as experiências registradas no material arquivístico incluem não apenas os atos e acontecimentos concernentes ao seu trabalho, mas também suas ideias, opiniões, preconceitos e reações emocionais com relação ao circuito literário, atividades de ensino, de publicação, participação em júris e exercício da crítica, além de toda a experiência do próprio ato de escrever. O arquivo de um escritor, à medida que se avoluma ao longo do tempo, revela o penoso trabalho necessário para fazer uma literatura verdadeiramente de qualidade, mas também diz muito a respeito da evolução da personalidade e do caráter do autor.

Assim, considerar os documentos pessoais como registros do caráter individual (tanto quanto das funcionalidades transacionais) implica um afastamento formal da teoria sobre avaliação arquivística tal como correntemente formulada. Como dito, a mais recente teoria sobre avaliação não trata dos documentos pessoais, porquanto historicamente essa teoria, assim como a atividade de avaliação em geral desenvolvida nos arquivos tomaram por base os modelos de documentos organizacionais ou governamentais — e isso desde os tempos de T. R. Schellenberg e Margareth Cross Norton, os primeiros a formularem os princípios de avaliação para os profissionais norte-americanos, meio século atrás. Desde então, esse foco institucional somente intensificou-se. O enorme volume da moderna papelada burocrática, a natureza impessoal e sistêmica da cultura organizacional, o compromisso dos arquivistas com o sistema de classificação formal e as metas de eficiência comercial da gestão profissional de arquivos, além da agora amplamente justificada preocupação de capturar "registros" em contextos corporativos altamente informatizados, tudo isso estabeleceu a agenda para a modernização das ideias sobre avaliação: como teoria, como estratégia e como metodologia. É muito bom que seja assim, em se tratando desses contextos. Mas os contextos de produção de arquivos pessoais, assim como os produtores de tais arquivos nem sempre têm em comum com seus congêneres institucionais todos esses fatores — em certos casos, sequer algum deles, enquanto em outros, somente num grau bem menor de complexidade ou importância. Em outras palavras, os documentos particulares são muito diferentes dos documentos administrativos ou governamentais que servem de base à maioria dos modelos de avaliação. Portanto, os conjuntos documentais pessoais requerem diferentes conceitos e diferentes formas de tratamento por parte do arquivista, sobretudo porque são adquiridos de indivíduos, e não de entidades empresariais, e documentam a vida e a personalidade desses indivíduos, e não apenas suas atividades transacionais ou públicas. O arquivo pessoal reflete não só o que a pessoa faz ou pensa, mas também quem ela é, como ela encara e vivencia a sua existência. Um indivíduo produz documentos para satisfazer seus interesses, seus gostos ou sua personalidade, e não porque alguma lei, estatuto, regulamento ou política empresarial o obriga a isso. Há exceções, é claro, como declarações de imposto de renda etc., mas esse tipo de documento reflete a imagem pública e as interações oficiais do indivíduo, e não seu mundo interior e sua personalidade. Assim, o valor transacional de fato está presente nos arquivos pessoais, mas se trata de apenas um tipo de valor, geralmente encontrado quando o indivíduo interage com alguma organização ou algum profissional para fins comerciais ou governamentais.

Devemos reconhecer que, recentemente, alguns teóricos da avaliação arquivística de "viés governamental" têm procurado ampliar o foco sobre o cidadão considerado individualmente. A abordagem macro de Terry Cook, por exemplo, que foi adotada na avaliação de documentos governamentais pelos Arquivos Nacionais do Canadá e de outros lugares, "enfatiza a interação de cidadãos e grupos com o Estado tanto quanto as próprias políticas e práticas estatais; [...] investiga as múltiplas narrativas e os pontos mais polêmicos da controvérsia entre Estado e cidadão, em vez de acatar as diretrizes oficiais; e procura deliberdamente dar voz aos marginalizados, aos 'outros', aos perdedores tanto quanto aos ganhadores, aos desfavorecidos e desprivilegiados tanto quanto aos poderosos e articulados [...] de modo que os arquivos possam incorporar aos seus acervos múltiplas vozes, e não, por omissão, apenas as vozes dos poderosos".[2] Aliás, Cook acrescenta a esse enfoque a sagaz observação de que os arquivos pessoais teriam muito a ganhar com a estratégia documental que busca complementar e suplementar os arquivos do setor público resultantes da macroavaliação. Isso é verdade, embora Cook, em sua abordagem macroavaliativa da interação cidadão/ Estado, ainda enquadre o "cidadão" pelo seu foco público transacional. Certamente é importante que isso seja retido nos arquivos para preencher

---

2. Cook (2001:30-31). Sobre os principais conceitos e estratégias, ver Cook (1991 e 1992).

algumas lacunas do passado, mas deixa de lado a vida pessoal privada, interior do "cidadão" enquanto personalidade individual.

Será que um documento pessoal é visto meramente como parte da documentação criada no ponto de interação entre dois indivíduos ou entre um indivíduo e uma organização?[3] De fato, lidar com arquivos de indivíduos nos faz ver não só o modo como o indivíduo se insere na sociedade, mas também o modo como muitos indivíduos elaboram e constroem a visão de seu mundo à sua maneira e na maioria das vezes sozinhos (ou seja, o contexto da produção de arquivos se dá "por eles mesmos", e não como parte de algum processo formal de arquivamento, ciclo de vida ou *continuum*). Alguns arquivistas concentraram-se nas formas documentais ou nos vários gêneros de escrita (por exemplo, diários) e suas respectivas regras,[4] em vez de explorar outros aspectos mais sutis: predileção, embuste, ficção, autoprojeção, celebração pessoal, tudo isso geralmente está na documentação dos indivíduos. Ninguém se senta para escrever cartas ou quaisquer textos na presença de outros: o diálogo ou monólogo (que possibilita escrever essa carta ou texto) desenvolve-se na cabeça daquele indivíduo e é criado no contexto de sua imaginação. Se nos concentrarmos em preservar o contexto transacional externo dos documentos, aparentemente estaremos valorizando as coisas apenas pelo seu aproveitamento imediato nesse contexto ou relevância pública — isto é, como prova da atividade ou propósito para o qual, ao menos superficialmente, foi criado. Deve a "prova de mim" ser sempre interpretada como "prova de minha interação com pessoas e instituições no decorrer das atividades?" Devem os modelos governamentais

---

3. O arquivista australiano Adrian Cunningham nota que há uma tendência a "considerar os documentos em termos meramente transacionais", e que os teóricos preferem deixar de lado o material não organizacional. Segundo Cunningham (1996:22), "parece ter surgido um consenso quanto a definir-se um documento em termos transacionais. A meu ver, esse conceito restrito e contraproducente do documento é sintomático da miopia corporativa que acomete muitos dos atuais arquivistas. Evita o conceito escorregadio da natureza evidencial dos documentos e exclui material não organizacional como, por exemplo, diários pessoais e esboços literários, cujo arquivamento é definido, no meu entender, por seu valor evidencial".

4. No caso da diplomática, por exemplo, ver as explicações de Luciana Duranti, bem conhecidas pelos arquivistas canadenses, no periódico *Archivaria* (n. 28-33); mais especificamente sobre arquivos pessoais, ver McKemmish (1996).

266 Pensar os arquivos

e corporativos de arquivamento, na medida em que priorizam transações funcionais, ciclos de vida e *continuums*, ser sempre transpostos, ao menos por implicação, para arquivos pessoais?[5]

O contexto transacional do documento, embora importante, não oferece parâmetro suficiente para compreender e portanto avaliar os arquivos pessoais, simplesmente porque as pessoas em sua vida privada, ao produzirem seus documentos, não seguem à risca programas, regras ou práticas. Que dizer, por exemplo, das anotações dos escritores? Nem todos esses recursos mnemônicos levam diretamente a um enredo proveitoso ou a uma obra acabada, mas dão uma mostra do modo de pensar e do poder de observação dos escritores; além disso, refletem simbolicamente o seu impulso para continuarem escrevendo, registrando fatos para alguma eventual utilização. As anotações são também uma prova de que uma obra de ficção ou poesia não surge em sua forma acabada no papel e que muitos textos estão em constante edição e reedição. Muitas obras escritas se originam desses "meros rabiscos", mas tais documentos por si mesmos não assinalam nenhuma transação ou troca com ninguém. O contexto da criação do documento é o "indivíduo por si mesmo". Essas notas são substitutivas de um processo e um modo de vivenciar experiências; escritas para ninguém, são instrumentos criados pelo escritor para estimular seu próprio trabalho. E no entanto, num contexto documental, há profissionais que descartam essas anotações como material não arquivístico. O que foi dito sobre anotações e rascunhos de escritores vale também para diários pessoais, relatos de viagens, apontamentos de cunho espiritual, listas de lembretes e até mesmo alguns álbuns de fotografias criados para uso pessoal apenas com a finalidade de estimular a memória e a reflexão.

A teoria arquivística ainda não percebeu a importância do que poderíamos chamar de "refugo" da vida individual. Essa é talvez uma área que

---

5. Segundo Verne Harris (2001), Sue McKemmish, em "Evidence of me", comete exatamente esse equívoco — procurar meios pelos quais o modelo australiano do *continuum* documental, desenvolvido para o arquivamento institucional, possa ser útil para arquivos pessoais, buscando "provas de mim". Ver a réplica de McKemmish e Upward (2001). Para uma crítica análoga desses métodos arquivísticos que priorizam transações e evidências, ver Cook (1997 e 2000).

deva ser incorporada à nossa ideia do que realmente constitui um "arquivo total". Sob vários aspectos, podemos considerar que o valor narrativo dos documentos pessoais ofusca o valor tanto probatório quanto informacional: eles são, em vários sentidos, criações do eu e fazem parte de um processo narrativo e autobiográfico *de facto* — do eu apresentando ou representando o eu.[6] A emoção, a psicologia e a história individual levam o autor a descrever a si mesmo ou outras pessoas sob certos aspectos e a omitir outros. Os arquivos pessoais refletem o caráter da vida a respeito do qual não pode haver um ponto de vista fixo. Assim, é difícil tratar até mesmo as cartas pessoais como meros documentos de uma interação entre indivíduos ou uma troca de ideias em forma documental. Também podemos vê-las como um empreendimento cumulativo de diferentes narradores. Elas contêm importantes elementos retóricos e sintáticos, e seu estilo certamente também faz parte de seu valor.

A arquivista australiana Sue McKemmish (1996:31) define os arquivos pessoais como a "história ainda em curso sobre o eu" ou a "narrativa do eu". Concordo com McKemmish quando ela diz que escrever é testemunhar. E que esse ato de testemunhar produz "prova". Mas eu iria mais além, dizendo que tal ato se associa a vários outros atos documentais ou narrativos. As anotações pessoais não só fornecem "prova 'de mim'", como são também um meio de praticar a autorrepresentação, o autoengrandecimento, a automemorialização. Há criatividade e volatividade nesses documentos. Ao escrever, o indivíduo não só fornece "provas de mim" e, portanto, todos os escritores coletivamente, "provas de nós", como sustenta McKemmish, mas também nos conduz à trama que uma vida humana encena ao longo do tempo. Ao concentrar-se nas atuações públicas ou formais do indivíduo e na intervenção dele nas relações com os demais, McKemmish enfatiza a dimensão contextual ou funcional da identidade pessoal. Procurando preservar essa faceta por meio da documentação, estamos privilegiando a evidência do aspecto público e interativo de uma personalidade. Mas, e

---

6. As cartas oferecem o que Maryanne Dever (1996:120) chama de "instâncias discretas de autorrepresentação".

aqueles outros aspectos mais interiores, mas íntimos do caráter humano? Devemos também preservar a prova dessa história?

As pessoas são o que são porque procuram manifestar seu caráter por meio de suas ações (inclusive ações documentais) e pelo modo como se apresentam para si mesmas e para os outros, mas a criação de uma vida individual é também a luta com o eu, na busca de consistência e significado numa vida às vezes caótica e idiossincrásica. Assim, certas opiniões, relacionamentos e atividades são filtrados, suprimidos, marginalizados ou, ao contrário, destacados, tornando-se essenciais na narrativa de autodefinição que a psicologia humana exige do eu. Nas páginas dos documentos privados há uma tensão entre a atividade "pública" controlada e o fluxo inconsciente da personalidade "interior". É através de um longo contato com os documentos que esses por vezes tênues indícios se tornam mais familiares para o leitor e que os modos específicos de pensar e argumentar se revelam atributos palpáveis da autonarrativa do indivíduo.[7] A riqueza do documento pessoal tem muito a ver com a ambiguidade de sua finalidade e intenção. A meu ver, o arquivo pessoal não deveria ser tratado como se contivesse apenas evidência direta, mas como o lugar de múltiplos construtos — de uma pessoa defendendo e combatendo ideias, do eu e de outros, ainda que simultaneamente contradizendo, convencendo e inventando. No contexto dessa fluidez da personalidade, não vamos absolutamente encontrar a "prova de mim", e sim a prova dos objetivos mutáveis da vida humana. É como se deixássemos de ver o indivíduo como uma testemunha no tribunal através de seus depoimentos, para ouvi-lo numa conversa menos formal, ou como um paciente no divã do psicanalista.

Ao lidar com arquivos pessoais, o arquivista não raro se confronta com o poder da personalidade individual, pois o produtor/autor geralmente é também o próprio doador — ou então um parente próximo. Nos arquivos institucionais ou governamentais, a situação é radicalmente diversa. Nesse caso, o arquivista interage com indivíduos — seja por conta-

---

7. Pode ser que, lidando com poetas e ficcionistas, eu veja de modo mais extremo essa tensão entre intencional e não intencional/revisão e expressão espontânea, já que esses autores criam com a mente conscientemente voltada para o ato de criar.

tos telefônicos ou em setores de gestão documental — não pelo que eles são pessoalmente, e sim por causa do cargo oficial que eles exercem. Os gestores de arquivos podem mudar frequentemente num departamento governamental, mas o arquivista continua interagindo com o "gestor de arquivos" enquanto funcionário.

O caso dos arquivos pessoais é completamente diferente. Não existem muitos indivíduos ocupando o "cargo" de Margaret Atwood ou Michael Ondaatje. Existe apenas um. E ele não está transferindo documentos para arquivos criados por burocratas anônimos que estão sempre mudando de "cargo", como parte do sistema institucional de arquivamento; ele está transferindo seus próprios documentos como parte de sua própria vida. Os arquivistas responsáveis pela seleção, organização e descrição desses arquivos pessoais têm a visão mais próxima e ampla possível da produção documental do indivíduo. É natural que o arquivista venha a sentir uma ligação pessoal com o titular do arquivo ou a ter uma visão geralmente empática a seu respeito (fenômeno bastante comum entre muitos biógrafos). Por exemplo, trabalhar com o material arquivístico de um autor desperta um forte sentimento em relação a sua personalidade e ao seu caráter, e esse fator pode muito bem influenciar as descrições do arquivista, que por sua vez podem atrair o interesse de muitos pesquisadores e frequentadores de exposições. Isso ocorre especialmente durante as negociações para aquisição. Como muitos indivíduos fazem um forte investimento emocional em seus arquivos, para eles a doação geralmente representa uma transação altamente pessoal e emocional em relação à qual alguns tendem a sentir certo nível de ansiedade *post partum*. Dessas discussões e interações com o doador, um arquivista sensível pode captar nuanças da personalidade que também podem estar presentes em seus arquivos. O arquivista deve reagir adequadamente à emoção que envolve a transferência para os arquivos dos documentos da vida de uma pessoa. De certo modo, é como transferir sua própria vida.

No caso dos escritores, trata-se de pessoas para quem a literatura é um poderoso instrumento e para quem o ato de pôr as coisas por escrito tem repercussões conscientes ou mesmo adicionais. Os escritores, supostamente mais do que outros (políticos, ativistas sociais etc.), estão conscientes de escolher suas expressões, romancear vidas, criar personagens, manipular vigorosamente linguagem e estrutura. Os documentos pessoais mostram não apenas fatos, mas opiniões, racionalizações e romantizações concernentes a relações amorosas, vida familiar, viagens, trabalho e todos os demais aspectos da vida íntima das pessoas. Para os escritores, os detalhes da existência e a experiência pessoal servem de matéria-prima para a literatura e não se distinguem claramente do trabalho. Os escritores nunca se alheiam inteiramente de seu trabalho, e os detalhes de suas vidas não raro se infiltram em suas obras de maneiras insuspeitadas. Quanto a mim, fiquei surpresa e chocada com o que li enquanto organizava e descrevia certas coleções: tanto a intensidade da vida de escritor quanto os detalhes econômicos dessa vida contrastam com o cenário de uma pequena comunidade literária e da fragilidade do ego humano. Num determinado caso, lembro-me de ter ficado perplexa ao ler versos inéditos de um poeta que expressavam um intenso amor sexual. Embora não seja reconhecidamente um de seus melhores poemas, a visão masculina do amor sexual decerto lança luz sobre a vida pessoal do doador e a sexualidade masculina em geral. Tais versos provavelmente permanecerão inéditos porque o poeta talvez não tenha conseguido a distância ou a perspectiva necessária para elaborar um bom poema. O fato de tal manuscrito permanecer na coleção nos possibilita vislumbrar não só a intensa paixão que esse indivíduo nutria por outro, bem como os detalhes pessoais dessa atração, mas também o aspecto humanizador que os arquivos pessoais possuem acima de tudo.

Na verdade, os pesquisadores que lidam com arquivos pessoais podem estar buscando evidências não tanto a respeito de ações ou fatos num sentido histórico, já que estes talvez sejam bem conhecidos, mas antes de sentimentos, relações pessoais e traços de caráter. Isso mostra que é possível reconsiderar a utilização de arquivos: os arquivistas não devem pensar que todo o material de que dispõem servirá apenas para precisar fatos, datas, atividades e contextos funcionais para os historiadores. Romancistas, poetas e pesquisadores criativos também podem usar os arquivos para procurar traços de personalidades, assim como as histórias pessoais e as autonarrativas com que todos nós preenchemos nossas vidas.

Portanto, os arquivistas devem procurar coletar arquivos com uma visão mais ampla do valor potencial dos documentos para a evocação do caráter do escritor e daqueles que o cercam.

O fundo Louis Dudek existe não apenas para lembrar-nos de seu esforço para divulgar vários poetas canadenses dos anos 1960 e 1970, bem como para elaborar sua própria obra, mas também para revelar-nos as ousadas ideias que ele apresentou em seus artigos, críticas e anotações marginais. Trata-se de opiniões estéticas expostas de maneira direta e destemida por um escritor da corrente modernista que buscou inspirar-se em poetas como Ezra Pound. Tais "fatos"/facetas são culturalmente importantes sob um duplo aspecto: compreender ou sentir o caráter do escritor *per se* e como elemento essencial para o entendimento de suas obras publicadas. Mais do que apenas buscar evidências a respeito da produção cultural de um indivíduo, o que deve prevalecer nos critérios de avaliação é essa tentativa de identificar suas atitudes e seu caráter. Se a "concentração de informações" serve como indicador positivo do valor dos arquivos institucionais, então a "expressão do caráter" pode ser um bom indicador do valor dos arquivos pessoais. A questão é como captar a "personalidade". Uma coisa é dizer que um indivíduo é importante em virtude das realizações e das homenagens que lhe foram prestadas; outra é refletir o caráter que o levou a fazer as escolhas que fez. Percebendo o que pode significar o documento pessoal e a importância de se ter documentado o caráter humano, espero que nós, como arquivistas, passemos a selecionar os documentos a partir de múltiplas perspectivas que nos mostrem quão reveladores eles podem ser do caráter individual tanto quanto das atividades públicas, ampliando assim os nossos critérios profissionais de avaliação.

A maioria dos arquivistas do setor privado interessados em ultrapassar as abordagens passivas e *ad hoc* de avaliação e aquisição adota alguma versão da estratégia documental. Segundo Helen Samuels (1991/92:134), que formulou um método de seleção baseado numa rigorosa conceituação dos critérios de aquisição, os arquivistas devem tentar estabelecer nos arquivos a "relevância documental" para sua jurisdição ou alçada. Se a louvável intenção de representatividade indica não só coletar documentação a respeito de atividades e realizações, mas também revelar o caráter e a personalidade, então isso deve fazer parte do debate sobre seleção.

Trabalhando numa área como a de documentação da literatura canadense, os arquivistas tentam encontrar os documentos que reflitam as relações interpessoais existentes, além de documentar a obra do escritor. Utilizando técnicas de mapeamento da estratégia documental, definimos nosso universo arquivístico tomando por base, de modo genérico, uma visão do ciclo de vida do documento publicado, por um lado (ou seja, de onde ele vem e para onde vai) e, por outro lado, as relações profissionais dos escritores com agentes, universidades, editores etc. Nesse método, a estratégia documental serve para criar uma visão (às vezes virtual) de uma comunidade ou de uma série de comunidades sobrepostas, como um mapa de nosso universo de coleta. Em parte, esse mapeamento exploratório visa a definir como essas várias comunidades veem a si mesmas e que influência elas exercem sobre o indivíduo (identificando o nível de envolvimento do indivíduo, o tom dos relacionamentos e outros fatores qualitativos). Essa pesquisa revela a matriz dos relacionamentos em que o indivíduo opera, mas não mais do que isso.

O objetivo não é apenas mapear um universo de coleta para arquivos pessoais com base em nomes célebres ou feitos extraordinários, mas sim em fenômenos humanos e nos indícios de influências em várias esferas desse universo. Em geral as pessoas são influentes não por causa de sua posição na matriz, e sim pela capacidade e força (ou singularidade) de sua personalidade para fazer certas coisas e sustentar certas opiniões; assim é que elas tomam certas medidas ou constroem certos relacionamentos e redes sociais, que por sua vez passam a exercer suas próprias influências. Evidentemente, os escritores também ganham ou perdem as boas graças de determinados públicos. No caso da cultura literária, é necessário rever constantemente os critérios de seleção, além de manter um saudável ceticismo em relação às tendências (estratégia igualmente importante nos campos da política e da liderança social, por exemplo). O arquivista tem também o seu lado de pesquisador: adquirindo, organizando e descrevendo documentos, podemos igualmente determinar quem está falando para quem dentro de nossos próprios acervos, a fim de identificar indícios de influência e impacto menos tangíveis e potencialmente mais presentes do que os encontrados nas fontes publicadas.

Em se tratando de arquivos literários, nossas prioridades de aquisição devem levar em conta as mudanças das tendências literárias, o que deve refletir-se nos critérios de avaliação e coleta. Os critérios de avaliação apropriados para os acervos de manuscritos literários incluem muitos daqueles formulados para todos os documentos arquivísticos: sua contextualidade de procedência, sua completude, possível demanda por parte do usuário, adequação desse material a outros arquivos do acervo, valor probatório e informacional etc. No caso de arquivos literários, o valor simbólico ou estético dos documentos tem alta prioridade, como acontece com todo tipo de registro cultural, e esses critérios sem natureza definida constituem um dos mais importantes valores para muitos arquivos pessoais.[8] As decisões baseadas no valor cultural também são muito mais comuns no caso de arquivos de indivíduos e, de certo modo, inevitáveis em relação a fundos pessoais, pois caráter individual, personalidade, vida íntima, crenças, psicologia, espiritualidade, tudo isso é "cultural" na medida em que reflete culturas humanas. Até que ponto nossos arquivos refletem esses valores? Futuramente, talvez tenhamos de pensar mais num arquivo do caráter do que das realizações, mais em documentar nossa complexa humanidade interior do que nossas atividades externas. Assim, uma nova visão dos arquivos pessoais pode contribuir para aprofundar o pensamento arquivístico em geral.

REFERÊNCIAS

COOK, Terry. Beyond the screen: the records continuum and archival cultural heritage. In: BURROWS, Lucy (Ed.). *Beyond the screen*: capturing corporate and social memory. Melbourne: 2000. p. 8-21.

_____. Fashionable nonsense or professional rebirth: postmodernism and the practice of archives. *Archivaria*, n. 51, p. 30-31, primavera 2001.

---

8. Para uma discussão a esse respeito, ver O'Toole (1993).

_____. "Many are called but few are chosen": appraisal guidelines for sampling and selecting case files. *Archivaria*, n. 32, p. 25-50, verão 1991.

_____. Mind over matter: towards a new theory of archival appraisal. In: CRAIG, Barbara L. (Ed.). *The archival imagination*: essays in honour of Hugh A. Taylor. Ottawa: 1992. p. 38-70.

_____. The impact of David Bearman on modern archival thinking: an essay of personal reflection and critique. *Archives and Museum Informatics*, v. 11, n. 1, p. 15-37, 1997.

CUNNINGHAM, Adrian. Beyond the pale. *Archives and Manuscripts*, n. 24, maio 1996.

DEVER, Maryanne. Reading other people's mail. *Archives and Manuscripts*, n. 24, maio 1996.

HARRIS, Verne. On the back of a tiger: deconstructive possibilities in "Evidence of me". *Archives and Manuscripts*, n. 29, p. 8-22, maio 2001.

MCKEMMISH, Sue. Evidence of me. *Archives and Manuscripts*, n. 24, p. 28-45, maio 1996.

_____; UPWARD, Frank. In search of the lost tiger, by way of Sainte-Beuve: re--constructing the possibilities in "Evidence of me". *Archives and Manuscripts*, n. 29, p. 23-43, maio 2001.

O'TOOLE, James. The symbolic significance of archives. *American Archivist*, n. 56, p. 234-255, primavera 1993.

SAMUELS, Helen. Improving our disposition: documentation strategy. *Archivaria*, n. 33, inverno 1991/92.

O arquivista como planejador e poeta: reflexões sobre avaliação para aquisição[1]

BARBARA L. CRAIG

A avaliação transforma os objetos de sua atividade: selecionam-se certas informações referentes às transações e à comunicação cotidianas para serem especialmente preservadas num arquivo. As que não forem selecionadas têm futuro incerto: as que o forem terão vida prolongada. Estas passarão adiante uma carga crescente de conteúdo resultante de sua condição de objetos de importância permanente para os que fizeram tal seleção e para o conjunto de usuários, alguns já definidos, outros ainda ignorados.

Os arquivistas que procedem à avaliação reconhecem que essa é uma função extraordinária, com toda uma série de implicações para a sociedade, porém mais particularmente para sua instituição. A seleção deve servir a propósitos mais gerais, cumprir metas definidas e continuar satisfazendo às necessidades dos usuários. Quem ou o que deve orientar as aquisições feitas pelas organizações e pelas pessoas comuns em sua vida privada? Há muitas respostas para essa questão. No período que se seguiu à I Guerra Mundial, os administradores de arquivos reformularam os métodos habituais de seleção de documentos a serem preservados para exame retrospectivo. Tratava--se de uma necessidade prática. Nenhum arquivo é capaz de assimilar toda a moderna produção documental; além disso, poucos afirmariam hoje que tal preservação era desejável. Como a seleção foi sempre considerada uma função prática essencial, os arquivistas contam com farta literatura sobre avaliação para aquisições. Porém, se essa literatura impressiona por sua profusão, ela pode também confundir-nos pela diversidade de seus enfoques, argumentações e níveis de especificidade. Alguns autores tratam da base teórica necessária para formular "as visões" a serem adotadas com relação

---

1. Publicado originalmente com o título: The archivist as planner and poet: thoughts on the larger issues of appraisal for acquisition. *Archivaria*, v. 52, p. 175-183, outono 2001.

à avaliação, enquanto outros se concentram em detalhes práticos, seja para expor os aspectos incomuns num determinado caso, seja para defender certo método visando integrar a avaliação a outras funções arquivísticas ou documentais. Alguns defendem a importância especial das ideias; menos interessados em ideias e ideais, outros discutem a importância dos métodos para se fazer uma avaliação consistente e sistemática; outros, ainda, propõem a criação de instrumentos para executar o trabalho e esclarecer os detalhes das operações. A aquisição de fundos pessoais não é uma área bem servida pela literatura.[2]

Tal silêncio é particularmente curioso no caso do Canadá. A maioria dos arquivos canadenses adquire documentos do setor privado e considera importantes tais aquisições. Os arquivos nacionais, provinciais e territoriais estão autorizados a adquirir arquivos pessoais, de modo que há uma intensa busca pelos mesmos em faculdades e universidades, organizações religiosas e municipalidades. Além disso, os diários, relatos, correspondência e fotografias conservados pelas pessoas em sua vida cotidiana constituem fontes altamente valorizadas pelos usuários, e não apenas por historiadores e literatos. Em quase todo documentário histórico da programação televisiva pode-se constatar diariamente a utilização criativa de material de caráter pessoal para fins de entretenimento. Devido à importância cultural desse material e ao considerável interesse por ele despertado entre os usuários de arquivos que pesquisam histórias familiares ou realizam estudos históricos em geral, chegará o momento em que os arquivos deverão concentrar-se nos documentos de natureza pessoal. Aliás, já se notam sinais de um renovado interesse pelos mesmos. Por exemplo, a reunião da Associação dos Arquivistas Canadenses, realizada em Winnipeg em ju-

---

2. Uma análise exaustiva da literatura existente sobre avaliação foge ao âmbito deste artigo, mas uma pesquisa sobre publicações nessa área entre 1991 e 2001, baseada em dados da Library and Information Science Abstracts (Lisa), da Wilson Business Abstract e do British Humanities Index, revelou 151 obras. Somente poucas delas tratam da avaliação de documentos do setor privado. A maioria da literatura sobre avaliação concentra-se em uma das quatro questões seguintes: macroavaliação; métodos estratégicos de documentação; relação entre teoria arquivística e avaliação; e temas específicos, como documentos eletrônicos e mídia especial.

nho de 2001, incluiu sessões sobre fundos pessoais. Nelas expusemos as seguintes ideias a respeito de certas questões que moldaram nossa visão do processo de avaliação para aquisições.

Os arquivistas reivindicam para si uma profissão e uma vocação, mas nosso trabalho é realizado principalmente em instituições onde os modos de pensar individuais e os valores pessoais são indelevelmente modificados. As aquisições, por exemplo, que determinam a expansão dos acervos, orientam-se pelo foco e o escopo da competência arquivística. Nas atuais circunstâncias, tal competência está sempre em segundo plano, como um animal à espreita lançando uma grande sombra sobre as aquisições. As competências individuais buscam conquistar uma posição única para os arquivos. A maioria deles, se não todos, desenvolveu-se isoladamente, quando muito mantendo apenas consultas informais com outras instituições similares. Ultimamente, a independência e a consequente disputa por aquisições passaram a ser consideradas prejudiciais em vez de benéficas.

Mandatos e missões buscam ideais e talvez nem sempre funcionem realmente. A integridade de sua visão pode ser afetada, por exemplo, pelos recursos empenhados em sua obtenção. O que antes parecia ser um ideal pode não mais sê-lo atualmente, à luz de novas oportunidades e requisitos. Nenhuma missão é realmente fixa, apesar da eterna busca que sua retórica sugere. Porém, modificar um mandato é difícil: não apenas somos incapazes de identificar todos os efeitos das mudanças em nosso futuro trabalho, como também sabemos que a mudança terá consequências preocupantes ou mesmo imprevisíveis para as responsabilidades por nós já assumidas. A reavaliação revelou-se um meio de lidar com tais consequências imprevistas ao possibilitar uma visão retrospectiva das decisões tomadas no passado.

Embora a reavaliação seja principalmente um exercício de autorreferência num arquivo, outras estratégias práticas para lidar com circunstâncias imprevistas baseiam-se no conceito de cooperação — um grupo ou rede de instituições trabalhando juntas para alcançar objetivos estabelecidos em comum. Atualmente estamos criando a Canadian Archive Information

Network (Cain) para prover acesso coordenado a descrições.[3] Os projetos da Cain visam não só coordenar a descrição nas várias instituições canadenses, mas também criar padrões para as operações arquivísticas, em especial promovendo a adoção geral das Normas de Descrição Arquivística. Mas a ideia de uma rede, uma vez aceita em determinada área, também acarreta importantes consequências para o trabalho nas demais áreas. Aquisição e preservação não serão mais secundárias em relação à descrição. Os arquivistas canadenses não devem esquecer que uma das principais razões para a criação do Conselho Canadense de Arquivos em meados da década de 1980 não foi lidar com o trabalho acumulado, nem harmonizar a descrição, e sim iniciar um processo de cooperação entre os arquivos do país, mais especialmente, no entender de seus patrocinadores e fundadores, no tocante a aquisições baseadas em diretrizes e critérios consensuais para o trabalho de avaliação.[4]

A estratégia cooperativa de aquisições do Conselho de Arquivos da Nova Escócia (CNSA), acordada em maio de 2001, é uma nova iniciativa conjunta, baseada em diretrizes estabelecidas para as atividades dos membros relacionadas a novas aquisições e venda de acervos já adquiridos.[5] Tal estratégia não determina o trabalho de nenhuma dessas instituições, mas apenas as orienta em suas atividades, tendo em vista os interesses das demais participantes da rede. O acordo reforça a tradição canadense de manter uma separação entre o trabalho de avaliação e o de aquisição. Cada qual tem uma função diferente — a aquisição é assunto que diz respeito a cada instituição, de acordo com suas prerrogativas e dentro de sua competência administrativa. Já quanto aos critérios específicos para avaliação, talvez mais facilmente definidos como uma lista das qualidades que um arquivo busca em suas aquisições, trata-se, no entender do conselho, de matéria sobre a qual é difícil chegar-se a um acordo e, portanto, menos apropriada à cooperação. A avaliação é um ato de discernimento profissional. Trata-se de uma contribuição particular do arquivista baseada na experiência e no

---

3. Disponível em: <www.cdncouncilarchives.ca>.
4. Ver CANADIAN COUNCIL OF ARCHIVES. *National acquisition strategy*. Ottawa, 1995.
5. A documentação do CNSA está disponível em: <www.councilofnsarchives.ca>.

conhecimento especializado. Todos podem estar de acordo, por exemplo, quanto aos procedimentos administrativos visando ao reembolso dos gastos — mas pode não haver margem para um consenso quanto à importância das despesas. O CNSA prudentemente decidiu negociar princípios gerais para administrar seu trabalho de aquisição. Reconhecendo a existência de necessidades comuns numa época de racionalização e contenção de gastos, o conselho concordou em usar o escopo do mandato como base para tratar das aquisições no âmbito provincial. O grande mérito dessa iniciativa da Nova Escócia consistiu em estabelecer princípios comuns para lidar com os doadores de documentos no futuro e com o material adquirido no passado.

Uma abordagem diferente para a elaboração de uma estratégia de aquisições do setor privado é objeto da análise de Myron Momryk, em seu artigo "'Relevância nacional': evolução e desenvolvimento de estratégias de aquisição na Divisão de Manuscritos do Arquivo Nacional do Canadá", publicado na revista *Archivaria*. Essa análise histórica do conceito de "relevância nacional", tal como formulado para orientar aquisições do setor privado e aferir valor, discute as iniciativas promovidas nas últimas quatro décadas pelo Arquivo Nacional do Canadá (NA) no contexto das prioridades políticas canadenses e no âmbito do serviço público federal. Tal análise mostra a rica história dos conceitos arquivísticos, e como estes foram interpretados e aplicados ao longo do tempo, reconfirmando assim que a história e as experiências da arquivologia são de fato temas dignos de estudo. É lamentável que não estejamos mais bem servidos de uma boa literatura que examine a fundo esse passado. Impressionou-me particularmente a constante reformulação conceitual, enquanto a instituição buscava conciliar as realidades da política e dos recursos com as novas condições vigentes no Canadá e as necessidades dos principais usuários do NA. Os arquivistas certamente precisam planejar o seu futuro, se quiserem ajudar a concretizá-lo, mas precisam também conhecer a história dos esforços empreendidos no passado para que os novos planos aproveitem a experiência profissional acumulada.

Não posso deixar de observar que, mesmo estando há tantos anos tentando encontrar uma maneira viável de lidar com as aquisições do setor privado, o NA não avançou muito mais do que o CNSA no estabelecimento de diretrizes consensuais. Sem dúvida, as razões para isso são complexas. Um fator importante parece ter sido o fato de que o NA concentrou-se em definir a relevância, em vez de construir parcerias para um esforço cooperativo. Talvez esse enfoque exclusivo seja perfeitamente compreensível: no passado havia poucos com quem cooperar. Mais recentemente surgiram muito mais instituições como atores legítimos, mas esse suposto "grupo" teve que agir sem contar com a valiosa ajuda de uma tradição de cooperação entre arquivos ou com normas estabelecidas em comum. A mudança das atitudes incorporadas na ideia de "manda-chuva" para a de líder de um grupo não é fácil, nem deve jamais ser assim considerada.

A cooperação suscita toda uma série de questões práticas e teóricas. Mas devemos reconhecer que talvez nem todas sejam passíveis de acordo mediante negociação num grupo. A relação entre avaliação e aquisição, por exemplo, corre o risco de ficar emperrada numa argumentação circular sobre prioridades e precedentes — o que vem primeiro: o "ovo" do mandato de aquisição ou a "galinha" da avaliação de valores? O CSNA preferiu evitar a difícil área de avaliação em favor do consenso quanto ao escopo como base para a cooperação. De fato, procurando ver além da motivação prática para a opção do conselho, seria igualmente lícito perguntar se deveríamos buscar um consenso sobre avaliação.

É discutível se valor ou mérito deveriam ser definidos da mesma maneira pelos arquivos numa sociedade pluralista. Além disso, mesmo que se conseguisse agora chegar a um acordo quanto a valores, o que hoje se valoriza pode não estar de acordo com o que nossos predecessores valorizavam, ou parecer menos valioso para nossos sucessores no futuro. Como age o tempo sobre nós e os arquivos que preservamos e alteramos com nossas atividades? Talvez o tempo não seja um problema a ser resolvido, e sim uma força que devemos enaltecer, por criar algo especial, cujas diferenças podemos então perceber. Se o tempo altera nossas perspectivas, planos e aquisições, tais mudanças deveriam ser bem-vistas por darem maior profundidade e riqueza a nossos acervos. Não há como formular uma definição de relevância que satisfaça a todos; e, principalmente, nenhuma definição pode abranger as diferenças que surgem legitimamente com o tempo.

A visão que temos do trabalho arquivístico, daquilo que pretendemos fazer e alcançar, é por sua própria natureza uma declaração poética, e não uma ordem do dia burocrática. Se acreditamos que os arquivos expressam uma forma de verdade, então sua ampliação ao longo do tempo mostra que a verdade é uma obra em aberto.

Essa ideia central deve levar-nos a considerar algumas questões mais amplas que estão profundamente integradas às nossas funções práticas de aquisição, avaliação e preservação. Os arquivistas são indivíduos práticos, talvez irremediavelmente práticos, segundo a famosa expressão de Terry Eastwood. Porém, se as dimensões filosóficas dos arquivos — por exemplo, a integração cultural de objetivos e métodos, ou nosso papel na construção da memória — recebem menos atenção do que alguns desejariam, a razão para tanto é válida mesmo assim. Os arquivistas veem-se diariamente às voltas com tarefas prementes — tarefas que se tornam ainda mais urgentes devido a exigências orçamentárias e de recursos, e que são sempre definidas pelas demandas de usuários que esperam contar com bons serviços e atenção pessoal. É natural que os arquivistas organizem suas atividades profissionais de modo a alcançar objetivos concretos. O tempo de que dispõem para tanto é escasso e precioso, havendo ainda menos tempo, sem falar em oportunidades, para discutir a fundo ideias filosóficas ou suas implicações teóricas e práticas. Parece-me, no entanto, que tais atividades não deveriam ser consideradas digressões das tarefas que efetivamente necessitam ser cumpridas. De fato, elas podem ser fontes valiosas de ideias que, paradoxalmente, podem ter implicações práticas para a avaliação, ajudando-nos a compreender melhor as finalidades a que ela deve destinar-se. Entendo que tais elementos se inserem em uma ou duas de quatro áreas principais.

Primeiro, parece-me que a relação entre aquisição e preservação já não pode mais ser tida como autoevidente. A ideia de aquisição arquivística implica uma suposição de preservação aliada a noções de lugar e durabilidade. A relação estabelecida entre essas duas ideias, na qual a aquisição fornece um mínimo de garantia de que o material tem prioridade para preservação, está visivelmente debilitada num mundo digital. Cabe ao arquivista esclarecer a essência dessa relação, conceitual e praticamente, a fim de que os planos institucionais e as estratégias de cooperação visem ao mesmo objetivo. Quais as consequências de garantir um lugar seguro para documentos cuja natureza é altamente dependente de *softwares* que mudam constantemente e de suportes que são frágeis? O uso de computadores na elaboração de documentos pessoais e corporativos aumenta a importância da avaliação para levar a preservação de documentos bem mais além da curta vida da mídia e seu mercado específico. O projeto InterPares — International Research on Permanent Authentic Records in Electronic Systems (Pesquisa Internacional sobre Documentos Arquivísticos Autênticos em Sistemas Eletrônicos) —, especialmente sua força-tarefa de avaliação e preservação, estuda os aspectos dessa simbiose em seus modelos conceituais de cada função e atividades afins.[6] Tal conexão é especialmente evidente no trabalho de monitoração realizado pela força-tarefa de avaliação, que efetivamente garante uma constante revisão e reformulação das decisões tomando por base as novas circunstâncias.[7] A clareza conceitual dos modelos do InterPares, embora útil, não serve para definir os princípios básicos que norteiam a avaliação. Estes devem ser elaborados a partir de outras formas de experiência e conhecimento.

Segundo, precisamos urgentemente de estudos detalhados sobre a utilização de documentos e formas documentais de comunicação pelos indivíduos em sua vida particular. A análise funcional, aliada à macroanálise, é muito útil para lidar com a natureza da elaboração e manutenção de documentos corporativos. Mas necessitamos de conceitos para compreender as atividades que geram documentos não relacionados com grupos organizados que estejam empenhados em distintas atividades funcionais. Lançado em 2000, o projeto InterPares 2, continuação e ampliação do primeiro, tem como um de seus objetivos suprir ao menos em parte essa lacuna examinando a natureza dos documentos produzidos por pessoas que desempenham atividades artísticas. Sua intenção é criar conteúdo exclusivo em formas exclusivas. Já no meio corporativo, o indivíduo insere conteúdo exclusivo em formas consistentes e rotineiras.

---

6. Os relatórios e outros documentos públicos do projeto InterPares estão disponíveis em: <www.InterPares.org>.

7. O relatório preliminar da força-tarefa está disponível em: <www.InterPares.org>. Acesso em: 30 out. 2002. Ver especialmente a seção A3.

Terceiro, os arquivistas têm amplas possibilidades de explorar, a partir de sua perspectiva especial, as relações entre os arquivos e as muitas outras formas de testemunho social memorialista e pessoal. Historiadores, filósofos e políticos estão vivamente interessados nessas relações, e parece-me que deveríamos ter um interesse igual ou maior em examiná-las também.[8] Os documentos de natureza memorialista abundam em nossos arquivos — esse é o material com que lidamos diariamente; trata-se de uma evidência palpável do que as pessoas no passado julgavam importante lembrar e do que elas faziam para isso. Suas formas de comunicação, suas razões para comunicar-se desta ou daquela maneira, assim como as crenças que tais escolhas expressavam deveriam ser objeto de nossa pesquisa. Explorar os arquivos como lugares do passado é tarefa tão urgente para nós quanto a cruzada para utilizá-los como prova de transparência numa sociedade democrática. Ninguém mais cuidará de investigar as relações entre indivíduo e documento. Sem o domínio desse conhecimento, que papel nos cabe desempenhar quando a história é não só comercializada como entretenimento, mas também consumida pelo público como a autêntica versão da verdade sobre o passado?

Quarto, é preciso examinar a fundo a ideia de arquivo como um tipo especial de lugar e espaço. No passado, os usuários se deslocavam, enquanto os arquivos permaneciam fixos — o material arquivístico era mantido num lugar onde as condições para sua utilização eram controladas. No futuro, essa situação deve mudar radicalmente. Já não podemos nos fiar nos aspectos dessa utilização derivados das condições de um lugar físico especial. Uma questão importante com que nos deparamos agora diz respeito aos aspectos dessa experiência *in loco* que devem ser mantidos num futuro em que o material provavelmente será disponibilizado a distância para usuários remotos. Que temos a ganhar ou perder com essa mudança de acesso e experiência? E, mais particularmente, serão esses aspectos ligados

---

8. A farta literatura sobre memória social inclui poucos estudos consistentes sobre o papel dos arquivos em sua construção. Dossiês voltados ao tema dos arquivos, como os que foram publicados em *History of the Human Sciences*, n. 11 (1998) e n. 12 (1999), são pouco comuns.

à utilização física dos documentos na sala de leitura de um arquivo realmente importantes para uma autêntica experiência do passado, ou meros acidentes tecnológicos sem qualquer contribuição discernível em termos de significado? Antes de podermos avançar confiantemente para um futuro que desconhecemos, parece-me evidente que precisamos conhecer melhor a natureza essencial da experiência com a utilização de arquivos que propiciamos atualmente. Estamos atrasados em matéria de estudos sobre os usuários — suas preferências, necessidades, comportamentos e hábitos. Tais estudos são fundamentais para elaborar programas públicos com objetivos precisos.

A pesquisa é a melhor maneira de tratar essas e muitas outras questões. As técnicas das ciências sociais possibilitam-nos escolher entre os vários métodos desenvolvidos para explorar as áreas de uma atividade humana. Os métodos etnográficos, por exemplo, podem permitir-nos conhecer melhor o nosso trabalho. Pesquisando experiências concretas, teremos também uma visão mais profunda da avaliação — o que ela vem a ser, quais as suas finalidades, quem deve realizá-la. Mas a constante reflexão sobre conceitos, a elaboração de teorias valorativas e uma crítica arguta de nossas ontologias manifestas e latentes ampliarão igualmente o nosso saber. Nem todos esses tipos de conhecimento são tidos como aplicáveis aos problemas referentes ao trabalho de avaliação. Sistema e método são especialmente valorizados. Vivemos numa época dominada pela ciência: conferimos especial privilégio à pesquisa realizada segundo os métodos científicos, e valorizamos particularmente o conhecimento derivado das provas por eles fornecidas. Além disso, a necessidade de controle nas grandes organizações canaliza a atenção para métodos de trabalho e medidas de valor que sejam sistemáticos, replicáveis e utilitários. Por outro lado, as análises históricas que mostram a influência de um leque mais amplo de valores na elaboração e guarda de documentos memorialísticos para uso pessoal e social podem parecer digressões. No entanto, a crítica filosófica de nossos objetivos e métodos, bem como a contextualização histórica referente a tempo, lugar e crenças podem ser instrumentos mais úteis no trabalho de avaliação do que os procedimentos normativos de um único método padronizado.

Longe do luxo que somente às vezes podemos nos permitir e, mesmo em tais ocasiões, talvez tolerar com relutância, parece-me que a história dos arquivos tem de fato potencial para compensar o tempo que investimos em seu estudo. A começar por um conhecimento muito maior a respeito de nós mesmos e por uma visão bem mais clara da essência dos documentos que buscamos transmitir a nossos usuários hoje e no futuro eletrônico, que rapidamente está se tornando uma realidade. A história, com suas antigas credenciais e métodos baseados nas fontes, leva em consideração os paradigmas do saber do século XIX. Contudo, ela pode vir a ser a principal disciplina integradora, aliando a filosofia com a pesquisa e a lógica com o poder da narrativa. Os arquivistas podem transitar pelos diferentes universos do técnico e do filósofo. Mas sua disciplina, que está em constante evolução, deve enriquecer-se ainda mais com esse hibridismo.

O arquivista como poeta e planejador encontra sua expressão no arquivista como avaliador. A questão que temos de enfrentar constantemente é como combinar o poético com o planejado. Para nós, o que deve ser prioritário: a vida tal como é descrita por um grupo, ou a vida tal como é vivida individualmente? Afinal, os arquivos têm poder transformador. Com um pouco de imaginação, o trecho a seguir da peça *Júlio César*, de Shakespeare, poderia referir-se tanto aos arquivistas quanto a Júlio César.

> *O! He sits high in all the peoples hearts;*
> *and that which would appear offence in us,*
> *His countenance, like richest alchemy,*
> *will change to virtue and worthiness.*
> (*JC* I, iii, 157)

Mas que alquimia existe nas coisas comuns e ordinárias transformadas pelos arquivos em coisas valiosas? De que modo o trabalho dos arquivistas, especialmente nas áreas de avaliação e aquisição, contribui para essa transformação? Estas são verdadeiramente questões para as quais cada geração deve buscar respostas — filosóficas, históricas e práticas.

Alain Robbe-Grillet e seu arquivo[1]

EMMANUELLE LAMBERT

Este texto vale como um testemunho: durante dois anos, entre 2000 e 2002, trabalhei com Olivier Corpet, diretor do Institut Mémoires de l'Édition Contemporaine (Imec),[2] na preparação de uma exposição consagrada a Alain Robbe-Grillet, cujo arquivo está em posse desse instituto.[3] Ao final dessa colaboração, obtiveram-se três resultados principais: o primeiro deles é um livro de Alain Robbe-Grillet, *Le voyageur, textes, causeries et entretiens, 1947-2001* (organizado por Christian Bourgois), seleção e compilação de artigos, conferências e entrevistas do escritor, extraídos do arquivo e em sua maioria inéditos, publicado no outono de 2001, ao mesmo tempo que seu romance *La reprise*; vieram em seguida a própria exposição, apresentada na Abbaye-aux-Dames de Caen, de 2 de maio a 25 de junho de 2002, e um catálogo que a acompanhava, mas não fornecia detalhes a seu respeito — voltarei a falar sobre o motivo dessa discrepância.

Elementos de apresentação: escritor, arquivo, controle

A aquisição do arquivo

A compra do arquivo de Alain Robbe-Grillet pelo Conselho Regional da Baixa-Normandia deu-se em 1988. O escritor assim justificou-se na imprensa:

> Na verdade, tudo partiu de Anne Simonin, que viera visitar-me no intuito de
> fazer pesquisas para seu livro sobre a Éditions de Minuit. Pus-lhe à disposição

---

1. Publicado originalmente com o título: Alain Robbe-Grillet et ses archives. *Sociétés & Représentations*, n. 19, p. 197-210, abr. 2005.
2. Disponível em: <www.imec-archives.com>.
3. Se me preocupo em definir os limites temporais dessa experiência, é igualmente para precisar que falo aqui em meu nome, e não no da instituição em que trabalhava à época.

uma casinha no parque, perto da estufa, e disse-lhe: "fique lá à vontade. Tudo que lhe peço é vigiar o termostato de minha coleção de cactos". Ela apaixonou-se por essas plantas exóticas, falou a respeito delas a Christian Bourgois, presidente do Imec, que logo pensou em construir um lugar mais apropriado para abrigar minhas coleções na abadia de Ardenne,[4] a 25 km de minha casa... e quis comprá-las para a Região... Uma coisa puxando outra, acabei por vender ao Conselho Regional da Baixa-Normandia meu pequeno castelo Luís XIV, meus móveis, minhas colheres e todos os meus arquivos, incluindo, é claro, os manuscritos que estavam apenas depositados na Nacional[5] e dos quais o Imec doravante vai cuidar, bem melhor, certamente. Desses lugares, conservo apenas o direito de uso e moradia.[6]

A narração ou reconstituição da história pelo escritor é surpreendente por duas razões, a primeira das quais é o caráter tardio da menção ao arquivo nesse relato. De fato, começa-se com um rodeio pelos cactos, forma de insistência em dois aspectos biográficos frequentemente assumidos por Robbe-Grillet: o escritor coleciona e tem formação de engenheiro agrônomo. O efeito produzido por tal insistência é um efeito de história: a origem do fundo Robbe-Grillet, fundo de arquivo, é portanto o próprio Robbe-Grillet, personagem histórico ou pessoa, com suas manias e sua formação, mais do que o autor — que no entanto constitui a única instância fundadora, não a origem, mas a legitimidade do próprio fundo. Além disso, o silêncio sobre a designação do arquivo como origem material e primeira do acervo — que geralmente é constituído após a morte do autor — é reforçado por um procedimento significativo: o emprego personalizado do termo "coleção" (que no jargão de arquivologia designa um conjunto de documentos atribuídos a uma instância detentora)[7] para referir-se àqueles cactos. Assim, um segundo efeito poderia residir numa

---

4. O Imec está localizado na Abadia de Ardenne, na cidade de Sant-Germain-la-Blache-Herbe. (N. do T.)
5. Alain Robbe-Grillet depositara seus manuscritos na Biblioteca Nacional em 1994.
6. *Livres-Hebdo*, n. 408, 12 jan. 2001, reproduzido em *Le voyageur*, p. 584-585 (a paginação das referências ao *Voyageur* é a mesma da edição de bolso — Paris: Le Seuil, 2003).
7. Seja tal instância uma pessoa física ou moral.

forma de hierarquia em que Alain Robbe-Grillet parece conferir apenas uma importância secundária (ao menos no que concerne à lógica da explanação) a seus manuscritos. Ora, como veremos mais adiante, estes são, ao contrário, objeto de extrema atenção.

Parece que temos aqui uma exposição estratégica, reveladora, uma vez mais, da extrema habilidade demonstrada pelo artista na construção de sua figura pública de escritor, assim como do proveito que soube tirar dessa elaboração para a sua carreira e a do *nouveau roman*. Robbe-Grillet, em suas próprias palavras, assume então sua preocupação com as pequenas coisas, as plantas, sua meticulosidade científica, a importância de sua casa, e somente depois que esses elementos já conhecidos são lembrados aos destinatários é que se aborda o verdadeiro tema da entrevista: o arquivo transformado em "coleção" uma vez transferido às mãos de outros.

Nota-se igualmente no trecho a supressão de certas etapas históricas que permitem acompanhar a lógica dos acontecimentos: o livro de Anne Simonin foi publicado pela editora do Imec;[8] ela estava interessada em consultar o arquivo pessoal de Alain Robbe-Grillet por ter ele sido, durante 25 anos, conselheiro literário de Jérôme Lindon na Éditions de Minuit. A abadia de Ardenne, situada na Baixa-Normandia, região onde morava Alain Robbe-Grillet, foi o local onde o Imec instalou-se definitivamente em 2004. Por fim, o Conselho Regional da Baixa-Normandia subvenciona o Imec, donde a ligação entre a compra pelo primeiro e a guarda do arquivo pelo segundo.

Instituição e marginalidade ou Robbe-Grillet como "dinossauro"

A aparente ausência de hierarquia em tudo quanto Robbe-Grillet chegou a produzir, assim como a própria definição dessa produção, chamam-nos igualmente a atenção; sua menção atende, ao que parece, a um duplo objetivo, sobretudo à necessidade de proporcionar uma apreensão do arquivo desde o *interior*. Com uma consciência aguda de sua posteridade e de sua

---

8. *Les Éditions de Minuit, 1942-55*: le devoir d'insoumission. Paris: Imec, 1994.

condição de "grande escritor", Robbe-Grillet antecipa o trabalho do arquivista, que é conservar todo vestígio da trajetória da criação, isto é, todo material privado que permita ao futuro compreender não só o que era uma obra, mas também o que era um escritor numa determinada época. Nesse sentido, Robbe-Grillet viu que lhe era necessário estar em seu arquivo como Deus na criação: a mínima criatura, no caso, o mínimo objeto, fosse um rascunho, uma carta, um bilhete de trem ou uma declaração de imposto, atestava sua trajetória. Que o mundo institucional da arquivologia e uma neurose obsessiva individual possam aqui encontrar-se, afinal, pouco nos importa: mais interessante é a maneira como Robbe-Grillet assume a síntese de seu arquivo pessoal, dirigindo-lhe o olhar que poderia ser da instituição ou do arquivista. Nisso, sua visão do interior é indissociável de uma postura crítica, antecipadora de um julgamento. Esse ponto converge para uma constante no discurso do escritor: a desconfiança ou mesmo a clara hostilidade para com as figuras de modéstia; para Robbe-Grillet, todo criador deve ser megalomaníaco. Caso contrário, é melhor não criar.[9]

A segunda função desempenhada por essa instância é bem conhecida pelo leitor de Robbe-Grillet, ou mesmo pelo especialista que já se viu bizarramente caracterizado pelo autor como "robbe-grilletólogo": seria lembrar, uma vez mais, que ele não é oriundo dos meios literários. A agronomia foi sua primeira formação e seu primeiro ofício: engenheiro na década de 1940, especialista em pragas dos bananais,[10] no início dos anos 1950 ele deixou essa situação confortável, tanto profissional quanto financeiramente, para se dedicar às

---

9. Ver, por exemplo, a entrevista com Irène Frain (*Lire*, n. 287, verão 2000): "todo escritor normal deve convencer-se de que é o melhor" (*Le voyageur*, p. 580).

10. O que serviu de tema a seu terceiro livro publicado (na verdade, o quarto), *La jalousie* (Paris:Minuit, 1957). Ver as numerosas alusões de Robbe-Grillet a esse assunto, especialmente aqui: "a casa de *La jalousie*, como costumo dizer, às vezes para irritar Ricardou, é uma casa onde morei. Ela é talvez um produto do texto, mas eu morei nessa casa, e fui procurá-la em fevereiro passado em Fort-de-France; fora destruída. É interessante ver esses referentes que ficarão inscritos no romance para sempre e cujos vestígios a civilização destruiu. Mas também aí existe uma mistura: essa casa do livro, que é do tipo martinicano e lembra muito aquele onde eu mesmo vivi uma espécie de aventura, está situada numa paisagem que nada tem de antilhana; é antes uma paisagem da Média Guiné, onde também morei por muito tempo, quando exercia minha profissão de engenheiro agrônomo [...]. Jamais falei de outra coisa senão de mim mesmo" (*Le voyageur*, p. 277-278).

letras. O fato de relembrar o passado de engenheiro agrônomo, tal como se reflete na paixão pelos cactos, funciona evidentemente como um indício do conteúdo do arquivo; tanto assim que vamos encontrar no fundo Robbe--Grillet, um dos mais completos do Imec, além de manuscritos e impressos, categorias de documentos tais como recibos de compra de plantas, mapas, do próprio punho do escritor, do jardim de sua casa natal de Kerangoff, inteiramente replantado após a guerra, e tudo quanto se refere a seu vasto parque de Mesnil-au-Grain, adquirido para abrigar sua preciosa coleção de cactos.

A formação e o pertencimento à categoria socioprofissional científica, assim como o gosto pessoal pela ciência, elementos que encontram algum eco na obra ou em seus comentários, interessam-nos aqui sobretudo por duas razões: por um lado, condicionaram amplamente a recepção de Robbe-Grillet pela imprensa e o meio literário, ao menos inicialmente. Sua grande sabedoria, em termos de publicidade, foi valer-se desse fenômeno de exclusão por alheamento aos códigos e voltá-lo a seu favor, explorando a má reputação pelo que ela é: antes de tudo, uma reputação, portanto um começo de notoriedade. Tanto assim é que, mais tarde, ele nunca deixou de lembrar, em seus artigos e nas entrevistas que concedeu aos jornais, que ele era de fora e não pertencia, originariamente, ao meio intelectual. Essa evocação do passado de engenheiro funciona, por outro lado, como uma defesa, ou mesmo como um distanciamento irônico em relação a um não acontecimento histórico e biográfico. Robbe-Grillet, apreciador de uma fórmula cuja paternidade ele atribui a Andy Warhol: "sou conhecido sobretudo por minha notoriedade",[11] lembra de bom grado o fato de jamais ter ganhado um só grande prêmio literário, ao contrário de alguns de seus colegas do *nouveau roman*,[12] do qual no entanto sem-

---

11. Ver, por exemplo, a entrevista com Irene Frain (ibid.): "eu lhe responderia como Andy Warhol: 'sou conhecido sobretudo por minha notoriedade'. Esse fenômeno é cada vez mais frequente. Assim, é comum me abordarem e me sussurrarem, com uma voz perturbada: 'o senhor é Alain Robbe-Grillet?' Eu respondo: 'sim'. E acrescento: 'já leu meus livros?' E me respondem: 'não', num tom apavorado, e depois sussurram: 'mas estou muito contente em vê-lo'. As pessoas são assim" (*Le voyageur*, p. 575).
12. No início de sua carreira (1955), ele ganhou o Prêmio da Crítica por seu romance *Le voyageur*, graças ao apoio, notadamente, de Roland Barthes e Maurice Blanchot. Marguerite Duras obteve o Prêmio Goncourt por *L'amant* em 1985, e, no mesmo ano,

pre foi tido como líder ou mesmo "papa". Evocar o passado fora da casta literária é um meio eficaz de firmar a marginalidade de Robbe-Grillet, conhecido, mais do que reconhecido — embora essa afirmação deva ser bastante relativizada em termos geográficos, uma vez que o reconhecimento do escritor nos Estados Unidos, notadamente nos anos 1970, era bem maior do que o que ele tinha na França à mesma época —, fora do campo literário, precisamente, ou seja, independentemente de qualquer apreciação estética sobre sua obra.

Caberia então perguntar qual a vantagem de se retirar o arquivo de Robbe-Grillet dessa prestigiosa instituição que é a Biblioteca Nacional, verdadeiro lugar de consagração. Por que deixar a instituição que precisamente lhe permitia frequentar a história literária? Não afirmou ele próprio ser "o último dinossauro"?[13] Podemos obter um primeiro elemento de resposta se levarmos em conta certas particularidades do Imec: em via de desenvolvimento e de institucionalização crescente, o Instituto, uma associação sem fins lucrativos, pela lei de 1901,[14] atendia certamente, por seu caráter marginal, *outsider* em relação à ilustre e vetusta Biblioteca Nacional, à particularidade reivindicada pelo mestre (que sempre teria estado, segundo suas palavras, "fora" das coisas).[15]

Claude Simon ganhou o Prêmio Nobel de Literatura. Por fim, Nathalie Sarraute foi consagrada, ainda em vida, pela publicação de suas obras na La Pléiade. Dos autores mais conhecidos do *nouveau roman* (Claude Ollier e Robert Pinget desfrutando, no momento, de um prestígio menor, e sendo discutível, a meu ver, a inclusão de Samuel Becket no movimento), Robbe-Grillet, tido como seu líder ou "papa", é portanto o menos titulado, literariamente falando.

13. Entrevista concedida ao *Libération*, 4 out. 2001.

14. Criado originariamente por especialistas do mundo editorial francês, o Imec abriu-se pouco a pouco aos fundos de autores, juntamente com os fundos de editores, e por fim aos arquivos de ciências humanas. Talvez a proximidade dos arquivos de Marguerite Duras, Michel Foucault e Roland Barthes tenha igualmente pesado na decisão de Robbe-Grillet.

15. Ver a entrevista com Jean Montalbetti (*Magazine Littéraire*, n. 214, jan. 1985): "Minha ida ao STO na Alemanha foi também minha primeira viagem fora da França. Foi nessa ocasião que subitamente tomei consciência desse sentimento de estranheza, não só porque estava em terra estrangeira, mas, retrospectivamente, porque afinal jamais me senti em casa em parte alguma. Minha recusa ao engajamento político tem na verdade uma origem quase física em relação ao mundo: estou lá por acaso, eu passo, não tomo partido. Ali, na Alemanha, isso tornou-se mais flagrante: estou numa fábrica de armamentos como operário torneiro e trabalho para a vitória final de meu Führer. Ora, eu não sou alemão, não compreendo alemão, não sou torneiro (sou engenheiro agrônomo) e este não é meu

Mais determinante parece ser o fato de que, à diferença da grande maioria dos fundos do Imec, o arquivo de Robbe-Grillet tenha sido comprado. Em geral, o estatuto jurídico da entrega de arquivos é o de depósito, em que o autor ou os detentores de seus direitos confiam os arquivos cuja propriedade mantêm integralmente. No caso de Robbe-Grillet, não se deve omitir o aspecto comercial da transferência do arquivo; ele jamais escondeu ter certo orgulho de viver, e viver bem, de seus direitos autorais.[16] A figura do escritor maldito, ou pelo menos desinteressado, evidentemente não se lhe aplica. Eis outro modo, supomos, de manifestar que a literatura, por ser uma arte, não deixa de ser uma atividade ou mesmo uma profissão: daí a existência, no arquivo, de uma impressionante biblioteca de todas as traduções de seus romances, fonte considerável de direitos autorais. Daí igualmente a menção ao "pequeno castelo Luís XIV", comprado em 1963, graças ao adiantamento de receitas por parte de Jerôme Lindon, não sem razão otimista — à época, Robbe-rillet era pouco lido. Daí, finalmente, suas incessantes viagens, como o arquivo atesta por meio de cartões-postais, correspondências, passagens de trem, avião e navio, para levar a boa nova de sua obra e do *nouveau roman*, e depois, a partir dos anos 1970, para lecionar em univerisidades americanas (outra fonte de renda confortável), onde ele era, segundo sua própria fórmula, "professor de si mesmo". Tendo-lhe perguntado certa vez por que não fizera o mesmo na França, respondeu-me que, por um lado, os únicos diplomas que o autorizavam a lecionar eram seus diplomas de engenheiro, e que, por outro, ele se perguntava se eu sabia quanto pagavam por palestras na universidade — muito pouco, quando se chegava a pagar.

A citação inicial é, pois, uma manifestação de autoridade. Quando se depositam arquivos, torna-se difícil mantê-los sob controle. Ora, no caso, Robbe-Grillet, mediante o domínio das informações, a criação de uma grade

---

Führer. A vitória em questão, em todo caso, não será a minha, mesmo que eu seja petainista! É nesse momento que me dou conta de que estou vivendo uma vida que não é a minha. É assim, um escritor: ele vive sempre fora de si mesmo". (*Le voyageur*, p. 503-504).

16. Como, por exemplo, na entrevista com Arnaud Viviant (*Les Inrockuptibles*, n. 165, set. 1998): "na França, tenho um público que é o mesmo que na China. São pessoas curiosas por literatura. Elas existem aqui, graças a Deus. Você sabe, vivo de meus direitos autorais. Tenho até um pequeno castelo na Normandia que comprei graças a isso [...]" (*Le voyageur*, p. 563).

lógica, de uma aparente hierarquia ou de uma aparente ausência de hierarquia, mantém esse controle. Talvez convenha esclarecer que, no momento em que seu arquivo chega ao Imec, ele havia concluído, após três anos, seu projeto de autobiografia romanceada (ou fantasiada, dependendo do ponto de vista), *Les romanesques*,[17] cuja última parte data de 1995. Ora, nesses três volumes, não há nenhuma menção ao depósito, à constituição de um fundo Alain Robbe-Grillet na BNF e depois no Imec. Daí em diante, portanto, havia uma grande lacuna na biografia, mesmo que romanceada, do autor. Parece-me que, no caso, as intervenções de Alain Robbe-Grillet na imprensa, cuidadosamente relidas e corrigidas, como sempre, preenchem essa lacuna, prolongando a escrita de sua própria história, escrita que é ao mesmo tempo uma releitura ou uma reconstrução, em parte ficcional.

Sobre o depósito: o trabalho no arquivo

Ampliação do depósito

O arquivo chegou ao Imec em diversas etapas; os manuscritos anteriormente guardados na Biblioteca Nacional foram primeiro acondicionados e repertoriados novamente pelo Instituto, como de hábito. Em seguida, constatou-se que tal fundo excedia em muito os elementos depositados na BNF, onde se encontravam somente os manuscritos, pois uma segunda etapa, mais delicada, consistiu na recuperação do "restante" — na verdade, a grande maioria dos documentos — na residência de Alain Robbe-Grillet. Essa etapa estendeu-se por tempo considerável, ainda que, para levar a contento o trabalho com o arquivo, contássemos com um prazo apertado: o da exposição. Tendo que lidar com esse limite, defrontamo-nos com três tipos de problemas.

O primeiro era de ordem logística, sendo já a localização dos documentos em dois lugares por si só uma fonte de dificuldades: algumas coisas encontravam-se no castelo de Mesnil-au-Grain, na Normandia, enquanto

---

17. *Le miroir qui revient* (1985), *Angélique, ou l'enchantement* (1988) e *Les derniers jours de Corinthe* (1995), todos os três publicados pela Minuit.

outras estavam guardadas no apartamento de Neuilly. Por insignificante que pareça, esse imperativo geográfico teve grande importância, pois as idas e vindas para verificar que nada fosse esquecido e para reunir num conjunto homogêneo documentos dispersos por dois lugares, em alguns casos há 50 anos, ocuparam-nos um bom tempo, embora se tratasse de um simples trabalho preparatório.

Outro problema residia na extensão do fundo. Por seu alto grau de heterogeneidade e completude, ele continha grande quantidade de conjuntos documentais diferentes tanto por seu estatuto quanto por seu suporte. Assim, certos documentos manuscritos, ausentes do depósito da BNF, surgiram por ocasião desse novo mergulho no arquivo, notadamente os roteiros de Robbe-Grillet; trata-se, junto com as correspondências (todas precisamente triadas e classificadas por ano, quando nós[18] deveríamos colocá-las em ordem alfabética de missivista) e os impressos, dos elementos mais facilmente visíveis, identificáveis e classificáveis, que logo revelaram que esse fundo não se contentava em ser o museu de uma obra, pródigo em rascunhos e versões diversos ou em matrizes de estudos de sua recepção. Nesses documentos ausentes do depósito da BNF encontravam-se também algumas folhas de rascunho de *Instantanés*, assim como cálculos de orçamentos, entrevistas devidamente reescritas e enviadas por fax, declarações de impostos, tudo isso quase sempre cuidadosamente ordenado por categoria de documentos. O fundo Robbe-Grillet era portanto um fundo eminentemente patrimonial, na medida em que nele se encontrava a materialidade da obra e da vida de um grande escritor, ao mesmo tempo que um exemplo extremamente detalhado e minucioso do que poderíamos chamar de "escritos banais", lote cotidiano dos arquivos de qualquer um. Com relação a esse aspecto, o estatuto das fotografias e diapositivos é emblemático: para um mesmo suporte, tivemos de lidar com pelo menos três categorias de documentos. A fotografia tirada como lembrança, por ocasião de viagens,

---

18. Esse "nós" designa uma equipe do Imec mobilizada especialmente para a exposição e de que faziam parte, além de Olivier Copet e eu mesma, dois arquivistas (Pascale Butel--Skzryszowski e Georges Gottlieb), aos quais veio juntar-se depois uma assistente de exposição (Caroline Dévé).

encontros ou reuniões, puro produto da memória, às vezes impossível de identificar, às vezes sem nitidez ou mal tiradas. Depois, a fotografia de cena, geralmente assinada por Catherine Robbe-Grillet, marca da atividade de Robbe-Grillet como cineasta, ao mesmo tempo instrumento e testemunho do trabalho cinematográfico, assim como seu oposto na cadeia de produção, a fotografia de pesquisa de locação.[19]

Curiosamente, além da heterogeneidade do próprio arquivo havia também a das condições de armazenamento: embora tudo estivesse muito bem conservado[20] e, quase sempre, identificado, era possível "descobrir" tanto bilhetes de trem guardados em envelopes por sua vez guardados em armários como também provas tipográficas, ou placas de zinco gravadas,[21] debaixo da cama ou atrás de uma porta — o que mostra a aparente ausência de hierarquia simbólica, ou qualitativa, imposta por Robbe-Grillet ao conjunto de sua produção.

O terceiro e último problema logo se nos apresentou como resultado direto do estatuto particular do fundo: como dissemos, ele é propriedade do Conselho Regional da Baixa-Normandia, enquanto a maioria dos demais fundos do Imec consiste em depósitos. Tivemos então de lidar com dois pontos de importância capital: um autor vivo e um arquivo comprado, estando aqui as noções de patrimônio e de propriedade misturadas de maneira exemplar. Ficara acertado que, a cada documento entregue, geralmente em mãos, Robbe-Grillet não poderia voltar atrás, embora ele soubesse que teria livre acesso a esses (seus?) documentos. Entendemos que a violência simbólica da entrega do arquivo, já eminentemente perceptível no caso de um simples depósito, tenha sido aqui reforçada: Robbe-Grillet esteve somente uma vez no recinto onde se haviam guardado todos esses documentos em caixas uni-

---

19. Uma última categoria é constituída pelas fotografias preliminares aos trabalhos literários — quer se trate de um material a ser comentado, tematizado posteriormente na obra (como, por exemplo, as da coleção do museu de Bergen, comentadas por Robbe-Grillet em julho de 1999) ou de uma provável fonte de inspiração, cujo destino certamente é mais difuso e cuja identificação é discutível.

20. Os documentos estavam em sua maior parte como novos, exceto alguns rolos de filme, atingidos pela "síndrome do vinagre".

21. Será que poderíamos considerá-las pré-textos? Foi nessas placas que Robbe-Grillet escreveu o texto de *Traces suspectes en surface*, obra em colaboração com Robert Rauschenberg, composta entre 1972 e 1978.

formes, tanto pelo tamanho quanto pela cor, etiquetadas e numeradas. Logo foi-se embora, exigindo que mudássemos o código de seu fundo (que, pelas normas vigentes, é identificada pelas três primeiras consoantes de seu nome de família): RBG transformou-se em ARG, iniciais com que Robbe-Grillet por vezes assina suas cartas. A aposição da assinatura do escritor por cima ou mesmo acima do código do arquivista, embora espirituosa, pareceu-nos bem reveladora das dificuldades com que iríamos nos deparar.

Fundo Robbe-Grillet, arquivo de Robbe-Grillet

Uma das particularidades desse fundo, como bem o demonstra o episódio da assinatura, é o fato de já ter sido arquivado por pelo menos duas instâncias: a Biblioteca Nacional, evidentemente, mas sobretudo os Robbe-Grillet em pessoa(s), e nessa segunda instância cumpre notar o papel decisivo, embora discreto, de Catherine Robbe-Grillet. Rstakian em solteira, mais conhecida pelos sucessivos pseudônimos de Jean de Berg[22] e Jeanne de Berg,[23] ela conheceu Robbe-Grillet nos anos 1950, durante uma viagem a Istambul. Casaram-se em 1957, ano da publicação de seu livro *L'image*, em que a fantasia sadomasoquista tem papel tão importante quanto explícito. Depois, Catherine Robbe-Grillet, sempre presente nas diversas viagens que ele fez, fotógrafa de cena da maioria de seus filmes, revelou-se uma testemunha constante e ativa do trabalho literário de seu marido: tanto assim que tirou a grande maioria das fotografias do arquivo, quase sempre por ela legendadas (facilitando consideravelmente a tarefa dos arquivistas que a sucederam) e manteve, desde o final da década de 1950, um diário que não é propriamente um diário,[24] em que estão registrados os mínimos atos e feitos dos dois Robbe-Grillet, quer se encontrassem no mesmo lugar

---

22. Jean de Berg. *L'image*. Paris: Minuit, 1957.
23. Jeanne de Berg. *Cérémonies de femme*. Paris: Grasset, 1987; e *Entretien avec Jeanne de Berg*. Bruxelles: Nouvelles, 2002.
24. Os cinco primeiros cadernos foram publicados em 2004 pela Fayard com o título de *Jeune mariée, journal, 1957-62*.

ou não. Todos esses "diários", que ela chama de cadernetas, pertencem a seu arquivo pessoal — que só irá juntar-se ao de Robbe-Grillet quando ela morrer — e não podem ser consultados pelos pesquisadores; no entanto, constituem uma fonte de informação de fato considerável e dão prova da atenção especial que ela dedicou não só à pessoa, mas sobretudo à elaboração da obra e da carreira de Robbe-Grillet. Eles foram de grande ajuda para elaborarmos o catálogo que assumiu a forma de uma cronologia ilustrada.

Assim, Catherine Robbe-Grillet poderia ser considerada como um segundo produtor do arquivo, pelo menos por dois motivos: a utilização que fizemos de seu arquivo pessoal e o trabalho que ela efetuara com o de seu marido, cabendo acrescentar, sem dúvida, certos elementos detalhistas, como as passagens de trem ou avião em nome dele ou ainda o fato de ela ter-se preocupado em guardar a coleção de seus passaportes.

A nosso ver, a diferença de idade entre o casal Robbe-Grillet pode ter produzido efeitos; cerca de 10 anos mais moça que seu marido, Catherine Robbe-Grillet realmente sempre pareceu mais interessada no trabalho que estávamos fazendo do que o escritor, que geralmente preferia contar casos engraçados ou falar sobre sua obra literária e cinematográfica. Se, para ele, tratava-se de uma questão de posteridade, tal não era absolutamente o caso de sua mulher, que podia com razão considerar que, durante anos, ela faria parte dessa mesma posteridade. Eis por que, certamente, ela se interessou mais pelos trabalhos de valorização dos arquivos, enquanto Robbe-Grillet, aos 80 anos de idade e com sua reputação de escritor já firmada, logo nos fez ver que realmente aquilo não o interessava tanto assim, a não ser pelo catálogo, muito provavelmente porque se tratava de um objeto escrito.

Selar o pacto: os trabalhos de valorização

A obra retomada

Os trabalhos de valorização do fundo se realizaram em três etapas.

Quando a enxurrada de documentos de imprensa chegou ao Imec, surgiu um primeiro projeto, na verdade já idealizado por outros (notadamente Michel Rybalka e Mireille Cale-Gruber), que não puderam levá-lo adiante porque sua amplitude demandava recursos logísticos que não estavam ao alcance de um só pesquisador. Tratava-se de reunir certo número de textos, entrevistas e conferências numa coletânea que abrangeria cerca de 50 anos de atividade literária. O material principal — arquivístico — era abundante: tinha acabado de chegar ao Instituto uma montanha de transcrições de entrevistas, recortes de imprensa e textos publicados em revistas. Logo vimos que a seleção seria drástica, de modo que optamos por uma classificação por tipo de texto, seguindo uma linha cronológica: sendo impossível abranger tudo, não era questão de produzir um material enciclopédico sobre a recepção de Robbe-Grillet, e sim uma interpretação preliminar, necessariamente subjetiva. Foi então que Alain Robbe-Grillet interveio pessoalmente: favorável a uma revisão desses textos, muito antigos no entender de alguns, ele decidiu escrever um prefácio, depois um posfácio à obra, para a qual propôs um título, aproveitando para revelar uma impostura crítica ao assumir daí em diante a paternalidade por "Um escritor não reconciliado". A história desse texto merece maiores detalhes: publicado em 1972 como prefácio à edição de *La maison de rendez-vous* na coleção "Double" (coleção de bolso da Éditions de Minuit), vem assinado por um tal de Franklin J. Matthews, respeitado acadêmico californiano lecionando na Austrália e de quem jamais ninguém ouvira falar. Durante 30 anos, Robbe-Grillet, já pródigo em análises de sua própria obra, consentiu que muitos estudiosos e universitários tomassem como referência a análise de Matthews; é bem verdade que, no arquivo, o manuscrito de "Um escritor não reconciliado" não deixava muitas dúvidas quanto à identidade de quem o escrevera, já que a letra de Robbe-Grillet era facilmente reconhecível. Quando falei com o escritor a respeito dessa incrível semelhança, respondeu-me que o fax recebido da Austrália — à época os faxes não funcionavam muito bem — estava tão ruim que ele tivera de copiá-lo à mão antes de enviá-lo ao editor... antes de reconhecer que fora ele quem o havia escrito. Essa maneira pertinente de brincar com as categorias vigentes na prática de arquivamento, especialmente com a diferença entre autor e copista, pareceu-me bastante reveladora da recuperação simbólica que então se efetuava: *Le voyageur*, acrescido do prefácio e do posfácio, e enriquecido com essa revelação, tornava-se menos um objeto de pesquisa do que uma proposta oferecida à pesquisa — uma das últimas produções de um autor apresentando uma visão retrospectiva de sua obra. Passava-se assim da esfera do documento a da obra literária, ou seja, do arquivo à criação. Este último ponto era, aliás, reforçado pelo lançamento concomitante de *Le voyageur* e de *La reprise*, último romance de Robbe-Grillet e o primeiro depois de 20 anos.[25]

Atualidade de Robbe-Grillet

Uma etapa intermediária consistiu no lançamento de um número do *Magazine Littéraire* especialmente dedicado a Robbe-Grillet,[26] contendo reproduções de documentos de arquivo (fotografias, cartas), a transcrição de um inédito ("J'aime. Je n'aime pas", escrito por ocasião do primeiro aniversário da morte de seu amigo Roland Barthes) e uma cronologia detalhada que, em versão ampliada, deu origem à estrutura do catálogo. O *Magazin Littéraire* era assim o eco do que se poderia chamar "a atualidade de Robbe-Grille", o qual lançava dois livros de uma só vez, a quem uma grande exposição seria consagrada e que iria fazer 80 anos. Enfim, o único elemento que não estava ligado à chegada do arquivo ao Imec era o lançamento de *La reprise*, que pertencia estritamente à esfera literária e cujo manuscrito ainda se achava com Robbe-Grillet à época da exposição. O restante dava prova de uma revitalização relacionada a essa compra; as entrevistas concedidas por Robbe-Grillet a Benoît Peeters[27] na abadia de Ardenne vieram, pouco antes da exposição, selar esse pacto de vitalidade da obra pelo arquivo, e não apesar dele.

---

25. Após *Djinn*, publicado pela Éditions de Minuit em 1981.
26. *Magazine Littéraire*, out. 2001. Ao mesmo tempo apareceu um número especial de *Critique*, do qual o Imec não participou diretamente, embora o duplo lançamento de *Le voyageur* e de *La reprise* tenha sem dúvida merecido destaque nessa publicação.
27. Lançadas num DVD duplo pela Impressions Nouvelles.

Exposição e catálogo

A terceira e última etapa foi a da exposição e seu catálogo, embora caiba fazer aqui uma ressalva. Tratava-se, como era natural, de uma exposição de arquivo e de um catálogo de peças de arquivo, o que desde logo os diferenciava dos chamados objetos "literários" ou concernentes à história da literatura. Como o arquivo possibilitava uma abordagem ao mesmo tempo transversal (atravessando a história da literatura, a literatura, a estética e a história) e interna (revelando a elaboração da obra desde o interior até a sua recepção), optamos por uma organização topográfica. Abordar somente os grandes temas da obra não seria suficiente para explorar a riqueza do material arquivístico disponível; estruturar as coisas historicamente implicava o risco de omitir a obra; adotar um método cronológico significava negar o tratamento estético que Robbe-Grillet dispensara à diegese... Como se vê, não eram poucos os problemas, ligados tanto à especificidade da obra quanto ao tipo de exposição idealizada. A topografia era a seguinte: em cinco amplos lugares, procuramos explorar o mundo tanto real quanto imaginário de Robbe-Grillet, onde se encontrariam necessariamente peças de valor biográfico, assim como outras de valor histórico, estético, genético etc. Assim, nas duas salas da Abbaye-aux-Dames, havia sucessivamente um espaço reservado ao mar (lugar preferido de alguns romances e filmes, e importante na vida de Robbe-Grillet, nascido em Brest), e outro à Éditions de Minuit (onde estavam reunidos os documentos referentes à amizade entre Robbe-Grillet, conselheiro literário daquela editora, e seu editor Jerôme Lindon, além de grandes figuras do *nouveau roman*, e também à recepção de Robbe-Grillet na imprensa e no mundo universitário, bem como às edições originais de seus livros). Após seguir por um grande corredor em cujas vidraças tinham sido impressas as primeiras frases de *L'année dernière à Marienbad*,[28] entrava-se numa segunda sala que compreendia três espaços: o laboratório (local de experimentações científicas e artísticas, onde estavam expostos documentos como os cadernos de agronomia de Robbe-Grillet,

---

28. Os jardins da abadia da Abbaye-aux-Dames decerto evocando os de *L'anné dernière...*

mapas, rascunhos, fotografias de cena, fotografias do engenheiro Robbe--Grillet na Martinica e o manuscrito de *La jalousie*, onde é descrita a casa da Martinica...), a casa de encontros (local da temática sadoerótica, onde havia uma vitrine dedicada à obra de Catherine Robe-Grillet) e a cidade (tal espaço compreendia uma imponente biblioteca das traduções de seus livros no mundo inteiro, fotografias de viagens, programas de seus cursos como *visiting professor* em universidades americanas, mapas da cidade de *Gommes*...). A meio caminho, uma terceira salinha apresentava todas as gravuras de *Traces suspectes em surface*, diálogo criativo entre Robbe-Grillet e Robert Rauschenberg.

Se a exposição pretendia possibilitar uma apreensão do mundo de Robbe-Grillet através do arquivo, o catálogo tinha outro objetivo: tratava-se, como contraponto, de apresentar um objeto que fosse também um objeto de pesquisa, propiciando a visão mais completa possível da trajetória do escritor. Daí ter ele assumido a forma de uma cronologia extremamente detalhada, apresentada de modo direto, sem interpretação, onde constavam peças de arquivo escolhidas em função de sua importância histórica e algumas citações extraídas de seus romances. Como homem de letras, Robbe-Grillet concedeu uma atenção apenas superficial à exposição, ao passo que se debruçou longamente sobre o catálogo (tão longamente a ponto de atrasar a sua publicação, prevista para o dia da inauguração); assim, a capa foi objeto de um inflamado debate. Havíamos escolhido uma fotografia surpreendente, tirada por Catherine Robbe-Grillet no Japão nos anos 1960: nela Robbe-Grillet aparecia de pé, encostado a uma parede vermelha. Vestia um traje cinzento, com camisa branca, e tinha ainda seu pequeno bigode. Essa fotografia nos havia parecido contrastante com a imagem de tédio geralmente associada ao *nouveau roman*, pois mostrava um escritor jovem, de ar irônico, na capa de uma publicação relembrando toda a sua carreira. Nosso entusiasmo durou pouco: Robbe-Grillet mostrou-nos seu desagrado ao ver tal escolha confirmada (achou que estava com um ar de "gigolô"); de sua parte, preferia uma foto mais recente, que mostra o escritor em seu gabinete, trajando uma roupa de veludo, com os cabelos grisalhos e a tradicional barba, e usando grossos óculos. Disse-me ter percebido que eu fazia tudo que estava ao meu alcance para que esquecessem que ele era escritor (bastava ver a primeira foto escolhida) e que essa outra foto o representava de uma forma ideal; ficamos, no mínimo, embaraçados. Por fim, a fotografia da capa é uma outra imagem da viagem ao Japão, mostrando Robbe-Grillet, ainda jovem e de bigode, em primeiro plano num barco (em segundo plano aparece a água). Conseguimos descartar a fotografia do gabinete[29] com o argumento seguinte: era tão tipicamente uma fotografia de escritor que poderia tratar-se de qualquer escritor — sob risco de virem a confundi-lo com Claude Simon, por exemplo.

A meu ver, esse caso vem confirmar que o essencial da relação de Robbe-Grillet com seu arquivo, ao menos pelo que pudemos observar ao longo de dois anos, remete a três termos: precisão, domínio e produção. Precisão porque a meticulosidade de Robbe-Grillet, a qual, pensando bem, é ao mesmo tempo um traço de caráter e uma estética, encontra um eco ideal no mundo dos arquivos — como o atesta, por exemplo, a maior atenção conferida ao material de conservação do que ao sistema de classificação. Domínio porque a sequência das operações, do depósito à edição do catálogo, mostrou-nos como o autor que vendera seu arquivo conseguira mantê-lo sob seu controle, seja por meio da ampliação do depósito, de manifestações mais ou menos fingidas de mau humor (como nas infindáveis discussões sobre a fotografia do catálogo) ou, ainda, de algum ato simbólico, como a mudança do código. Produção, enfim, porque os dois elementos precedentes possibilitaram sem dúvida manter uma tensão fecunda. Se o Imec tem precisamente a vocação, afirmada institucionalmente, de fazer viver os arquivos para além de seu depósito, pode-se dizer com razão que, com Robbe-Grillet, o Instituto encontrara o autor ideal, apesar das dificuldades que seu envolvimento possa ter suscitado; o uso da mentira (como, por exemplo, no caso Matthews, num primeiro momento) e da má fé, as variações de humor ou os caprichos da parte do autor não passaram de manifestações marginais de um princípio de vita-

---

29. Que mesmo assim foi utilizada no convite para a inauguração.

lidade que era também um princípio estético; Robbe-Grillet certamente não teria deixado sua obra num túmulo e, diante da inevitável inércia que um depósito de arquivos pressupõe, conseguiu, por intermédio do Imec, prolongá-la. Tomara que, também graças a isso, sua figura de escritor continue igualmente em movimento.

Novas considerações sobre ordem original e documentos pessoais[1]

JENNIFER MEEHAN

Várias são as circunstâncias com que pode deparar-se o arquivista que começa a examinar um conjunto de documentos pessoais. Ao abrirmos uma caixa, podemos encontrar um emaranhado de itens dispersos sobre os quais inexistem informações identificadoras, ou que não se acham metodicamente organizados em dossiês ou mesmo pastas. Ao abrirmos outra caixa, podemos encontrar uma série aparentemente bem organizada de dossiês de correspondência, e depois descobrir, após um exame mais atento, que essa organização provavelmente não é a do próprio produtor, e sim de um custodiante ulterior que se incumbiu de preparar o material a ser doado a um arquivo. Abrindo mais outra caixa, podemos encontrar o material proveniente de uma aquisição inexplicavelmente organizado alfabeticamente em dossiês por tema ou formato, devido ao trabalho arquivístico feito anteriormente de acordo com antigas normas institucionais de acesso e processamento. Tais circunstâncias tornam praticamente impossível uma interpretação literal do conceito de ordem original, quando se trata de organizar e descrever documentos pessoais.

O conceito de ordem original sempre representou um desafio para os arquivistas que lidam com documentos pessoais. Desde que foi modernamente formulado no *Manual dos holandeses*, se não antes, o princípio da observância da ordem original aplicou-se exclusivamente aos documentos organizacionais. O *Manual* nem sequer trata dos documentos pessoais, por considerá-los "da competência de bibliotecas e bibliotecários" (Cook, 1997:21). Temos aí implícita, ou nem tanto, a noção de que os documentos pessoais não pertencem ao âmbito das atividades arquivísticas. Embora

---

1. Publicado originalmente com o título: Rethinking original order and personal records. *Archivaria*, v. 70, p. 27-44, outono 2010.

muitos arquivistas de fato trabalhem em bibliotecas, o método adotado para lidar com os arquivos pessoais, especialmente aqueles de natureza mais complexa, é arquivístico, e não bibliográfico.[2] Assim, independentemente do que pudessem pensar os autores do *Manual dos holandeses*, os documentos pessoais pertencem ao âmbito da arquivologia. Ao estabelecerem um método arquivístico para arranjo e descrição de documentos pessoais, os arquivistas necessitam lidar especificamente com o conceito de ordem original. Antes de considerarem que o princípio da observância da ordem original (o conceito metodológico) é irrelevante fora de um contexto organizacional, os arquivistas devem primeiramente levar em conta as questões referentes à natureza e à história dos documentos, bem como a importância do "sistema" de organização do produtor (o conceito teórico) que se inclui no âmbito de aplicação desse princípio.[3] Em suma, no que se refere aos documentos pessoais, é necessário adotar um novo enfoque da ordem original para facilitar o trabalho arquivístico de arranjo e descrição.

Os "princípios arquivísticos não são definitivos, mas, assim como os conceitos da própria história, da literatura ou da filosofia, refletem o espírito de sua época, sendo portanto reinterpretados pelas gerações seguintes" (Cook, 1997:26). Ao conceber os princípios da arquivologia como um conjunto de ideias em constante evolução, Terry Cook convida os arquivistas a repensar e reinterpretar os principais conceitos que informam nossa prática individual e coletiva: ou seja, abrir nossas ideias sobre teoria e metodologia arquivísticas para possibilidades nunca antes imaginadas. Esse convite ou abertura da teoria e metodologia arquivísticas é crucial quando pensamos no conceito de ordem original e no que ele pode significar para os documentos produzidos por indivíduos ou famílias. Como norma rígida e permanente,

---

2. A descrição sugere antes uma combinação de técnicas arquivísticas e bibliográficas (por exemplo, muitas instituições criam instrumentos de pesquisa multinível e catálogos de coleções para arquivos pessoais), mas o arranjo de arquivos maiores geralmente requer uma abordagem exclusivamente arquivística.

3. Boles (1982) sugere que o princípio da ordem original seja considerado independentemente do princípio da proveniência. Já para Horsman (1994:51), a ordem original é uma aplicação interna do princípio da proveniência, e "ambas as partes [as aplicações externa e interna] do princípio da proveniência constituem um todo inseparável".

ou como "lei científica imutável", a ordem original é fácil de ser interpretada de modo demasiado restrito, tornando-se praticamente irrelevante; é geralmente impossível de ser implementada, especialmente no arranjo e descrição de documentos pessoais; e sentimo-nos tentados a rejeitá-la totalmente. Como conceito historicamente situado — não concebido de modo desinteressado, nem considerado válido para qualquer época —, a ordem original está aberta à (re)interpretação.[4] Assim, este artigo tem por objetivo reconsiderar a ordem original como esquema conceitual para analisar e compreender os documentos pessoais em toda a sua complexidade *e* em seus próprios termos, ou seja, levando em conta o modo como foram produzidos, conservados, transmitidos e utilizados ao longo do tempo.[5]

Limitações do conceito e implicações para a prática

Não faltam definições clássicas para o conceito de ordem original,[6] mas esse princípio arquivístico tem sido interpretado de diferentes maneiras por diferentes teóricos ao longo do tempo. Para alguns, ele serviu de base para se discutir a conveniência e a importância da aplicação de princípios

---

4. Segundo Cook (1997:46), "a arquivologia não deve ser vista como um conjunto de leis científicas imutáveis, abnegadamente formuladas e tidas como válidas para sempre. [...] a natureza cambiante da arquivologia ao longo do tempo torna-se uma força positiva, e não negativa, dessa disciplina".
5. Em outro trabalho (Meehan, 2009), considerei que o trabalho analítico realizado pelo arquivista no arranjo e descrição permite-nos saber como ele concebe e põe em prática os princípios arquivísticos; além disso, defini o arranjo como um processo que visa estabelecer relações, e não simplesmente identificá-las. Nessa perspectiva, os conceitos arquivísticos de proveniência e ordem original servem antes como um esquema conceitual para compreender, interpretar e representar um conjunto de documentos, e não como normas rígidas a serem cumpridas. Aqui, portanto, meu objetivo é imaginar algumas das maneiras pelas quais a ordem original pode servir como esquema conceitual.
6. O glossário da SAA define "ordem original" como "a organização e sequência dos documentos tal como estabelecidas pelo produtor desses documentos" (Pearce-Moses, 2009). Para Muller, Feith e Fruin (1968:52), autores do *Manual dos holandeses*, o princípio da observância da ordem original reza que "o sistema de arranjo deve basear-se na organização original da coleção de documentos, que em geral corresponde à organização estabelecida pelo órgão administrativo que os produziu".

arquivísticos aos documentos pessoais.[7] Para outros, deu margem à formulação de novas diretrizes para o trabalho de arranjo e descrição.[8] Outros, ainda, viram nele uma oportunidade para questionar os preceitos básicos da prática arquivística (Brothman, 1991). Seja qual for o enfoque adotado, prescritivo ou crítico, o conceito de ordem original, tal como usualmente concebido, apresenta certas limitações. Primeiro, ele enfatiza equivocadamente certos métodos de arquivamento adotados nos "sistemas" de gestão de documentos que podem deixar ou não sinais visíveis. Consequentemente, em nossas teorias sobre o tema em questão predomina a noção de *organização*, que focaliza estritamente os métodos de arquivamento do produtor, em detrimento do importante conceito de *acumulação*, que muda o foco para as atividades mais gerais do produtor que primeiramente originaram

---

7. Powell T. e Chris Hurley são os que melhor representam os dois lados do debate. O primeiro afirma que o princípio geralmente não se aplica aos documentos pessoais, "devido ao estado de desordem em que são recebidos", e que, mesmo havendo aparentemente alguma ordem original, tal princípio só deve ser observado se essa ordem for considerada importante, "ou seja, se revelar ou sugerir as intenções e ideias da pessoa que colecionou os documentos" (Graeme, 1995:136). Por outro lado, Hurley (1995:149) sustenta que a importância da ordem original para os documentos pessoais é "a noção que ela nos dá dos objetivos e atividades a que serviam inicialmente os documentos, e não depende de sua eficiência como sistema de arquivamento ou de recuperação da informação". Tendo a concordar com Hurley, mas devo admitir que tal debate não me desperta muita atenção, pois diz respeito sobretudo à existência ou não de uma ordem discernível, sem tratar da questão de como devemos conceber ou tratar os documentos que não apresentam qualquer ordem lógica. É ainda Hurley que nos fornece uma argumentação consistente: "O respeito à ordem original não depende de haver uma numeração ou ordem alfabética originais, e não deve ser descartado simplesmente por se estar diante de uma ordem inexplorada ou não produzida. A melhor analogia pode ser feita com o trabalho do arqueólogo, que não abandona os princípios que orientam o trabalho de escavação apenas porque, ao invés de um túmulo bem planejado e ordenado, onde a localização e arranjo dos objetos foram desenhados para lhe dar sentido e significado, ele está trabalhando sobre uma pilha de lixo. Ele sabe que a justaposição e as relações entre as partes de um todo são importantes, mesmo quando esse todo não foi percebido como tal em um primeiro momento. Isso é igualmente verdadeiro para o trabalho com arquivos" (Hurley, 1995:146).

8. Por exemplo, Boles (1982:31) propõe a tese da "usabilidade simples", segundo a qual, "numa instituição arquivística, há que manter os documentos em estado de acessibilidade, sendo o seu arranjo o mais simples possível, a fim de garantir o uso da documentação". Independentemente do mérito ou validade da ideia de Boles, considero sua argumentação extremamente problemática. Ao estabelecer uma distinção entre o valor evidencial dos documentos e o valor do sistema de arquivamento, ele acaba por dar maior valor aos "documentos evidencialmente superiores" do que aos seus contextos de produção, preservação e utilização, o que me parece insustentável, dada a importância do contexto para a compreensão, sem falar no uso dos documentos pessoais como fontes probatórias.

os documentos.[9] Outra limitação do conceito refere-se às problemáticas conotações associadas aos termos "original" e "ordem". Independentemente do fato de podermos ou não identificar alguma ordem nos documentos com que lidamos, muitos questionam — com razão — a capacidade dos arquivistas para captar e representar os documentos *tal como eles eram verdadeiramente*.[10] Embora o trabalho de arranjo consista em encontrar um lugar apropriado para os documentos dentro do conjunto que constitui o fundo, muitos arquivistas sabem, ou ao menos suspeitam, que os métodos de arquivamento *per se* nada têm de "naturais" e, portanto, os documentos não têm um "lugar natural" (Brothman, 1991:84). Porém, a maior limitação é talvez o fato de que o conceito arquivístico de ordem original nada diz a respeito do que fazer com, ou mesmo de como considerar, os documentos que não apresentam uma ordem coerente e discernível, como quase sempre é o caso dos documentos pessoais.

Na prática, existe certamente uma ampla gama de interações e implementações do conceito de ordem original e do princípio de observância da ordem original. Contudo, o caráter restritivo do conceito acaba impondo limitações ao modo como os arquivistas conceituam e executam o trabalho de arranjo e descrição dos documentos pessoais. Num dos extremos do espectro, os arquivistas podem querer estender o conceito aos documentos pessoais por analogia, buscando *semelhanças* entre estes e os documentos organizacionais, em vez de procurar compreendê-los em seus próprios termos. Tal abordagem tende a ignorar certas hipóteses subjacentes que poderiam atribuir significados muito diferentes aos documentos criados fora de um contexto organizacional (por exemplo, o fato de que a ausência de uma ordem aparente não é a mesma coisa que a ausência de ordem original). Além disso, ela encobre importantes diferenças nos aspectos físicos e materiais

---

9. Ao reconceituar o fundo arquivístico, Cook (1992:36) associa proveniência a produção/ acumulação, e ordem original a organização. Contudo, não creio que tal associação seja válida para os documentos pessoais.

10. Nesmith (2005:264), por exemplo, sugere que, "em vez de ordem original, deveríamos falar de ordem dos documentos recebidos, ou seja, aquela em que os mesmos se encontravam ao chegar ao arquivo". Segundo ele, tal ordem "talvez seja mais como um instantâneo de um momento no tempo, *e* não a ordem original, mas algo próximo disso".

dos documentos pessoais e o impacto delas na ordem intelectual perceptível em determinado arquivo. Tais diferenças incluem o modo como os documentos são criados, utilizados e guardados inicialmente e ao longo do tempo pelo produtor (*custódia pessoal*); o modo como os documentos são utilizados, guardados e transmitidos por custodiantes ulteriores (*história custodial*); e o modo como os documentos são tratados quando confiados à custódia arquivística, antes mesmo de serem formalmente processados (*intervenção arquivística*). Por exemplo, o produtor individual pode ter ou não um sistema para organizar seus arquivos durante o tempo em que os está utilizando (o que não quer dizer que ele não produz, acumula e utiliza os documentos de determinada maneira, e sim que não os guarda de determinada maneira). Quando chega o momento de doar seus documentos a um arquivo, o produtor pode querer organizá-los segundo um sistema diferente, depois que deixam de ser utilizados. Do mesmo modo, parentes, amigos ou testamenteiros designados como custodiantes podem intervir no fundo ao prepará-lo para doação, o que pode envolver a mera (re)organização dos documentos ou a seleção dos que devem ou não ser preservados. Os documentos podem chegar ao arquivo em múltiplas e diferentes levas, sem explicações sobre o que foi recebido, quando e por quê. Cada leva pode receber, no todo ou em parte, algum tipo de tratamento envolvendo uma simples rearrumação ou um processamento preliminar para que os pesquisadores tenham acesso ao material, sem documentação precisa sobre o que foi feito, quando e por quê. Esses e outros fatores relacionados à gestão de documentos pessoais, à história custodial e à intervenção arquivística constituem aspectos importantes do contexto que são cruciais para compreender e tirar conclusões sobre o complexo significado de um conjunto de documentos pessoais.[11]

---

11. Segundo MacNeil (2008:14), o "vínculo custodial" — as relações entre uma coleção documental e os vários custodiantes, incluindo arquivistas e instituições arquivísticas, que com ela interagem — é tão importante quanto o vínculo arquivístico para interpretar e representar o significado de tal coleção, e qualquer mudança efetuada pelo(s) custodiante(s) faz parte da história dos documentos. Ela cunhou o termo *archivalterity* para designar "os atos de mudança contínua e descontínua que transformam o significado e a autenticidade de um fundo ao ser transmitido através do tempo e do espaço".

No outro extremo do espectro, os arquivistas podem preferir utilizar métodos que priorizam o usuário, a fim de interpretar e representar os documentos pessoais. Invariavelmente, isso leva à adoção de abordagens *ad hoc* que dão mais ênfase à utilidade e ao acesso pelos usuários do que aos contextos de produção e utilização dos documentos. De modo geral, tais abordagens não visam à compreensão dos documentos pessoais em seus próprios termos; buscam, em vez disso, atender às possíveis expectativas dos usuários, as quais necessariamente diferem de um grupo de usuários para outro, além de variarem com o tempo, assim como de um depósito para outro. Essas abordagens preocupam-se apenas com os aspectos mais óbvios relacionados às práticas de gestão de documentos pessoais do produtor e efetivamente ignoram as questões concernentes à história custodial e à intervenção arquivística. Portanto, não tratam devidamente das realidades físicas dos documentos pessoais, nem representam as diversas contextualidades que determinam o possível significado do fundo como um todo. Ainda que enfatizem, sobretudo, o acesso (em termos de localização e recuperação), as abordagens *ad hoc*, voltadas para o usuário, comprometem a possibilidade de acesso contextualizado e de valor agregado a conjuntos maiores e mais complexos de documentos pessoais.[12]

Na prática, os profissionais que adotam uma abordagem arquivística para arranjo e descrição de documentos pessoais provavelmente ficarão em algum ponto entre esses dois extremos. Muitos tentarão seguir o princípio da observância da ordem original sempre que puderem discernir alguma ordem coerente nos documentos tal como se apresentam por ocasião do processamento. Se isso não for possível, os arquivistas estabelecerão a ordem (ou arranjo) que julgarem mais conveniente para os usuários e que

---

12. Segundo Horsman (1994:59-60), "cabe ao arquivista fazer a representação do contexto original, de modo que os pesquisadores possam não só recuperar a informação, mas principalmente interpretá-la no contexto original administrativo e funcional. Essa é a missão do arquivista, e o seu valor agregado". Embora alguns destaquem a existência de uma tensão fundamental, na profissão arquivística, entre servir aos documentos (presumivelmente por seu próprio interesse) e servir aos usuários, Horsman diz que, inserindo e preservando os documentos no contexto (de acordo com os princípios da arquivologia), os arquivistas facilitam a interpretação dos mesmos e, portanto, estão servindo ao usuário.

esteja de acordo com as diretrizes ou políticas institucionais, ou que atenda a outros requisitos. Isto é o máximo que o atual conceito de ordem original como *fim* a ser alcançado pode fazer pelos arquivistas que cuidam do arranjo e descrição de um conjunto de documentos pessoais: se houver alguma ordem, esta será por eles respeitada, preservada, protegida ou talvez mesmo restaurada.

Na maioria dos casos, porém, ao lidarem com documentos pessoais, os arquivistas têm que fazer mais do que isso para contextualizar devidamente tais registros para os usuários. É necessário não apenas identificar e compreender a ordem física existente num fundo, mas também avaliar sua importância ou significado relativo — por exemplo, até que ponto essa ordem reflete as atividades do produtor. Os arquivistas devem identificar o conjunto variável de circunstâncias que envolvem o fundo, bem como outras ordens intelectuais possivelmente aí existentes que sejam capazes de refletir os diferentes campos de atividade de que participavam os documentos. Devem, além disso, estabelecer um arranjo que reflita o(s) campo(s) de atividade considerado(s) mais adequado(s) para esclarecer o contexto geral do fundo.[13] Devem, ainda, conceber diferentemente a ordem original para melhor compreender e contextualizar os documentos pessoais: em vez de considerá-la como um fim a ser alcançado, talvez seja mais apropriado às finalidades arquivísticas concebê-la como um *meio* de realizar o trabalho de arranjo e descrição.[14]

---

13. Muitas vezes, os esforços dos arquivistas nesse sentido são dificultados pelo fato de que o arranjo físico geralmente reflete o arranjo intelectual no processamento dos arquivos pessoais. Embora possa haver razões práticas para tanto (por exemplo, facilitar a paginação do material pelos arquivistas), o resultado é que assim se apresenta uma única visão do fundo, o que exclui, talvez, a possibilidade de outras visões. Pensemos nas diferentes visões possíveis, se um instrumento de pesquisa apresentasse o arranjo intelectual de um fundo, e um inventário — separadamente ou como parte do instrumento de pesquisa — apresentasse o arranjo físico representando a ordem existente de um fundo. O arranjo intelectual ainda contextualizaria os documentos para os usuários; estes ainda poderiam localizar e recuperar a informação que lhes interessa (embora a paginação talvez seja um pouco mais complicada); e, além disso, os usuários poderiam tirar suas próprias conclusões sobre o significado relativo da ordem existente dos documentos.
14. A metáfora "meios e fins" talvez não seja de todo apropriada, mas utilizei-a para sugerir que o conceito de ordem original deve concentrar-se mais no processo do que no resultado inicial ou final do arranjo e descrição.

A ordem original como esquema conceitual

A ordem original pode vir a ser um meio, em vez de um fim, se a tomarmos não como uma diretriz que instrui os arquivistas a preservarem a ordem existente se, e somente se, esta for considerada importante ou mesmo servir para restabelecer alguma ordem anterior que é supostamente a "original", mas sim como um esquema conceitual para analisar um conjunto de documentos pessoais, independentemente de haver ou não uma ordem coerente e discernível.

Podemos conceber dessa forma a ordem original atendo-nos ao espírito do princípio da observância da ordem original, em vez de tentar (em vão) segui-lo à letra. Segundo Terry Cook, os autores do *Manual dos holandeses* consideravam que tal princípio era a "mais importante de todas [as normas] [...], a base sobre a qual se erguerá todo o resto", porque, "respeitando-se o arranjo dos sistemas originais de gestão documental, é possível facilitar bastante a importantíssima atividade arquivística de elucidar o contexto administrativo em que os documentos originariamente são criados" (Cook, 1997:21). Portanto, o espírito de tal princípio consiste em esclarecer o contexto em que se produziram tais documentos, o que é importante para a interpretação e representação tanto dos documentos pessoais quanto dos documentos institucionais. Mas isso não se limita ao contexto em que os documentos eram mantidos (que a atual ênfase na *organização* implica), pois inclui também os contextos de produção, transmissão e utilização (que uma ênfase maior na *acumulação* incorporaria). Os aspectos específicos do contexto que requerem maior esclarecimento no caso dos documentos pessoais são: a) o contexto funcional (a estrutura original das atividades a que estavam relacionados os documentos);[15] e b) as contextualidades mais gerais (parafraseando Tom Nesmith, os diversos processos, subsequentes

---

15. Em geral, os arquivistas não consideram que as funções estejam relacionadas a áreas pessoais de atividade, mas usei a expressão "contexto funcional" para enfatizar as atividades de alto nível decorrentes dos vários papéis pessoais e/ou profissionais do produtor que levam à criação, preservação, transmissão e utilização dos documentos. Na análise de documentos pessoais, uma abordagem funcional não é necessariamente a mesma coisa que uma abordagem baseada em funções.

à inscrição inicial dos documentos, que também contribuíram para sua "produção" num sentido mais amplo) (Nesmith, 2005:263), incluindo os processos (mas sem limitar-se aos mesmos) de arquivamento, transmissão e utilização por parte de quaisquer custodiantes (inclusive arquivistas).

Para conceber a ordem original como esquema conceitual visando ao esclarecimento do contexto, também é necessário explicar melhor o que vem a ser o conceito de ordem original. Embora se concentre nas relações entre documentos, a ordem original diz respeito, em última análise, às relações entre documentos e atividades, partindo-se da premissa de que as relações internas existentes num conjunto de documentos estão diretamente ligadas ao exercício da atividade específica (ou atividades) que lhes deu origem.[16] Ao estipular que a ordem em que o produtor mantinha os documentos deve ser preservada, o conceito de ordem original postula: que essas relações internas existem ou deveriam existir; que elas revelam muito mais do simplesmente o sistema de arquivamento ou os hábitos organizacionais do produtor; e que elas definem importantes aspectos do contexto geral de um conjunto de documentos, sendo essenciais para o conhecimento a respeito deles ao longo do tempo. O conceito de ordem original implica que os arquivistas podem identificar as relações entre documentos e atividades examinando, avaliando e interpretando as relações internas. No caso dos documentos pessoais, porém, os arquivistas não podem presumir que as relações existentes entre os documentos sejam significativas ou que lancem

---

16. Neste artigo, o termo "atividade" é empregado para designar genericamente as finalidades, motivações, intenções, tarefas e ações, individuais, múltiplas e/ou superpostas — e não apenas aquelas de natureza transacional — que levaram inicialmente à criação dos documentos e à sua preservação, transmissão e utilização (pelo produtor e outros) ao longo do tempo. Certas atividades, como a criação de obras literárias, podem originar-se diretamente do papel profissional do indivíduo. Outras, como manter um diário, podem relacionar-se de modo mais geral às motivações pessoais para relembrar, documentar ou narrar, e podem refletir a vida interior do indivíduo, mais do que a atividade superficial de manter um diário. Pode ser que diferentes atividades ao longo do tempo resultem na criação e recriação de um documento ou conjunto de documentos, como, por exemplo, uma carta guardada inicialmente por motivos pessoais e que depois é incorporada a uma obra literária ou artística. Também pode ser que haja documentos que não se relacionem clara ou diretamente com nenhuma atividade conhecida, assim como atividades que não resultem na criação de documentos. Para saber mais sobre as motivações por trás dos documentos pessoais e seu arquivamento, ver Hobbs (2001) e Cox (2008).

alguma luz sobre os campos de atividade do produtor. Isso não quer dizer que os arquivistas sejam incapazes de identificar as importantes relações entre documentos e atividades, e sim que não podem fazê-lo apenas examinando os documentos tal como se apresentam.

O atual conceito de ordem original serve, mais ou menos, como uma abordagem do particular para o geral, a fim de interpretar e representar um conjunto de documentos, a qual implica uma mudança de foco na percepção e compreensão, passando-se das relações internas dos documentos (ou estrutura interna da proveniência) para as relações externas que determinam o contexto (ou estrutura externa da proveniência).[17] Já para interpretar e representar um conjunto de documentos sem uma estrutura interna coerente, os arquivistas têm que conceber a ordem original como uma abordagem do geral para o particular. Em vez de se preocuparem em identificar e preservar as relações existentes entre os documentos, eles devem imaginar e analisar as possíveis relações entre documentos e atividades. Conhecendo essas relações externas, os arquivistas podem então *criar* efetivamente as relações internas de um fundo, dispondo os documentos de modo a refletir o exercício das atividades específicas que lhes deram origem e/ou as atividades subsequentes a que estavam relacionados. Em outras palavras, conhecendo os contextos de produção, gestão, transmissão e utilização dos documentos, eles podem estabelecer um arranjo arquivístico que esclareça certos aspectos importantes de seu contexto, criando assim as relações internas e externas do conjunto de documentos.[18]

Concebida como abordagem do geral para o particular, visando à interpretação e representação de um conjunto de documentos, a ordem original deixa de ser uma norma de cumprimento rigoroso e torna-se um esquema

---

17. Sobre as estruturas interna e externa da proveniência, ver Eastwood (2000) e Horsman (1994).

18. Ao defender uma abordagem do geral para o particular no arranjo e descrição de documentos pessoais, não estou querendo ocultar ou evitar a complexidade ou "desordem" inerente aos arquivos pessoais. Tampouco estou sugerindo que sempre é possível ou mesmo desejável impor alguma ordem num caos aparente. O que pretendo é propor um método para os arquivistas analisarem e compreenderem os vários estados de ordem ou desordem existentes em determinado fundo, que podem simplesmente refletir ou expressar aquilo que muitos arquivistas já vinham fazendo em sua prática.

conceitual para a análise de documentos. Como tal, concentra-se nas relações entre documentos e atividades. Compreender tais relações é o objetivo principal do arranjo arquivístico. Contudo, essas relações são apenas entidades conceituais; não são tangíveis nem visíveis nos documentos, tampouco existem necessariamente antes que o usuário (no caso, o arquivista) venha a identificá-las. Assim, para compreender e criar tais relações, o arquivista deve primeiramente conhecer o conjunto das circunstâncias variáveis que envolvem determinado conjunto de documentos. Tal conhecimento serve de base para avaliar e determinar a ordem (ou ordens) possivelmente existente num fundo (por exemplo, até que ponto os documentos refletem as atividades do produtor ou outros processos ulteriores a que eles estejam relacionados), e para criar uma ordem que melhor revele as relações (tal como entendidas pelos arquivistas) entre os documentos e a série de atividades que lhes deram origem. Nessas circunstâncias, em vez de precisarem basear-se na ordem existente dos próprios documentos para identificar o significado e o contexto de um fundo (e ficarem completamente desorientados quando nenhuma ordem é discernível ou considerada importante), os arquivistas se baseiam em seu próprio conhecimento contextual para criar e revelar as relações que conferem significado a um conjunto de documentos. Embora o foco da ordem original enquanto esquema conceitual não seja necessariamente preservar a ordem dos documentos estabelecida pelo seu produtor, essa ideia ainda está por trás do princípio, facilitando assim um processo que visa a esclarecer o(s) contexto(s) em que os documentos foram criados, em seu sentido mais amplo.[19]

Enquanto esquema conceitual, a ordem original serve para compreender os documentos pessoais em toda a sua complexidade e em seus próprios

---

19. Segundo Douglas e MacNeil (2009), é preciso especificar as hipóteses em que se baseia o esquema interpretativo para o arranjo de arquivos literários. Tais hipóteses dizem respeito ao que os documentos podem revelar sobre o indivíduo; ao que se pode obter com a reconstituição da ordem original dos documentos; e à possibilidade de os arquivistas não imporem suas intenções na representação dos documentos. Destacando a natureza contingente da relação entre os documentos, as atividades e o papel criativo do arquivista na representação dessas relações, minha concepção da ordem original visa a especificar essas mesmas hipóteses quando se referem genericamente aos documentos pessoais.

termos, bem como para criar as relações internas e externas que os contextualizam para os usuários. Para conceber dessa forma a ordem original, os arquivistas precisam mudar o modo como conceituam e executam o trabalho de arranjo arquivístico. Este não mais deve ser visto simplesmente como um processo visando *identificar* as relações lógicas entre os documentos (Aliás, esse tipo de caracterização jamais serviu realmente aos propósitos dos que lidam com documentos pessoais). Em vez disso, os arquivistas devem reconhecer que se trata de um processo visando *criar* as relações que dão sentido a um conjunto de documentos. A criatividade e subjetividade inerentes a tal processo não devem ser consideradas uma limitação, e sim uma oportunidade para interagir criativamente com as ideias que informam a prática arquivísitica, bem como para considerar e aproveitar o trabalho imaginativo que em boa parte ela envolve. Assim, até aqui tratamos de redefinir a ordem original como esquema conceitual; a seguir, examinaremos algumas maneiras pelas quais a ordem original pode efetivamente servir de esquema conceitual.

Implementando a ordem original como esquema conceitual

A ordem original fornece um senso de direção à análise arquivística dos documentos tal como se apresentam por ocasião do processamento, além de servir como quadro de referência para se compreender um conjunto de documentos em seus próprios termos, ou seja, tal como estes foram criados, mantidos, transmitidos e utilizados ao longo do tempo pelo produtor e todos os custodiantes ulteriores, inclusive arquivistas. Isso nos permite considerar certos aspectos fundamentais relacionados à gestão de documentos pessoais, à história custodial e à intervenção arquivística.

Ao considerar as práticas de gestão de documentos pessoais de determinado produtor, o arquivista se preocupa primeira e principalmente em compreender: a) o processo utilizado pelo produtor na criação e guarda dos documentos; b) os vários processos criativos ou pessoais através dos quais o produtor realizava suas principais atividades; c) como, onde e quando tais processos se entrecruzam. Para tanto, o arquivista deve tratar das seguintes questões gerais: quais as atividades específicas que o produtor exercia? Quais os diferentes papéis pessoal e profissional desempenhados pelo produtor nos diferentes períodos de sua vida e carreira? Que tipos de documentos ele produziu e acumulou? Que documentos foram produzidos no decorrer de quais atividades? Usar a ordem original como esquema conceitual possibilita abordar essas questões, visando esclarecer não só as relações entre os documentos e as atividades do produtor, mas também importantes aspectos do contexto funcional.

Em geral, o processo adotado pelo arquivista partirá do geral para o particular, mas esse trabalho analítico e criativo provavelmente será realizado em diferentes níveis para cada fundo. Na falta de um método de arquivamento, a tarefa de identificar o processo utilizado pelo produtor na criação e gestão dos documentos requer o estudo dos mesmos tal como se apresentam, aliado ao conhecimento da história dos documentos em geral. Colhemos os dados que conseguirmos extrair do formato e estrutura dos documentos, bem como de seu conteúdo informativo, e aplicamos o nosso conhecimento sobre as formas, funções e características físicas dos diferentes tipos de documentos àqueles existentes no fundo em questão.[20] Como a função de determinado formato (fotografias, por exemplo) pode variar bastante, não basta simplesmente identificar os formatos encontrados no fundo; o arquivista deve também procurar saber em que sequência foram criados os documentos, como o produtor os utilizou, e com que finalidade(s). Para tanto é preciso estudar e analisar o produtor, não apenas em termos do *que* ele estava fazendo, mas também *como* e *por quê*. O nível desse tipo de estudo e análise vai além daquele normalmente exigido para se escrever uma história biográfica, envolvendo, portanto, a representação do contexto de proveniência dos documentos. Isso requer uma análise crítica, do geral para o particular, decompondo-se as atividades do produtor em seus processos constitutivos (ou seja, um tipo de

---

20. Ver, por exemplo, os comentários de Cook (1997) sobre a abordagem da "história do documento" proposta por Tom Nesmith.

análise funcional), e focalizando-se as intenções (ou objetivos, propósitos, desígnios) do produtor, tal como concebidas pelos arquivistas.[21]

Por exemplo, a Biblioteca Beinecke de Manuscritos e Livros Raros recebeu um acréscimo de documentos ao fundo do advogado público Felix S. Cohen, os quais lá chegaram em estado de completa desordem e em pastas indevidamente rotuladas.[22] O método por mim adotado para processamento do fundo envolveu a identificação das várias atividades profissionais de Cohen (advogado, escritor, professor, membro de várias organizações políticas e sociais), a pesquisa do conteúdo dos documentos para determinar quais dessas atividades lhes deram origem, e o agrupamento deles em séries de acordo com tais atividades. Como o trabalho jurídico de Cohen em defesa dos indígenas americanos é a atividade mais importante de sua carreira (e a principal razão pela qual seus documentos foram adquiridos), concentrei minha pesquisa nas séries de documentos jurídicos, a fim de agrupá-los em subséries de acordo com as diferentes áreas legais em que ele atuava (por exemplo, assuntos indígenas, procuradoria, advocacia privada), por dentro de determinadas subséries, busquei arranjar os documentos de acordo com o exercício de atividades específicas (por exemplo, redação e implementação da Lei de Reorganização Indígena). Consegui identificar boa parte das atividades do produtor (graças ao curador e aos arquivistas que haviam processado a leva anterior do material de Cohen), de modo que meu trabalho consistiu, de fato, em analisar os documentos e relacioná-los com tais atividades, identificando,

---

21. Ao comparar teoria arquivística e criticismo textual, MacNeil (2005) comenta a relação entre intencionalidade e ordem original. Ver também MacNeil (2008). Douglas e MacNeil (2009:33-38) também consideram problemático saber até que ponto um arquivo pessoal é realmente um reflexo de seu produtor, especialmente no caso de arquivos de escritores. Embora haja limites em relação ao que um arquivo pode revelar sobre seu produtor, ou ao que um arquivista pode descobrir a respeito das atividades e intenções desse produtor, conhecer tais aspectos do contexto e representá-los por meio do arranjo e descrição continuará sendo o objetivo do arquivista ao analisar um conjunto de documentos. Contudo, sempre será necessário especificar nossas hipóteses e conclusões.

22. Embora esse exemplo focalize o papel profissional do indivíduo, o mesmo tipo de análise serviu para identificar e compreender o material que documentava aspectos mais pessoais de sua vida. Em certos casos, como o de arquivos de escritores, as atividades profissionais e pessoais do produtor estão de tal modo interligadas que é praticamente impossível distingui-las.

em certos casos, os processos empregados pelo produtor no exercício de certas atividades, a fim de organizar os documentos de acordo com as relações existentes entre eles.[23]

Ter uma noção, por um lado, das formas e funções dos documentos de determinado fundo, e, por outro, dos processos e intenções subjacentes às principais atividades do produtor possibilita ao arquivista identificar os pontos de interseção entre os processos de gestão documental e as atividades pessoais ou criativas do produtor — pontos que deviam provavelmente existir quando os documentos foram criados, acumulados, guardados e/ou utilizados pelo produtor. De fato, o arquivista estará assim identificando o "sistema" de arquivamento do produtor e criando as bases para estabelecer a ligação entre o documento físico e a atividade anterior que lhe deu origem. Ao estabelecer tal ligação, o arquivista poderá arranjar o material relacionado por função ou atividade, seja através de séries, subséries, pastas ou, menos provavelmente, itens; e mediante esse arranjo é que ele criará as relações entre documentos e atividades, esclarecendo importantes aspectos do contexto funcional dos documentos.

Conhecendo-se o contexto funcional dos documentos pessoais, pode-se ter uma ideia do fundo em questão, o que é fundamental para compreender os documentos tal como foram criados e utilizados pelo produtor, tanto inicialmente quanto ao longo do tempo. Porém, as intenções e atividades do produtor não são os únicos fatores que determinam a formação de um conjunto de documentos. Os custodiantes de um fundo — amigos, família, testamenteiros — costumam desempenhar importante papel na constituição do fundo como um todo. A noção que o arquivista tem da história custodial, especialmente no que diz respeito a documentos pessoais, geralmente é demasiado limitada à fonte imediata da aquisição ou história da propriedade.[24] Essa informação é importante para saber como os documen-

---

23. O instrumento de pesquisa para o arquivo de Felix S. Cohen está disponível em: <http://hdl.handle.net/10079/fa/beinecke.cohenadd>. Acesso em: 6 dez. 2009.

24. Laura Millar (2002) critica a definição restrita dos elementos descritivos para "fonte imediata de aquisição" e "história custodial" nas normas canadenses para descrição arquivística, e sugere um foco mais abrangente que inclua a história do produtor, a história dos documentos e a história custodial. Ala Rekrut (2005) destaca as limitações dos métodos

tos chegaram ao arquivo, mas não serve para identificar a influência do(s) custodiante(s) nesses documentos, nem os efeitos modificadores causados pelo tempo e lugar. No entanto, para organizar um arquivo pessoal, é importante conhecer tais influências. Em vez de obscurecer o contexto original dos documentos, os fatores ligados à história custodial (ou à preservação, utilização e transmissão dos mesmos pelos custodiantes) incluem parte das várias contextualidades que possibilitam conhecer tais documentos em seus próprios termos (MacNeil, 2008:14).

Ao especular sobre a história de determinado fundo, o arquivista procura averiguar as intenções e atividades dos diversos custodiantes e como possivelmente os documentos foram por eles utilizados e preservados, como tais documentos foram transmitidos através do tempo e do espaço. No que tange à história custodial, a primeira pergunta que o arquivista se faz é: como os documentos passaram à custódia arquivística? Nesse caso, a ordem original enquanto esquema conceitual possibilita indagar sobre questões mais específicas concernentes às relações entre os documentos e as atividades e intenções do(s) custodiante(s), como, por exemplo: qual a relação existente entre produtor e custodiante? Qual o papel desempenhado pelo custodiante com relação aos documentos (administrador, guardião ou intérprete)? Como e por que utilizou ele os documentos ao longo do tempo? Como contribuiu ele para a produção dos documentos? Como e por que preservou ele os documentos, e qual a diferença em relação à maneira pela qual o produtor os preservava? Que papel teve o custodiante na transmissão dos documentos (no todo ou em parte) através do tempo e do espaço? Em geral, para o arquivista, não há muita informação direta (se é que há alguma) sobre esses aspectos específicos da história custodial, mas quaisquer indícios existentes (anotações sobre determinados itens, inscrições nas pastas, ou talvez correspondências entre os documentos pertencentes à coleção) servem para extrair algumas conclusões sobre as possíveis interações entre o custodiante e os documentos. Além disso, aquilo que o arqui-

---

descritivos arquivísticos e das práticas documentais para mostrar como os custodiantes e os arquivistas configuram as características físicas dos documentos.

vista conseguiu descobrir a respeito do "sistema" de gestão dos documentos pessoais do produtor pode esclarecer certos aspectos da história custodial que lhe permitam identificar quaisquer intervenções feitas por outros que não o produtor (por exemplo, as ordens que o custodiante tenha talvez estabelecido ao preparar o fundo para doá-lo a uma instituição arquivística). O importante nesse exercício especulativo é não tentar restabelecer a ordem do produtor (supondo que haja alguma), e sim identificar algum aspecto importante da contextualidade geral dos documentos para dá-lo a conhecer aos usuários, provavelmente através da descrição e, talvez, algum dia, através de arranjos virtuais alternativos.

Por exemplo, Betty Cornell Benton doou ao Museu de Arte Americana Smithsonian os documentos de seu irmão, o artista Joseph Cornell. Como evidenciado por anotações de próprio punho, a irmã de Cornell examinou o arquivo item por item e o organizou total ou parcialmente. No caso da correspondência em geral, parece que a organização alfabética por sobrenomes foi feita por ela ou outra pessoa que não o próprio Cornell, o que não quer dizer que ele não ordenou sua correspondência por ordem alfabética, e sim que não há como verificar isso; por outro lado, existem indícios de que ele talvez tenha organizado cronologicamente parte de sua correspondência. Ao realizar o trabalho de arranjo e descrição da correspondência, não tentei restabelecer a ordem de Cornell, e sim esclarecer a ordem existente e identificar sua provável origem.[25]

Outro importante aspecto da contextualidade a ser levado em conta na análise e arranjo de um conjunto de documentos pessoais é o impacto da intervenção arquivística. Quando tentamos formar uma noção do estado em que se encontram os documentos, como primeiro passo do processamento, a dificuldade mais comum é identificar o trabalho anterior dos arquivistas, quando foi este realizado e que efeito teve sobre o fundo como um todo. Assim, parte da tarefa arquivística consiste em determinar a natureza e a função dessa intervenção, fatores que diferem em cada caso, podendo va-

---

25. O instrumento de pesquisa para o arquivo de Felix S. Cohen está disponível em: <www.aaa.si.edu/collectionsonline/cornjose/overview.htm>. Acesso em 6 dez. 2009. Ver especialmente Series 2: Correspondence.

riar desde a rearrumação do material e a transcrição dos títulos das pastas até a eliminação de itens por uma série de razões. Nesse sentido, a primeira coisa que o arquivista procura saber é: como foram tratados os documentos sob custódia arquivística antes de serem formalmente processados? Novamente, nesse caso, a ordem original enquanto esquema conceitual possibilita equacionar questões mais específicas, visando estabelecer as relações entre os documentos e as atividades e intenções do arquivista. Estas seriam um conjunto de questões mais gerais, destinadas a esclarecer as práticas adotadas numa instituição, e não as atividades de algum indivíduo: qual a história do processo arquivístico em geral, e qual a história das políticas e procedimentos institucionais para lidar com determinado material? Como isso mudou com o tempo? Qual a missão da instituição e quais os serviços técnicos prestados? Qual o objetivo do método de processamento adotado pela instituição e como este mudou com o tempo? Que papel tiveram anteriormente o arquivista ou os funcionários do arquivo na criação geral dos documentos, tal como eles se apresentam no momento? Geralmente as informações sobre tais intervenções não estão imediatamente disponíveis para o arquivista, devido à falta de documentação sobre as políticas e procedimentos adotados em diversas épocas, ou à falta de informação sobre o processamento de determinados fundos.[26] Mas quaisquer dados existentes podem servir para tirar conclusões sobre as intervenções dos funcionários do arquivo nos documentos. E, como dito, o que o arquivista tiver inferido a respeito do "sistema" pessoal de arquivamento dos documentos adotado pelo produtor pode também lançar luz sobre esse aspecto da contextualidade, permitindo-lhe identificar as diferentes intervenções realizadas anteriormente no fundo em questão.

No caso, não se trata de criticar ou justificar o trabalho feito antes, nem de tentar desfazê-lo, e sim de esclarecer um importante elemento do contexto geral do fundo. Além disso, quando vemos a influência dos arquivistas anteriores sobre os documentos, devemos reconhecer nossa própria influência em tudo aquilo que fazemos para preservar e tornar

---

26. Sobre a necessidade de documentação a respeito do trabalho de um arquivista no arranjo e descrição, ver Meehan (2009a:86-89).

acessíveis tais documentos. Isso significa começarmos a nos ver como um dos criadores de cada fundo que processamos, em vez de mediadores objetivos, e reconhecermos a importância do contexto arquivístico (ou seja, o que acontece com os documentos sob custódia arquivística e a relação entre o arquivista e tais documentos) para compreender os documentos em seus próprios termos.

Por exemplo, os papéis da escritora e crítica de arte Elizabeth McCausland foram doados ao Arquivo de Arte Americana em várias levas ao longo de 40 anos, antes que eu começasse a trabalhar em seu processamento integral em 2006. Por muito tempo, a prática comumente adotada consistia em realizar algum tipo de processamento quando se recebia cada leva, com o objetivo de preparar o material para microfilmagem. Sucedia igualmente que, até algumas décadas atrás, não havia arquivistas profissionais, de modo que o trabalho inicial de processamento não era de cunho arquivístico. Embora não existisse qualquer documentação sobre o trabalho realizado com o Arquivo McCausland, pude deduzir de meus conhecimentos sobre a história da instituição que a ordem alfabética dos documentos provavelmente fora imposta por arquivistas anteriores, que estavam mais preocupados em organizar fisicamente o material para microfilmagem do que em contextualizar os documentos para os usuários. Com base nisso, e dada a necessidade de integrar as diversas levas, todas as quais diferentemente ordenadas, adotei o procedimento funcional de arranjar intelectual e fisicamente os documentos, o que em certos casos implicava desfazer o trabalho dos arquivistas anteriores. Contudo, o que importava não era o procedimento por mim adotado, e sim o fato de que identificar e avaliar o significado das diferentes ordens, por vezes contraditórias, possibilitava-me estabelecer o melhor meio de representar os documentos deste arquivo pessoal específico.[27]

---

27. O instrumento de pesquisa para o arquivo de Elizabeth McClausand está disponível em: <www.aaa.si.edu/collectionsonline/mccaeliz/overview.htm>. Acesso em: 6 dez. 2009.

Conclusão

Para melhor contextualizar os documentos pessoais, os arquivistas devem procurar interpretá-los e representá-los em seus próprios termos, em vez de impor convenções ou esquemas baseados nas expectativas dos usuários ou em analogias com os documentos organizacionais. Para tanto é necessário reconsiderar não apenas a ordem original e os documentos pessoais, mas também a interação entre contexto, conteúdo e estrutura no arranjo e descrição de um conjunto dessa natureza. O conceito clássico de ordem original pressupõe uma única estrutura lógica capaz de esclarecer o contexto e o conteúdo de determinado fundo, e implica um processo de análise unidirecional que parte do particular para o geral; já ordem original enquanto esquema conceitual sugere que o conhecimento do contexto e do conteúdo serve para interpretar as diferentes estruturas possivelmente existentes num fundo, ou para criar uma estrutura lógica, caso não se consiga discernir alguma. Tal reconceituação da ordem original sugere igualmente que o processo analítico é, ou pode ser, multidirecional, partindo do geral para o particular, do que se sabe sobre o contexto para o que não se sabe sobre o modo como o produtor ou os custodiantes ulteriores organizaram ou adaptaram os documentos; ou, então, horizontalmente, partindo do que se sabe sobre o contexto funcional (como o produtor criou os documentos) para o que não se sabe sobre outras contextualidades (história custodial e intervenções arquivísticas); ou, ainda, partindo de fora para dentro, do que se sabe sobre a história dos documentos para o que não se sabe sobre a função de certo formato de documento em determinado fundo.

A relação entre documento e atividade é o esquema interpretativo para compreender e representar os documentos pessoais em toda a sua complexidade e em seus próprios termos. Tal esquema fornece aos arquivistas um meio prático para conceber o conjunto cambiante de circunstâncias (gestão de documentos pessoais, história custodial, intervenção arquivística) que envolvem um fundo específico, e para estabelecer as relações internas e externas que conferem sentido a um conjunto de documentos pessoais. Essa reconceituação da ordem original fornece uma abordagem diferente para o arranjo e descrição de tais documentos que não só facilita o processo de esclarecimento do contexto, aderindo assim ao espírito do princípio da observância da ordem original, mas também lida com as complexas realidades físicas dos documentos criados por indivíduos e famílias. A noção de ordem original como esquema conceitual também nos dá a oportunidade de rever, no plano coletivo, nossa concepção do trabalho de arranjo e descrição, e, no plano individual, como e por que realizamos esse trabalho.

REFERÊNCIAS

BOLES, Frank. Disrespecting original order. *American Archivist*, v. 45, n. 1, inverno 1982.

BROTHMAN, Brien. Orders of value: probing the theoretical terms of archival practice. *Archivaria*, v. 32, p. 78-100, verão 1991.

COOK, Terry. The concept of the archival fonds: theory, description, and provenance in the post-custodial era. In: EASTWOOD, Terry (Ed.). *The archival fonds*: from theory to practice. Ottawa, 1992.

_____. What is past is prologue: a history of archival ideas since 1898, and the future paradigm shift. *Archivaria*, v. 43, primavera 1997.

COX, Richard J. *Personal archives and a new archival calling*: readings, reflections and ruminations. Duluth, 2008.

DOUGLAS, Jennifer; MACNEIL, Heather. Arranging the self: literary and archival perspectives on writers' archives. *Archivaria*, v. 67, p. 25-38, primavera 2009.

EASTWOOD, Terry. Putting the parts of the whole together: systematic arrangement of archives. *Archivaria*, v. 50, p. 93-116, outono 2000.

HOBBS, Catherine. The character of personal archives: reflections on the value of records of individuals. *Archivaria*, v. 52, p. 126-135, outono 2001.

HORSMAN, Peter. Taming the elephant: an orthodox approach to the principle of provenance. In: THE PRINCIPLE OF PROVENANCE: REPORT FROM THE FIRST STOCKHOLM CONFERENCE ON THE ARCHIVAL PRINCIPLE OF PROVENANCE, 2-3 set. 1993. Estocolmo, 1994.

HURLEY, Chris. Personal papers and the treatment of archival principles. In: BISKUP, Peter et al. (Ed.). *Debates and discourses*: selected Australian writings on archival theory, 1951-1990. Canberra, 1995.

MACNEIL, Heather. Picking our text: archival description, authenticity, and the archivist as editor. *American Archivist*, v. 68, n. 2, p. 264-278, outono/inverno 2005.

_____. Archivalterity: rethinking original order. *Archivaria*, v. 66, outono 2008.

MEEHAN, Jennifer. Grounds for trust: arrangement and description documentation. In: ANNUAL CONFERENCE OF THE ASSOCIATION OF CANADIAN ARCHIVISTS,, 15 maio 2009a, Calgary, Alberta.

_____. Making the leap from parts to whole: evidence and inference in archival arrangement and description. *American Archivist*, v. 72, n. 1, p. 72-90, primavera/verão 2009b.

MILLAR, Laura. The death of the fonds and the resurrection of provenance: archival context in space and time. *Archivaria*, v. 53, p. 1-15, primavera 2002.

MULLER, S.; FEITH, A.; FRUIN, R. *Manual for the arrangement and description of archives*. 2. ed. Nova York, 1968.

NESMITH, Tom. Reopening archives: bringing new contextualities into archival theory and practice. *Archivaria*, v. 60, outono 2005.

PEARCE-MOSES, Richard. *A glossary of archival and records terminology*. Disponível em: <www.archivists.org/glossary/term_details.asp?DefinitionKey=69>. Accesso em: 6 dez. 2009.

POWELL, Graeme T. Archival principles and the treatment of personal papers. In: BISKUP, Peter et al. (Ed.). *Debates and discourses*: selected Australian writings on archival theory, 1951-1990. Canberra, 1995.

REKRUT, Ala. Material literacy: reading records as material culture. *Archivaria*, v. 60, p. 11-37, outono 2005.

Por uma teoria dos arquivos privados: revendo os escritos fundadores de Jenkinson e Schellenberg[1]

ROB FISHER

Na família da teoria arquivística, o arquivo privado é o "primo pobre" do arquivo governamental. Os que lidam com os arquivos privados geralmente se queixam da falta de uma literatura profissional que os oriente a respeito da teoria e prática de seu trabalho. Apontam-se como culpados por tal situação Sir Hilary Jenkinson e Theodore Schellenberg, os mestres fundadores da arquivologia em língua inglesa, devido à sua preocupação com os arquivos dos governos nacionais. Porém, uma releitura atenta de Jenkinson e Schellenberg pelo ângulo dos arquivos privados mostra que ambos falaram muito mais a respeito do tema em questão do que pensam muitos arquivistas dessa área. Na verdade, eles falam bastante sobre os arquivos privados explicitamente e, se quisermos ler nas entrelinhas, muito mais implicitamente em sua análise dos arquivos governamentais. Mas será que disseram o suficiente para se formular uma teoria sobre os arquivos privados?

Jenkinson e Schellenberg definem os arquivos de uma maneira que, de fato, nega "*status* arquivístico" aos arquivos privados, e afirmam que seus princípios não se lhes aplicam. Schellenberg, aliás, afirma em sua obra seminal, *Arquivos modernos: princípios e técnicas*, que tudo o que ali está dito se aplica somente aos arquivos governamentais (Schellenberg, 2003:26; Jenkinson, 1966:8). Ao desconsiderarem como arquivos os fundos privados, ambos os autores estavam seguindo as tradições nacionais de aquisição de documentos pessoais por museus e bibliotecas. Embora tidos geralmente como fundadores de duas escolas arquivísticas divergentes, Jenkinson e Schellenberg, do ponto de vista dos arquivos privados, são aliados filosófi-

---

1. Publicado originalmente com o título: In search of a theory of private archives: the foundational writings of Jenkinson and Schellenberg revisited. *Archivaria*, v. 67, p. 1-24, primavera 2009.

cos. Certamente há diferenças sutis e importantes em suas respectivas visões dos arquivos privados, mas, de modo geral, elas tinham algo em comum.

A definição de arquivo como documentos do governo e a evolução da teoria arquivística como uma teoria sobre arquivos governamentais faziam sentido no contexto das instituições nacionais da Grã-Bretanha e dos Estados Unidos. A tradição prevalecente do "arquivo total" no Canadá, porém, reuniu os documentos governamentais e os documentos privados numa mesma instituição sob a rubrica genérica de arquivo.[2] Apesar da forte influência de Jenkinson e Schellenberg no Canadá como principais teóricos arquivísticos de língua inglesa, poucos arquivistas canadenses recorreram a eles como fonte para o estudo dos arquivos privados.[3] A grande aceitação (ou rejeição) de seus conceitos e princípios relativos aos arquivos governamentais praticamente excluiu os arquivos privados do cenário teórico. A eloquente apologia de Terry Eastwood sobre o propósito e objeto da teoria arquivística, por exemplo, refletia esse enfoque ao definir essa teoria meramente em termos de documentos administrativos que atestam fatos das transações comerciais. Eastwood (1994:125-126) enunciou as propriedades universais dos documentos arquivísticos de um modo que praticamente excluía os arquivos privados.[4]

Terry Cook e Riva Pollard mencionaram o pernicioso efeito exercido sobre os arquivos privados pela forte influência de Jenkinson e Schellenberg, bem como de seus precursores holandeses, Muller, Feith, and Fruin. Em sua magistral história do pensamento arquivístico, Cook observa que o manual holandês de 1898 "trata de documentos governamentais, públicos e empresariais, e de sua transferência sistemática para depósitos arquivísticos, a fim de preservar sua ordem e classificação originais, deixando os arqui-

---

2. Para uma excelente discussão sobre a evolução do conceito de arquivo total no Canadá, ver Millar (1998).
3. Por exemplo, a ACA Special Interest Section on Personal Archives (Sispa), Personal Archives Bibliography (disponível em: <http://personalarchivesbibliography.pbwiki.com/>) revela a escassez de estudos canadenses sobre arquivos pessoais antes de 1990. A maioria dos arquivistas canadenses tratou dos arquivos privados através da abordagem do arquivo total, ou seja, em sua relação com os arquivos governamentais.
4. Ver Eastwood (1992:125; 126). Ver também Eastwood (1992:72-74).

vos privados e pessoais sob a competência de bibliotecas e bibliotecários". Mesmo estando perfeitamente ciente de que os arquivos privados foram ignorados pelo pensamento arquivístico, Cook não aprofunda essa questão. Afinal, ele estava escrevendo uma história das ideias arquivísticas, e não tratando da falta de ideias sobre os arquivos privados (Cook, 1997:21). Em sua análise crítica da literatura arquivística sobre a avaliação dos arquivos privados, Riva Pollard observa que, desde os trabalhos desses pioneiros, "a literatura profissional ignorou quase inteiramente os documentos pessoais" (Pollard, 2001:139). Ao definirem os termos e o discurso da teoria arquivística, Jenkinson e Schellenberg direcionaram a literatura inglesa nessa área para os arquivos governamentais.

Mas esses dois teóricos pioneiros tinham mais a dizer sobre os arquivos privados do que se costuma pensar. Talvez os arquivistas desses fundos não tenham a quem culpar senão a si mesmos por não enfrentarem o desafio que lhes foi imposto por Jenkinson e Schellenberg, ou por refutarem suas ideias. Sem uma obra de referência, geralmente os arquivistas que lidam com fundos privados no Canadá ficaram à margem da discussão teórica. Do ponto de vista do arquivista privado, seja ao trabalhar com documentos pessoais ou com documentos organizacionais, boa parte da teoria encontrada nas publicações especializadas variava do irrelevante e inaplicável ao insatisfatório. Havia uma desconexão entre a teoria arquivística e a prática dos arquivos privados. Riva Pollard referiu-se ao "cisma" entre arquivistas privados e públicos, enquanto Adrian Cunningham descreveu a difícil relação entre eles na Austrália.[5] Segundo Barbara Craig, "a aquisição, por instituições públicas, de arquivos pessoais ou de organizações do setor privado é uma área do trabalho arquivístico que tem uma longa história; tal experiência, porém, não está bem representada na literatura, nem os estudos adotam um enfoque teórico" (Craig, 2004:157).

---

5. Cook (1997:21). Ver também Cunningham (1996), cujo título evoca a aridez da relação entre arquivistas que trabalham com fundos privados e os demais profissionais (Uma conversa mais animada é frequentemente ouvida pelos corredores durante os eventos arquívísticos. A literatura profissional à disposição dos arquivistas privados pode ser escassa, mas é rica a nossa tradição oral).

Os arquivos pessoais são uma área dos arquivos privados onde os conceitos teóricos só começaram a ser discutidos nos últimos anos; em geral, esses teóricos tentaram emprestar conceitos de seus colegas do setor público.[6] Numa importante edição do periódico *Archives and Manuscripts*, de 1996, os principais arquivistas australianos trataram da questão dos arquivos pessoais aplicando modelos da gestão de arquivos governamentais ao campo problemático dos documentos pessoais. Para Sue McKemmish (1996) e Chris Hurley (1996), por exemplo, os conceitos fundamentais da gestão de arquivos governamentais podem ser aplicados aos arquivos pessoais. Mas, seria assim tão simples? A teoria arquivística governamental ofereceria respostas fáceis às questões referentes aos arquivos privados? Adrian Cunningham (1996), numa abordagem mais sutil, mapeou as fronteiras entre arquivos públicos e privados, dizendo que os arquivistas que lidavam com documentos privados reagiriam fortemente às tentativas de suprimir as diferenças por meio da aplicação da teoria voltada para arquivos públicos. Cunningham valeu-se da tradição canadense do "arquivo total" e, mais especificamente, dos trabalhos de Terry Cook para elaborar uma visão mais abrangente da atividade arquivística.[7]

A contestação dessa visão australiana dos arquivos pessoais veio da África do Sul e do Canadá. Verne Harris (2001), numa análise profunda das ideias de McKemmish, concluiu que o esquema dessa autora deve ser "reformulado para se adaptar às realidades de um campo que se caracteriza pela complexidade". Catherine Hobbs questionou a possibilidade de aplicação das teorias sobre avaliação de documentos públicos na área dos documentos privados. Ao afirmar que "os arquivos pessoais requerem um enfoque avaliativo diferente daquele adotado para os documentos administrativos ou governamentais", suas reflexões sobre o valor dos arquivos pessoais calaram fundo em muitos arquivistas responsáveis pela aquisição e preservação de fundos particulares (Hobbs, 2001:127).

---

6. Pollard (2001:147-149) exemplifica essa tendência afirmando que as abordagens sociais de Hans Boom, Helen Samuels e Terry Cook oferecem ideias aplicáveis aos arquivos privados.

7. Ver McKemmish (1996); Hurley (1996); Cunningham (1996).

Por uma teoria dos arquivos privados 333

A maior parte da literatura recente sobre arquivos pessoais trata da relação entre o indivíduo, o impulso criativo e o documento. Mas, e quanto ao esquema teórico dos arquivos privados (um campo mais amplo e mais complexo que o dos arquivos pessoais), tal como abordado por Jenkinson e Schellenberg? Aqueles que consideram que os constructos teóricos dos arquivos governamentais podem facilmente aplicar-se ao campo privado deveriam lembrar-se de que Schellenberg e Jenkinson reconheciam a existência de uma profunda divisão entre arquivos públicos e privados, o que se evidencia no cuidado com que definiram "arquivo", excluindo desse âmbito os manuscritos históricos e ressaltando que seus princípios e observações não se aplicavam aos arquivos privados. Para eles, os arquivos privados eram um campo arriscado, fora dos limites dos arquivos propriamente ditos. Porém, se mais de meio século atrás Jenkinson e Schellenberg deixaram de levar em conta os arquivos privados, que importância teriam hoje suas obras e ideias? Poderia o estudo delas lançar luz sobre a teoria e a prática dos arquivos na era digital? Como disse Richard Stapleton, "suas ideias merecem um reexame constante", simplesmente por causa de sua profunda influência na concepção do trabalho arquivístico no mundo de fala inglesa (Stapleton, 1983/84:85).

Os que duvidam de sua permanente relevância deveriam considerar o impacto das ideias de Jenkinson sobre autenticidade e evidência; a pesquisa da equipe do projeto InterPares reconceituou seus princípios em defesa da futura integridade dos documentos digitais como evidência.[8] As ideias de Schellenberg sobre a avaliação de arquivos para pesquisa histórica ainda se refletem no trabalho de arquivistas privados como Mark Greene, que formulou o "método Minnesota", cujo enfoque inovador busca integrar a utilização para fins de pesquisa e os critérios de aquisição (Greene, 1998). A forte influência exercida por Jenkinson e Schellenberg sobre a profissão arquivística aparentemente bloqueou o caminho para o pensamento teórico sobre os arquivos privados, mas a distinção que eles estabeleceram entre arquivos públicos e privados ainda hoje serve como ponto de partida para

---

8. Ver, por exemplo, Duranti e Preston (2008).

uma reflexão sobre os princípios dos arquivos privados e sobre os motivos pelos quais as instituições arquivísticas preservam fundos de pessoas e organizações privadas. Explorando os conceitos por eles formulados, podemos tentar desenvolver uma teoria dos arquivos privados.

Definindo os arquivos privados

Os que escrevem sobre arquivologia julgam necessário definir sua terminologia a fim de estabelecer uma base comum para discussão e entendimento. Em geral, os arquivos privados são definidos como documentos criados por indivíduos e entidades corporativas (incluindo organizações sem fins lucrativos) fora do âmbito dos governos e agências e departamentos governamentais. Tais arquivos não governamentais geralmente incluem os documentos de indivíduos, famílias, organizações com ou sem fins lucrativos e grupos ainda menos formais de pessoas que agem conjuntamente, como um movimento social ou uma conferência ou evento especial. Arquivos públicos, bibliotecas, museus, galerias de arte e outras instituições culturais geralmente adquirem tais fundos como parte de sua competência. Laura Millar definiu esses fundos como "arquivos não institucionais", quando adquiridos por um arquivo público que não adquire apenas documentos de governo (Millar, 1998:104-105).

Nos tempos de Jenkinson ou Schellenberg, o que hoje chamamos de arquivos privados corresponderia a manuscritos privados, manuscritos históricos ou coleções de manuscritos. A evolução da terminologia cria atualmente certos problemas para o arquivista, considerando a influência exercida por esses teóricos na arquivologia. Arquivo privado é uma denominação mais abrangente do que manuscritos, pois inclui documentos digitais e mídia não textual, mas também se aplica a fundos de proveniência privada, o que não seria o caso dos "manuscritos históricos", segundo aqueles dois autores seminais. Existem, pois, zonas cinzentas entre os arquivos públicos e privados, e os arquivos pessoais e corporativos. Verne Harris refletiu profundamente sobre a dificuldade de estabelecer claras fronteiras entre conceitos como arquivos pessoais e documentos corporativos, observando que "frequentemente o termo pessoal remete a 'profissional', 'associativo' ou 'organizacional', e que "a fronteira entre 'gestão de documentos pessoais' e 'gestão de documentos corporativos' é problemática; é imprecisa, variável e flexível" (Harris, 2001:18-19). Contudo, arquivo público e arquivo privado são conceitos úteis e indispensáveis, se estivermos cientes de suas problemáticas fronteiras e, assim, procedermos com cautela. Para evitar os problemas de ordem semântica, tentarei discutir as ideias, características e qualidades por trás das noções de Jenkinson e Schellenberg a respeito dos arquivos privados, em vez de definir precisamente seus conceitos.

Os fundos pessoais e familiares apresentam menos dificuldades no que se refere à definição de arquivos privados, e provavelmente era isso que Jenkinson e Schellenberg tinham em mente quando procuraram definir as características não arquivísticas dos manuscritos históricos e das coleções de manuscritos. Para eles, os documentos de negócios e organizações situavam-se numa área cinzenta, variando desde manuscritos pessoais, num extremo, até agências governamentais, no outro, em termos de possuírem plenas características arquivísticas. Os arquivos corporativos e as organizações sem fins lucrativos que mantenham seus próprios arquivos internos enquadram-se melhor em sua visão do final do espectro. Tais arquivos — em que as instituições produtoras administram seus próprios documentos — guardam mais semelhanças com os arquivos governamentais do que com outros arquivos privados. Fazem parte da máquina administrativa da entidade corporativa, assim como um arquivo público faz parte do governo que o criou e financia. São eles uma extensão do gerenciamento dos documentos internos da instituição. Por isso, ao tratar aqui dos arquivos privados, praticamente deixei de lado tais arquivos corporativos internos.

Sir Hilary Jenkinson e os arquivos privados

Os escritos de sir Hilary Jenkinson sobre os princípios e práticas da arquivologia, em particular seu *Manual de administração de arquivos*, de 1922, exerceram profunda influência sobre os arquivistas profissionais de língua inglesa. Richard Stapleton e Terry Eastwood, entre outros, observaram que as ideias e preocupações de Jenkinson refletiam sua formação na tradição arquivística britânica. Após concluir seus estudos na Universidade de Cambridge, Jenkinson ingressou no Public Record Office em 1906, onde especializou-se em paleografia e no arranjo e descrição de manuscritos medievais. Sua primeiras experiências no campo da arquivologia desenvolveram-se nos anos anteriores à I Guerra Mundial, antes do grande acúmulo de documentos governamentais observado no século XX. Imbuído da secular tradição britânica de preservação de arquivos, ele via os arquivistas principalmente como guardiães do contexto e integridade dos documentos que lhes eram confiados (Stapleton, 1983/84:75-76; Eastwood, 2004:31-34).

Em seu famoso discurso sobre a missão do arquivista, Jenkinson dizia que se tratava de uma profissão dedicada à preservação da evidência: "seu credo, a inviolabilidade da evidência; sua tarefa, a preservação de qualquer fragmento de evidência existente nos documentos que lhe foram confiados; seu objetivo, fornecer, sem prejulgamentos ou retificações, a todos os interessados, os meios para alcançar o saber" (Jenkinson, 2003:258).[9] Por inviolabilidade da evidência entendia ele a defesa intransigente das características de imparcialidade e autenticidade encontradas nos documentos, tal como o arquivista os recebia da entidade produtora. Os registros arquivísticos não eram criados para atender aos interesses ou propósitos da posteridade, mas resultavam da acumulação natural de documentos criados e custodiados por um produtor ao longo de suas atividades e preservados para sua própria informação. Sua imparcialidade derivava da necessidade do produtor de realizar seus negócios no momento, sem referência a futuras considerações ou interpretações históricas. Sua autenticidade derivava de sua preservação por uma cadeia contínua de custodiantes responsáveis, desde sua produção original até o presente. Os arquivos não eram comprados e vendidos, criados e descartados, nem perdidos e encontrados; passavam das mãos da entidade produtora para

---

9. Ver também Jenkinson (1984:18-21).

seus legítimos guardiães, assim como os documentos do governo britânico passavam para o Public Record Office.[10]

Sob esse aspecto, Jenkinson considerava problemáticos os arquivos pessoais e admitia que "o termo arquivo deve estender-se às *coleções criadas por pessoas ou entidades privadas ou semiprivadas, no exercício de suas atividades oficiais ou comerciais.* Autoridades locais, firmas comerciais, chefes responsáveis por quaisquer empreendimentos provavelmente deixarão atrás de si arquivos" (Jenkinson, 1966:7). Nessa afirmação, ele dá ênfase aos documentos criados no exercício de atividades oficiais ou comerciais, cuja natureza conferia-lhes a imparcialidade tão vital à sua concepção do trabalho arquivístico. A correspondência e os manuscritos pessoais, documentos produzidos fora do âmbito das atividades oficiais ou comerciais do indivíduo, ou seja, boa parte do que consideramos como arquivos pessoais, não se enquadravam em sua noção de arquivo. A presença do pessoal, a intromissão do eu comprometiam a imparcialidade do documento; nenhum arquivista poderia garantir a imparcialidade de uma narrativa pessoal escrita com os olhos no futuro ou para justificar seus próprios atos perante outrem. Não precisamos concordar com Jenkinson, mas é importante compreender a sua perspectiva.

Por si só, porém, a produção de documentos no exercício de atividades oficiais ou comerciais não era suficiente para conferir *status* arquivístico. A custódia documental deve ser contínua e transmitida de maneira ordenada a um depósito arquivístico qualificado. Para serem arquivos, os documentos requeriam uma "perfeita sequência de custodiantes responsáveis" (Jenkinson, 1966:11). A ausência de tal *pedigree* comprometia a autenticidade do documento. Jenkinson desconfiava igualmente da prática de aquisição pela qual uma instituição arquivística adquiria um fundo criado por outro indivíduo ou organização; disse ele: "quanto ao outro tipo de arquivo, o de documentos escritos originariamente por uma pessoa ou entidade e preservados por outra, não temos, é claro, a mesma garantia contra a falsificação ou adulteração porque, havendo agora duas partes envolvidas, uma

---

10. Ver Jenkinson (1966); Eastwood (2004); Stapleton (1983/84:77).

pode ter motivos para enganar a outra" (Jenkinson, 1966:14). Talvez ele seja desconfiado demais, embora os arquivistas privados saibam que os doadores terão diversos graus de influência na edição ou seleção dos documentos antes de sua doação a um arquivo. A aquisição arquivística quebrava a sequência da custódia ou propriedade, tirando os documentos do contexto de produção e comprometendo a autenticidade. Essa transmissão da custódia ou propriedade prejudicava o caráter arquivístico dos arquivos privados, mesmo quando produzidos numa atividade oficial.

Enfim, Jenkinson nega à maioria dos fundos pessoais tal caráter arquivístico ou aquilo que ele denominava "qualidade de arquivo". Além de considerar somente os documentos produzidos no exercício de atividades oficiais ou comerciais, ele estipulou mais quatro condições a que os arquivos privados deveriam satisfazer para se tornarem tão "seguros em termos de imparcialidade e autenticidade" quanto os documentos da Coroa: a) deve haver uma probabilidade razoável de existência duradoura da própria autoridade; b) o arquivo deve ser obtido diretamente do produtor original ou de seu herdeiro ou representante oficial; c) a autoridade controladora deve estar preparada para seguir as regras de administração de arquivos voltadas para a preservação do caráter arquivístico; d) a autoridade controladora deve estar preparada para assumir o controle *en bloc*: não deve haver seleção de "belos" espécimens (Jenkinson, 1966:40-41).

Alguns fundos privados mantidos em arquivos públicos atendem a esses quatro critérios, e muitos, não. Embora tais critérios possam parecer puramente teóricos, um arquivista americano examinou as coleções de documentos adquiridos pela Biblioteca do Congresso antes de 1931 e considerou que apenas 35 das 160 coleções se enquadravam na rigorosa definição de arquivo formulada por Jenkinson.[11]

As duas primeiras condições estabelecidas por Jenkinson não parecem muito problemáticas, ao menos para uma entidade corporativa. A quarta condição é mais dificultosa. A maioria dos arquivos adquiridos passa por um processo de seleção e arranjo que comprometeria o "caráter arquivístico"

---

11. Curtis W. Garrison (apud Schellenberg, 1984b:31).

do fundo. A seleção dos documentos adquiridos a fim de serem preservados por uma instituição arquivística prejudicou, talvez de modo irreparável, a qualidade arquivística do fundo. Segundo ele,

> mesmo nos casos em que tais documentos foram diretamente adquiridos dos proprietários originais e, portanto, a custódia não perdeu a continuidade, provavelmente nenhum arquivista atribuiria pleno valor arquivístico a documentos que foram violentamente arrancados do contexto em que tinham sido originariamente preservados, contexto que, em nove entre 10 casos, é importante, se não vital, para a plena compreensão de seu significado [...]. Não há dúvida de que o [arquivista] deve evitar, se possível, receber, por doação ou outros meios, documentos que não possuem qualidade arquivística. [Jenkinson, 1966:41-42]

Em última análise, a preservação de documentos no arquivo devidamente constituído do produtor era a única ou a mais certa garantia da imparcialidade e autenticidade desses documentos. No caso de haver dúvida quanto a essa característica, a instituição arquivística não deveria adquirir os documentos. Os arquivos institucionais internos eram, de fato, os únicos arquivos privados que mereciam denominar-se "arquivos". Segundo Jenkinson, os arquivos eram mantidos, e não adquiridos.

Para ele, havia no universo arquivístico dois vilões que certamente comprometiam o caráter arquivístico: primeiro, os museus britânicos, devido à sua prática de separar os arquivos e adquirir somente belos espécimens; segundo, os arquivistas belgas, que, ao adotarem uma abordagem precursora do "arquivo total" (pela qual as instituições arquivísticas preservavam tanto documentos governamentais quanto fundos privados), adquiriam "documentos de caráter público e privado de todo tipo de fontes", o que Jenkinson considerava inaceitável. Eis como ele manifestou seu descontentamento com os Arquivos da Bélgica:

> é lamentável que um serviço arquivístico considerado um dos melhores do mundo tenha assim ignorado um dos principais princípios estabelecidos pelo *Manual*: para o arquivista, os interesses da arquivologia devem ser primários,

e os históricos, secundários. Com todo o respeito às eminentes autoridades dos Arquivos da Bélgica, é inadmissível que algum documento extraviado de uma coleção familiar dispersa, adquirido numa venda, encontre abrigo numa entidade arquivística nacional. [Jenkinson, 1966:43-44]

Aqui, provavelmente o mais importante, do ponto de vista teórico, é sua identificação explícita dos interesses "históricos" com a aquisição de arquivos privados, e sua associação dos interesses "arquivísticos" com os documentos governamentais. Na literatura arquivística, tal dualismo é reiterado sob vários nomes. Noutra oportunidade, ele afirmou que os "arquivos não são criados em função do interesse ou para informação da posteridade" (Jenkinson, 1966:11).

Certas palavras de Jenkinson podem parecer ultrapassadas para os arquivistas numa época em que a avaliação e a seleção constituem a norma, mas aqui o que nos importa é sua prudente distinção entre arquivos públicos e arquivos privados. Estes últimos, a seu ver, não atendiam às condições de autenticidade e imparcialidade que conferiam "caráter arquivístico" aos documentos. Se ignorarmos o significado do que é e do que não é "arquivístico" (muitos arquivistas aceitam hoje que os fundos privados são arquivísticos), veremos que ele identificava três características definidoras dos arquivos privados: a) *produção*: indivíduos, famílias ou grupos informais produzem não oficialmente ou fortuitamente arquivos privados (ou seja, estes não são produzidos por órgãos governamentais, firmas comerciais ou "chefes responsáveis por empreendimentos" no exercício de suas atividades oficiais; b) *custódia ou propriedade*: a aquisição de fundos privados por um arquivo público ou outras instituições culturais envolve uma transferência de propriedade; mesmo quando os documentos são adquiridos diretamente do produtor, eles são retirados de seu contexto de criação. A transferência de propriedade e custódia causada pela aquisição diminui a confiança que se pode creditar à autenticidade do fundo; c) *motivo para aquisição por uma instituição arquivística*: as instituições culturais adquirem arquivos privados por interesses históricos, e não por interesses arquivísticos.

Jenkinson assim definiu as características dos arquivos privados, visando distingui-los dos arquivos governamentais, e tal definição viria a refletir-se 30 anos mais tarde nos escritos de T. R. Schellenberg.

T. R. Schellenberg e os arquivos privados

As ideias e os escritos de Schellenberg sobre os princípios e práticas da arquivologia serviram de base à profissão arquivística nos Estados Unidos e exerceram grande influência em outros países de língua inglesa. Mas também ele era produto de sua época e inseria-se na tradição arquivística americana. Formou-se pela Universidade do Kansas e doutorou-se em história pela Universidade da Pensilvânia em 1934. Ingressou no recém-criado Arquivo Nacional em 1935 e progrediu rapidamente em sua carreira. Tendo a nova instituição assumido a responsabilidade pelos documentos legados, e com o rápido crescimento da máquina governamental nas épocas do New Deal e da II Guerra Mundial, o novo Arquivo Nacional viu-se sobrecarregado com um enorme volume de documentos. Para enfrentar esse desafio, Schellenberg adotou em relação aos princípios arquivísticos um enfoque deliberadamente moderno. Confinando Jenkinson à área dos manuscritos medievais, ele afirmou que o tamanho e a complexidade dos governos modernos requeriam novos princípios e técnicas para a administração de arquivos. Ele levou muitos anos formulando suas ideias, aprimorou-as numa série de conferências na Austrália e finalmente reuniu-as em seu livro de 1956, *Arquivos modernos: princípios e técnicas*, que apontou um rumo claro e pragmático para o arquivista dos documentos dos governos modernos (Smith, 1984; Stapleton, 1983/84).

Porém, assim como Jenkinson antes dele, Schellenberg teve o cuidado de fazer distinção entre arquivos públicos e manuscritos históricos através de uma definição do que significava propriamente "arquivo". Duas condições tinham de ser atendidas para que um arquivo fosse como tal considerado. A primeira dizia respeito à produção dos documentos: "para ser um arquivo, o material deve ter sido produzido ou acumulado para servir a algum propósito [...]. Se ele foi produzido no exercício de alguma atividade objetiva e organizada, se foi produzido para atender a alguma finalidade administrativa, legal, comercial ou social, então ele tem potencialmente qualidade arquivística". A segunda condição dizia respeito aos motivos para preservação: "para ser um arquivo, o material deve ser preservado por outras razões que não aquelas pelas quais foi produzido ou acumulado. Tais razões podem ser de natureza tanto oficial quanto cultural" (Schellenberg, 2003:13-14).

A primeira condição de Schellenberg implicitamente deixa de considerar como documentos arquivísticos boa parte do conteúdo dos fundos pessoais e familiares, ao passo que confere o *status* potencial de arquivos a outros tipos de fundos privados, documentos de organizações e negócios. Ao aplicar a expressão "manuscritos históricos" a fundos pessoais ou privados, ele os define de um modo que faz lembrar Jenkinson:[12]

> Os arquivos resultam de alguma atividade funcional regular, enquanto os manuscritos históricos, ao contrário, geralmente são fruto de uma manifestação espontânea do pensamento ou dos sentimentos. Portanto, são criados de modo aleatório, e não sistemático [...]. Quando documentos textuais que, do contrário, poderiam ser classificados como manuscritos históricos são criados em consequência de alguma atividade organizada — como, por exemplo, a de uma igreja, de um comércio ou mesmo de um indivíduo —, podemos chamá-los de arquivos; donde as denominações "arquivos eclesiásticos", "arquivos comerciais", "arquivos privados". [Schellenberg, 2003:18]

Mesmo incluindo indivíduos nessa lista, provavelmente ele se referia somente àqueles cujo exercício de um cargo ou função produzia documentos de uma atividade objetiva e organizada — mais ou menos como os "chefes responsáveis por empreendimentos" mencionados por Jenkinson —, isto é, documentos que se qualificam como arquivos. Os indivíduos, em sua

---

12. Em muitos pontos, Jenkinson e Schellenberg têm a mesma opinião sobre os arquivos privados. No caso dos arquivos governamentais, porém, especialmente no que diz respeito à sua avaliação, é comum considerá-los como antagonistas ou como fundadores de "escolas" divergentes, por causa de suas opiniões conflitantes sobre avaliação.

maioria, não podiam ser qualificados como produtores de arquivos. Mesmo no caso dos que poderiam sê-lo, a totalidade de seus fundos incluiria principalmente material proveniente, segundo suas palavras, "de uma manifestação espontânea do pensamento ou dos sentimentos" — como os diários, cartas, fotografias e outros documentos produzidos e acumulados no fluxo inconsciente da existência —, o que Catherine Hobbs chamou de "resíduos da vida individual".[13]

Segundo Schellenberg, os documentos arquivísticos têm uma qualidade orgânica que, de certo modo, falta aos manuscritos históricos, o que atualmente incomoda a maioria dos arquivistas de fundos privados. Muitos arquivistas que adquirem e preservam fundos privados diriam que lhe faltava conhecimento sobre os fundos pessoais, quando ele afirma que os manuscritos individuais raramente têm uma relação orgânica com os outros manuscritos do fundo, podendo assim ficar à parte. Na verdade, porém, ele estava antes contestando o modo como bibliotecários, historiadores e curadores tinham lidado com os manuscritos históricos nos Estados Unidos, apesar das efetivas qualidades inerentes aos arquivos privados. Em *The management of archives*, publicado nove anos depois de *Modern archives*, Schellenberg reconheceu o potencial *status* dos arquivos privados enquanto "arquivos", talvez em reação às críticas dos profissionais da área. Ao admitir que "os documentos privados recentes geralmente possuem a qualidade orgânica dos documentos públicos", ele mostrou uma postura mais favorável e sensível em relação aos arquivos privados (Schellenberg, 1984b:31, 65-66). "A seu ver, os vilões não eram os próprios documentos, e sim os bibliotecários, historiadores e curadores que rotineiramente lidavam com os manuscritos históricos como itens separados e impunham-lhes classificações cronológicas e temáticas, privando-os de sua qualidade orgânica" (Schellenberg, 1984b:38-39 e 45). Porém, os argumentos e os conceitos de arquivo formulados em seu livro *Arquivos modernos* são talvez a expressão mais influente de suas opiniões.

---

13. Hobbs (2001). Segundo a autora, "há no arquivo pessoal um caráter de intimidade inexistente no sistema de gestão de arquivos coletivos, corporativos, formalizados".

Ao contrário de Jenkinson, Schellenberg não atribui a perda do *status* arquivístico dos arquivos privados à aquisição ou à transferência de propriedade, mas reconhece a importante distinção entre adquirir e recolher. Seguindo a tradição americana de preservação de manuscritos históricos pelas bibliotecas, ele considera significativas as diferenças na terminologia arquivística e bibliotecária: os arquivistas recolhem documentos através de transferências e depósitos; os bibliotecários fazem aquisições através de compras e doações. Os arquivos são entidades receptoras, ao passo que as bibliotecas são entidades colecionadoras (Schellenberg, 2003:19-24). Além disso, ele ressalta que, na transferência de documentos públicos de um órgão governamental para um arquivo, não há mudança de propriedade; trata-se apenas de mudança de custódia (Schellenberg, 2003:125). Entende ele que, em regra, os manuscritos históricos — ou arquivos privados — são da competência das bibliotecas, e não dos arquivos.

Schellenberg reconheceu igualmente a diferença entre arquivos públicos e privados ao discutir os dois valores secundários essenciais na avaliação arquivística: o valor evidencial e o valor informativo. Ao que parece, cada arquivista define à sua maneira os termos "evidência" e "valor evidencial". Em sua consistente análise do conceito de valor evidencial, Terry Eastwood mostrou as dificuldades para interpretar esse termo e observou acertadamente: "Schellenberg não foi totalmente claro em sua explicação" (Eastwood, 2008:232). Jennifer Meehan, em seu estudo sobre o conceito de evidência na arquivologia, examinou os numerosos significados de evidência e a dificuldade de formular uma definição coerente num contexto arquivístico (Meehan, 2006:128-130). Nas palavras do próprio Schellenberg, valor evidencial é "a evidência que os documentos públicos contêm a respeito do funcionamento e organização do órgão governamental que os produziu" (Schellenberg, 2003:139). Fez ele questão de destacar a diferença entre o seu conceito de valor evidencial e a "inviolabilidade da evidência" de Jenkinson, derivada de uma sequência ininterrupta de custódia que garantia a autenticidade dos documentos. Em vez disso, afirmou: "refiro-me sobretudo, e um tanto arbitrariamente, ao valor que depende da natureza e importância do assunto evidenciado, isto é, a origem e os programas essenciais da entidade que produziu os documentos. Portanto, o problema não é a evidência *per se*, e sim a natureza do assunto evidenciado" (Schellenberg, 1984a:58). Esta última frase, como bem observou Eastwood, é "enigmática" (Eastwood, 2008:232). Porém, se o discurso de Schellenberg procura estabelecer uma interpretação precisa, notamos que o emprego das palavras "arbitrariamente" e "importância" indica a subjetividade do conceito de valor evidencial. A "inviolabilidade da evidência" de Jenkinson, ao contrário, dependia de uma construção objetiva de imparcialidade e autenticidade. A distinção subjetiva estabelecida por Schellenberg permitia aos arquivistas desempenhar um papel na avaliação dos arquivos.

De um modo muito mais direto, o valor informativo de Schellenberg derivava "da informação contida nos documentos públicos sobre pessoas, lugares, assuntos etc. com que lidam os órgãos públicos, e não da informação contida em tais documentos sobre os próprios órgãos públicos" (Schellenberg, 2003:148). Seus conceitos de valor evidencial e valor informativo parecem aplicáveis aos arquivos pessoais e aos documentos de entidades corporativas, ao menos superficialmente. Os fundos de indivíduos e organizações sem fins lucrativos, por exemplo, conteriam evidência dos atos e decisões de seus produtores, além de informação sobre as pessoas, lugares e assuntos de que tratavam. Porém, afora essa aparente aplicabilidade, Schellenberg procurou definir o valor evidencial de um modo que explicitamente excluía os manuscritos históricos, ao menos sob a forma de fundos pessoais:

> Os documentos públicos ou, na verdade, os documentos de qualquer entidade orgânica são produto de uma atividade, e muito de seu significado depende de sua relação com essa atividade. Se a sua origem numa unidade administrativa governamental ou numa atividade particular for obscura, sua identidade e significado provavelmente serão também obscuros. Nesse sentido, eles são diferentes dos manuscritos privados, os quais, como dissemos anteriormente,

em geral têm significado próprio, independente de sua origem ou referência a outros manuscritos de uma coleção. [Schellenberg, 2003:141][14]

Essa definição de Schellenberg abriu caminho para o valor evidencial existente nos documentos das entidades corporativas, os quais geralmente atenderiam ao seu critério de serem produto de uma atividade orgânica e de documentarem sua organização e funcionamento. Contudo, muitos arquivistas de fundos pessoais contestariam a sua afirmação de que os manuscritos privados não têm qualidade orgânica. Porém, em sua formulação precisa da definição de valor evidencial, sua maior preocupação é a evidência da organização interna e do funcionamento dos departamentos governamentais: "os documentos de uma agência que possuem valor 'evidencial' são, pois, aqueles necessários para fornecer uma documentação autêntica e adequada de seu funcionamento e organização" (Schellenberg, 2003:140).[15] Tal afirmação é, no mínimo, deselegante, quando aplicada à vida individual. Os documentos que para Schellenberg têm valor evidencial documentam as funções, unidades administrativas e estruturas hierárquicas de uma agência governamental, e as inter-relações dentro da mesma. Tais estruturas e hierarquias corporativas não se refletem no indivíduo, e esse valor, tal como definido por Schellenberg, não se aplica aos fundos pessoais.

O conceito de valor evidencial de Schellenberg oferece, portanto, uma expressão vigorosa de sua distinção teórica entre arquivos públicos e manuscritos privados. Tal valor não tinha relação com nenhum uso que os pesquisadores viessem a fazer posteriormente dos documentos arquivísticos. Em suas palavras, "os documentos com valor evidencial devem ser preservados independentemente de virem a ter alguma utilização específica imediata ou previsível"; pois tais documentos continham "a prova do fiel cumprimento das responsabilidades delegadas a cada agência e da presta-

---

14. Alguns arquivistas afirmam que não existe valor evidencial nos fundos pessoais, mas talvez eles tenham uma concepção mais abrangente desse conceito do que a de Schellenberg.
15. O uso da expressão "documentação adequada" garantiu a validade de seu conceito de valor evidencial na rigorosa seleção ou avaliação de documentos, ao contrário da definição de evidência formulada por Jenkinson.

ção de contas por todo funcionário público àqueles a quem serve" (Schellenberg, 2003:140).[16] No atual contexto canadense, essa característica do valor evidencial seria associada ao conceito de transparência. Tendo escrito antes que esse termo se tornasse corrente na discussão pública sobre documentos e governos, Schellenberg conferiu ao valor evidencial a característica ou qualidade que tornava os governos responsáveis perante os cidadãos. O fato da existência e preservação de documentos num arquivo público, independentemente de qualquer posterior utilização dos mesmos, fornecia a evidência do funcionamento e organização da máquina do governo e o tornava responsável perante os cidadãos. Como disse ele ao explicar por que tais documentos devem ser preservados em arquivos públicos, "um governo responsável certamente deve preservar um mínimo de evidência a respeito de sua organização e funcionamento" (Schellenberg, 1984a:59).

Já a definição de Schellenberg para o valor informativo, o outro valor por ele identificado nos arquivos públicos, não excluía os manuscritos privados porque ele não atribuía caráter orgânico a esse valor:

> Ao determinar o valor dessa informação nos documentos públicos, não nos preocupamos com a fonte dos mesmos — qual agência os produziu, ou quais atividades resultaram em sua produção. A única coisa que importa é a informação neles contida. Assim, os valores informativos podem ser determinados isoladamente, pois os documentos são avaliados tomando por base somente seu conteúdo, e não sua relação com outros documentos produzidos por algum órgão. [Schellenberg, 2003:148]

Para determinar o valor informativo, as relações entre os documentos não eram importantes; o conteúdo dos mesmos, sim, era importante. Seu

---

16. Deixando de lado por enquanto as definições estritas, podemos supor que Schellenberg, assim como Jenkinson antes dele, estivesse tentando descrever um conceito ou qualidade, difícil de delimitar, que está presente nos documentos públicos e lhes confere caráter "evidencial". Eastwood relaciona o conceito schellenberguiano de valor evidencial a utilidade, mas o trecho citado dá a entender que ele atribuía a esse conceito um significado mais amplo do que a mera utilização, transcendendo assim a sua distinção entre valores primários e secundários.

conceito de valor informativo — o que também poderia ser chamado de valor de pesquisa ou valor conteudístico — está diretamente ligado à subsequente utilização dos documentos por pesquisadores. Sua definição admitia a existência desse valor nos manuscritos privados.

Na verdade, a concepção de manuscritos históricos ou arquivos privados nos escritos de Schellenberg evoluiu bastante ao longo do tempo e foi aqui simplificada, mas seus elementos essenciais não diferem muito daqueles estabelecidos por Jenkinson 40 anos antes. Ao negar o caráter arquivístico dos fundos pessoais e, talvez, dos fundos de organizações, Schellenberg identificara, ainda que de modo negativo, três elementos definidores ou características dos arquivos privados: a) *produção*: os manuscritos privados não são produzidos no exercício de atividades objetivas e organizadas, e sim como "expressão pessoal espontânea e fortuita" de uma ideia ou sentimento. Falta-lhes caráter orgânico, na medida em que a relação dos documentos individuais com os demais documentos não é essencial para a compreensão de seu significado ou conteúdo; b) *custódia ou propriedade*: os arquivos privados são colecionados ou adquiridos através de compras ou doações, e não recebidos através de transferências ou depósitos no exercício de atividades regulares; c) *motivo para aquisição por uma instituição arquivística*: enquanto os arquivos públicos devem ser avaliados e preservados tanto por seu valor evidencial quanto informativo, os manuscritos privados não têm valor evidencial e são preservados somente por seu valor informativo ou por seu potencial valor para fins de pesquisa.

Características dos arquivos privados

Em seus escritos seminais sobre teoria e prática arquivísticas, tanto Jenkinson quanto Schellenberg preocuparam-se em diferenciar os arquivos governamentais dos manuscritos históricos ou arquivos privados por entenderem que seus princípios não teriam aplicação, ou seriam ao menos problemáticos, no campo dos arquivos privados. Entendiam, igualmente, que as práticas de aquisição e avaliação de manuscritos privados complicariam suas tentativas de formular uma sólida teoria arquivística. Porém, ao examinarem e discutirem, ainda que muito brevemente, as características que distinguiam os arquivos públicos dos arquivos privados, eles lançaram as bases teóricas para a compreensão dos arquivos privados, ainda que em termos negativos ou de ausência. Em sua análise dos arquivos privados, destacam-se três elementos ou características, talvez não plenamente elaboradas, que encontraram eco nos trabalhos de outros autores.

Produção: indivíduos, famílias ou grupos informais produzem arquivos privados atuando de modo informal, casual ou espontâneo. Nesse caso, porém, a diferença entre arquivos governamentais e arquivos privados diminui quando passamos dos fundos pessoais para fundos produzidos por pessoas no exercício de atividades oficiais ou por entidades corporativas. É nesse tipo de produção que os arquivos corporativos mais se assemelham aos arquivos públicos. Boa parte da literatura recente sobre arquivos pessoais trata dessa característica e, portanto, acentua a distinção entre arquivos pessoais e arquivos corporativos ou governamentais.[17]

Custódia ou aquisição. A aquisição de um fundo privado por uma instituição arquivística acarreta a mudança de propriedade do fundo. Os fundos privados são "adquiridos" ou "colecionados", ao passo que os arquivos governamentais são "conservados" ou "transferidos". Por vezes pode parecer estranho aos arquivistas considerar os documentos em termos de propriedade privada, mas é isso justamente o que são os fundos privados, enquanto não forem doados a um arquivo. É através da aquisição por instituições arquivísticas que os fundos de indivíduos e de entidades corporativas guardam semelhança entre si, e que as expressões "arquivos não institucionais" e "arquivos privados" se tornam mais coerentes e abrangentes; os arquivos privados são propriedade privada enquanto não forem adquiridos por uma instituição pública. Mesmo nesse caso, porém, a diferença entre arquivos governamentais e arquivos privados diminui, quando se considera a situação dos documentos de uma entidade corporativa preservados em seus próprios arquivos institucionais. O arquivo corporativo é propriedade pri-

---

17. Ver, por exemplo, Hobbs (2001).

vada, mas não há transferência de propriedade quando os documentos são recebidos de um setor ou divisão da corporação. Devido a essa sequência ininterrupta da custódia, com sua garantia de autenticidade, Jenkinson atribuiu "caráter arquivístico" a tais documentos.

Motivo para aquisição por uma instituição arquivística. Os arquivos adquirem fundos privados principalmente por seu valor informativo ou para fins de pesquisa, por sua utilidade efetiva ou potencial para sua clientela ou entidade patrocinadora, ao passo que os arquivos públicos são conservados sobretudo por seu valor como evidência do funcionamento e organização da máquina governamental, embora eles também possam ser de grande valia para pesquisas. Apesar de suas diferentes concepções sobre evidência, tanto Jenkinson quanto Schellenberg atribuem aos documentos públicos um caráter evidencial que eles não veem, ou consideram questionável ou problemático, nos arquivos privados. Nas palavras de Jenkinson, os interesses históricos têm precedência sobre os interesses arquivísticos na aquisição de fundos privados. Estes são adquiridos e preservados para pesquisa ou outros usos pelas gerações presentes e futuras. O argumento de Schellenberg segundo o qual os documentos públicos com valor evidencial devem ser preservados mesmo que jamais venham a ser usados ou consultados por pesquisadores não tem equivalente na área dos arquivos privados. Aqui, novamente, a exceção são os arquivos internos institucionais ou corporativos cujos documentos atendam ao seu critério de valor evidencial e que possam ser preservados independentemente de sua eventual utilização para fins de pesquisa.

Uma visão comum dos arquivos privados?

Os dois fundadores do pensamento arquivístico inglês julgavam ter muito a dizer sobre o que faz com que documentos sejam considerados como arquivos, sobre o que distingue os arquivos públicos dos privados, e sobre o que confere valor aos arquivos. Schellenberg e Jenkinson identificavam dois critérios que davam aos documentos caráter ou "qualidade arquivística";

num desses critérios, porém, existe uma diferença fundamental de interpretação. O primeiro critério, em relação ao qual estão ambos de acordo, refere-se à proveniência ou produção. Os arquivos são produzidos no exercício de atividades organizadas, oficiais, comerciais. O segundo critério, em que reside a diferença, é custodial. Para Schellenberg, os documentos que atendem ao primeiro critério tornam-se arquivos pelo simples fato de sua preservação por uma instituição arquivística. Jenkinson, porém, afirma que os documentos adquirem caráter arquivístico somente pela manutenção de uma sequência ininterrupta de custódia entre a entidade produtora e os arquivos. Ao definir aquilo que, no elemento custodial, confere *status* arquivístico, Schellenberg admitiu adotar a avaliação ou seleção dos documentos a serem preservados. Já para Jenkinson, a seleção comprometia a integridade dos documentos enquanto arquivos.[18]

No tocante ao caráter arquivístico, Jenkinson considera que os arquivos privados não atendem nem aos critérios de produção nem aos de custódia: os documentos não são produzidos no exercício de atividades oficiais ou comerciais, e a transferência de propriedade na aquisição por parte de uma instituição arquivística compromete a sequência da custódia essencial para garantir autenticidade. Por sua vez, Schellenberg somente nega qualidade arquivística aos arquivos privados em função do critério de produção: por serem criados espontaneamente ou fortuitamente, não refletem atividades comerciais objetivas e organizadas. O importante é que ambos corroboram e estabelecem uma base teórica para os arquivos privados; trata-se, talvez, de uma interpretação que não chega a definir o que vêm a ser de fato os arquivos privados, e que expressa, nas lacunas, o que eles não são. E, em geral, o que ambos dizem é o que não são "arquivos". Ainda assim, estabeleceram uma distinção teórica entre arquivos governamentais e arquivos privados que lhes permitiu formular princípios aplicáveis aos arquivos governamentais sem perder de vista os preceitos ou práticas dos arquivos privados.

Passando dos elementos de custódia e proveniência para a atribuição de valor ou motivo para a aquisição ou preservação arquivísticas, vemos

---

18. Para uma análise sobre as ideias de ambos, ver, por exemplo, Cook (1997:23-27).

352 Pensar os arquivos

que em boa parte eles estão de acordo no tocante aos arquivos privados. Os valores evidenciais e informativos de Schellenberg encontram eco nas observações de Jenkinson sobre os Arquivos da Bélgica, criticados por confundirem "arquivo" e interesses "históricos" em sua prática de aquisição de arquivos públicos e privados. Schellenberg e Jenkinson, apesar de divergirem quanto a definições específicas de sua terminologia, viam nos documentos preservados num arquivo público o caráter ou "qualidade arquivística" que faltava aos manuscritos privados. Esse caráter arquivístico comum aos documentos públicos derivava de seus diferentes conceitos sobre "inviolabilidade da evidência", isto é, a imparcialidade e autenticidade garantidas por uma sequência ininterrupta de custodiantes responsáveis, e sobre "valor evidencial", ou seja, a capacidade de tais documentos fornecerem evidência do funcionamento e organização da máquina governamental. Embora suas definições diferissem em termos estritos,[19] ambos procuraram estabelecer uma qualidade intangível que se tornava vital para a preservação de documentos governamentais num arquivo público. Para Jenkinson, é o documento completo; para Schellenberg, é apenas o documento suficiente, mínimo ou essencial. Essa qualidade intangível seria vista hoje, no Canadá, em termos de "transparência". Os documentos dotados desse valor ou qualidade deveriam ser preservados num arquivo público a fim de tornar o governo responsável perante os cidadãos, mesmo que jamais fossem consultados para fins de pesquisa. Examinando a relação entre transparência e valor evidencial, Candace Loewen observou o surgimento da expressão "valor de transparência" no discurso arquivístico americano.[20] Nem Jenkinson nem Schellenberg teriam identificado esse valor nos manuscritos históricos. Ao negarem um caráter evidencial aos arquivos privados, eles traçaram uma linha teórica separando-os dos arquivos governamentais. Essencialmente, sua distinção entre os dois tipos de arquivos baseava-se na natureza de

---

19. Cook (1997:27) analisa as diferenças entre a "inviolabilidade da evidência" de Jenkinson e o "valor evidencial" de Schellenberg.

20. Para Loewen (2004:202, 208), "os arquivistas deveriam constantemente analisar os motivos de suas decisões sobre avaliação: qual o significado dos valores informativo, evidencial e legal no contexto vigente? Que significado poderiam vir a ter no futuro?" Reconhecia ela, pois, a mutabilidade dos valores arquivísticos ao longo do tempo.

sua produção ou proveniência e na atribuição de valor aos documentos. Nenhum deles considerava que os manuscritos históricos adquiridos por uma instituição arquivística possuíam o caráter ou o processo orgânico de produção que constitui um elemento essencial dos arquivos governamentais. Os arquivos adquirem fundos privados principalmente por terem valor informativo ou de pesquisa, nos termos de Schellenberg, ou interesse histórico, segundo Jenkinson.

Os arquivistas podem hoje questionar o fato de Jenkinson e Schellenberg negarem caráter evidencial aos fundos privados. Jennifer Meehan observou que a interpretação do termo "evidência" padece de "uma conceituação estreita que liga inseparavelmente a noção a normas legais, transparência e memória corporativa" (Meehan, 2006:127). Nessa visão estreita de evidência, seguimos e assimilamos os ensinamentos de Jenkinson e Schellenberg. Segundo Meehan, nossa concepção desse caráter evidencial enquanto "natureza supostamente inerente aos documentos" reforçou "as distinções conceituais entre documentos públicos e privados" (Meehan, 2006:144).

Talvez seja difícil, mas não impossível, encontrar nos arquivos privados o valor evidencial tal como definido por Schellenberg. Corporações, organizações sem fins lucrativos, igrejas e cidadãos privados mantêm, de fato, seus próprios arquivos como valor evidencial. Nos documentos das corporações e organizações sem fins lucrativos, o valor evidencial os torna responsáveis perante seus acionistas ou membros — e, separadamente, perante a sociedade em geral. Seus documentos constituem um patrimônio, mantido para cumprir obrigações legais, garantir práticas comerciais adequadas e possibilitar uma boa administração. Mas, novamente, esta é sobretudo a distinção entre preservar e adquirir. Os arquivos privados conservam melhor seu valor legal e evidencial quando mantidos pelo produtor. É mais difícil encontrar valor evidencial ou valor de transparência num fundo pessoal, mas podemos talvez encontrá-los nos requisitos legais para manter documentos de rendimentos e impostos por determinado período de tempo. Mas, mais uma vez, isso requer que os próprios indivíduos mantenham documentos, em vez de transferir a propriedade para um arquivo. Quando o caráter evidencial é vital nos negócios privados, o governo estabelece que os documentos sejam mantidos pelo produtor e aceitos, segundo práticas bem definidas.

Tanto para Jenkinson quanto para Schellenberg, talvez o que realmente importava não era o fato de os manuscritos privados serem destituídos de qualquer caráter evidencial; ambos aceitavam que, em certas circunstâncias, tais documentos podiam ser considerados como "arquivos", mas a principal *motivação* para a aquisição de fundos privados por um museu, biblioteca ou instituição arquivística era o seu valor para fins de pesquisa, e não seu caráter evidencial. Schellenberg é tido geralmente como o maior defensor da avaliação arquivística baseada na utilização, visando atender às necessidades de pesquisa de historiadores e outros especialistas. Mas ele sempre enfatizou a importância do valor evidencial para a avaliação de documentos governamentais. A seu ver, através da avaliação, os arquivistas deveriam identificar e preservar os registros que documentassem a organização e o funcionamento do governo.[21] Na aquisição de fundos privados, as características evidenciais são um aspecto secundário ou mesmo a ser ignorado. Jenkinson certamente acreditava que o processo de aquisição comprometia irreparavelmente essas características. Reformulando essa questão do valor em termos de transparência, quem estaria disposto a doar documentos pessoais ou corporativos a uma instituição arquivística, sendo o principal propósito desta, ao adquiri-los, tornar o doador responsável perante a sociedade em geral? Contudo, preservar o caráter evidencial deve ser a principal preocupação dos doadores, caso o ônus financeiro de conservar seus próprios documentos seja muito grande ou problemático; isso, porém, não levaria uma instituição arquivística a adquiri-los e a assumir os custos da preservação, a não ser tendo em vista uma futura utilização para fins de pesquisa.[22] Para Jenkinson, a transferência de propriedade implí-

---

21. Talvez seja significativo o fato de que Schellenberg (2003:139-160) põe em primeiro plano o valor evidencial, em vez do valor informativo. Cook (1997:29), por sua vez, reconheceu que os sucessores de Schellenberg deram mais importância à avaliação baseada na utilização do que ele próprio.

22. É fácil imaginar uma situação — um escândalo empresarial, por exemplo — em que seja conveniente os tribunais e um arquivo público intervirem para preservar documentos privados por seu caráter evidencial, antes que o proprietário venha a destruí-los. Mas é

cita na aquisição comprometia, ao menos até certo ponto, a qualidade dos documentos como evidência autêntica e imparcial.

Se concebermos o valor de pesquisa ou informativo de modo mais abrangente, incorporando todas as formas de utilização social e sem nos limitarmos às pesquisas feitas por historiadores e outros acadêmicos, veremos mais facilmente que a presença de tal valor nos fundos privados responde à questão fundamental da arquivologia: "por que adquirir e preservar tais documentos?". Quer o denominemos valor histórico, patrimonial, cultural, memorial, informativo, conteudístico ou de pesquisa, sua presença é que leva os arquivos, museus e bibliotecas a adquirir fundos arquivísticos criados por indivíduos, organizações sem fins lucrativos e empresas. É difícil crer que uma instituição arquivística assumiria indefinidamente os custos de adquirir e preservar um fundo privado se não acreditasse que este seria consultado ou utilizado (os arquivos, de fato, adquirem documentos para serem apresentados em exposições, mas esta é também, obviamente, uma forma de utilização). Aqueles que não lidam com arquivos privados têm às vezes dificuldade de aceitar esse fato essencial. Richard Cox manifestou sua desaprovação quanto ao fato de que, "nos Estados Unidos, muitas pessoas que trabalham como arquivistas parecem predispostas a adquirir documentos como informação histórica para atender a determinados grupos de pesquisadores" (Cox, 2001:6). Ele atribui a uma predisposição nociva aquilo que na verdade poderia ser atribuído à competência específica da instituição arquivística ou ao propósito de sua instância mantenedora de tornar os fundos disponíveis para a preservação a longo prazo dos documentos. Com relação a esse aspecto, podemos evocar a tradição canadense do "arquivo total", em que os governos financiaram não só a gestão de seus próprios arquivos, mas também a aquisição de arquivos privados para atender às necessidades de futuras pesquisas e clientelas específicas. Ao referir-se a essas pessoas que *trabalham como arquivistas*, Cox talvez queira dizer que elas não sejam realmente arquivistas, influenciado pela distinção feita por

---

bastante improvável que esse critério para aquisição seja explicitamente definido na missão ou competência da instituição arquivística.

Jenkinson e Schellenber entre arquivos e manuscritos. Mas, sem a expectativa de algum tipo de utilização subsequente, não há motivo para que um arquivo financiado publicamente assuma os custos de aquisição e preservação de fundos privados. Alguns poderiam argumentar que tal instituição tem por objetivo documentar a sociedade. Porém, nessa tarefa aparentemente irrealizável, ela forçosamente favorecerá a aquisição de documentos para os quais anteveja uma possível utilização futura, em detrimento daqueles que considere que jamais serão consultados ou removidos dos depósitos.

A Biblioteca e Arquivo Nacional do Canadá (LAC) adotou formalmente a expressão "valor patrimonial" como critério básico para a aquisição de fundos privados. Esse valor patrimonial é que faz com que um fundo pessoal ou privado seja considerado digno de preservação para as gerações futuras — e, em última instância, justifica sua aquisição. Para a LAC, têm valor patrimonial os documentos que "tipicamente revelam experiências ou eventos relacionados ao Canadá; documentam eventos ou tendências (culturais, políticas, econômicas, sociais, demográficas, científicas e religiosas) de âmbito nacional; fornecem uma boa visão das atividades de uma sociedade diversificada e em desenvolvimento; ou cuja raridade e importância fazem com que sejam considerados tesouros nacionais" (Library and Archives of Canada, 2005). A discussão sobre a avaliação arquivística de documentos governamentais tem focalizado principalmente os méritos e os papéis relativos dos valores informativo e evidencial. Tal discussão tem pouco significado no caso dos arquivos privados, em que a determinação básica do valor se baseia sobretudo em apenas um desses valores. Na LAC, os arquivistas das Instituições públicas refutaram as taxonomias shellenberguianas de valor no nível teórico procedendo a uma análise macroavaliativa e funcional para determinar valores. Porém, ao pretender documentar a sociedade através das funções governamentais, a metodologia macroavaliativa focaliza a interação entre função e estrutura numa instituição, em vez dos próprios documentos,[23] e isso, no mínimo, remete ao discurso de

---

23. Ver Cook (2000:3-5). A teoria e metodologia da macroavaliação, tal como desenvolvidas por Terry Cook, Richard Brown e outros na Biblioteca e Arquivo Nacional do Canadá, são bem mais sutis e nuançadas e foram aqui apresentadas resumidamente, pois minha

Schellenberg, que atribuía valor evidencial aos registros que documentam o "funcionamento e organização" das agências governamentais.

Podemos observar uma crescente polarização entre os dois pilares do valor arquivístico.[24] Será que, no sistema arquivístico canadense, o valor evidencial e informativo está se transformando em valor de transparência e patrimônio? Os arquivistas nos arquivos públicos falam em termos de evidência, funções, estrutura e transparência,[25] ao passo que os arquivistas do setor privado falam em termos de memória, patrimônio, pesquisa e valor cultural. Alguns arquivistas temem que essa polarização venha a abalar os princípios básicos do sistema arquivístico canadense, inclusive o arquivo total. Laura Millar conclamou a comunidade arquivística a "superar o dualismo 'institucional' versus 'cultural'" (Millar, 1998:139), enquanto Terry Cook abordou os aspectos positivos da tensão entre evidência e memória: "talvez elas sejam os dois lados da moeda da arquivologia, em tensão criativa, sendo cada uma inútil sem a outra, apesar de suas implicações contraditórias para o trabalho arquivístico" (Cook, 1997:179). Tal polarização pode trazer riscos, mas sua persistência reflete a continuidade e a natureza duradoura desses dois valores arquivísticos ao longo dos anos — seja como for que os tenhamos denominado.

A ideia de que boa parte da teoria arquivística contemporânea não se aplica ao trabalho com os arquivos privados é rejeitada por alguns arquivistas, mas não causaria estranheza a Jenkinson ou a Schellenberg, que deliberadamente formularam suas teses sobre os arquivos de modo a excluir os manuscritos privados. Com isso, talvez inconscientemente, eles identificaram e definiram as características dos arquivos privados, lançando assim as bases para o futuro desenvolvimento de uma teoria sobre tais arquivos.

---

intenção era apenas destacar a comunidade da terminologia referente ao valor atribuído à documentação das funções e estruturas das agências governamentais. Ver também Cook (1997:31-32); e, com maiores detalhes, Cook (1992).

24. A propósito, na Biblioteca e Arquivo Nacional do Canadá, os arquivos governamentais e privados estão separadamente organizados como nunca, desde a criação, em 1973, do Setor de Documentos Públicos como área independente do Setor de Manuscritos. Os arquivos governamentais e os arquivos pessoais subordinam-se à Biblioteca e Arquivo Nacional do Canadá através de diferentes representantes, e os arquivos privados estão agora mais integrados ao setores de biblioteca e publicação de fundos documentais da LAC.

25. Millar (1998:130) referiu-se a essa "ênfase crescente na importância legal, financeira e administrativa dos documentos, talvez em detrimento de uma análise de seu valor informativo, intrínseco ou histórico".

REFERÊNCIAS

COOK, Terry. *Appraisal methodology*: macro-appraisal and functional analysis, part A: concepts and theory. National Archives of Canada, Government Archives and Records Disposition Division, verão 2000.

_____. Mind over matter: towards a new theory of archival appraisal. In: CRAIG, Barbara L. *The archival imagination*: essays in honour of Hugh A. Taylor. Ottawa, 1992. p. 38-70.

_____. What is past is prologue: a history of archival ideas since 1898 and the future paradigm shift. *Archivaria*, v. 43, primavera 1997.

COX, Richard J. *Managing records as evidence and information*. West Point, 2001.

CRAIG, Barbara L. *Archival appraisal*: theory and practice. Munique, 2004.

CUNNINGHAM, Adrian. Beyond the pale? The 'flinty' relationship between archivists who collect private records of individuals and the rest of the archival profession. *Archives and Manuscripts*, v. 24, n. 1, maio 1996.

DURANTI, Luciana; PRESTON, Randy (Ed.). *International research on permanent authentic records in electronic systems (interpares) 2*: experiential, interactive and dynamic records. Pádua, Itália: 2008.

EASTWOOD, Terry. Fundamentally speaking: the third version, a review of the archival fundamentals series II. *The American Archivist*, v. 71, primavera/verão 2008.

_____. Jenkinson's writings on some enduring archival themes. *The American Archivist*, v. 67, primavera/verão 2004.

_____. Towards a social theory of appraisal. In: CRAIG, Barbara L. (Ed.). *The archival imagination*: essays in honour of Hugh A. Taylor. Ottawa, 1992.

_____. What is archival theory and why is it important? *Archivaria*, v. 37, primavera 1994.

GREENE, Mark. The surest proof: a utilitarian approach to appraisal. *Archivaria*, v. 45, p. 148-152. primavera 1998.

HARRIS, Verne. On the back of the tiger: deconstructive possibilities in "Evidence of me". *Archives and Manuscripts*, v. 29, n. 1, outono 2001.

HOBBS, Catherine. The character of personal archives: reflections on the value of records of individuals. *Archivaria*, v. 47, p. 126-135, outono 2001.

HURLEY, Chris. Beating the French. *Archives and Manuscripts*, v. 24, n. 1, maio 1996.

JENKINSON, Hilary, Sir [1922]. *A manual of archive administration*. Londres, 1966.

_____. Reflections of an archivist. In: DANIELS, Maygene F.; WALCH, Timothy. *A modern archives reader*: basic readings on archival theory and practice. Washington, 1984.

_____. The English archivist: a new profession. In: ELLIS, Roger; WALNE, Peter. *Selected writings of Hilary Jenkinson*. Chicago, 2003.

LIBRARY AND ARCHIVES CANADA. *Collection development framework*. 30 mar. 2005.

LOEWEN, Candace. From keep and destroy to remember and forget: dimensions of accountability value. *Archivaria*, v. 58, outono 2004.

MCKEMMISH, Sue. Evidence of me. *Archives and Manuscripts*, v. 24, n. 1, maio 1996.

MEEHAN, Jennifer. Towards an archival concept of evidence. *Archivaria*, v. 61, primavera 2006.

MILLAR, Laura. Discharging our debt: the evolution of the total archives concept in English Canada. *Archivaria*, v. 46, p. 103-146, outono 1998.

POLLARD, Riva A. The appraisal of private archives: a critical literature review. *Archivaria*, v. 47, outono 2001.

SCHELLENBERG, T. R. [1956]. *Modern archives*: principles and techniques. Chicago, 2003.

_____. The appraisal of modern public records. In: DANIELS, Maygene F.; WALCH, Timothy. *A modern archives reader*: basic readings on archival theory and practice. Washington, 1984a.

_____. *The management of archives*. Washington, 1984b.

SMITH, Jane F. Foreword. In: SCHELLENBERG, T. R. *The management of archives*. Washington, 1984. p. viii-xi.

STAPLETON, Richard. Jenkinson and Schellenberg: a comparison. *Archivaria*, v. 17, inverno 1983/84.

Sobre os autores

ANN LAURA STOLER

Professora de antropologia e estudos históricos na New School for Social Research, em Nova York. Foi professora visitante na École de Hautes Études en Sciences Sociales e na École Normale Supérieure, em Paris, e no Instituto Max Planck de História da Ciência, em Berlim. É coeditora e fundadora da revista *Political Concepts: a critical lexicon.*

BARBARA L. CRAIG

PhD, professora emérita da Faculdade de Informação da Universidade de Toronto. Atuou como arquivista-chefe da Universidade de York. Já foi editora-chefe da revista *Archivaria*. Em 1991 recebeu o prêmio W. Kaye Lamb por sua contribuição à teoria arquivística.

BRIEN BROTHMAN

Doutor em história pela Universidade de Laval. Trabalhou no Arquivo Nacional do Canadá até 1995, quando assumiu o cargo de especialista em política de documentos eletrônicos no Rhode Island State Archives and Public Records. Também lecionou no Programa de Estudos da Informação do Simmons College, em Boston.

CATHERINE HOBBS

Pesquisadora associada da Universidade de Trent, no Canadá. Responsável pelos arquivos de literatura anglófona na Biblioteca e Arquivo Nacional do Canadá. Coordenadora da seção especial sobre arquivos pessoais da Associação Canadense de Arquivistas.

ELISABETH KAPLAN

Arquivista e codiretora da University Digital Conservancy da Universidade de Minnesota, nos Estados Unidos. Trabalhou no Instituto Charles Babbage, nos arquivos do Instituto MIT e no Departamento de Audiovisual da Biblioteca John F. Kennedy.

EMMANUELLE LAMBERT

Doutora em letras, romancista, já colaborou com o Institut Mémoires de l'Édition Contemporaine (Imec). Organizou duas coletâneas de textos de Alain Robbe-Grillet, foi curadora de uma exposição sobre o escritor e publicou artigos sobre seu arquivo pessoal.

ERIC KETELAAR

Professor emérito da Universidade de Amsterdã, onde foi professor do Departamento de Estudos de Mídia (Arquivos e Informação) entre 1997 e 2009. Entre 2003 e 2008 foi professor honorário na Universidade de Monash, na Austrália, com a qual continua a colaborar junto ao Center for Organisational and Social Informatics. Entre 1989 e 1997 atuou como arquivista do Arquivo Geral do Estado da Holanda. É um dos três editores-chefes da revista *Archival Science*.

ÉTIENNE ANHEIM

Doutor em história, é diretor de estudos da École des Hautes Études en Sciences Sociales, em Paris. Foi membro da Escola Francesa de Roma entre 2002 e 2004 e professor da Universidade de Versailles/Saint-Quentin-en-Yveline entre 2006 e 2016. Em 2015 foi agraciado com o título de Chevalier de l'Ordre des Arts et des Lettres.

JENNIFER MEEHAN

Diretora associada da Stuart A. Rose Manuscript, Archives, & Rare Book Library na Unievrsidade de Emory, nos Estados Unidos. Já atuou na biblioteca da Universidade de Yale, no Arquivo de Arte Americana, no Smithsonian Institution e na seção de coleções especiais da biblioteca da Universidade Politécnica de Virgínia.

ROB FISHER

Arquivista sênior da seção de arquivos sociais da Biblioteca e Arquivo Nacional do Canadá. Já publicou artigos nas revistas *Archivaria* e *Canadian Military History*, entre outras.

SUE MCKEMMISH

Pró-reitora de Formação em Pesquisa da Faculdade de Tecnologia da Informação da Universidade de Monash, Austrália, onde também dirige o Center for Organisational and Social Informatics e os programas de pós-graduação em documentos e arquivos. Trabalhou por 15 anos no Arquivo Nacional da Austrália.

TOM NESMITH

Doutor em história, professor do Departamento de História da Universidade de Manitoba, Canadá, onde fundou o Programa de Pós-graduação em Estudos de Arquivologia. Já atuou como arquivista no Public Archives of Canada. Foi editor da revista *Archivaria*, e em 2005 foi agraciado com o Prêmio W. Lamb Kaye pela autoria do artigo de maior destaque nessa revista.

TERRY COOK

Doutor em história, professor do programa de Estudos de Arquivologia do Departamento de História da Universidade de Manitoba. Entre 1975 e 1998 trabalhou no Arquivo Nacional do Canadá. Foi editor-chefe da revista *Archivaria*, editor da Associação Histórica Canadense de Documentos Históricos e da série Historical Booklets. Em 2010, foi o primeiro representante da arquivologia eleito membro da Sociedade Real do Canadá. Faleceu em 2014.

Esta obra foi produzida nas
oficinas da Imos Gráfica e Editora na
cidade do Rio de Janeiro